Meine Abenteuer während des Spätkrieges

Eine Erzählung über Schiffbruch, Gefangenschaft, Flucht aus französischen Gefängnissen und Seedienst in den Jahren 1804–1814

Donat Henchy O'Brien

(Herausgeber: Charles Oman)

Writat

Diese Ausgabe erschien im Jahr 2024

ISBN: 9789359942490

Herausgegeben von
Writat
E-Mail: info@writat.com

Inhalt

VORWORT

WÄHREND ich mich in den letzten zehn Jahren mit der Aufgabe beschäftigte, die ursprünglichen Autoritäten für die Geschichte der Napoleonischen Kriege zu ermitteln, musste ich viele Dutzend Tagebücher, Autobiografien und Tagebücher der britischen Militär- und Marineoffiziere durchlesen, die an den großen Kriegen beteiligt waren Kampf. Sie unterscheiden sich natürlich in ihrem Interesse und ihrer Bedeutung, ihrem literarischen Wert und ihrer Fähigkeit, Ereignisse anschaulich darzustellen. Gemeinsam ist ihnen jedoch, dass sie fast alle sehr schwer zu beschaffen sind. Nur sehr wenige wurden nachgedruckt; Tatsächlich glaube ich, dass die Bücher von Lord Dundonald, Kincaid, John Shipp, Gleig und Mercer nahezu die einzigen sind, die eine zweite Auflage durchlaufen haben. Dennoch gibt es viele andere, die Themen von höchstem Interesse enthalten, nicht nur für den Geschichtsstudenten, sondern für jeden intelligenten Leser. Daraus habe ich zehn oder ein Dutzend ausgewählt, die meiner Meinung nach einer erneuten Veröffentlichung lohnenswert erscheinen.

Darunter befindet sich auch der vorliegende Band – die Erzählung von Donat O'Briens drei Fluchten aus französischer Gefangenschaft und von seinem anschließenden Einsatz im Mittelmeer während der letzten Jahre des großen französischen Krieges. Ich kann mir vorstellen, dass kein Gefangener – Baron Trenck selbst nicht ausgenommen – jemals *drei* so verzweifelte Fluchtversuche in die Freiheit unternommen hat wie dieser unternehmungslustige irische Fähnrich. Es ist ein Glück, dass er die Muße und das Geschick hatte, alle seine Abenteuer zu erzählen. Er hatte ein Talent für genaue Beschreibungen, ein wunderbares Gedächtnis und eine humorvolle Art, die Welt zu betrachten, die den Leser an den Geist von Captain Marryats Seehelden erinnern wird.

Es ist, glaube ich, nicht allgemein bekannt, dass O'Briens Fluchten Marryat einen großen Teil der Handlung eines seiner bekanntesten Bücher, *Peter Simple, nahelegten* . In diesem hervorragenden Liebesroman flieht der Erzähler (man wird sich daran erinnern) tatsächlich in Begleitung eines irischen Marineoffiziers aus Givet und durchlebt hundert Gefahren, bevor er in Sicherheit gelangt. Es war eine merkwürdige Freiheit, sich gegenüber einem lebenden Kameraden zu nehmen, dass Marryat *Peter Simples* Kameraden tatsächlich O'Brien nennt und viele Anspielungen auf die Abenteuer des echten Donat verwendet, um seine Erzählung lebendig zu gestalten. Am Ende spielt der fiktive O'Brien eine große Rolle in der Geschichte und heiratet die Schwester des Helden. Was der pensionierte Kapitän dachte oder sagte, als er feststellte, dass er in einem Roman so freizügig behandelt wurde, ist nicht überliefert. Aber ich glaube, er muss es schwer gefunden haben, dass *Peter Simple* etwa dreißig Mal nachgedruckt wurde, während sein eigenes, äußerst interessantes Buch nie eine zweite Auflage erlebte.

Es ist mittlerweile sehr selten: In zehn Jahren systematischer Suche in Antiquariaten nach alten Militär- und Marine-Autobiographien bin ich nur auf drei Exemplare des Werks gestoßen. Ich vertraue darauf, dass es durch diese Ausgabe wieder allgemein bekannt gemacht werden kann.

Der Leser findet darin eine wundervolle Studie über das Leben eines gejagten Mannes, „einer Art Nebukadnezar, der auf Kohlstängeln lebt", wie O'Brien sich selbst nennt, während seines elenden Verstecks in den Klippen der Vogesen. Fast ebenso interessant ist die Skizze der düsteren Existenz der tausend „widerspenstigen" britischen Gefangenen im *Souterrain* der Felsenfestung von Bitche. Französische Schriftsteller haben oft die Pontons von Portsmouth angeprangert, auf denen so viele ihrer Landsleute wohnen mussten. Aber im Vergleich zu den unterirdischen Kerkern, in denen Napoleon O'Brien und viele andere britische Seeleute einsperrte, schneiden sie gut ab. In starkem Kontrast zu diesem Teil der Geschichte steht die kurze Erzählung über das Leben in Verdun, wo den auf Bewährung *entlassenen Détenus* offenbar genauso viel, wenn nicht sogar mehr Freiheiten zugestanden wurden, als ihnen guttat. Roulettetische und Rennveranstaltungen waren demoralisierender Luxus für Männer, die unter erzwungenem Müßiggang litten. Aus anderen Abschnitten von O'Briens Erzählung kann der Leser interessante Einblicke in viele Merkmale des napoleonischen *Regimes* in Frankreich gewinnen – die Allgegenwärtigkeit des *Gendarms* und seiner natürlichen Beute, des entflohenen Wehrpflichtigen, des kargen und erbärmlichen Lebens der Bauernschaft usw Entfremdung zwischen der Militärkaste und der *Bourgeoisie* . Es gibt auch Einblicke in Deutschland während der Existenz des *Rheinbundes* , als die Menschen in einer Art stillschweigender Verschwörung gegen die Regierungen vereint waren, die sich zu Werkzeugen Bonapartes gemacht hatten. Nicht zuletzt interessant sind die letzten Kapitel, in denen O'Brien, endlich frei, uns zeigt, wie die Vormachtstellung der britischen Marine in der Adria aufrechterhalten wurde, und uns hilft, die Wahrheit des Sprichworts zu erkennen: „Wo immer ein Boot schwimmen konnte, fand Bonaparte seine Macht." seine Grenze." Es war vergeblich, dass er sich König von Italien nannte, Dalmatien und Illyrien annektierte und seinen Schwager in Neapel niederließ: Drei oder vier britische Fregatten, die auf der Inselfestung Lissa stationiert waren, beherrschten die gesamte Küste und plünderten alles Mündung und vernichtete alle Seestreitkräfte, die gegen sie geschickt wurden – obwohl sie auf dem Papier doppelt so stark waren wie ihre eigene Stärke. Hostes Schlacht vom 13. März 1811 war, was die zahlenmäßige Ungleichheit angeht, ein Sieg, der in der langen Liste britischer Erfolge auf See nur mit St. Vincent verglichen werden kann.

Ich habe es gewagt, O'Briens Erzählung zum Ende des Napoleonischen Krieges abzukürzen. In seinem eigenen ersten Entwurf, der (wie ich in der nachfolgenden biografischen Anmerkung dargelegt habe) vor 1815 verfasst wurde, ging er nicht weiter. Als er 1839 sein zweibändiges Buch veröffentlichte, fügte er seiner Erzählung über Gefangenschaft und Marinedienst drei hinzu Er besteht aus langen Kapiteln, in denen seine Besuche und Streifzüge in England und Irland während seiner mittleren Jahre, seine Kreuzfahrt nach Brasilien und Chile in den Jahren 1818–21 und seine Kontinentalreise mit seiner Frau im Jahr 1827 detailliert beschrieben werden. Auf diesen 150 Seiten gibt es so wenig Inhalt Um entweder den Geschichtsstudenten oder den allgemeinen Leser zu interessieren, hielt ich es für gut, sie wegzulassen. Für O'Brien, wie für so viele andere britische Soldaten und Seeleute, endete „die Freude am ereignisreichen Leben" im Jahr 1815.

Ich denke, dass ich für diesen Ausschnitt und einige andere kleine Ausschnitte guten Gewissens um die Begnadigung bitten kann, die die Redakteure zu fordern pflegen.

C. OMAN.

OXFORD , *September 1902* .

BIOGRAFIE DES AUTORS

DONAT HENCHY O'BRIEN wurde im März 1785 in der Grafschaft Clare geboren. Von seinen seltsamen Namenskombinationen war die erste seit frühester Zeit im Clan der O'Briens üblich: Sie hat nichts mit dem heiligen Donatus zu tun, wie der flüchtige Leser vielleicht annehmen könnte, sondern steht für den alten Erse Donough oder Donoght. [1] Seinen zweiten Namen erhielt er von seiner Mutter, einer Miss Henchy, der Schwester von Counsellor Fitz-Gibbon Henchy, einem Dubliner Anwalt von einigem Ruf zu seiner Zeit. Über Donats Vater finden wir in O'Byrnes *Naval Biography nichts weiter* als die typisch hibernische Aussage, dass „er von einem der alten Monarchen Irlands abstammte."

Donat O'Brien trat am 16. Dezember 1796 in die Marine ein, als er erst elf Jahre alt war, also noch jünger als der Durchschnitt der Fähnriche jener harten Tage. Seine Einführung in den Dienst verdankte er offenbar Kapitän (später Konteradmiral) Edward Walpole Brown, den er „seinen frühen Gönner" nennt. Sein erstes Schiff war die *Overyssel* (64), ein niederländisches Linienschiff, das 1795 im Hafen von Cork gekapert worden war, wo es lag, als Holland gezwungen war, Frankreich nachzugeben und dessen unterwürfiger Verbündeter zu werden. Auf diesem Schiff diente er drei Jahre lang unter den Kapitänen Young und Bazely, hauptsächlich im Nordseegeschwader. Er war auf diesem Schiff bei der Kapitulation der niederländischen Flotte auf Texel am 30. August 1799 während des vergeblichen Feldzugs des Herzogs von York anwesend. Später im selben Jahr war die *Overyssel* an der Blockade dreier niederländischer Kriegsschiffe beteiligt, die in den Hafen von Goeree gelaufen waren. Während er das Kommando über ein altes Handelsschiff hatte, das an der Hafeneinfahrt versenkt werden sollte, um die Flüchtlinge wirksamer einzuschließen, befand sich O'Brien in großer Gefahr. Das Schiff kenterte bei einem plötzlich aufkommenden Sturm, und er entging nur knapp dem Ertrinken, wurde aber im letzten Moment von einem Boot des Kutters *Lion gerettet* .

Von der *Overyssel* ging O'Brien im Dezember 1801 an die *Beschermer* (54) über, ein weiteres niederländisches Schiff unter dem Kommando von Kapitän Alexander Frazer. Er war nur ein paar Monate bei ihr, als sie im Ordinary in Chatham untergebracht wurde, als sich herausstellte, dass die langen Verhandlungen über eine Einigung mit Frankreich zu einem erfolgreichen Abschluss kamen. Im Frühjahr 1802, als der Frieden von Amiens unterzeichnet worden war, segelte O'Brien auf der *Amphion* , einer Fregatte mit 32 Kanonen, wo er erneut Kapitän Frazer als Chef hatte. Während der kurzen Unterbrechung der Feindseligkeiten kreuzte die Fregatte zunächst in britischen Gewässern, um den Schmuggel zu unterbinden, und unternahm dann eine kurze Kreuzfahrt nach Lissabon.

Im Januar 1803 schloss O'Brien seine sechsjährige Dienstzeit als Fähnrich ab und ging nach London, um dort seine Leutnantprüfung abzulegen. Nachdem er diese erfolgreich bestanden hatte, kehrte er für kurze Zeit zur *Amphion zurück* , wurde aber nach ein paar Monaten als Steuermannsmaat auf die *Hussar versetzt* , eine neue Fregatte mit 38 Kanonen unter dem Kommando von Kapitän Philip Wilkinson.

Der Name *Hussar* war ein Unglücksfall: Das letzte Schiff, das diesen Namen trug, eine Fregatte mit 28 Kanonen, war am 27. Dezember 1796 durch einen Schiffbruch vor der französischen Küste verloren gegangen, und der größte Teil der Besatzung wurde gefangen genommen. Ihr Nachfolgeschiff erlitt weniger als ein Jahr nach seiner Indienststellung genau das gleiche Schicksal. Sie stach im Mai 1803, unmittelbar nach dem Bruch des Friedens von Amiens, von Spithead aus in See und kreuzte während der ersten Kriegsmonate im Nordatlantik und im Golf von Biscaya. Im Winter wurde die *Hussar* angewiesen, sich Sir Edward Pellews Geschwader vor der spanischen Küste anzuschließen, und lag mit ihm in der Bucht von Ares in der Nähe von Ferrol, als sie mit Depeschen nach Hause beordert wurde. Kapitän Wilkinson wurde angewiesen, unterwegs mit der Kanalflotte Verbindung aufzunehmen, die unter Admiral Cornwallis vor Kap Finisterre lag und an der Blockade von Brest beteiligt war. Diese Umleitung in französische Gewässer war die Ursache für den Verlust der *Hussar* . Am 8. Februar 1804 strandete sie auf den Felsen *von Saintes* und erlitt Totalschaden. Der Großteil der Besatzung kämpfte sich an Land und fiel in die Hände der Franzosen.

Hier beginnt Donat O'Briens eigener Bericht. Es bleibt ihm überlassen, von seinen eigenen Missgeschicken und Abenteuern von Februar 1804 bis Oktober 1813 zu erzählen. Es genügt zu sagen, dass er vom 28. März bis 16. Juli 1804 in Givet gefangen war. Dann wurde er nach Verdun überstellt, wo er bis August 1807 interniert blieb, als er zusammen mit drei anderen Marineoffizieren – Leutnant Essel und zwei Fähnrichen namens Ashworth und Tuthill – seinen ersten Versuch in die Freiheit unternahm. Nachdem sie zahllose Gefahren bis nach Étaples an der Küste der Picardie überstanden hatten, wurden sie von *Zöllnern* festgenommen, als sie tatsächlich das Meer und die englischen Kreuzer im Kanal in Sichtweite hatten. Ihr Status wurde bald entdeckt und sie wurden nach einer Odyssee, die vom 28. August bis zum 18. September 1807 gedauert hatte, wieder ins Gefängnis geschickt.

Nach der Rückeroberung wurden O'Brien und seine Gefährten zur Gebirgsfestung von Bitche geschickt, einer trostlosen Festung in den

Vogesen, die für widerspenstige oder unerwünschte Kriegsgefangene vorgesehen war. Auf ihrem Weg dorthin hatten die Gefangenen, begleitet von berittenen *Gendarmen* , eine Chance zu entkommen – sie stürmten plötzlich in einen benachbarten Wald und rannten um ihr Leben. Auf ihrer Flucht verloren sie sich bald aus den Augen und während die anderen zurückerobert wurden, entkam O'Brien. Er machte sich auf den Weg zur nächstgelegenen neutralen Grenze, der Österreichs, und erreichte fast sein Ziel. Nachdem er den Rhein überquert, den Schwarzwald überquert und bis weit nach Bayern hinein gearbeitet hatte, wurde er in Lindau am Bodensee unter Verdacht verhaftet. Bald stellte sich heraus, dass es sich bei ihm um einen entflohenen englischen Gefangenen handelte, und die bayerische Regierung schickte ihn unter Eskorte nach Frankreich zurück. Sein zweiter vergeblicher Fluchtversuch erstreckte sich über den Zeitraum vom 15. bis 30. November 1807.

Seine beiden verzweifelten Fluchtversuche sicherten O'Brien einen Platz in der elendsten unterirdischen Kasematte von Bitche. Dennoch gelang es diesem unerschrockenen Steuermann nach einem Jahr Gefangenschaft erneut zu fliehen – diesmal in Begleitung eines Fähnrichs namens Hewson, eines Dragoneroffiziers namens Batley und eines Chirurgen namens Barklimore. Sie konstruierten ein Seil, ließen sich von den drei konzentrischen Mauern von Bitche herab, die insgesamt 200 Fuß hoch waren, und konnten sich davonmachen.

Diesmal war das Glück auf O'Briens Seite. Er und zwei seiner Gefährten (der dritte, Kapitän Batley, erkrankte in Rastatt und musste zurückgelassen werden) durchquerten Süddeutschland sicher und erreichten die österreichische Grenze nur wenige Meilen von Salzburg entfernt. Die örtlichen Beamten akzeptierten höflich eine durchsichtige Täuschung, bei der sich die Flüchtlinge als Amerikaner ausgaben, und erlaubten ihnen, nach Triest weiterzureisen, wo sie von einem Boot der *Amphion* , einem von O'Briens alten Schiffen, aufgenommen wurden. Die dritte Reise dieses weitgereisten Mannes hatte vom 15. September bis zum 7. November 1808 gedauert.

Wir müssen uns nicht weiter mit seinem Dienst im Mittelmeer auf der *Amphion* , *Warrior* und *Bacchante* befassen. Es genügt zu sagen, dass er am 29. März 1809 Leutnant wurde und am 22. Januar 1813 zum Kommandanten befördert wurde. Er hatte in diesen vier Jahren viel Dienst geleistet und war einmal bei einem erfolglosen Versuch, ein venezianisches *Trabaccolo* vor Triest zu entern und zu kapern, schwer verwundet worden. Die wichtigste Aktion, an der er beteiligt war, war Commodore Hostes Sieg vor Lissa am 13. März 1811.

Nach seiner Beförderung zum Commander musste O'Brien nach England zurückkehren, da im Mittelmeer kein Schiff für ihn verfügbar war. Er kam am 4. Oktober 1813 in Portsmouth an und nahm sich für einige Monate seinen wohlverdienten Urlaub. Er hoffte, gegen die Amerikaner eingesetzt zu werden, aber die Zeiten waren ungünstig. Sowohl die Napoleonischen als auch die Amerikanischen Kriege näherten sich ihrem Ende, und wie so viele andere tatkräftige Marine- und Militärangehörige wurde O'Brien 1814 auf die Hälfte seines Gehalts gesetzt.

Er leistete nur noch eine Dienststunde auf See, und zwar als Kommandant der *Slaney* , einer 20-Kanonen-Schaluppe, die von 1818 bis 1821 auf der südamerikanischen Station kreuzte. Den Rest seines Lebens - er war erst 36 Jahre alt - verbrachte er im erzwungenen Ruhestand: In den dreißiger und vierziger Jahren wurde die Marine klein gehalten, und es gab kaum Aussicht auf Arbeit für den Kapitän, der nur die halbe Bezahlung erhielt.

Am 28. Juni 1825 heiratete O'Brien Hannah, die jüngste Tochter von John Walmsley aus Castle Mere, Lancashire, mit der er Vater einer großen Familie mit insgesamt sieben Kindern wurde. Zwei Jahre später unternahm er mit seiner Frau eine lange Reise durch Nordfrankreich, um ihr die Orte seiner Gefangenschaft und Flucht zu zeigen. Diese Wiederbegegnung alter Szenen veranlasste ihn, das Buch zu schreiben, das wir hier nachgedruckt haben. Er veröffentlichte es jedoch erst 1839, als es mit seiner Erlaubnis der jungen Königin Victoria gewidmet erschien. Er hatte jedoch schon lange zuvor einen kürzeren Bericht über seine Flucht veröffentlicht, aus dem das zweibändige Buch von 1839 erweitert wurde. Er war in den Jahren 1812 bis 1815 im *Naval Chronicle erschienen* , in der seltsamen Form von sechzehn „Naval Bulletins", die an niemand Geringeren als Kaiser Napoleon gerichtet waren. Die Widmung dieses Originalentwurfs verdient eine Wiedergabe – sie lautet wie folgt:

„Da Eure Kaiserliche Majestät seit langem Freude an der Zusammenstellung endloser Bulletins, wie sie genannt werden, hat, in denen niemals Wahrheit und Aufrichtigkeit zum Vorschein kommen, wird es Sie vielleicht amüsieren, während dieser Pausen, die gelegentlich bei Ihrer systematischen Vernichtung und Demütigung Ihrer Mitgeschöpfe auftreten, ein wenig Wahrheit zu hören und die Art und Weise nachzuvollziehen, in der ein so bescheidener Mensch wie ich Ihren Verfolgungen Trotz bot und schließlich zu seiner Pflicht als Marineoffizier zurückkehrte, trotz aller Kerker, Fesseln und Beleidigungen, die Ihre Herrschaft der Willkür kennzeichneten."

Das letzte der „Naval Bulletins" erschien in derselben Nummer des *Naval Chronicle* wie eine Erzählung von Henry Ashworth, einem der Begleiter von O'Briens erster Flucht. Aus dieser unvollständigen Geschichte, die Ashworth nicht zu Ende bringen konnte, können bestimmte Teile von O'Briens Geschichte bestätigt und erweitert werden.

O'Brien wurde am 8. März 1852 zum Konteradmiral befördert. Er überlebte weitere fünf Jahre und starb am 13. Mai 1857 in Yew House, Hoddesdon, in seinem dreiundsiebzigsten Lebensjahr.

Das nicht sehr schmeichelhafte Porträt von ihm, das wir als Titelbild wiedergegeben haben, wurde von J. Pelham gezeichnet und von J. Brown für das Buch von 1839 gestochen.

KAPITEL I

Die Fregatte „*Husar* " wird mit Depeschen nach Hause geschickt und strandet auf dem Fluss *Saintes*. – Bemühungen, das Schiff zu retten – Fluchtversuch in den Booten wird durch schlechtes Wetter vereitelt – Kapitulation vor dem Feind.

AM Montag, dem 6. Februar 1804, stach die *Hussar* von der spanischen Bucht von Ares in See und war mit Depeschen unseres Kommodore Sir Edward Pellew nach England unterwegs. Außerdem hatte sie den Befehl, zunächst mit unserer Kanalflotte vor Brest Kontakt aufzunehmen. Wir hatten eine frische Brise aus Südwest und am darauffolgenden Tag (Dienstag, den 7.) waren Wind und Wetter fast gleich. Soweit ich mich erinnern kann, befanden wir uns mittags auf 46° 50', Richtung Ushant, N. 37° E, 113 oder 114 Meilen entfernt.

Am Mittwoch (8.) waren Wind und Wetter gleich, und wir steuerten, soweit ich mich erinnern kann, nordöstlich von Ost und liefen mit neun Knoten pro Stunde. Jedes Herz war von der freudigen Erwartung erfüllt, in wenigen Stunden sicher im Land der Freiheit festgemacht zu haben. Einige waren damit beschäftigt, ihren Freunden und Verwandten zu schreiben; aber leider! Wie schwach und trügerisch sind die Hoffnungen des Menschen! Wie anders war unser Los entschieden worden! Die glückliche Ankunft fand bei vielen nicht statt. Bei allen anderen hat es lange auf sich warten lassen; und die Wechselfälle und das Elend, die wir erleiden mussten, werden auf den folgenden Seiten ausführlich dargelegt.[Seite -498]

Es war an diesem verhängnisvollen Mittwoch, ungefähr um 22:45 Uhr, als *die Hussar bei dunklem und diesigem Wetter diesen Kurs von Nordosten nach Osten steuerte und mit einer Geschwindigkeit von etwa sieben Knoten pro Stunde fuhr*, als sie auf die südlichste Spitze der *Saintes lief* . Wir schlugen gegen ein riesiges Felsriff, rissen unsere Pinne in mehreren Stücken weg, rissen das Ruder ab und beschädigten durch die Gewalt des Schlagens gegen das Riff den Schiffsboden so stark, dass das Leck sehr ernst wurde. Schließlich gerieten wir in tiefes Wasser und warfen unsere Buganker los, um zu verhindern, dass wir an den riesigen Felsen vor uns zerschmettert wurden. Wir holten unsere Bramrahen und Masten an Deck und nutzten alle möglichen Mittel, um das Schiff leichter zu machen. Der Großteil der Besatzung wurde an den Pumpen gehalten; während die übrigen mit den Offizieren damit beschäftigt waren, die Wasserfässer im Laderaum zu verstopfen, das Schiff abzustützen, da es bei Ebbe nach Steuerbord neigte, und alles zu tun, was für die Sicherheit des Schiffes als nützlich erachtet wurde. Alles war vergebens. Der Zimmermann berichtete, dass das Schiff gebilgt worden war, und wir konnten deutlich hören, wie die Steine bei Ebbe knirschten und sich durch das Schiff arbeiteten.

Bei Tagesanbruch wurde Herr Weymouth (der Kapitän) geschickt, um nach einer Durchfahrt zwischen den Felsen zu suchen, in der Annahme, dass wir das Schiff vielleicht durchsetzen könnten , aber er kehrte erfolglos zurück; Hätte er es jedoch geschafft, hätte es angesichts des Zustands, in dem sich das Schiff befand, wenig Hoffnung gegeben, es herauszuholen. Einer Abteilung von Seeleuten und Marinesoldaten mit ihren jeweiligen Offizieren wurde dann befohlen, die Insel in Besitz zu nehmen, um im äußersten Notfall ein Asyl für die Männer und Offiziere zu sichern. Der Rest der Besatzung blieb an den Pumpen, aber ohne Erfolg, da das Leck immer näher kam. Die Insel wurde ohne Widerstand eingenommen, die einzigen Menschen auf ihr waren ein paar in Not geratene Fischer und ihre Familien.

Gegen 11 Uhr begannen wir mit der Landung der Besatzung, ohne Hoffnung, unser Schiff retten zu können. Der Rest der Menschen arbeitete jedoch weiterhin an den Pumpen und wartete auf die Rückkehr der Boote. Mittags, als die Flut stark anstieg und wir immer weiter vordrangen, gab Kapitän Wilkinson die Anweisung, den Anker loszulassen, was sofort geschah. Starke Stürme aus SW

9. Februar. — Gegen 13 Uhr waren alle sicher an Land, mit zwei oder drei Schweinen und etwas Zwieback, was der einzige Lebensunterhalt war, den wir gesichert hatten. Kapitän Wilkinson und Mr. Weymouth kamen mit dem letzten Boot. Gegen 13.30 Uhr wurde Leutnant Pridham mit den Herren Carey, Simpson und Thomas (drei Warrant Officers) und mir vom Kapitän befohlen, zum Schiff zurückzukehren, die Masten abzuschneiden und alles zu zerstören, was wir erreichen konnten. Als wir an Bord kamen, war das Wasser fast eben mit den Kämmen des Unterdecks. Gegen 15.30 Uhr verließen wir das Schiff, nachdem wir die uns aufgetragene Aufgabe mit größter Genauigkeit ausgeführt hatten: Der immer stärker werdende Wind ließ uns kaum Hoffnung, dass das Schiff die Nacht über durchhalten würde.

Wir schlossen uns den Offizieren und der Mannschaft in einer kleinen Kirche an; und dies war der einzige Ort auf der Insel, wo wir bequem unseren Wohnsitz beziehen konnten. Das Wetter war in der Nacht übermäßig rau. Als Kapitän Wilkinson bei Tagesanbruch feststellte, dass das Schiff scheinbar noch ganz war, schickte er Mr. Pridham und Mr. Mahoney (Maat des Kapitäns) mit einer Gruppe von Männern los, um es durch Feuer zu zerstören. Die anderen Offiziere und Leute waren damit beschäftigt, dreizehn Fischerboote auszurüsten, die den Einwohnern gehörten, [3] zum Zweck des Transports der Schiffsbesatzung, je nach den Umständen entweder zu unserer Flotte vor Brest oder nach England. Herr Pridham und seine Gruppe kehrten zurück, und der Knall der Schiffsgeschütze verkündete die Erfüllung der Aufgabe, die ihnen aufgetragen worden war.

Am 10. waren unsere Boote gegen 13.30 Uhr bereit; es wehte ein starker Wind aus SW. Wir gingen alle an Bord. Ich hatte die Ehre, eines mit 25 Mann zu befehligen; Kapitän Wilkinson führte mit dem Kapitän das Schiff an, das das einzige Beiboot der Truppe war. Wir setzten die Segel aus den kleinen Buchten, in denen die Boote vertäut waren, da der Seegang extrem hoch war, und gegen zwei Uhr wurde das Schiff nach Nordwesten gezogen. Natürlich folgten wir alle. Gegen 14.30 oder 15 Uhr stachen wir wieder auf. Mehrere Boote waren in Seenot, sie waren in sehr schlechtem Zustand und hatten weder Segel, Takelage noch Ankergeschirr, auf das man sich verlassen konnte. Die Leutnants Pridham und Lutwidge (die bis zum Frieden von 1814 Kriegsgefangene blieben) und Leutnant Barker (der später bei einem Duell bei Verdun getötet wurde) mussten weiter vorn bleiben, da kein anderes Boot einen Kompass hatte. Gegen fünf Uhr verloren wir bei einem sehr schweren Sturm mit Regen die Barke aus den Augen. Alle in unserem Boot waren der Meinung, dass sie gekentert war, und um 17.30 Uhr blies ein extrem starker Wind und es gab einen heftigen Regenschauer, und wir verloren alle Boote aus den Augen. Gegen sechs Uhr bemerkten wir St. Matthew's Light [4] am Luvbug. Der Wind drehte nun auf Nordwest und es kam zu einem sehr schweren Sturm, der unseren Großmast im Schritt [5] und im Vormast wegriss und uns beinahe überschwemmte, wobei das Boot fast voll Wasser war. Wir haben den Mastfuß abgesägt, ihn wieder aufgesetzt und das Großsegel und die Fallen nach vorn geholt, was uns ermöglichte, das Focksegel zu setzen und vor dem Wind nach Rock Fort zu segeln, in der Erwartung, auf einige der anderen Boote zu treffen; aber wir wurden enttäuscht. Um elf beschlossen wir, auf dem Grund der Bertheaume Bay zu ankern, allerdings mit wenig oder gar keiner Hoffnung, lange zu fahren, denn unsere einzigen Ankerausrüstungen waren ein kleiner Enterhaken und ein paar Faden eines anderthalb Zoll langen Seils.

Durch die Vorsehung gelang es uns, hinaufzukommen, obwohl wir uns leider zu nahe am Ufer befanden und in einer äußerst miserablen Lage waren: Die Wetterflut, die einem heftigen Sturm aus Nordwesten entgegenwirkte, verursachte ein solches Meer, dass wir häufig in seinem Abgrund begraben wurden.

Um 2 Uhr morgens brach die See in gewaltiger Weise über uns herein, und als wir feststellten, dass wir fuhren und das Achterschiff fast berührten, in der Erwartung, jede Sekunde an den Felsen hinter uns zerschmettert zu werden, holten wir zügig das Enterseil ein und hoben es hoch Vorsegel und Herumtragen des gerade eingeholten Enterhakenseils, bis wir es direkt über das Viertel brachten, was es uns ermöglichte, unseren Enterhaken problemlos an Bord zu bringen; Dann stellten wir uns auf die Seite der Camaret-Bucht, in der Hoffnung, einen kleinen Zufluchtsort zu finden, der uns Schutz bot, oder eines der anderen Boote. aber wir wurden von beiden Erwartungen enttäuscht.

Als wir gegen 4.30 Uhr feststellten, dass wir uns schon weit in Richtung des Hafens von Brest vorgewagt hatten, beschlossen wir, es noch einmal mit dem Enterhaken zu versuchen. Wir waren allerdings nicht im Geringsten vor dem rauen Wetter geschützt und befanden uns direkt unter einem Fort, das wir an seinen Lichtern erkannten, die es uns ermöglichten, die Wachposten auf ihren Posten hin und her gehen zu sehen. Wir hatten hier, wenn möglich, schlechteres Wetter als an unserem vorherigen Ankerplatz, mit der Ausnahme, dass der Enterhaken hielt. Um 7.30 Uhr wurden Wind und Wetter rauer als in der Nacht zuvor. Kein einziges unserer Boote war in Sicht, jede Minute erwarteten wir, vom Fort angerufen zu werden, und keine Seele unter uns konnte ein Wort Französisch sprechen. Wir waren fast am Verhungern und starben durch die Erschöpfung und die Leiden der Nacht, und die wenigen Vorräte, die wir hatten, wurden vom Salzwasser völlig zerstört. Da ich keine andere Alternative sah als den Schmerz und die Demütigung, mich und die Besatzung meines Bootes als Kriegsgefangene auszuliefern, fasste ich schließlich diesen Entschluss. Also befahl ich, sämtliche Kleinwaffen in meinem Boot über Bord zu heben, kappte um acht Uhr das Enterseil und lief unter dem Focksegel in den Hafen von Brest ein.

Da ich mir vorstellte, dass die Besatzung des Bootes und ich an Bord des Schiffes des Oberbefehlshabers besser aufgenommen und behandelt werden könnten als auf einem Privatschiff, fuhr ich neben der *Alexandre her*, deren Schiff seine Flagge trug, und übergab mich und meine Besatzung als Gefangene Krieg.

KAPITEL II

Ein freundlicher Empfang durch den Feind – Unsere Schiffskameraden, alle Gefangene – Trost bei Unglück – Gefangene, die ins Krankenhaus von Brest geschickt werden – Raub durch einen französischen Seemann – Spießrutenlauf – Dilemma, ein Schwert zu tragen oder aufzugeben – Freundlichkeit der französischen Nonnen – Befehle ins Landesinnere marschieren – Verletzter Stolz und harte Kost – Bösgläubigkeit des Marineministers – Der Marsch beginnt nach Verdun – Ankunft in Landernau – Aristokratische Unterschiede in den Löhnen oder Zulagen unter den Republikanern – Landiviziau – Ein Beispiel für Gleichheit – Morlaix zu Rennes – Gefangene und Ungeziefer – Vitré – Englische Hunde in einem französischen Gasthaus – Laval – Ein Spektakel für die Menge – Alençon – Die Schwierigkeiten nahmen zu – Ein Teil der Besatzung trennte sich von ihren Offizieren – Unsere Ankunft in Rouen – Ein ehrlicher Gefängniswärter und seine liebenswürdige Frau – Eine moderate Rechnung für Gefängnisstrafen – *Bons garçons* in einem Gefängnis – Unsere Ankunft in Amiens – Englische Anteilnahme für leidende Landsleute.

ICH wurde in meinen Erwartungen nicht enttäuscht, denn ich wurde mit äußerster Höflichkeit empfangen. Mir wurde jede Aufmerksamkeit geschenkt und ich bekam einen Anzug trockener Kleidung. Sie besorgten mir sofort einen warmen Schluck (den ich noch nie zuvor so dringend benötigt hatte), gaben jedem meiner Männer ein Glas Schnaps und bestellten für sie ein Frühstück mit allem, was sonst noch nötig war, um die erschöpfte Natur zu erholen und zu trösten sie unter ihren Leiden und Unglücken. Die armen Kerle befanden sich in einem höchst erbärmlichen Zustand, sie zitterten und zitterten wie Espenblätter; Einige von ihnen waren von Müdigkeit, Hunger und dem extremen Wetter so erschöpft, dass sie sich kaum artikulieren konnten, wenn man sie ansprach. Die französischen Offiziere teilten mir auch mit, dass alle Boote, außer meinem und einem anderen, wegen der extremen Heftigkeit des Wetters gezwungen gewesen seien, nach Brest zu fahren, und in der Nacht angekommen seien; Sie fügten jedoch hinzu, dass sie in größter Sorge um unsere Sicherheit gestanden hätten, da es aufgrund der Größe der Boote und der Art und Weise, wie sie gefunden wurden, nicht möglich sei, dass sie die strenge Nacht überleben könnten. Leutnant. Barker, Mr. Nepean, ein Midshipman und jetzt Kommandant, und Mr. Carey, der Bootsmann (der später in Verdun starb), kamen von den anderen französischen Kriegsschiffen, auf denen sie Gefangene waren, an Bord, um zu gratulieren mich bei meiner außergewöhnlichen Flucht und sicheren Ankunft. Wir hatten jedoch die stärkste und schmerzlichste Befürchtung, dass Herr Robert James Gordon, der Midshipman, der das Boot befehligte, das noch nicht angekommen war, mit seinen Gefährten umgekommen war.

Am nächsten Tag, dem 11., wurden wir alle um 14.00 Uhr an Land ins Krankenhaus von Brest geschickt. Dieser Ort wurde uns zugewiesen, da es jedem Einzelnen aufgrund der Strapazen, die er durchgemacht hatte, mehr oder weniger schlecht ging.

Um den Charakter der französischen Seeleute und ihres Marinedienstes hervorzuheben, muss ich hier berichten, dass einem unserer Marinesoldaten ein kleiner lederner Koffer oder Koffer, in dem ich Wechselwäsche usw. aufbewahrt hatte, aus der Hand genommen wurde , von einem französischen Seemann, der ein wenig Englisch sprach, unter dem Vorwand, ihm die Mühe zu ersparen, es die Bordwand hinunterzutragen; während der Schurke es, anstatt es ins Boot zu legen, durch eine der Luken im Unterdeck abgab. Unser Marinesoldat, der auf der Gangway des Schiffes blieb, hatte die Transaktion als einen Akt der Freundlichkeit ausgelegt und kam zu dem Schluss, dass der Koffer sicher in dem Boot deponiert worden sei, das uns an Land bringen sollte; Der Diebstahl wurde auch erst bei unserer Landung entdeckt, als das bescheidene, für mich jedoch unschätzbare Eigentum nicht gefunden werden konnte. Ich teilte dies sofort den Offizieren mit, die uns begleiteten, und sie schickten sofort den Befehl an Bord, nach dem Koffer zu suchen. Tatsächlich schienen sie überaus betrübt darüber zu sein, dass einer ihrer Besatzungsmitglieder eine solche Schurkerei begangen haben sollte. Sie versicherten mir, dass der Täter hart bestraft werden sollte und dass mein kleiner Koffer sicher zurückgegeben werden sollte. Daran war ich sehr verzweifelt, obwohl ich kaum Zweifel daran hegte, dass der erste Teil des Versprechens treu gehalten wurde. In der Zwischenzeit brachten uns diese Beamten ins Krankenhaus und bestanden darauf, dass ich die ganze Zeit mein Schwert trug. Der Kapitän hatte sich geweigert, es an Bord zu nehmen, mit der Begründung, dass ich leider Schiffbruch erlitten und nicht in den Kampf mitgenommen worden sei und dass ich daher kein Recht habe, mein Schwert zu verlieren; und er bemerkte weiter, dass wir seiner Meinung nach in unser Heimatland zurückgebracht werden sollten und nicht als Gefangene betrachtet werden sollten; aber er fügte hinzu, dass der Gefängniswärter an Land mir meine Seitenwaffen entziehen würde, was später der Fall war.

Bei unserer Ankunft im Krankenhaus, oder besser gesagt im Gefängnis (da wir streng überwacht und bewacht wurden), nahm der Gefängniswärter mein Schwert weg und schien sehr wütend darüber, dass ich ihm nicht erlaubte, meinen Gürtel zu nehmen; Das konnte, wie ich ihm gegenüber bemerkte, keinen Schaden anrichten. Ich hatte nun das unaussprechliche Glück, allen Offizieren die Hand zu schütteln, mit Ausnahme von Mr. Thomas (Zimmermann), der leider bei dem Versuch, in der Bertheaume Bay zu landen, ertrunken war, und Mr. Gordon (Midshipman), über den ich mich sehr gefreut habe Hören Sie, war in Conquêt sicher, wo er gelandet war. Wir erwarteten ihn und die Besatzung seines Bootes am nächsten Tag nach Brest.

Am 14. hatten wir das Vergnügen, ihn und seine Mannschaft wohlbehalten ankommen zu sehen; Sie sprachen sehr gut über die Behandlung, die sie bei Conquêt und auf dem Marsch erfahren hatten. Ich erhielt nun einen Teil der Sachen, die sich im Koffer befanden, und der Dieb, so wurde mir mitgeteilt, hatte den Fehdehandschuh geführt.

Wir fühlten uns während unseres Aufenthaltes hier sehr wohl und wurden von *Religiösen* oder alten Nonnen betreut, was in allen französischen Krankenhäusern allgemeiner Brauch ist. Sie waren die aufmerksamsten Krankenschwestern, die ich je gesehen habe: ständig auf der Hut; Besuche bei ihren Patienten; Hilfe leisten, wo immer sie gebraucht wird; und immer die Niedergeschlagenen zu trösten.

Am 18. erhielten wir die Nachricht, dass wir am nächsten Morgen unseren Marsch zu unserem Depot beginnen sollten; und dementsprechend waren wir am 19. sofort bereit. Gegen acht Uhr wurden wir alle im Hof des Krankenhauses aufgestellt. Mr. Mahoney und ich (die Oberkadetten) nahmen wie gewohnt unsere Plätze neben den Leutnants ein; Aber zu unserer großen Überraschung wurden wir, als die Namen aufgerufen wurden, zusammen mit Mr. Carey, dem Bootsmann, und Mr. Simpson, dem Schützen, [6] bewegt und neben die Matrosen gestellt. Gleichzeitig wurde jedem von uns ein Laib Schwarzbrot für den täglichen Lebensunterhalt angeboten, was wir ablehnten. Wir verlangten von den französischen Offizieren eine Erklärung für dieses außergewöhnliche Verhalten, und sie teilten uns mit, dass wir einer anderen Klasse (Mastersmates) angehörten als alle anderen in ihrer Marine und dass sie uns daher als *Adjutanten* oder *Sousoffiziere eingestuft hätten* , und sie bestanden darauf, dass sie keine Änderungen vornehmen könnten. Leutnant. Pridham mischte sich nun in unserem Namen ein. Es schien, als sei ihm am Abend zuvor mitgeteilt worden, dass wir in dieser Rangfolge eingestuft werden sollten; Da er aber mit den Vorschriften und Titeln des französischen Militärdienstes nicht vertraut war, hatte er angenommen, dass ein Adjutant in unserer Marine einem Rang zwischen einem Midshipman und einem Leutnant gleichkäme; und das hielt er natürlich für unseren richtigen Platz. Nachdem der Offizier lange Zeit gegen die Unangemessenheit unserer Degradierung in den Rang und unter das Volk protestiert hatte, stimmte er zu, zum Marineminister zu gehen [7] , um die Angelegenheit, wie er es nannte, regeln zu lassen. Er kehrte kurz darauf zurück; Der Marineminister war nicht da, aber wir erhielten von seinem Chefsekretär oder Sekretär die Zusicherung, dass der Fehler sofort nach seiner Rückkehr behoben werden sollte und dass uns ein Kurier mit einem weiteren *Feuille de Route zur nächsten Etappe nachgeschickt werden würde* . So weit versöhnt, begannen wir unseren

Gewaltmarsch – und zwar, wie uns mitgeteilt wurde, nach Verdun in Lothringen –, obwohl unsere Besatzung über diese Beleidigung oder Respektlosigkeit gegenüber ihren Offizieren ziemlich empört schien und sich weigerte, abzumarschieren, bis wir sie dazu überredet hatten gehorsam.

Gegen sieben Uhr abends erreichten wir unsere erste Etappe, das kleine und elende Dorf Landernau, etwa dreißig Kilometer nordöstlich von Brest. Ich erwartete die Ankunft des Kuriers jeden Augenblick voller Sorge, so wenig wusste ich damals über die Art französischer Versprechen und den französischen Charakter. Als große Gunst wurde uns hier gestattet, uns unter die Offiziere zu mischen. Unsere Tagespauschale betrug elf Sous oder 5½ Pence, während der jüngste Fähnrich oder Freiwillige fünfzig bekam. Die Tagespauschale für die Mannschaft betrug, glaube ich, nur fünf Sous.

Bei Tagesanbruch des 20. begannen wir unseren Marsch, etwas niedergeschlagener als am Tag zuvor. Am Abend erreichten wir Landiviziau, das fünf oder sechs Meilen von Landernau entfernt war, das viel kürzer war. Hier machten wir für die Nacht Halt und die Leute wurden in Ställen, Scheunen usw. untergebracht. Bei Tagesanbruch des 21. begannen wir unseren Marsch in Richtung Morlaix. Gegen zwei Uhr nachmittags, vier oder fünf Meilen von der Stadt entfernt, wurden wir von einem Gendarmeriehauptmann *und* zwei *Gendarmen empfangen* , die, wie wir später erfuhren, herauskamen, um uns dorthin zu eskortieren. Sie hatten sich uns noch nicht lange angeschlossen, als ich zufällig einen unserer Schiffsjungen entdeckte, der die Hand hob, um einen jungen Fähnrich zu schlagen. Ich rannte sofort hin und züchtigte den Jungen mit einer Gerte, die ich glücklicherweise in der Hand hatte; aber man muss sich mein Erstaunen anhören, als ich diesen polternden Gendarmeriehauptmann mit *Schaum* vor dem Mund und in vollem Lauf mit gezogenem Schwert auf mich zukommen sah. Er schien in großer Wut zu sein, fluchte heftig und schwang sein Schwert wiederholt über meinem Kopf. Da ich kein Wort von dem verstand, was er sagte, aber aufgrund seiner Wut sicher war, dass es sich um Schimpfwörter handeln musste, wiederholte ich wie ein Papagei seine eigenen Ausdrücke, so gut ich konnte, was ihn so ärgerte, dass ich nicht weiß, wie weit er seine Gewalttat getrieben hätte, wenn nicht der Infanterieoffizier, der uns eskortierte, und unsere eigenen Offiziere eingegriffen hätten. Der Infanterieoffizier machte ihm Vorwürfe, es sei unangemessen, sein Schwert auf einen nackten Gefangenen zu richten, der kein Wort von dem verstand, was er sagte. Er erklärte und beharrte darauf, ich spreche genauso gut Französisch wie er; wir seien alle gleichermaßen Gefangene; wir befänden uns nun in einem Land, in dem jeder frei sei; und er würde dafür sorgen, dass wir einander nicht tyrannisierten, solange wir bei ihm seien; oder anders ausgedrückt, dass die Offiziere den Männern gleichgestellt sein sollten. Ich bemerkte, dass einige der Besatzungsmitglieder ihn verstanden und dass sie anderen erklärten, was er meinte, was ihnen offenbar außerordentlich gefiel.

Wir waren jedoch noch nicht mehr als eine Meile marschiert, als sich ein Umstand ereignete, der uns allen ein schönes Beispiel der Freiheit bot, mit der in diesem Land des Republikanismus und der Gleichheit geprahlt wird. Ein armer Mann, der mindestens siebzig Jahre alt zu sein schien, lenkte zufällig einen Karren die Straße entlang, und als er sich uns näherte, rief ihm dieser Freiheitsliebhaber zu, er solle seine Pferde zur Seite wenden, bis wir vorbei wären; aber der arme, unglückliche alte Mann hörte nichts und setzte seinen Weg fort. Dieses Tier ritt auf ihn zu und schlug und zerfleischte ihn so unbarmherzig, dass die Seeleute ihn buchstäblich ausbuhten und wiederholt fragten: „Wenn das die Freiheit war, mit der er vor ein paar Minuten so viel geprahlt hatte?"

Gegen fünf Uhr nachmittags kamen wir in Morlaix an. Unsere Leute wurden wie üblich untergebracht und verwöhnt; den Offizieren, darunter mir und Mr. Mahoney, wurde jedoch gestattet, in eine Taverne zu gehen. Auf Nachfrage erfuhr ich, dass dieser furchterregende Hauptmann der *Gendarmerie* vor der Revolution Weber gewesen war und durch seine Niedertracht zu dem Rang aufgestiegen war, den er innehatte. Man teilte mir mit, dass er unsere Leute in der Nacht besuchte und alles daran setzte, sie zu Verrätern zu machen und in den französischen Dienst zu treten. Ich bin sehr froh, sagen zu können, dass all seine Bemühungen fruchtlos waren; und zur Ehre unseres Landes sei gesagt, dass jeder Vorschlag, den er machte, jede Versuchung, die er anbot, mit Verachtung aufgenommen wurde.

Am 22., gegen acht Uhr, machten wir uns wieder auf den Weg und kamen nach einem langen Marsch in einem kleinen Dorf, Belle-Isle-en-Terre, an, wo wir über Nacht blieben, in einer unangenehmen Lage, da das Dorf übermäßig arm war und klein, die Leute, die für alles den doppelten Preis erpressen; Inzwischen habe ich jedoch festgestellt, dass dies in ganz Frankreich fast allgemein verbreitet ist.

Am 23., zur üblichen Stunde, gegen acht, begannen wir unsere Reise nach Guingamp, wo wir ziemlich früh ankamen. Es ist eine weitläufige Stadt und scheint gut bevölkert zu sein. Wir ruhten uns hier vierundzwanzig Stunden lang aus und wurden ziemlich gut behandelt. Das Land schien, obwohl spät in der Saison, wunderschön zu sein. Es ist sehr fruchtbar, und doch schien die Bauernschaft übermäßig arm und verzweifelt zu sein.

Am 25. begannen wir bei Tagesanbruch unseren Marsch in Richtung St. Brieux, der letzten Stadt an der Seeküste, die wir erreichen mussten, und kamen gegen vier Uhr an. Wir wurden sehr streng bewacht, was sicherlich notwendig war, da die Stadt nur anderthalb Meilen vom Meer entfernt war und eine große Anzahl die Absicht hatte, ihre Fesseln abzustreifen; Dies erwies sich jedoch als unmöglich. Wir ließen eine andere Wache bestellen, was wir alle bedauerten, da der Offizier, der uns von Brest an diesen Ort geführt hatte, ein vollkommener Gentleman war und äußerste Mäßigung gegenüber den Gefangenen bewahrte – denen es übrigens nicht immer sehr gut ging artig. Ich habe hier eine Flucht geplant, konnte sie aber nicht verwirklichen.

Am 26. nahmen wir bei Tagesanbruch mit unserer neuen Wache unsere Reise wieder auf. Gegen zehn wurden wir auf dem Weg in Meeresnähe angehalten; die Wache lud ihre Geschütze, überprüfte ihre Schlösser und tat alles, um uns einzuschüchtern und jeden Widerstand zu unterbinden. Sie schienen Angst zu haben, wir könnten einen Fluchtversuch unternehmen, obwohl sie fast so viele waren wie ihre Gefangenen. Es wäre ein hoffnungsloses Unterfangen gewesen, und es waren keine Schiffe in der Nähe, auf denen 300 Mann hätten eingeschifft werden können; aber die bloße Möglichkeit unserer Flucht hatte uns beinahe dazu verleitet, das Risiko einzugehen.

Gegen fünf kamen wir in Lamballe an und am 27. um acht wurden wir nach Rennes marschiert. Wir erreichten unseren Bestimmungsort am 29. Die Offiziere durften in eine Taverne gehen, aber wir, die wir noch immer Adjutanten waren, wurden *ins* öffentliche Gefängnis gebracht. Trotz zahlreicher Vorstellungen und Proteste beim Generalkommandanten der Stadt wurden wir bis zum 2. März in Gewahrsam gehalten, nachdem wir in Rennes einen so genannten Tagesaufenthalt verbracht hatten . Viel lieber wäre ich weitergefahren , denn in diesem Gefängnis hatten wir Umgang mit Übeltätern und Kriminellen aller Konfessionen und trotz aller Bemühungen waren wir von Ungeziefer bedeckt. Schließlich wurde uns eine weitere Wache zugeteilt, wir schlossen uns unseren Offizieren an und waren sehr froh, wieder an der frischen Luft zu sein.

Wir wurden nun auf unseren erzwungenen Weg nach Vitré geschickt, wo wir am Abend des 2. März gegen acht Uhr ankamen, nachdem wir an diesem Tag die Strecke von fast zehn Meilen oder etwa fünfundzwanzig englischen Meilen zurückgelegt hatten. In dieser Stadt wurde uns trotz unserer Demütigung und unserer Not nur eine traurige Behandlung zuteil. Wir hatten große Schwierigkeiten, in ein Gasthaus Zutritt zu bekommen, und noch größere Schwierigkeiten, uns irgendwelche Erfrischungen zu besorgen. Als wir dem Wirt wegen unseres miserablen Abendessens und des exorbitanten Preises, den er dafür verlangte, Vorhaltungen machten, antwortete er, indem er uns „englische Hunde" nannte und uns sagte, dass wir froh sein sollten, etwas zu bekommen, und dass die Beamten und Behörden waren schuld daran, dass wir nicht in einem Stall oder an einem anderen Ort untergebracht wurden, der für solche Unmenschen besser geeignet wäre als ein Gasthaus.

Wenn er seinen Willen hätte, fügte er hinzu, würde er uns sehr bald so behandeln, wie solche Hunde es verdienten. In diesem Ton fuhr er fort – ein Ton, der uns viel weniger auf die Nerven ging als sein schlechtes Abendessen und seine übertriebenen Anschuldigungen. Dieses Beispiel des Nationalgefühls Frankreichs in dieser Zeit der Aufregung zeigt, dass die Franzosen eine gute Meinung von englischen Bulldoggen hatten, zumindest im Hinblick darauf, wie sie eine lange Rechnung verdauen konnten. Der Fluss Vilaine fließt durch Vitré und die Stadt scheint reich an Fischen zu sein.

Bei Tagesanbruch, am 3. März, verließen wir unseren *höflichen* und *gastfreundlichen* Gastgeber und marschierten nach Laval, einer ziemlich großen Stadt an der Mayenne, die für ihre Leinenmanufakturen bekannt ist. Wir kamen gegen fünf Uhr abends an und wurden als *Schauspiel für die Einwohner* einige Zeit auf dem Marktplatz festgehalten , bevor wir zu unseren jeweiligen Übernachtungsplätzen geführt wurden. Einige der Leute, die Englisch konnten, kamen, um uns mitzuteilen, dass unser gnädiger Herrscher, Georg der Dritte, schon seit mehreren Tagen tot sei und dass das Ergebnis ein allgemeiner Frieden sein würde. Wir missachteten ihre Intelligenz und versicherten ihnen zu ihrem großen Ärger, dass wir ihnen nicht den geringsten Glauben schenkten.

Von Laval fuhren wir über Préz-en-Paille, eine sehr kleine Stadt, nach Alençon, wo wir am Abend des 5. ankamen und uns 24 Stunden ausruhen durften. Niemals war Ruhe für die Niedergeschlagenen und Erschöpften notwendiger. Wir waren nun viele Tage auf schlechten Straßen in einer rauhen Jahreszeit marschiert und unter all den Gefühlen, die dem Reisenden die Elastizität des Geistes rauben, die die körperliche Gesundheit unterstützt und ihn befähigt, alle Schwierigkeiten zu überwinden, alle Strapazen zu ertragen und alle Entbehrungen zu ignorieren. Bisher war unsere gesamte Schiffsbesatzung mit ihren Offizieren zusammengehalten worden, aber nun sollte sogar dieser Trost zerstört werden. In Alençon zweigt die Hauptstraße in zwei Richtungen ab, die eine führt über Versailles nach Paris, die andere biegt nach Nordosten nach Seéz, Bernay und Rouen ab. Unglücklicherweise hatten die französischen Herrscher angeordnet, dass die so genannten „Offiziere" das Ende ihrer Reise auf der erstgenannten Route zurücklegen sollten, während die Mannschaft zu ihrem vorgesehenen Gefängnisort über die Straße durch Rouen weiterreisen sollte. Der Irrtum des Marineministers bezüglich meines Rangs traf mich dabei am schwersten. Ich sollte nicht in den Offiziersrang aufgenommen werden. Die Leutnants, Fähnriche und anderen Offiziere wurden daher angewiesen, auf der Straße nach Paris zu marschieren, während mir und Mr. Mahoney mit dem Bootsmann und dem Kanonier als *Adjutanten* oder ohne Offiziere befohlen wurde, mit der Hälfte der Schiffsbesatzung über die Straße durch Rouen nach Charlemont oder Givet im Département Ardennen weiterzureisen.

Ich gestehe, diese Trennung hat mich sehr betrübt. Der Abschied von meinen Kameraden und Freunden in einem fremden Land sowie die Beleidigung und Ungerechtigkeit, in einen niedrigeren Dienstgrad als meine Offiziersbrüder eingestuft zu werden, führten unweigerlich zu einer Depression, die für jeden ehrenwerten Geist so natürlich ist. Das Gefühl war auf Seiten meiner Offiziersbrüder erwidert, und wir trennten uns mit Bedauern, sie auf der Pariser Route und ich und meine Begleiter auf der trostloseren Straße des Nordens.

Wir verließen Alençon, passierten Seéz und Bernay und kamen schließlich am 12. gegen zwei Uhr nachmittags in Rouen an. Die Strapazen, denen wir ausgesetzt waren, waren unvorstellbar.

Diese große und prächtige Stadt mit ihrer prächtigen Kathedrale und ihren Manufakturen sowie der schönen Landschaft, die sie umgibt, weckt vielleicht bei dem ankommenden Reisenden Erwartungen und Freude, doch bei dem, der im Gefängnis erschöpft, von Müdigkeit zermürbt und von schlechter Behandlung angewidert ist und nur die Aussicht auf eine lange Gefangenschaft hat, können derartige Gefühle nicht geweckt werden.

Bei unserer Ankunft in Rouen wurden wir alle ins Gefängnis gesteckt, und das vermittelte uns keine sehr positive Vorstellung von der Gefängnisverwaltung oder -disziplin in Frankreich. Aber ich kann einen Umstand nicht übergehen, der sich vor unserer Ankunft zugetragen hatte. So trivial er in gewisser Hinsicht auch sein mag, er veranschaulicht doch den französischen Charakter in Bezug auf die Steuerhinterziehung in Gasthäusern, selbst in den Provinzstädten oder kleinen Dörfern.

An dem Tag, an dem wir in Rouen ankamen, machten wir gegen neun Uhr morgens in einem Dorf am Ufer der Seine Halt, um uns zu erfrischen, und doch konnten wir nur Eier und Brot bekommen. Aber um ein Ei mit einem Löffel zu essen, muss der Löffel ein gewisses Verhältnis zum Ei haben: hier jedoch wurden uns Zinnlöffel von ungewöhnlichen Abmessungen zur Verfügung gestellt. Ich bemerkte dem französischen Offizier, der uns in Gewahrsam hielt, dass kleinere Löffel praktischer wären, und da er eine so greifbare Wahrheit nicht leugnen konnte, fragte er die alte Dame des Hauses, ob sie welche hätte. Sie bejahte dies, öffnete eifrig eine große Kiste, nahm sechs silberne Teelöffel heraus und stellte sie auf den Tisch. Mit diesen Löffeln aßen wir unsere Eier, und nachdem wir unser armseliges Mahl beendet hatten, verlangten wir die Rechnung. aber wie überrascht waren wir armen und erschöpften Gefangenen, als wir in unserem Elend feststellten, dass die alte Hexe von uns – was in einem französischen Dorf keine

Kleinigkeit ist – jeweils einen Penny für die Benutzung ihrer Silberlöffel verlangt hatte! Sogar der französische Offizier war ganz erstaunt und fragte sie, was sie mit dieser Forderung bezwecke. Das alte Söldnergeschöpf, das sich als eine Mischung aus Erpressung und Nationalität erwies, antwortete kaltblütig : „Sehen Sie, Sir, diese Engländer sind so eigen, dass sie nicht einmal wie andere Leute essen können. Ich habe meine Löffel seit Jahren nicht mehr aus meiner Kiste genommen und ich bin entschlossen, dass sie für die Mühe bezahlen, die sie mir gemacht haben." Der verantwortliche Offizier hätte sich dieser Zumutung widersetzen sollen, aber er unternahm keinen solchen Versuch; und da wir wehrlos waren, zahlten wir unsere Pennys und wünschten der *ehrlichen alten Dame respektvoll* einen guten Morgen.

In Rouen hatte ich eine weitere Gelegenheit, die französische Schlauheit zu erleben. Ich sah eine Anzahl Briggs und kleiner Boote, die in einem demontierten und völlig vernachlässigten Zustand im Fluss lagen, und ich konnte nicht umhin, einem der Franzosen, die bei uns eingesperrt waren, mein Erstaunen darüber auszudrücken, dass diese Schiffe nicht ausgerüstet und für ein kommerzielles Unterfangen in See gestochen worden waren. „Und was, Sir", antwortete der Franzose, „würde der Versuch nützen, wenn die Engländer die Schiffe hätten, bevor sie eine Reise beendet hätten?" Darauf gab es keine Antwort.

Die Aussicht die Seine hinunter war großartig und schön. Mein Anblick jedoch hatte jetzt einen ganz anderen Charakter. Der Übergang von der entzückenden Landschaft mit der Frische und Erheiterung der Natur zum Elend eines gewöhnlichen Gefängnisses ging schnell und wurde in diesem Fall durch die finstere Miene des Gefängniswärters und seiner lieben Gefährtin noch verstärkt. Sie boten uns ein perfektes Muster ehelicher Eintracht, denn beide waren sich einig, uns in sehr abstoßenden Worten anzusprechen; und sie waren noch ehelicher in ihrer Versicherung, dass wir, wenn wir nicht sofort für *zwei* Nächte zahlten, in Zellen nicht der besten Art und mit den schlimmsten Tätern untergebracht würden. Wir konnten nicht den geringsten Verdacht an der Wahrhaftigkeit dieser ehrenwerten Leute hegen, noch konnten wir einen Zweifel daran hegen, dass wir unter der Herrschaft absoluter und verantwortungsloser Macht standen; und obwohl wir wussten, dass das, was diese netten Leute gesagt hatten, ein Gesetz war, erlaubten wir uns zu fragen, warum sie für *zwei Nächte Bezahlung verlangten* ; und in ehelicher Eintracht antworteten sie: „Dass wir im Gefängnis *einen Tag* Ruhe genießen würden und dass der Offizier, der uns begleitet hatte, ihnen dies versichert hatte." Einer solchen Logik konnten wir uns nicht widersetzen, ebenso wenig konnten wir die Position vertreten, dass die französische Regierung für ihre Kriegsgefangenen sorgen müsse; und wir waren gezwungen, für den Komfort einer zweitägigen Unterbringung im

Gefängnis zu bezahlen, das wir das Glück hatten, nur einen ganzen Tag lang in Anspruch nehmen zu dürfen.

Dieser französische Offizier, dessen Name, soweit ich mich erinnern kann, Galway war, lebte mit uns in allen kleinen Städten, durch die wir kamen, und beteuerte eine große Freundschaft zu uns, während wir seine Ausgaben bezahlten, und erklärte dies wiederholt Er würde verhindern, dass wir im Gefängnis von Rouen eingesperrt würden, würde wegen unseres vornehmen Verhaltens selbst für uns verantwortlich sein und uns auf diese Weise ermöglichen, in einem Gasthaus zu bleiben. Aber leider! Das Gedächtnis dieses ehrenwerten Herrn war so oberflächlich, dass er sogar vergaß, uns unser letztes Tagegeld oder Gefangenengeld von elf Sous oder fünf Pence und einem halben Penny Sterling zu hinterlassen, und sich nicht daran erinnerte, die Bescheinigung, die er erhalten hatte, seinem Nachfolger in der Macht über uns zu übergeben von unseren Offizieren, unter Angabe unseres Rangs und Erläuterung des unglücklichen Fehlers, der in dieser Angelegenheit in Brest gemacht wurde. Dass er den Punkt der Ehre, der Ehrlichkeit und der Pflicht beibehielt, wäre für uns von großem Nutzen gewesen; aber ich nehme an, dass er sich, nachdem er uns entsorgt hatte, nicht einmal daran erinnerte, dass es in der Stadt ein Gefängnis gab, denn wir sahen ihn nie und hörten auch nichts von ihm, nachdem wir unter Riegel und Riegel gestellt worden waren.

Jetzt einigten wir uns mit unserem Gastgeber und seiner Rippe und zahlten ihnen für die zwei Übernachtungen eine Summe in Höhe von jeweils zwei Schilling. Das gefiel ihnen so sehr, dass sie davon überzeugt waren, wir seien Offiziere und Herren; und sie führten uns mit großem Respekt und Höflichkeit in eine Wohnung, in der sich zwei Gefangene und drei Betten befanden. Zwei der Betten wurden uns zugewiesen. Wir stellten bald fest, dass unsere Mitbewohner Schuldner waren. Die Wirtin bemerkte sehr wohlwollend, dass sie sicher sei, dass wir ohnmächtig seien und uns an Erfrischung mangelten; und sie fügte freundlicherweise hinzu, dass sie uns vorerst etwas Brot und eine Flasche guten Weins schicken und uns besorgen würde, *pauvres enfans!* ein gemütliches Abendessen in etwa einer Stunde; und dann zogen sie und ihr Mann sich nach tausend Knicksen und Verbeugungen zurück und vergaßen nicht, den Schlüssel in der Tür umzudrehen und ihn mitzunehmen. Wir waren uns alle einig, dass dies eine rücksichtsvolle, wohltätige und gute Frau war; aber viel mehr lobten wir sie, als wir die Flasche Wein und den Laib Brot sahen. Der Mann, der es brachte, war ein kluger, aktiver Schließer, der sagte: „Die Herrin ist sehr damit beschäftigt, das Abendessen für die englischen Kapitäne zu kochen. Ich hatte das Vergnügen, in diesem Gefängnis sehr häufig britische Offiziere zu bedienen – sie waren sehr extravagant und lebten gern sehr gut" usw. Aber dieses

Gespräch gefiel seinen anwesenden Gästen keineswegs; Also machten wir dem Kerl ein Zeichen, dass er gehen sollte. Er verließ uns mit der gleichen Vorsichtsmaßnahme wie sein Herr. Unsere Finanzen gingen schnell zur Neige und wir begannen zu befürchten, dass das Abendessen, das für uns zubereitet wurde, nicht helfen würde, sie zu entlasten. Ich habe bereits bemerkt, dass uns fünf Pence und ein halber Penny *pro Tag* zugestanden wurden; aber wir wurden sehr oft sogar um diesen elenden Hungerlohn betrogen, und wenn wir uns nicht jeder von uns in Morlaix ein wenig Bargeld auf unsere Privatrechnungen besorgt hätte, wären wir sicherlich vor Mangel zugrunde gegangen. Der Tisch war nun mit einer Tischdecke gedeckt, ein seltener Anstand in einem gewöhnlichen Gefängnis, und schon nach kurzer Zeit erschien das Abendessen mit zwei Flaschen Wein. Es bestand aus etwas frischem Fisch und einem kleinen Stück gekochtem Hammelfleisch. Das Geschirr war in kurzer Zeit abgeräumt, ohne die geringste Hoffnung auf einen zweiten Gang. Wir waren bestrebt herauszufinden, was die großzügige, gute Dame für dieses *üppige* Mahl verlangen konnte oder wollte, und erkundigten sich bei unserem geschäftigen Kellner, der zu seiner Geliebten ging; und sie antwortete sofort sehr freundlich: „Um uns nicht zu beunruhigen, es würde am nächsten Tag genug Zeit sein." Wir warteten dementsprechend bis zum nächsten Tag; aber wir waren entschlossen, nichts mehr zu haben, bis wir wussten, wie hoch unsere Schulden waren.

Unsere Mitgefangenen waren besonders höflich und aufmerksam zu uns und ließen uns wissen, dass wir uns in unserer Meinung über die Wirtin sehr getäuscht hatten. Das merkten wir am nächsten Morgen sofort, als wir darauf bestanden, zu erfahren, wie viel wir für das bezahlen mussten, was sie Abendessen und Wein nannte. Sie teilte uns ganz kühl mit: fünfzehn Schilling! Wir dachten, es könnten etwa sieben gewesen sein. Es war jedoch vergeblich, ihr das zu erklären; wir zahlten die Rechnung und beschlossen, vorsichtiger zu sein.

Gegen elf Uhr kamen einige französische Marineoffiziere, um unsere Leute zu inspizieren, und gaben einigen von ihnen Geldstücke, mit der Absicht, sie zum Eintritt in den französischen Dienst zu bewegen. Dies sah ich, als es öffentlich im Gefängnishof geschah, und ich schaute gerade aus dem Fenster. Ich wollte, dass sie genau sagen, worum es geht. Ein Mann, ein Däne (Hendrick Wilson, ein sehr feiner Kerl, über 1,80 Meter groß, der von uns mitgenommen worden war und sich freiwillig in unseren Dienst gemeldet hatte), antwortete: „Wir werden das Geld nehmen, das sie uns geben wollen, Sir." und das wird alles sein, was sie gewinnen werden, wenn sie hierher kommen."

Am Morgen des 14., gegen acht Uhr, ritt eine Kürassierwache in den Hof. Der Gefängniswärter war sehr schnell dabei, uns mitzuteilen, dass sie kamen, um uns auf unserem Marsch zu begleiten; So wurden die Rechnungen bezahlt und alles zur Zufriedenheit dieses Mannes und seiner guten Dame geregelt. Dann wurden wir in den Hof geführt und von den Leuten begleitet. Der Gefängniswärter bemerkte gegenüber dem französischen Offizier und den Kürassieren, dass wir *des bons garçons seien* . Dieser Offizier schien ein sehr umgänglicher, guter Mensch der wahren alten französischen Schule zu sein, bevor der Charakter der Einwohner durch die Revolution demoralisiert worden war. Er teilte uns mit, dass Herr Galway, sein Vorgänger, ihm keine Zertifikate hinterlassen habe; aber er versicherte uns, dass es bei ihm keinen Unterschied machen würde. Nachdem alles geklärt war, begannen wir unseren Marsch nach Amiens, wo wir nach einem anstrengenden Marsch durch die Städte Neufchâtel und Aumâle am 16. März ankamen.

Unser humaner Offizier hielt sein Wort. In den kleinen Dörfern zwischen Rouen und Amiens führte er uns immer in ein Gasthaus und speiste selbst bei uns; aber in Amiens konnte er nicht verhindern, dass wir ins Gefängnis gebracht wurden. Er kam jedoch häufig zu uns und blieb einige Zeit bei uns. Als wir erfuhren, dass es in dieser Stadt einen Engländer gab, einen Mr. S. Pratt, der ein Speisehaus unterhielt, ließen wir ihn wissen, dass sich einige seiner Landsleute, Kriegsgefangene im Gefängnis, aufhielten, die mit ihm sprechen wollten ; Aber die einzige Antwort, die wir erhielten, war, dass er *beschäftigt sei* . Er schickte jedoch Frau Pratt, die sogar Tränen vergoss, als sie den verzweifelten Zustand ihrer armen, lieben Landsleute sah.

Diese gütige Christin schien überwältigt von der Freundlichkeit, die ihrem Geschlecht so innewohnt, und von einer Großzügigkeit, für deren Ausdruck sie eine besondere Beredsamkeit besaß. Sie versicherte uns: „Wenn sie es in ihrer Macht hätte, würde sie allen Seeleuten Schuhe und Schuhe geben." Strümpfe, die sie so sehr brauchten, und ein gutes Abendessen – das wollte sie; aber auf jeden Fall würde sie sofort ein gutes Abendessen für uns arme, liebe Geschöpfe besorgen! denn wir müssen verhungern." Dazu fügte sie viele ähnliche zärtliche Ausdrücke hinzu.

Sie verabschiedete sich *herzlich* von jedem von uns und sagte, dass sie erst am späten Abend wiederkommen würde, aus Angst, dass ihre Besuche bemerkt würden; aber sie versicherte uns, dass ihren armen, lieben Landsleuten so schnell wie möglich ein ausgezeichnetes Abendessen geschickt werden sollte. In etwa einer Stunde erhielten wir eine kleine gebratene Hammelkeule ohne Gemüse, mit zwei Messern und Gabeln, etwas Salz in einem Papier und zwei Flaschen sehr minderwertigen Weins. Wir hofften, am Abend Gelegenheit zu haben, der Dame persönlich unsere Meinung über die Vorzüglichkeit des Abendessens zum Ausdruck zu bringen; aber sie kam nie in die Nähe ihrer „ *lieben* , lieben Landsleute!" Sie achtete jedoch darauf, ihrem Mann die

Rechnung zu schicken, deren Kosten höher waren als die der Frau des Gefängniswärters in Rouen!

KAPITEL III

Abfahrt von Amiens – Ankunft in Albert – Die Zartheit und Großzügigkeit unserer französischen Offiziere – Ein städtisches Fest in Bapaume – Auswirkungen des Champagners auf die französischen Stadträte – Trennung von unserem freundlichen Schaffner – Neue Eskorte – Gewaltmarsch nach Cambray – Bedauernswerter Zustand und schwere Leiden der Seeleute – Einmarsch in Cambray – Gefangenschaft – Landrecies, Avesnes, Hirson – Einquartierung der Einwohner – Rocroy – Ein brutaler Gutsherr – Raub und Misshandlung von Gefangenen – Givet – Charlemont – Beschreibung der Befestigungen – Flucht von Gefangenen – Vergebliche Verfolgung – Großzügigkeit des französischen Kommandanten – Privatunterkunft – Eine jakobinische Gutsherrin – Erschöpfte Mittel – 4. Juni – Ehrungen zum Geburtstag von König Georg III. – Roastbeef und Plumpudding – Französische Angst vor einem Aufstand – Der Unterschied zwischen dem Abnehmen und dem bloßen Berühren des Hutes beim Gruß an Autoritätspersonen – Gute Nachrichten – Fröhliche Abfahrt in einem Karren für Verdun.

ENDLICH kam die bestimmte Stunde, in der wir diese berühmte Stadt verließen und unsere erzwungenen und freudlosen Märsche zum Ort unserer Gefangenschaft fortsetzten. Dementsprechend wurden wir gegen acht Uhr morgens am 17. März, dem St. Patrick's Day, einem Tag großer Festlichkeiten auf meiner Heimatinsel, *auf den Weg gebracht* und kamen in der kleinen Stadt Albert im Departement an Somme, um fünf Uhr nachmittags. Hier wurden wir für die Nacht angehalten. Am nächsten Morgen überraschte uns unser freundlicher Offizier mit einem äußerst eleganten Frühstück, das aus allem bestand, was die kleine Stadt zu bieten hatte. Wir hatten es uns zur Aufgabe gemacht, ihm niemals zu gestatten, persönliche oder Tischkosten zu bezahlen, als er uns in ein Gasthaus führte, und ich vermute, dass ihm das Frühstück, sehr zu seiner Ehre, als kostenlose Gegenleistung überreicht wurde.

Von Albert aus marschierten wir nach Bapaume, einer kleinen befestigten Stadt im Departement Pas de Calais. Die Einwohner rühmen sich, dass sie nie eingenommen wurde, obwohl der Herzog von York 1793 so nah dran war. Die Straße war übermäßig schmutzig und schlecht. Unsere Männer waren an diesem Tag so außerordentlich schwach, da das Wetter sehr streng war und es so ununterbrochen regnete, dass unser guter Offizier einige seiner Kürassiere drei oder vier ihrer Gefangenen auf ihren Pferden mitnehmen ließ. Es war ungefähr vier Uhr nachmittags, als wir ankamen. Der Beamte brachte uns in eine Taverne. Wir wurden tropfnass in eine geräumige Wohnung geführt, wo ein großer Tisch gedeckt war und eine Reihe vornehm aussehender Bürger um einen in der Mitte des Raumes befestigten Ofen saßen. Sie schienen nicht die geringste Notiz von uns zu nehmen und auch nicht einmal dem Offizier Platz zu machen, der bis auf die Haut durchnässt war. Er nahm sich jedoch die Freiheit, sie zu bitten, ihn näherkommen zu lassen, was sie scheinbar widerstrebend taten. Wir versuchten nun, uns abzutrocknen und in die bestmögliche Lage zu kommen; Gleichzeitig hatte er etwas zum Abendessen bestellt, oder vielmehr zum Abendessen, da es ungefähr sieben Uhr war. Uns wurde mitgeteilt, dass es der Wahltag für einen neuen Bürgermeister sei, weshalb die Stadträte und Bürgerbeamten ein Abendessen bestellt hatten; Nach dem Servieren hatten wir den Herd vollständig in Besitz, ein Umstand, der uns sehr gefreut hat.

Diese Herren schienen sich im Appetit nicht von ihren Namensvettern in einer bestimmten großen Metropole zu unterscheiden, obwohl ich nicht erkennen konnte, dass sie Schildkrötensuppe hatten; Champagner schien der einzige Wein zu sein, den sie genossen. Unser Abendessen wurde auf einen kleinen Tisch neben dem Herd gestellt; und diese Herren, als sie von dem großzügigen Saft der Traube inspiriert wurden, ließen sich herab, die englischen Gefangenen und den Offizier, der sie befehligte, besser kennenzulernen. Sie bestanden darauf, dass wir die Gläser berührten und sogar Champagner mit ihnen tranken; und im Laufe des Abends wurden genau diese Leute, die sich bei unserer Ankunft nicht dazu verpflichtet hatten, uns mit üblicher Höflichkeit oder gar Menschlichkeit zu behandeln, so überaus gastfreundlich, herzlich und zuvorkommend, dass sie ein absolutes Ärgernis darstellten. Sie überhäuften in ihren Bechern sogar eine Reihe von Lobpreisungen auf die „edle Nation", zu der wir gehörten. „Wie schade", riefen sie, „dass Engländer und Franzosen nicht einer Meinung sind!" Sie würden dann alles vor sich hertragen und die ganze Welt erobern."

Wir waren nun dazu verdammt, eine traurige Demütigung und ein Unglück zu erleiden. Der freundliche Offizier, der uns mit so viel Menschlichkeit und, ich möchte sagen, Feingefühl, von Rouen aus begleitet hatte, teilte uns nun mit, dass er abgelöst wurde und nicht länger unser Wächter oder Eskorte sein sollte. Er fügte sogar hinzu, dass er beantragt habe, uns zum Ort unserer letzten Inhaftierung begleiten zu dürfen, und zu seiner Demütigung eine Absage erhalten habe. Er schien über die Enttäuschung sehr gekränkt zu sein und verließ uns voller Emotionen für die Nacht. Er versicherte uns, dass wir die Stadt nicht verlassen sollten, ohne uns voneinander zu verabschieden.

Am 19. März weckte uns bei Tagesanbruch ein Sergeant mit der unwillkommenen Nachricht, er habe eine Garde Dragoner mitgebracht, die uns nach Cambray bringen sollten. Wir mussten sofort aufstehen und die besten Vorbereitungen für unsere unangenehme Reise treffen. Unser alter Offizier und Freund, wie wir ihn nannten, erschien. Er sprach mit viel Wärme und Güte von uns und empfahl uns sehr wärmstens der freundlichen Aufmerksamkeit des Sergeanten. Dann verabschiedete er sich liebevoll von jedem Einzelnen und vergoss buchstäblich Tränen, als er uns verließ. Wir bedauerten seinen Verlust sehr. Er war weichherzig und mitfühlend und ehrte das Land, das ihn geboren hatte, und sogar die Natur selbst. Unter diesem ausgezeichneten Mann, mit der Nachsicht, die er uns entgegenbrachte, und mit dem Vertrauen, das er in unsere Ehre setzte, hätte keiner von uns auch nur die günstigste Gelegenheit zur Flucht genutzt. Jeder von ihnen hätte es als eine Schande für den Charakter unseres Landes und als einen Beweis individueller Herzensbösheit und mangelnden Ehrgefühls empfunden.

Um halb neun mussten wir unseren Marsch nach Cambray antreten. Alle Elemente schienen sich mit allen Umständen zu verbinden, um uns unsere veränderte Lage spüren zu lassen. Es war ein äußerst strenger Morgen, bitterkalt und der Nordostwind blies uns heftig in die Zähne. Es hagelte und regnete heftig und ohne Unterbrechung. Unsere arme Mannschaft war halb verhungert, elend gekleidet und ohne Schuhe oder Strümpfe, und einige von ihnen hatten sogar kein Hemd an. Sie waren in Lumpen und Fetzen. Mit ausgehungerten Mägen und gebrochenem Geist wurden sie auf diesen langen Marsch in das freudlose Ende eines Gefängnisses gezwungen. Unter der neuen Eskorte von Dragonern setzten wir unseren Marsch nach Cambray fort, wo wir gegen vier Uhr nachmittags in einem wirklich bemitleidenswerten Zustand ankamen. Wir waren eine Masse aus Schmutz und Dreck, erschöpft und ohne das einzige, was die Natur extreme Schwierigkeiten ertragen lassen kann – die Aussicht auf Besserung oder Erleichterung. Wir waren uns der Verdienste der Vergangenheit bewusst, verfügten jedoch nicht über die Aussichten für die Zukunft.

In diesem Zustand wurden wir durch Cambray geführt, unter den Blicken der Menschen, die sich freuten, eine Prozession englischer Gefangener zu sehen. Sie empfanden außerordentliche Freude, Gefangene eines Landes zu sehen, das so stolz und so triumphierend gewesen war. Nachdem wir diese Tortur überstanden hatten, wurden wir in der Zitadelle untergebracht.

Während ich und meine Gefährten im ersten Teil der Gefangenschaft als einfache Seeleute degradiert und Härten ausgesetzt waren, wurde mir hier die Strafe zuteil, denn wir wurden jetzt alle vier Kapitäne genannt und durften aufgrund unseres Ranges vorübergehend *in* der Kantine untergebracht werden. Das war in der Tat eine noch größere Notlage, denn unsere armen Seeleute wurden in die Kerker oder *Souterrains gesteckt* .

Nur durch unsere angestrengten Anstrengungen konnten wir den armen Kerlen frisches Stroh für ihre elende Ruhe verschaffen, wofür wir einen exorbitanten Preis zahlten. In diesem Stroh genossen sie die Wärme, die sie nur konnten, machten daraus Seile und wickelten sie um ihre erschöpften Glieder und Körper, nachdem sie sich mit einer Art Suppe erfrischt hatten, die wir ihnen zur Verfügung gestellt und ebenfalls teuer bezahlt hatten. Dies nannten die Franzosen „ *Soupe Grasse*" und wurden auf folgende Weise zubereitet: Sie füllen einen großen Topf oder „*Marmite*" mit Wasser. Wenn es zu kochen beginnt, geben sie je nach Wassermenge eine oder zwei Handvoll Salz hinein, zerkleinern etwas Kohl oder Kräuter, die sie ebenfalls hineingeben, und zuletzt noch eine Kugel Schweineschmalz, Küche -Saft, Tropfen oder anderes Fett, das sie möglicherweise haben. Anschließend lässt man es kochen, bis die Zutaten gar sind. Anschließend wird es in Suppentellern oder Schüsseln serviert, in die zuvor in sehr dünne Scheiben geschnittenes Brot gelegt wurde. Die Gebühr beträgt zwei Pence und manchmal mehr für jeden Teller. Ich sah unsere Wirtin in Seéz, einem Dorf in der Nähe von Rouen, nachdem sie uns ein paar Rindersteaks gekocht hatte, die gesamte Soße in die Pfanne gab, sie mit Wasser auffüllte und, nachdem sie die Pfanne einige Minuten lang kochen ließ, das hinzugießte Sie füllte den ganzen Inhalt in einen großen Topf mit Wasser , das sie auf dem Feuer zum Kochen brachte und das sie zuvor mit Salz und Kräutern zubereitet hatte. Diesen servierte sie unseren armen Seeleuten zu einem äußerst exorbitanten Preis als Suppe.

Wir blieben bis zum 21. in Cambray, als starker Frost mit Schnee einsetzte; und wir mussten mit Wind, Schnee und Hagel direkt vor unserer Nase nach Landrecies marschieren, in einer Entfernung von fast sechs britischen Meilen. Unsere Leute wurden dort ins Gefängnis gebracht, und uns wurde die *Ehre zuteil*, in der Taverne Palais National Halt zu machen. Sie waren hier in ihren Forderungen sehr fair. Bei Tagesanbruch, am 22., begannen wir unsere Reise nach Avesnes im Pays-Bas, wo wir gegen vier Uhr ankamen. Sie steckten uns alle wahllos ins Stadtgefängnis. Gegen fünf Uhr kam der Bürgermeister der Stadt, um mit uns zu sprechen, und besorgte uns die Erlaubnis, in ein bestimmtes Gasthaus zu gehen, das er uns zeigte und in dem uns ungeheuerliche Auflagen auferlegt wurden. Die Männer wurden im Gefängnis zurückgelassen. Am 23. hatten wir eine weitere Dragonerwache unter dem Kommando eines Sergeanten, die uns zu unserem Depot eskortieren sollte. Gegen drei kamen wir in einem armen kleinen Dorf namens Hirson an, wo sie, da sie kein Gefängnis hatten, sowohl uns als auch die Seeleute bei den Bewohnern einquartierten. Ich und meine Begleiter wurden bei einem Kragenmacher untergebracht. Die armen Leute waren äußerst höflich und versorgten uns mit einigermaßen guten Betten. Wir bezahlten ihnen alles Notwendige, mit dem sie uns versorgten.

Am nächsten Morgen (dem 24.) mussten wir uns von dem Kragenmacher und seiner Familie verabschieden und machten uns auf den Weg zum Dorf Maubert Fontaine, das bei weitem ärmer und elender war als selbst Hirson. Hier wurden wir wieder bei den Einwohnern einquartiert; und Unterkünfte in Privathäusern waren der Gefangenschaft in einem Gefängnis so vorzuziehen, dass uns der Unterschied leicht mit der Kleinheit der Stadt versöhnte. Die Leute, bei denen wir untergebracht waren, waren große Betrüger und erpressten für alles, was sie uns lieferten, den doppelten Preis.

Am nächsten Morgen (dem 25.) jedoch trennten wir uns von diesen gefühllosen Schurken und machten uns auf den Weg nach Rocroy in den Ardennen. Die Entfernung war kurz und wir kamen früh an; und unsere Leute wurden sofort ins Gefängnis gesteckt. Meine Gefährten und ich legten all unser Interesse und unsere ganze Rhetorik an den Tag, um als Offiziere die Erlaubnis zu bekommen, in ein Gasthaus zu gehen; und der Bitte wurde schließlich stattgegeben. Hier ruhten wir uns vierundzwanzig Stunden aus und hatten das Unglück, unseren Wirt als einen der größten Schurken zu erleben, der jede Gelegenheit ausnutzte – oder vielmehr Gelegenheiten schuf –, uns zu betrügen und zu beleidigen. Am nächsten Morgen, als wir abreisten, legte er uns eine Rechnung über den Gesamtbetrag seiner Forderung vor, ohne sich herabzulassen, einen einzigen Posten im Detail anzugeben. Wir beschwerten uns bei ihm über die Art seiner Rechnung und ihren enormen Betrag und wollten wissen, wie er sie nur so hoch ansetzen konnte; denn tatsächlich waren wir besonders sparsam gewesen, da unsere Mittel sehr knapp wurden. Der Betrüger lehnte jede Erklärung rundweg ab, bestand jedoch kategorisch auf sofortiger Bezahlung und überhäufte uns mit beleidigenden und provokanten Schimpfwörtern in einer Menge und Art, die uns davon überzeugten, dass er für diese Art von Angriff und Körperverletzung kein gewöhnliches Talent hatte. Wir mussten uns all seine wütenden und abstoßenden Beschimpfungen gefallen lassen, und was unsere Lage noch schlimmer machte, wir waren gezwungen, die Rechnung zu bezahlen, oder vielmehr die Nicht-Rechnung, denn es war eine Erpressung ohne Rechnung. Zur großen Schande des französischen Militärs muss ich wiederholen, dass der für uns zuständige Offizier uns in keinem Fall vor diesen groben Zumutungen schützte, die durch unsere hilflose Lage noch beschämender und grausamer wurden.

Nachdem unsere Forderung befriedigt und der Schwall an Beschimpfungen mit so wenig Galle wie möglich verdaut worden war, nahmen wir Abschied von Rocroy. Die Dragoner kehrten unserem Gastgeber den Rücken zu und schickten uns auf den Weg nach dem kleinen Dorf Fumez an der Maas, das für seine Schiefersteinbrüche so berühmt ist. Wir kamen früh am Tag dort an und wurden alle bei den Einwohnern einquartiert, die wir als äußerst höflich und zuvorkommend empfanden.

Wir waren nun nur noch eine Etappe von Givet mit der Zitadelle Charlemont entfernt und um acht Uhr am nächsten Morgen, dem 28. März, begannen wir unsere letzte Tagesreise.

Um drei Uhr nachmittags erreichten wir Givet oder Charlemont, unseren Bestimmungsort, und damit endete unser qualvoller Marsch von Brest. Mit dem Umweg war die Strecke *fast* 700 Meilen lang. Wir hatten die Strecke, einschließlich Ruhetage, in 39 Tagen zurückgelegt, bei schlechtem Wetter, auf schlechten Straßen und unter allen Umständen, die geeignet waren, Leben zu zerstören oder es zu verbittern, solange es dauerte.

Givet ist eine befestigte Stadt im Département Ardennes und Bistum Lüttich, die durch die Maas geteilt wird. Der Teil auf der Südseite des Flusses wird Klein-Givet genannt. Diese Stadt wird von einer sehr starken Festung und Zitadelle (Charlemont) beherrscht, die auf einem riesigen Felsen erbaut wurde: Die Befestigungen wurden von Vauban errichtet. Eine Verbindung zwischen Groß- und Klein-Givet wird durch eine Pontonbrücke aufrechterhalten: Die Mittelboote sind so platziert, dass sie gelegentlich herausgezogen werden können, um Schiffe auf- und abfahren zu lassen, was häufig vorkommt. Die Leute schienen sehr freundlich zu uns zu sein; aber wir wurden so eng und streng gehalten, dass es unmöglich war, Bekanntschaft zu schließen. Alle Lebensnotwendigkeiten sind in dieser Stadt billig: Ihr Bier ist ziemlich gut. Wein ist ziemlich teuer, da es in der Umgebung nur sehr wenige Weinberge gibt.

Unsere Gefangenen waren zu Beginn an diesem Ort eingesperrt; aber als sie zahlreich wurden, wurden sie in die Pferdekaserne gebracht, vermutlich aus Angst, sie könnten eines Tages rebellieren und die Zitadelle, die Stadt und alles in Besitz nehmen. Hätten sie das eine einmal besessen, wäre das andere völlig ihrer Gnade und Verfügung überlassen worden. Während unseres Aufenthalts in diesem Depot flohen vier der Seeleute aus ihrem Gefängnis, zwei davon gehörten zu unserer verstorbenen Fregatte. Als sie am nächsten Morgen vermisst wurden, schickte der Kommandant Trupps berittener *Gendarmen* aus, die in allen Richtungen nach ihnen suchen sollten, mit dem strengen Befehl, sie zu verstümmeln und sie eigentlich *nicht lebend zurückzubringen* ; „damit es ein Beispiel" (unter Verwendung seines eigenen Ausdrucks) „für den Rest der Gefangenen" sei. Doch zum Glück für diese armen Kerle entkamen sie ihren Verfolgern – zumindest für diese Zeit. Sie wurden später in Dünkirchen gefangen genommen, als sie sich in einem offenen Boot einschiffen wollten. Der Kommandant pflegte auch häufig in den Gefängnishof zu reiten, seine Pistolen aus den Holstern zu nehmen und die Zündung zu prüfen, um uns zu erschrecken. Dies tat er meist abends, und die Gefangenen konnten sich das Lachen über solch ein törichtes Verhalten nicht verkneifen.

Als wir hier ankamen, fanden wir als Kriegsgefangene die Besatzungen der *Minerve* und der *Shannon vor* , Fregatten, die von den Kapitänen Jahleel Brenton und Gower kommandiert worden waren, die sich mit ihren Offizieren in Verdun befanden. Es befanden sich auch mehrere englische Seeleute in Haft, die auf Handelsschiffen gefangen genommen worden waren. Wir wurden sofort von einem Mr. Bradshaw besucht, einem von Kapitän Brentons Angestellten, der von ihm hierher geschickt worden war und dem gestattet wurde, in der Stadt zu wohnen, damit er als Kommissar dieses Offiziers fungieren konnte. [8] Herr Bradshaw stellte mich und meine Begleiter Kapitän Petervin von der *Gendarmerie vor* , der Kommandant der Kriegsgefangenen war. Ein Mann aus Jersey namens Goree war als Dolmetscher angestellt und erklärte Kapitän Petervin unseren Rang im englischen Dienst; aber der Kapitän war zwar nicht bereit, uns ins Gefängnis zu werfen, schien aber nicht zu wissen, was er mit uns anfangen sollte, da wir als Privatseeleute zu ihm geschickt worden waren. Er zögerte und blieb lange Zeit unentschlossen; aber schließlich stimmte er zu, dass wir an diesem Abend in die Taverne La Tête de Cerf gehen könnten. Nach La Tête de Cerf fuhren wir freudig mit Mr. Bradshaw weiter, nachdem wir Monsieur le Commandant tausendmal für seine Herablassung gedankt hatten. Wir fanden heraus, dass wir in eine sehr anständige Taverne geschickt worden waren, die erste in der Stadt, was uns davon überzeugte, dass der Hauptmann der *Gendarmerie* eine positive Meinung über die englischen *Adjutanten hegte* . Wir rechtfertigten seine Scharfsinnigkeit mit der Bestellung eines guten Abendessens. Mr. Bradshaw speiste bei uns und erheiterte unsere trübe Stimmung durch die Zusicherung, dass der Kommandant dazu bewegt werden würde, uns die Unterbringung in der Stadt zu gestatten. Aufgrund dieser guten Nachricht bestellten wir eine zusätzliche Flasche Wein und verbrachten den Abend so fröhlich wie möglich in der Erinnerung an vergangene Leiden und mit der düsteren Aussicht auf eine lange Haft, abgesehen von den glorreichen Diensten, die unser Beruf damals darstellte Rendering für unser Land.

Am nächsten Tag empfing uns der Kommandant mit der Höflichkeit, für die seine Landsleute einst so sprichwörtlich waren. Durch unseren Dolmetscher erklärten wir die extreme Ungerechtigkeit und Grausamkeit, ins Seemannsdepot geschickt und anders behandelt zu werden als unsere Offizierskollegen. Er hatte in allem, was wir sagten, Mitgefühl mit uns und versicherte uns, dass er eine Depesche an General Wirion in Verdun (den Oberbefehlshaber der britischen Gefangenen) schicken und ihm den Fall schildern würde. Gleichzeitig riet er uns, an unseren befehlshabenden Offizier zu schreiben, und versprach, unseren Brief nachzuschicken. Er bat uns, ruhig in unserer Taverne zu bleiben, und versicherte uns, dass er alles in seiner Macht Stehende tun würde, um unsere Not zu lindern. Wir dankten ihm herzlich, verabschiedeten uns und kehrten zum Tête de Cerf zurück.

Als wir unsere Finanzen überprüften, stellten wir mit Beschämung fest, dass wir nicht viele Tage in einer Taverne bleiben konnten, da uns kein Penny für unseren Lebensunterhalt zur Verfügung stand; Der Fünf-Pence-Halfpenny-*Tageslohn* endete in dem Moment, in dem wir im Depot ankamen. Mr. Bradshaw konnte uns ohne die Erlaubnis von Captain Brenton keine finanzielle Unterstützung leisten; Folglich wurde unsere Situation von Minute zu Minute schlimmer. Da die Unterkünfte, wie uns mitgeteilt wurde, in der Stadt übermäßig billig waren, kamen wir zu dem Schluss, dass es besser sei, beim Kommandanten die Erlaubnis zu beantragen, ein paar Zimmer mit Kochutensilien usw. zu mieten, als noch länger so weiterzumachen, wie wir waren. Allerdings befürchteten wir, dass er uns zu den Matrosen in die Kaserne beordern würde, wenn wir so früh anfangen würden, Gefälligkeiten einzufordern. Wir haben uns daher darauf geeinigt, äußerst sparsam zu sein und noch ein paar Tage länger zu warten. Da diese Tage abgelaufen waren, stellten wir den beabsichtigten Antrag, und zwar mit Erfolg. Er stimmte unserem Plan zu und erteilte uns eine schriftliche Erlaubnis, durch die Stadt zu laufen. Dies tat er ganz auf eigene Verantwortung und versicherte uns, dass er sich auf unsere Ehre verlasse, die Grenzen der Stadt nicht zu überschreiten; Er fügte hinzu, dass wir schwer bestraft würden, wenn wir diesen Genuss missbrauchten. Wir erklärten, es sei unsere Absicht, ihm nicht den geringsten Ärger oder Unruhe zu bereiten, und wir legten besonderen Wert auf die Einhaltung unseres Versprechens.

Am selben Tag mieteten wir zwei Zimmer bei Madame de Garde, der Witwe eines *ci-devant-* Generals. Sie stellte uns zwei Betten für uns vier, Kochutensilien und alles Notwendige für den Haushalt zur Verfügung, und das zu einem sehr moderaten Preis. Wir haben Mons kennengelernt. le Commandant unseres Erfolges, der uns gratulierte, sich aber gleichzeitig zu bedauern schien, dass wir bei dieser alten Dame untergebracht waren, und bemerkte, dass sie *eine Jakobinerin* und von der *alten Schule sei* . Alle Personen, die zu dieser Zeit bekanntermaßen den Engländern nahestanden, wurden als Jakobiner verworfen; und ich brauche nicht zu sagen, dass uns die alte Dame durch diese Information besser gefiel, obwohl wir darauf achteten, unsere Gefühle zu verbergen und die Tatsache zu verbergen. Unsere *Ménage* begann am nächsten Morgen. Wir übernahmen abwechselnd das tägliche Kochen und verschiedene Aufgaben; Diese unangenehmen Dienste konnten wir jedoch bald loswerden, denn wir besorgten einem gebrechlichen alten Mann namens Allen, der der Verwalter unseres Kapitäns gewesen war, die Erlaubnis, als unser Koch und Diener bei uns zu leben. Unsere Gerichte waren sicherlich nicht sehr abwechslungsreich oder exquisit: Suppe und *Bouilli* mit Gemüse bildeten unser tägliches Essen; und selbst dies, so befürchteten wir, würde bald unsere rapide schrumpfenden Finanzen sprengen.

Der ganze April und Mai waren düster vergangen und wir hatten keine Antworten auf unsere Briefe aus Verdun erhalten. Wir hatten unsere Miete im Rückstand und unsere Geldbörsen waren erschöpft. Wir baten Mr. Bradshaw, uns die Matrosenpauschale von einem Pfund Fleisch pro Tag zu gewähren *; aber selbst das konnte er nicht ohne die Genehmigung von Captain Brenton tun. Diese erhielten wir jedoch postwendend aus Verdun. Das Pfund Fleisch erwies sich für die armen Adjutanten* als sehr nützlich und sie waren ihrem humanen Chef, Captain Brenton, äußerst dankbar.

Endlich war der glorreiche 4. Juni da, der Geburtstag unseres Herrschers Georg III., und zumindest für diesen einen Tag waren unsere Leiden vergessen und unsere Sorgen in den Wind geschlagen. Wir waren entschlossen, wenn möglich zu Ehren dieses Tages eine Demonstration abzuhalten, und schließlich gelang es uns, trotz unserer bescheidenen finanziellen Lage, dem Kommandanten und dem Zahlmeister des Depots ein Geburtstagsessen zu geben. Von diesem letzteren Offizier, dessen Name Payne war, hatten wir viele Höflichkeiten erhalten.

Der Tag verlief insgesamt sehr angenehm bis etwa Sonnenuntergang, als die Zeit gekommen war, die Seeleute in die verschiedenen Abteilungen des Gefängnisses einzusperren. Sie stießen nun drei gewaltige, von Herzen kommende Hurrarufe aus, zum Gedenken an den Tag, an dem ihr gnädiger Herrscher geboren wurde; und als der letzte Hurraruf die verblüfften Franzosen betäubte und erschreckte, holten sie die Farben der verschiedenen Nationen ein, die sie den ganzen Tag über aus jedem Fenster wehen ließen, und achteten darauf, dass unter allen die dreifarbige französische Flagge zu sehen war, die weder dem Kommandanten noch den Wachen auffiel. Der begeisterte Jubel von fast tausend Männern machte einen äußerst lauten Lärm: Es war Musik in unseren Ohren, als wir bei Tisch saßen, da unsere Unterkünfte nebeneinander lagen. Der Kommandant, der sehr beunruhigt war, stellte sich vor, die Seeleute hätten rebelliert und seien tatsächlich aus dem Gefängnis entkommen: Der Offizier hatte es so eilig, dass er von der Treppe bis zum Fuß nur einen Schritt machte. Wir hatten einige Mühe, ihn wieder auf die Beine zu stellen, und waren hocherfreut, als wir feststellten, dass er bei diesem Schritt oder vielmehr Sturz keine Verletzungen davongetragen hatte. Das versicherte ihm, dass seine Befürchtungen völlig unbegründet waren. Er wollte sich jedoch persönlich davon überzeugen: Er ging daher ins Gefängnis und war hocherfreut, als er feststellte, dass alles vollkommen ruhig war.

Als er zurückkam, bemerkte er, dass die Engländer *des braves gens seien* und dass er zum Gedenken an König Georgs Geburtstag noch ein Glas Wein trinken würde. Auch das von uns selbst zubereitete Nationalgericht Roastbeef mit Plumpudding kam bei dieser Gelegenheit nicht zu kurz. *Monsieur* gefiel der gut gemachte oder äußere Teil des ersteren außerordentlich; Letzteres würde aber lange Zeit keiner unserer Gäste anfassen. Schließlich ließen sie sich durch Überredung dazu herab, es zu probieren; und der Übergang, den dieser Geschmack bei ihnen vollzog, war so plötzlich, dass wir uns einige Mühe gaben, uns einen Teil zu sichern, obwohl es ein ziemlich großer Pudding war. Während sie es hinunterschluckten, riefen sie: „ *Sacré bleu, comme il est bon!*" " – „ *Ma foi, oui!*" ", jeweils abwechselnd wiederholt. Wir freuten uns sehr über den Anblick und lachten herzlich.

Zu später Stunde, oder besser gesagt, zu früher Stunde, verabschiedeten sich *die Herren offensichtlich in bester Stimmung, und wir zogen uns zurück, um auszuruhen.*

Seit unserer Ankunft in diesem Depot waren mehrere unserer stärksten und anscheinend gesündesten Männer an einem Fieber gestorben, das sie sich vermutlich in einem der Gefängnisse an der Straße eingefangen hatten. Unser armer Diener Allen wurde davon befallen und starb innerhalb weniger Tage. Unseren Gefangenen ging es ärmlich, aber die französischen Ärzte in Givet waren auf jeden Fall menschlich und aufmerksam.

In der zweiten Junihälfte schien sich das Verhalten des Kommandanten uns gegenüber zu unserer Überraschung und unserem Verdruss sehr verändert zu haben. Wir konnten uns nicht vorstellen, was der Grund für diese plötzliche und völlige Veränderung sein könnte. Mr. Bradshaw teilte uns jedoch mit, dass er ihm gegenüber bemerkt habe, „dass die englischen Offiziere" (wie er uns freundlicherweise nannte) „übertrieben stolz" seien.

„Ich treffe sie nie", sagte er, „aber ich ziehe meinen Hut, während sie ihren nur vor mir lüften."

Sicher ist, dass bei allen Menschen eine Geringschätzung oder Beleidigung, ob real oder eingebildet, beabsichtigt oder zufällig, mehr Groll hervorruft als eine Verletzung. Durch die zufällige Eile oder Nachlässigkeit, einen Brief mit einer Oblate statt mit Siegelwachs zu versehen, verlor der Premierminister von England in einer Krise des Landes vorübergehend die Unterstützung eines der reichsten und einflussreichsten Herzöge der politischen Welt.

Aber der Zorn unseres Kommandanten ließ sich nicht so schnell besänftigen. Eines Nachts schickte er eine Gendarmenwache, *um* uns von unserer

Unterkunft zum Wachhaus zu bringen, weil wir nach neun Uhr auf der Straße waren, als es zu dieser Jahreszeit kaum dunkel war und wir keine reguläre Zeit hatten von ihm vorgeschrieben, sich drinnen aufzuhalten. Im Wachhaus blieben wir die ganze Nacht auf dem kalten Bürgersteig stehen, ohne zu wissen, was wir schuldig gemacht hatten. Unsere Wachen versicherten uns, dass es sich lediglich um eine Laune des Kommandanten handelte. Mittags besuchte uns Mr. Bradshaw, ohne jedoch Hoffnung auf Freilassung zu machen. Der Kommandant hatte ihm mitgeteilt, dass wir eingesperrt wurden, weil wir einem Wachposten auf seinem Posten, der uns begrüßt oder herausgefordert hatte, nicht geantwortet hatten. Dies bestritten wir entschieden, da wir in dieser Nacht an keinem einzigen Wachposten vorbeigekommen waren. Monsieur Brasseur, der Stellvertreter des Kommandos, besuchte uns dann und brachte seine große Trauer darüber zum Ausdruck, dass wir ohne jeden Grund so eingesperrt waren. Er bediente den Kommandanten, übernahm die Verantwortung für unser Verhalten und ließ uns in unsere Unterkünfte bringen, wo uns befohlen wurde, uns bis zu „weiteren Befehlen" einzusperren.

Unsere ausgezeichnete Wirtin empfing uns mit der größten Freude, die man sich nur vorstellen kann, überschüttete uns mit Tränen und hielt Erfrischungen für uns bereit, obwohl sie uns ein sehr gutes Frühstück ins Wachhaus geschickt hatte und selbst sehr arm war. Nach drei Tagen wurden wir wieder freigelassen; von da an waren wir jedoch immer eingesperrt, wenn eine religiöse Prozession oder öffentliche Zeremonie stattfand, was zu dieser Zeit sehr häufig vorkam. Unsere Hauptbeschäftigung war eine Partie Billard und ein Spaziergang um die Wälle oder vielmehr Ruinen. Wir trafen häufig Militäroffiziere am Billardtisch, die sich immer mit der strengsten Höflichkeit verhielten und uns den Tisch anboten, sobald wir das Zimmer betraten, was wir natürlich ablehnten, bis sie fertig waren.

Aufgrund des Verhaltens des Kommandanten in letzter Zeit hatten wir ständig die Befürchtung, eng mit den Matrosen verbunden zu sein: Er schien mir gegenüber leidenschaftlicher zu sein als alle anderen. Ungefähr am 10. oder 12. Juli erhielten wir jedoch einen Brief von unserem befehlshabenden Offizier in Verdun, in dem es hieß, General Wirion habe endlich den Befehl geschickt, Herrn Mahoney und mich zum Depot in Verdun zu bringen. Der Befehl ging mit derselben Post an den Kommandanten. Herr Bradshaw hatte auch einen Brief von Kapitän Brenton, der ihn freundlich und rücksichtsvoll angewiesen hatte, uns mit Bargeld zu versorgen, damit wir weiterfahren konnten. All diese Nachrichten, die gleichzeitig eintrafen, überwältigten uns fast mit Freude; aber die beiden anderen armen Kerle, die bleiben sollten – der Bootsmann und der Schütze – waren nicht nur untröstlich über die Ungleichheit ihres Schicksals, sondern auch voller Befürchtungen, dass der beleidigte Kommandant, sobald wir sie verlassen hatten, noch gemeiner und grausamer werden würde seine Strenge.

Am 16. Juli sollten wir schließlich Givet in Richtung Verdun verlassen. Mr. Mahoney hatte Fußprobleme, und deshalb wurde ein Karren bereitgestellt, in dem ich mitfahren durfte. Schließlich war alles für unsere Abreise vorbereitet, und zuvor hatte man uns erlaubt, unsere Schiffsbesatzung zu sehen – ein Vergnügen, das uns einige Wochen vorenthalten worden war. Dieser Anblick war traurig interessant, und wir verließen die tapferen Kerle mit gegenseitigen guten Wünschen. Wir verabschiedeten uns herzlich von unseren beiden Schiffskameraden und unserer guten Vermieterin und begannen unsere Reise nach Verdun, eskortiert von zwei *Gendarmen*.

KAPITEL IV

Unsere Ankunft in Verdun – Ein freudiger Empfang – General Wirion – Seine Nachsicht gegenüber den Gefangenen – Die Treffen mit alten Schiffskameraden und Freunden – Geistige Beschäftigung das beste Gegenmittel gegen *Langeweile* und Ausschweifungen – Unruhe in der Gefangenschaft – Angst, wieder im aktiven Dienst des alten England zu stehen – Überlegungen zu einer Flucht – Pläne, um einen Bruch der Bewährungsauflagen oder einen Verstoß gegen die Ehre zu vermeiden – Drei Kameraden oder *Reisegefährten* – Erklimmen der Wälle – Ein Abstieg von 72 Fuß – Das offene Land – Der Marsch beginnt – Flucht bei Nacht und Verstecken in Wäldern bei Tag – Starke Regenfälle, trostlose Straßen und sumpfige Betten, mit schlechter Kost und guten Herzen – Über einen Graben springen – Ein ausgerenktes Knie – Der Marsch wurde wieder aufgenommen und hinkend fortgesetzt – Die Stadt Neuville – Extreme Leiden durch Durst – Endlich Wasser besorgt, Angst gelindert und die Flucht mit erneuertem Spirituosen.

AM 16. Juli 1804 kamen wir früh in Fumez an. Hier fiel mir eine alte Frau auf, die als Ausruferin tätig war. An einer Straßenecke begann sie ihre Einleitung. In der einen Hand hielt sie eine kleine Eisenstange und in der anderen einen großen Schlüssel als Klingel. Bei unserer Ankunft durften wir tun und lassen, was wir wollten, und in jedes Gasthaus gehen, das uns gefiel. Unser Wächter teilte uns mit, dass der Kommandant von Givet in unsere *Route eingefügt hatte* , dass wir als Offiziere auf Ehrenwort zu betrachten und entsprechend zu behandeln seien.

Von Fumez wurden wir nach Mezières marschiert und in einer Taverne untergebracht, da wir jetzt Offiziere von Rang waren, was unsere Wirtin offenbar wusste. Diese alte Dame war, wenn möglich, erpresserischer als alle anderen, die wir bisher getroffen hatten. Wir stellten fest, dass wir, wenn wir nicht vorher eine Vereinbarung trafen, in der wir genau spezifizierten, was wir wollten, und den Preis jedes Artikels regelten, den größten Belastungen ausgesetzt waren; und das ist in der Tat in ganz Frankreich ziemlich allgemein der Fall. Von Mezières fuhren wir durch Sedan, Stenay und ein kleines Dorf, Sivry; und am 23. erreichten wir Verdun, den lang ersehnten Ort unseres endgültigen Ziels.

Wir wurden von Kapitän Brenton, unseren Offizieren und Landsleuten auf die freudigste und herzlichste Weise empfangen. Für zwei Nächte, bis wir uns eine Unterkunft besorgen konnten, wurden wir im Gasthaus Les Trois Maures untergebracht, in dem Kaiser Napoleon nach seiner Rückkehr nach seinem großartigen Feldzug in Deutschland und dem Frieden von Tilsit übernachtete. Zwei oder drei Tage nach unserer Ankunft stellte uns Herr

Pridham General Wirion vor, der uns die Erlaubnis gab, in den Vororten spazieren zu gehen, vorausgesetzt, unser kommandierender Offizier würde für unser Verhalten verantwortlich werden, *Corps pour Corps* ; was Leutnant Pridham getan hatte. Im Laufe einiger Tage besorgte ich mir eine Unterkunft, die kürzlich von einem *Entspannungsbeamten* , Sir James de Bathe, bei Mr. Ashworth, einem Midshipman, geräumt worden war, der einer meiner Kameraden auf unserem letzten Schiff, der *Hussar* , *gewesen war* . Später starb er auf Menorca an den Folgen der Wunden, die er vor Tarragona erlitten hatte, als er Leutnant der HMS *Centaur* war, während er gerade dabei war, die unglücklichen Spanier vor der Zerstörung zu retten, die von der französischen Kavallerie niedergestochen wurden, als sie ins Meer zu unseren Booten stürmten zum Schutz. [9]

Sobald ich mich ein wenig eingelebt hatte, stellte ich zusammen mit meinem hochgeschätzten Freund Ashworth einen Französischlehrer ein und verfolgte meine Studien mit größter Sorgfalt. Ich verließ die Stadt nie, außer gelegentlich an Renntagen oder Tagen mit anderen öffentlichen Vergnügungen. Es sollte angemerkt werden, dass Rennen und alle Arten von Vergnügungen, die einen Engländer seines Eigentums berauben oder seine Aufmerksamkeit für einen Moment ablenken können, vom General, der die Gefangenen befehligte, gestattet wurden. Ich wurde informiert, dass es für all diese Vergnügungen feste Preise gab. Der Hazard Table und *Rouge et Noir* sind für viele unserer Landsleute der Untergang gewesen. Ich muss leider hinzufügen, dass jede Art von Ausschweifung und Libertinismus in dieser Stadt gestattet und praktiziert wurde. In letzter Zeit, als die führenden Leute der Mode und die reichen Männer sich zerstreuten, hörten die Pferderennen auf und das Glücksspiel in großem Umfang ebenfalls.

Wir engagierten ebenfalls einen Fechtmeister, und sobald wir in der französischen Sprache einigermaßen fortgeschritten waren, besorgten wir uns einen italienischen Meister und widmeten uns mit größtem Fleiß dem Studium bei ihm. Diese literarischen Beschäftigungen waren für uns von unschätzbarem Nutzen; Denn während sie den Geist stärkten und die Reize über ihn verbreiteten, die untrennbar mit dem Erwerb nützlicher Kenntnisse verbunden sind, stärkten sie uns gegen die Verlockungen der Verschwendung, erleichterten die Last unserer Gefangenschaft und retteten uns vor dieser moralischen Krankheit *Langeweile* mit all ihren Folgen Eine Folge von Leidenschaften und ungeordneten Gelüsten, die sich Menschen gerne selbst auferlegen, wenn sie sich den Gewohnheiten des Müßiggangs hingeben. Unser Eifer für unsere Studien wurde durch die Überlegung angespornt, dass wir uns das aneigneten, was uns in unserem Beruf für unser Land nützlicher machen würde. Was wir jedoch sahen und erlebten, überzeugte uns von den unschätzbaren Vorteilen geistiger Beschäftigung bei der Linderung der Leiden der Gefangenschaft und von dem Ausmaß, in dem diese Leiden durch den Mangel an geistiger Beschäftigung verschlimmert werden.

Wenige Monate nach meiner Ankunft wurde ein Mr. M'Grath, ein Verwandter von mir, zusammen mit Mr. Wills, dem Kapitänsmaat, und einer Bootsbesatzung der Fregatte *Acasta zu diesem Depot eskortiert* . Herr M'Grath war Assistent des Chirurgen. Sie waren auf der Insel Beniget in der Nähe von Brest gefangen genommen worden. Mr. Wills war am frühen Morgen angewiesen worden, auf dieser Insel zu landen und sein Boot mit Sand zu beladen, um die Decks zu reinigen; und Mr. M'Grath hatte die Erlaubnis erhalten, ihn zu begleiten, nur um einen Spaziergang zu machen und sich zu amüsieren, während die Männer das Boot beluden; aber kaum waren sie gelandet, wurden sie von einer Anzahl französischer Truppen umzingelt, die für sie im Hinterhalt lagen und in der Nacht zuvor ausdrücklich zu dem Zweck von Bord gegangen waren, einige der englischen Boote zu überraschen, die täglich ankamen am Ufer. Unsere armen Kerle wurden sofort gesichert, eingeschifft und zum Kontinent gebracht. Aufgrund der grausamen Behandlung, die sie auf ihrem Marsch erlitten hatten, waren sie bei ihrer Ankunft in Verdun so erschöpft, dass beide Offiziere ein heftiges Fieber bekamen. Herr Thos. George Wills, ein ausgezeichneter Offizier, jetzt Postkapitän, erholte sich in kurzer Zeit; aber sein Gefährte konnte seine Gliedmaßen nicht mehr gebrauchen und war bis zum Juli 1808 an sein Bett gefesselt, bis er im Juli 1808 ein Blutgefäß platzte und ohne Stöhnen starb. Er lebte den größten Teil dieser Zeit bei mir.

Aber um zum roten Faden meiner eigenen Erzählung zurückzukehren. Wir blieben ab Juli 1804 in Verdun und vergnügten uns mit Lernen und im Winter mit Schlittschuhlaufen usw., bis ich im August 1807 anfing, meine Situation genau zu überdenken und über meine unglückliche Gefangenschaft nachzudenken. Diese Überlegungen hatten zur Folge, dass ich mich sehr unwohl fühlte und unzufrieden war; Auch konnte ich mich später nicht mit dem Lernen oder irgendeinem anderen Vergnügen abfinden. Ich dachte mir, dass ich in der Gefangenschaft die Blüte meiner Jugend verlieren würde. Ich sah keine Aussicht auf Frieden oder einen Gefangenenaustausch; Ich habe keine Hoffnung oder Möglichkeit, in meinem jetzigen Zustand befördert zu werden oder mich durch persönliche Anstrengungen der Aufmerksamkeit der Admiralität zu empfehlen. Während meines Aufenthalts in Frankreich war ich nicht in der Lage, meinem Land, meinen Freunden oder mir selbst die geringste Unterstützung zu leisten. Die jugendlichen Visionen vom Ruhm des Marinedienstes überkamen mich erneut; Aber leider wurde mein Mut gebrochen, als ich darüber nachdachte, dass meine Hoffnungen, mich anderen im Kampf um Ehre und Patriotismus anzuschließen, zerstört wurden, es sei denn, ich konnte mich aus der Knechtschaft befreien.

In diesem schrecklichen, fast verblüfften Zustand blieb ich einige Tage; Als mein armer Freund Ashworth mir gegenüber bemerkte, dass er und Mr. Tuthill, ein besonderer Freund, ebenfalls ein Fähnrich, über die Grausamkeiten und Nöte berichtet hatten, unter denen sie litten, und infolgedessen die Absicht geäußert hatten, ob ich mich ihnen anschließen würde , der Übertretung und des Entzugs der Erlaubnis, die Stadt zu verlassen (was die Franzosen als *Bewährung bezeichneten*) und der Flucht in ihr Heimatland. Das war für mich die schmeichelhafteste Erkenntnis – es war das, worüber ich schon seit einigen Tagen im Kopf kreiste. Wir trafen uns daher an einem vereinbarten Ort, um über die beste Methode zur Durchführung der Tat, die wir beginnen wollten, zu beraten, und kamen überein, dass es notwendig sei, Rucksäcke, Proviant, Wasserblasen usw. zu besorgen, bevor wir näher kamen eingesperrt, da wir nachts reisen und uns tagsüber im Wald verstecken müssten.

Nachdem wir alle erforderlichen Materialien bereitgestellt haben – nämlich Feilen, Bohrer, Sägen und andere unnötige Gegenstände –, damit wir im Falle einer Entführung unsere Fesseln sprengen und der Sklaverei entkommen könnten und die Strafe, von der wir wussten, dass sie uns erwarten würde; und nachdem Mr. Ashworth und ich auf Lieutenant Pridham gewartet hatten, um ihn zu bitten, seine Verantwortung für uns zurückzuziehen, was er dementsprechend auch tat, begannen wir damit, einen *Appell zu verfehlen* ; aber zu unserem großen Erstaunen wurde dieser Verstoß übersehen und vergeben. [10] Als nächstes blieben wir sehr spät außerhalb der Stadt. Das wurde uns auch verziehen, obwohl wir sogar ins Wachhaus gelangten. Kurz gesagt, es dauerte mehrere Tage, bis es uns gelang, unsere Pässe oder „Genehmigungen" zu entziehen; und wir vermuteten, oder waren uns vielmehr sicher, aufgrund der Nachsicht, die uns entgegengebracht wurde, dass unser Fluchtplan verdächtig war. Unsere persönliche Ehre sowie die der Marine – und in der Tat der englischen Nation im Allgemeinen – hatten die Möglichkeit unseres Fluchtversuchs ausgeschlossen, während wir uns auf Bewährung befanden, wie es der französische Kommandant *ansah* ; aber jetzt befanden wir uns buchstäblich unter strenger Einsperrung; und mit der Überlegung, dass uns vielleicht nie wieder eine so günstige Gelegenheit zur Flucht geboten werden würde, zögerten wir nicht, unsere Entschlüsse zu fassen.

Es war in der Nacht des 28. August 1807, als wir beschlossen, unser „Gefängnis" in Frankreich zu verlassen; und wir hatten ein ausgezeichnetes Seil zur Verfügung gestellt, um die Wälle erklimmen zu können. Jeder hatte sich seinen Anteil oder sein Quantum von drei bis vier Klaftern besorgt; aber das, was Tuthill erhalten hatte, war nur eine Daumenlinie. Dies wurde natürlich an der Unterseite des Seils befestigt, damit wir, wenn es nachgab, weniger weit fallen mussten.

Man kann sich vorstellen, dass unsere Herzen vor widersprüchlichen Gefühlen klopften. Dass wir große Leiden ertragen und große Gefahren begegnen mussten, interessierte unsere jungen und leidenschaftlichen Seelen kaum. Oder sie wurden eher von jener Liebe zu wagemutigen und ehrenhaften Unternehmungen überwältigt, die oft sowohl die Jugend als auch das Erwachsenenalter zu den größten und besten Anstrengungen anspornt. Einerseits mussten wir mit zunehmender Strenge über die Demütigung der Gefangennahme nachdenken und, was uns unendlich schlimmer erschien, über eine verlängerte Gefangenschaft. Andererseits waren unsere Herzen bei dem Gedanken, dass wir, sollte der Erfolg unsere entschlossenen Bemühungen krönen, noch einmal das Deck eines britischen Kriegsschiffs betreten könnten, voller Hochgefühl und Zuversicht, dass wir unserem König und unserem Land für eine gerechte Sache dienten.

Ich kehrte in meine Unterkunft zurück; Ich muss jedoch anmerken, dass ich auf meinem Weg zufällig einen Freund traf, einen Leutnant Essel von der Marine, der mir mit größter Offenheit mitteilte, dass er zu dem Entschluss gekommen sei, einen Fluchtversuch aus Frankreich zu unternehmen , und er brachte zum Ausdruck, wie sehr er sich wünschte, dass ich ihn begleiten würde. Dieser seltsame Zufall erweckte in mir natürlich den Verdacht, dass er Kenntnis von unserem Geheimnis erlangt hatte, und ich lehnte es vorerst ab, ihm eine direkte Antwort zu geben; aber ich überlegte, dass die Tatsache, dass er keinen meiner Begleiter erwähnte, ein Beweis dafür war , dass er nichts von unserem Plan wusste oder dass er eine Klugheit an den Tag legte, die ihn des Vertrauens würdig machen könnte. Ich verließ ihn, begab mich zu meinen Kameraden und teilte ihnen alles mit, was geschehen war. Nach einer Beratung über einen für uns so bedeutsamen Punkt einigten wir uns darauf, dass er sich unserer gefährlichen Expedition anschließen könne, vorausgesetzt, er sei nicht verschuldet und könne sonst ohne Schande aus der Stadt fliehen. Unsere Marineoffiziere waren von sehr hohen Gefühlen und gewissenhaften Vorstellungen von Ehre durchdrungen. Unser neuer Kamerad hat uns in all diesen Punkten zufriedengestellt. Er versicherte uns, dass ihm sein Reisepass oder seine „Erlaubnis" entzogen worden sei; dass er alle seine Angelegenheiten geregelt hatte; und dass er über einen Überschuss von 50 Pfund verfügte, den er mit unseren Mitteln zur Bewältigung der Schwierigkeiten aufbringen konnte, auf die wir mit großer Sicherheit stoßen würden. Unter diesen Umständen schüttelten wir uns alle herzlich die Hand; und nie haben vier junge Abenteurer eine Heldentat unternommen, weil sie freundlicher und tapferer entschlossen waren, ein gemeinsames Schicksal zu teilen.

Die so lange erwartete Zeit kam; und um eine Stunde vor Mitternacht trafen wir uns am vereinbarten Ort. Wie sehr waren wir betrübt und verärgert, als wir feststellten, dass zu dieser späten Stunde nicht nur die Wachen ungewöhnlich wachsam waren, sondern dass – was noch außergewöhnlicher schien – eine große Anzahl von Menschen hin und her ging. Wir waren gezwungen, unsere Flucht auf die Nacht danach zu verschieben.

Ich gestehe, dass ich das größte Bedauern darüber empfand, meinen armen kranken Verwandten, unseren einzigen anderen Kameraden, M'Grath, verlassen zu haben; Ich konnte ihn auch nicht mit dem Schritt vertraut machen, den ich tun wollte, ohne ein unbeschreibliches Gefühl zu verspüren. Seine Gefühle bei unserer Trennung waren genauso intensiv wie meine eigenen.

Natürlich war die Meeresküste unser Ziel; und wir waren uns einig, dass die Gegend um Étaples der wahrscheinlichste Teil für die Anschaffung eines Bootes sei.

Die Angst und das Unbehagen, die wir am nächsten Tag verspürten, waren unbeschreiblich. Einige unserer Landsleute, die uns *im Vorbeigehen* besuchten , machten solche Andeutungen und machten solche Bemerkungen über unser Verhalten in der letzten Zeit, dass wir ernsthafte Befürchtungen hatten, gefesselt zu werden, und auf dem Weg nach Bitche, bevor es so weit ging - gewünschte Stunde, elf Uhr nachts. „Der –", sagt Shakespeare, „fürchtet jeden Busch einen Offizier." Uns war durchaus bewusst, dass mehrere Engländer angestellt waren und regelmäßig dafür bezahlt wurden, dem französischen General auch den unbedeutendsten Vorfall, der sich unter den Gefangenen ereignen konnte, zu übermitteln. Ich habe oft erlebt, dass Kriegsgefangene aus Bosheit nachts aus ihren Betten geholt, gefesselt und unter einer Eskorte von *Gendarmen* zu den Strafdepots geführt wurden, ohne jemals über deren Verbrechen oder Schuld informiert zu werden sie waren beschuldigt worden; und lediglich von einigen dieser Schurken, die falsche Informationen gaben, um sich für etwaige private Feindseligkeiten zu rächen, die sie möglicherweise gegen die so behandelte Person hegten.

Endlich war der lang ersehnte Augenblick da: Die Zwischenzeit war in großer Aufregung vergangen. Wir trafen uns. Alles schien ruhig und günstig für unsere Flucht. Wir waren in der Stimmung, die Umstände so gut wie möglich auszunutzen oder Umstände zu schaffen, wenn es möglich war. In wenigen Sekunden schafften wir es mit Hilfe unseres Seils und der Hilfe eines Freundes, Alexander Donaldson, der vor vielen Jahren mein Schiffskamerad, Kapitän in der Marine und später Kriegsgefangener war – er stammte aus

Portsoy in Banffshire, ist aber heute nicht mehr dort –, diese furchterregenden Wälle von siebzig bis achtzig Fuß Höhe hinab. Zu unserer Überraschung kamen wir mit wenig Schaden hinab, abgesehen vom Verlust einiger Haut an meinen Händen. Dies wurde durch den Peitschenseilteil des Seils verursacht, den wir nicht festhalten konnten, und er brachte meine Gefährten alle auf meinen Rücken und Schultern in den Graben, bevor ich mich bewegen oder befreien konnte. Wir waren glücklich, uns zumindest bis jetzt in Freiheit zu befinden. Unser Kurs verlief nach Nordwesten. Jeder Mann schnallte seinen Tornister um, ordnete seine Werkzeuge und Waffen zur Verteidigung, und erfüllt vom Geist entschlossenen Abenteuers und entschlossenen Leidens machten wir uns auf den Weg.

Am nächsten Morgen, dem 30. August 1807, begann gegen drei Uhr der Tag zu dämmern, und da wir die meiste Zeit, seit wir unsere elende Gefangenschaft verlassen hatten, gelaufen waren, schätzten wir, dass wir noch mindestens fünf britische Meilen entfernt waren Verdun. Wir beschlossen, uns keinem Haus zu nähern und uns tagsüber nicht auszusetzen, es sei denn, es war die größte Notwendigkeit.

Glücklicherweise befanden wir uns in der Nähe des Waldes, den wir auf unserer Karte als unseren ersten Halt markiert hatten: Er befand sich in der Nähe von Varennes, wo Ludwig XVI., seine Königin, seine Schwester und zwei Kinder 1791 auf ihrer Flucht aus den Tuilerien verhaftet und nach Paris zurückgebracht wurden. Wir betraten sofort diesen Wald und fanden nach langem Suchen einen dichten Teil, der jedoch leider an einen Fußweg angrenzte. Wir versteckten uns jedoch so gut, dass wir keine Angst hatten, entdeckt zu werden, es sei denn, unsere Flucht wurde bekannt und die Leute kamen absichtlich auf der Suche nach uns. In diesem unserem Versteck lagen wir mit einigermaßen Komfort und Sicherheit, bis gegen neun Uhr unsere Zuversicht schwand und wir sehr verärgert waren; denn wir stellten fest, dass der Weg stark frequentiert war, und die Stimmen der Passanten und der Kinder, die gekommen waren, um ihren Sonntagmorgen mit Nüssesammeln und Spielen im Wald zu verbringen, beunruhigten uns alle sehr. Glücklicherweise war keiner der Nussbäume oder Büsche sehr nah bei uns, und mittags hatten wir das Glück, die Eindringlinge eilig nach Hause zu ihrem Abendessen eilen zu sehen. Wir nahmen ebenfalls unsere Erfrischungen ein und hielten es für klug, unsere Hüte zu zerstören und ihre Plätze mit weißen Bibermützen à *la Française zu besetzen* , mit denen wir uns selbst ausgestattet hatten.

Um sieben Uhr abends war es ziemlich dunkel, und nachdem wir unsere Rucksäcke geschultert und alle anderen Vorbereitungen getroffen hatten, verließen wir den Wald und setzten unseren Marsch fort. Wir marschierten direkt in nordwestlicher Richtung durch das Land, über Hügel und Täler,

Berge und Ebenen; wir durchquerten gepflügte Felder, wateten durch Sümpfe und Moore, übersprangen Gräben und durchquerten alle Einfriedungen mit einer Lebensfreude, die uns erstaunliche Kraft und Stärke verlieh: Nichts konnte unseren Fortschritt aufhalten oder verlangsamen. Das Glück, das wir empfanden, war unbeschreiblich. Die Frische der freien Luft, die aktive Nutzung unserer ungebundenen Glieder und die Hoffnung auf endgültigen Triumph und Freiheit ließen uns uns als wiedergeborene Geschöpfe betrachten.

Doch noch vor Tagesanbruch (am 31. August) begann es stark zu regnen. Wir entdeckten einen Wald, der für uns als Versteck geeignet war, nur dass er an ein Bauernhaus grenzte. Nach langem ängstlichen Überlegen beschlossen wir jedoch, uns darin zu verstecken; denn wir überlegten, dass es uns möglicherweise nicht möglich sein würde, einen anderen zu erreichen, bevor uns das Tageslicht der aufrührerischen Bauernschaft verraten würde, der eine geringere Gefahr vorzuziehen wäre. Ich erinnere mich in diesem Moment noch genau an den Ort, an dem wir uns befanden, und selbst aus dieser Zeitspanne heraus scheine ich alles zu sehen, was um uns herum geschah.

Wir verschafften uns nach langem Suchen – das Holz war zu dünn – ein einigermaßen gutes Versteck; aber wir konnten deutlich hören, wie sich die Leute auf dem Hof unterhielten, was uns, wie ich kaum sagen muss, große Beunruhigung bereitete. Unsere Situation war den ganzen Tag über sehr bedauerlich. Als wir unser Versteck betraten, waren wir bis auf die Haut durchnässt, und es regnete ununterbrochen bis spät in den Abend: Die Nässe, die wir von den Ästen und Blättern erhielten, war viel schlimmer, als wenn wir auf einem offenen Feld ohne Baum gewesen wären. Unsere Hauptaufgabe bestand darin, das Wasser aus unseren Kleidern und Strümpfen zu pressen. Unser Proviantvorrat, der hauptsächlich aus leichten Keksen und Würstchen bestand, wurde stark beschädigt. In der Abenddämmerung, ungefähr zur üblichen Stunde – sieben – nachdem wir uns eine kleine Erfrischung geholt hatten, packten wir unsere Rucksäcke und Ausrüstungsgegenstände und gingen auf dem alten Weg weiter, NW. Wir sind diese Nacht ein gutes Stück gelaufen, da das Wetter günstiger war.

Kurz vor Tagesanbruch am nächsten Morgen (1. September) betraten wir einen äußerst dichten Wald, der für Nachtwanderer bewundernswert geeignet war. Wir erfrischten uns und versuchten, nach den Strapazen der Nacht ein wenig zu schlafen, nachdem wir uns gegenseitig zu unserem bisherigen Erfolg beglückwünscht hatten. Gegen zehn Uhr wurden wir durch die Stimmen von Menschen alarmiert, die uns scheinbar nahe standen. Wir stellten fest, dass sie auf einem angrenzenden Pfad vorbeikamen, den wir vorher nicht bemerkt hatten; Aber wir waren zu gut aufgestellt, um Angst davor zu haben, entdeckt zu werden. Die Anzahl der Eichhörnchen, Ratten, Mäuse und Ungeziefer um uns herum war an diesem Tag sehr groß. Nachdem wir unsere üblichen Vorbereitungen getroffen hatten, verließen wir um sieben Uhr unser Schlupfloch und begaben uns an den Waldrand, auf die Seite, nach der wir unseren Kurs richten mussten. Bei unserer Ankunft entdeckten wir einige Arbeiter, die noch immer auf einem Feld außerhalb des Waldes arbeiteten, was uns zwang, anzuhalten, bis sie verschwanden. Wir fuhren dann mit einiger Sorge weiter, da wir genau auf unserer Spur ein Dorf sahen, dem wir nicht ausweichen konnten, ohne einen sehr großen Umweg zu machen. Ungefähr zwei Stunden, nachdem wir den Wald verlassen hatten, wurde unser Kurs plötzlich durch einen Graben oder Wassergraben behindert, und als wir ihn mit unseren Keulen (die übrigens eine einigermaßen lange Länge hatten) erklingen ließen, stellten wir fest, dass er sehr tief war ; Tatsächlich übertraf seine Tiefe bei weitem alles, was wir hätten erwarten können. Wir beäugten dieses gewaltige Hindernis oder Hindernis, marschierten erst in die eine und dann in die andere Richtung, ohne zu einer Lösung kommen zu können, obwohl wir alle wussten und fühlten, dass wir es auf die eine oder andere Weise überwinden oder uns unterwerfen mussten zurückerobert werden.

Schließlich entdeckte ich einen Teil, der schmaler war oder zu sein schien als der Rest, und da ich keine andere Wahl hatte und es mit jeder Minute hoffnungsloser wurde, beschloss ich, eine große Anstrengung zu unternehmen und zu versuchen, darüberzuspringen. Ich verschaffte mir gegenüber der engsten Stelle ausreichend Platz für einen guten Anlauf, sprang mit aller Kraft und landete einige Fuß hinter dem Rand am gegenüberliegenden Ufer. Der Kanal erwies sich als nicht so breit, wie er ausgesehen hatte, und da ich wusste, dass er außerordentlich tief war, war ich umso besorgter, gut zu landen, damit ich nicht wieder in den Fluss zurückfiel. Das Ergebnis war jedoch, als würde ich vor Skylla fliehen, um mich in Charybdis zu verlieren – oder eher umgekehrt; denn da ich dem Wasser auswich, musste ich meine Verletzung an Land finden. Die gewaltige Wucht meines Sprunges hatte zur Folge, dass das gegenüberliegende Ufer kiesig und hart war und mein Rucksack sich mit einem plötzlichen Ruck hob und senkte, sobald meine Füße den Boden berührten. Ich wurde auf die Seite geschleudert und mein rechtes Kniegelenk wurde so stark verdreht, dass ich wirklich dachte, es wäre entzweigebrochen.

In diesem Zustand blieb ich ausgestreckt auf dem Boden liegen, und während ich die entsetzlichsten Schmerzen erlitt, ermahnte ich meine Gefährten, vorsichtiger zu sein und sich an meiner Erfahrung zu orientieren. Schließlich vollführten sie den Sprung und schlossen sich mir ohne Verletzungen oder Unannehmlichkeiten an. Sie untersuchten das Gelenk und stellten zu meiner

unaussprechlichen Freude fest, dass das Knie nicht gebrochen war; aber ein
so unglücklicher Unfall in einem so kritischen Moment beraubte mich jeder
Hoffnung, die lange und schwierige Reise, die wir zu bewältigen hatten,
fortsetzen zu können. Diese Überlegungen beunruhigten mich so sehr, dass
meine Gedanken abschweiften. Ich konnte natürlich nicht erwarten, dass
meine Kameraden bei mir blieben, und ich hatte die elende Aussicht, von
ihnen verlassen zu werden und entweder auf freiem Feld leiden und sterben
oder gefangen genommen zu werden und nach meiner Genesung ins
Gefängnis zu kommen. Der sofortige Tod schien mir bei weitem
vorzuziehen, aber die göttliche Vorsehung geruhte, ihre Gnade walten zu
lassen, und lehrte mich die nützliche Lektion – lieber zu verzweifeln als auf
ihre Weisheit und Barmherzigkeit zu vertrauen.

Meine Kameraden widmeten meiner Verletzung jede erdenkliche
Aufmerksamkeit. Sie rieben das Gelenk mit der kleinen Menge Alkohol ein,
die jeder von uns bekam. Diese Behandlung verschaffte mir große
Erleichterung und nach kurzer Zeit konnte ich mit ihrer Hilfe aufstehen und
meinen Fuß auf den Boden stellen.

Ich versuchte, auszusteigen, musste aber darum bitten, dass mir auf beiden
Seiten jemand half, was sie auch taten. So zogen wir langsam weiter und
passierten das Dorf, das uns so große Sorgen bereitet hatte. Ich war froh,
dass mein Knie allmählich besser wurde, und wir schafften es, in diesem
Zustand etwa drei Meilen weiterzukommen, als wir einen sehr schönen,
geräumigen Wald entdeckten.

Es war etwa zwei Uhr am 2., als meine Kameraden vorschlugen, dass wir uns
den nächsten Tag in diesem Wald ausruhen sollten: Sie würden meinetwegen
nicht weitergehen. Kein Entschluss könnte meinen Gefühlen besser
entsprechen als dieser. Ich war äußerst niedergeschlagen und erschöpft.
Nachdem wir endlich einen geeigneten Teil des Waldes gefunden hatten,
nahm jeder seinen Platz ein, genoss eine kleine Erfrischung und versuchte
dann, sich auszuruhen; aber mein Knie schmerzte so heftig, dass ich zwei
meiner Freunde mit ihrem ganzen Gewicht auf meinem Bein, Oberschenkel
und meiner rechten Seite liegen lassen musste. Sie schliefen innerhalb
kürzester Zeit fest ein, doch ich konnte kein Auge zutun. Der quälende und
melancholische Gedanke, aufgrund meiner Krankheit zurückgelassen
worden zu sein, kam immer wieder. Der Gedanke, abgeholt und in ein
schreckliches Verlies oder eine andere schändliche Behausung gebracht zu
werden, war ständig präsent; und welcher Sterbliche könnte an Schlaf
denken, während er von solchen Gedanken gequält wird? So in Gedanken
versunken, zwischen Hoffnung und Verzweiflung schwankend, blieb ich fast
zwei Stunden, während meine Freunde die ganze Zeit über tief schliefen.

Schließlich empfand ich ihr Gewicht auf meiner Seite als lästig und befreite mich von ihnen, ohne sie aufzuwecken oder im Geringsten zu stören.

Ich dachte mir jetzt, dass ich eine ausgezeichnete Gelegenheit hätte, zu versuchen, ob ich allein aufstehen und gehen könnte, und so versuchte ich aufzustehen, was mir mit einiger Mühe gelang; aber beim Versuch zu gehen waren die Schmerzen so groß und die Schwäche des Knies so stark, dass ich sofort rückwärts auf die Erde fiel. Die Notwendigkeit, weiterzumachen, war so dringend, dass ich am nächsten Tag die Gelegenheit nutzte, als meine Gefährten schliefen, um das Experiment zu wiederholen, aber ohne größeren Erfolg. Um meine freundlichen und tapferen Gefährten jedoch zu ermutigen, beantwortete ich alle ihre Fragen mit der Versicherung, dass es mir viel besser ginge.

Zur üblichen Abendstunde, nachdem alle Vorbereitungen für unseren Marsch getroffen waren, schlichen wir uns an den Rand des Waldes, den ich nie wieder verlassen zu können erwartete. Wie schon am Abend zuvor wurde ich auf beiden Seiten von einem Freund unterstützt, und ich muss ihnen eine große Last gewesen sein. Als wir am Rand ankamen, stellten wir fest, dass es zu früh war, den Wald zu verlassen. An der Stelle, an der wir ankamen, stand ein sehr hoher Baum, und wir schlugen vor, dass Mr. Tuthill auf ihn klettern sollte, um die Beschaffenheit des Landes zu erkunden, das auf unserem Weg vor uns lag. Dies tat er sofort in gutem Stil, unerschrocken und aktiv, und zu unserer großen Zufriedenheit berichtete er, dass es eine wunderschöne Ebene ohne Wald, Fluss oder irgendetwas sei, das unseren Weg behindern könnte. Angesichts der enormen Höhe des Baumes hatten wir keinen Zweifel, dass er seinen Blick über mehrere Meilen weit ausdehnen konnte.

Schließlich machten wir uns auf den Weg, und ich bestand darauf, dass meine Freunde mich hinten lassen sollten, damit ich weiterhumpeln und für mich kämpfen konnte. Ich gestehe, ich fühlte mich äußerst niedergeschlagen, war aber entschlossen, meine Gefühle nicht preiszugeben. Zuerst war der Schmerz, den ich ertragen musste, schrecklich; Doch im Vertrauen darauf, dass es sich nicht um einen Bruch handelte, brachte ich trotz unerträglicher Qualen schließlich mein Bein fest auf den Boden und schaffte es, mit Hilfe meines Knüppels zu hinken. Wir waren noch keine Meile weitergekommen, als wir direkt vor uns einen wunderschönen Weinberg erblickten. Wir machten eine Pause, um die Trauben zu probieren, was für mich eine himmlische Erleichterung war, da ich fast erschöpft war. Obwohl die Trauben sauer waren, belebten sie unsere Stimmung erstaunlich. Nachdem wir reichlich gegessen hatten, füllten wir unsere Taschen reichlich. Nach kurzer Zeit stellte ich fest, dass mein Knie leichter wurde und die Trübsinnigkeit, die mich so sehr deprimiert hatte, schnell verschwand, bis ich endlich in bester Stimmung weitermachte. Tatsächlich war ich noch nie so überrascht wie über die plötzliche Veränderung meines gesamten Körperbaus, und mein Knie verbesserte sich mit jeder Meile, die ich ging.

Bei Tagesanbruch, am 3. September, waren wir sehr beunruhigt, da wir in keiner Richtung einen Wald erkennen konnten. Zu unserer unaussprechlichen Freude bemerkten wir schließlich in geringer Entfernung ein Wäldchen oder eine Art Wäldchen mit einem Umfang von nicht mehr als drei oder vier Acres. Wir machten uns ohne zu zögern auf den Weg dorthin und fanden, dass es dick und gut für unsere Tarnung geeignet war. Nachdem wir uns an einem geeigneten Ort niedergelassen hatten, stellten wir unsere Rucksäcke ab, entledigten uns unserer Äpfel usw. und machten uns, nachdem wir uns mit etwas Keks und Wurst sowie einem Obstdessert, das wir uns jetzt leisten konnten, erfrischt hatten, auf den Weg dorthin ausruhen. Ich hatte kein Auge geschlossen, seit ich den Schmerz erlitten hatte; aber kaum hatte ich in diesem Augenblick meine müden Glieder auf den Boden ausgestreckt, befand ich mich schon in einem tiefen Schlaf; Ich erwachte auch nicht, bis ich von meinen Kameraden geweckt wurde, die durch die Stimmen zweier Männer alarmiert wurden, die in der Nähe unseres Verstecks zur Arbeit kamen. Wir konnten sie so deutlich hören, dass wir meinten, sie könnten nicht weiter als fünfzig Schritt entfernt sein. Ihr Gespräch drehte sich hauptsächlich um die Städte Charleville und Mezières. Sie setzten ihre Arbeit bis zum Sonnenuntergang fort.

Als wir sie diese Städte so oft erwähnen hörten und auch andere Teile des Gesprächs, waren wir überzeugt, dass wir zu weit nördlich von unserem eigentlichen Kurs waren. Da wir nachts reisten, oft in absoluter Dunkelheit, konnten wir trotz unseres ausgezeichneten Kompasses nicht vermeiden, dass wir manchmal ein wenig fehlgingen, insbesondere wenn uns ein Fluss von unserer eigentlichen Richtung abbrachte. Als diese Arbeiter weg waren, was wir, wie der Leser sich vorstellen kann, nicht bedauerten, begannen wir wie gewohnt mit unseren Vorbereitungen und setzten unseren Marsch zur üblichen Abendzeit in Richtung Küste fort. Als wir losfuhren, schmerzte mein Knie und war steif, aber durch Bewegung wurde es allmählich besser.

Um Mitternacht stießen wir plötzlich auf eine kleine Stadt in einem Tal. Wir bemerkten unseren Fehler erst, als es zu spät war, um umzukehren und sie zu vermeiden. Da es sich jedoch um eine offene Stadt handelte, hofften wir, dass wir zu so später Stunde ohne Gefahr durch sie hindurchkommen könnten. Wir gingen daher so schnell wie möglich weiter und begegneten keiner Menschenseele, bis wir in das gegenüberliegende Fauxbourg kamen und einem berittenen Bauern begegneten. Mr. Ashworth fragte ihn nach dem Namen der Stadt, die wir gerade passiert hatten, und er teilte uns mit, dass es Neuville war. Wir dankten ihm, setzten unsere Reise fort und legten in dieser Nacht eine beträchtliche Strecke zurück. Auf unserer Reise hatten wir oft schrecklichen Wassermangel oder völligen Wassermangel erlebt. In dieser Nacht war unser Durst sehr groß, aber wir konnten ihn mit den Früchten stillen, die wir in den Obstgärten sammelten.

Am 4. September gegen drei Uhr morgens betraten wir einen sehr gemütlichen Wald und beschlossen, uns dort für diesen Tag zu verstecken. Wir stärkten uns mit einer kleinen Menge unserer Kekse und Würste und bemerkten, dass unsere Vorräte sehr knapp wurden, obwohl wir so enthaltsam gewesen waren, dass wir kaum noch Kraft für die Reise hatten. Der Tau war extrem schwer und der Boden sehr nass; wir machten uns also Betten aus Heidekraut, belaubten Zweigen und Gras und sanken ruhig schlafen. Ich war überglücklich, da mein Knie täglich besser wurde.

Am nächsten Abend verließen wir zur gewohnten Zeit unser Versteck, aber unter bedrückenden Umständen, denn unser Obst war aufgebraucht, wir hatten keinen Tropfen Wasser und unser Durst war maßlos. Wir zogen weiter und starben fast, weil wir unseren ausgetrockneten Mündern und Kehlen und unseren nach Luft schnappenden Lungen nicht genug Feuchtigkeit gaben. Vergeblich versuchten wir uns mit der Hoffnung zu trösten, einen Bach oder ein Rinnsal zu finden, um unsere Qualen zu lindern.

Wir reisten fast sieben Stunden in diesem schrecklichen Zustand, ohne einen Tropfen Wasser zu finden, außer an einer Stelle, wo es einen großen Graben gab, in dem Flachs eingeweicht oder abgelagert war. Ich eilte dorthin, um Erleichterung zu finden, und obwohl der Gestank abscheulich war, hätte ich reichlich davon getrunken, hätten mir meine Gefährten nicht versichert, dass dies meinen sofortigen Tod zur Folge hätte. Mein Durst war so groß, dass ich immer noch große Schwierigkeiten hatte, mich zurückzuhalten; aber schließlich ging ich weiter, ohne davon zu kosten.

Ich habe alle Klimazonen und fast alle Teile des Universums erlebt. Ich habe in den verschiedenen Phasen meines Lebens unter starkem Durst gelitten. Ich habe Essig und Salzwasser getrunken und sogar an den geteerten Segeln eines Schiffes gesaugt, um diese Qualen zu lindern. Doch ich erkläre feierlich, dass ich nie etwas gefühlt habe, das dem Durst in dieser Nacht gleichkam.

Da wir auf unserem direkten Weg keine Möglichkeit fanden, Wasser zu finden, beschlossen wir einstimmig, uns dem ersten Dorf zu nähern, das wir finden würden, um uns aus einigen Brunnen der Einwohner mit Wasser zu versorgen. Bald ergab sich eine Gelegenheit, und wir lenkten unsere Schritte mit größter Eile in Richtung dieses begehrten Ortes; doch bevor wir das Dorf erreichten, entdeckten wir einen kleinen Obstgarten. Mein Freund Tuthill, immer auf der Hut und natürlich, wie ich bereits erwähnte, aktiv und erfahren, erklomm die Mauer des Obstgartens in kürzester Zeit, trotz des ständigen Bellens eines Hundes auf dem Grundstück, und kehrte mit einem

Vorrat Äpfel zurück. Sie waren sehr klein und von der wilden Sorte; aber sie erfüllten unseren Zweck und linderten unsere Notlage. Wir durchquerten ein Ende des Dorfes, besorgten uns einen Vorrat dessen, was wir so dringend brauchten, und gingen weiter; wir hielten uns aufgrund unserer Entdeckung über Charleville weiter westlich als zuletzt. Da wir reichlich Wasser hatten, machten wir uns nun mit leichterem Herzen und besserer Stimmung schnell auf den Weg.

KAPITEL V

Die fortgesetzte Reise – Ein Biwak im Wald – Gefahr, erschossen zu werden – Sich mit einem Obstgarten davonmachen – Überquerung der Oise – Eine Methode, sich Proviant zu besorgen – Ein Kabarett und ein Dorffest – Freundlichkeit der Bauern – Petit Essigny – Auswringen durchnässter Kleidungsstücke und Trocknen über verlöschender Glut – Ein erbärmlicher Gutsherr – Ein Quartierwechsel – Der Luxus eines Heubodens – Eine samaritische Wirtin – Die elenden Leiden von Herrn Essel – Rückzug in ein anderes Dorf – Ein gütiger Gutsherr – Mitgefühl für Deserteure – „Mitgefühl macht Menschen wunderbar freundlich" – Der Luxus eines sauberen Bettes – Rückzug in ein anderes Dorf – Eine mütterliche Wirtin – Eine glückliche Bekanntschaft auf der Straße – Tugend und Glück in einem bescheidenen Leben – Der wohltätige Bäcker – Gefahren, die von Sportlern für im Wald versteckte Herren ausgehen – Herr Essels Krankheit verschwindet – Erhöhte Geschwindigkeit, die für Flüchtlinge nicht immer sicher ist – Kälte des Wetters – Ein gastfreundlicher Bauer – Ein französisches Erntedankfest – Hesdin – Nieuville – Étaples – Aus einem Strohbett vertrieben – Ein neues Gasthaus mit einem verkleideten *Gendarmen* in der Küche – Bestechung eines Wirts – Kein Boot in Sicht – Ein alter Hirte, der zu schlau ist für einen jungen Leutnant und einen Fähnrich – Äußerste Schwierigkeiten – Große Hoffnungen – Mutlosigkeit und Hilfsquellen.

AM nächsten Tag, dem 5. September, geschah nichts Besonderes. Nachdem wir im Morgengrauen einen geeigneten Wald gefunden hatten, versteckten wir uns wie üblich tagsüber. Nachts setzten wir unsere Reise fort und kamen gegen elf Uhr an eine sehr breite Straße.

Gegen Mitternacht befanden wir uns plötzlich am Anfang einer Straße, deren Gebäude groß waren und deren Stadt ringsum beträchtlich erschien. Diese Entdeckung überraschte uns umso mehr, da der Ort weder einen Wall noch eine Befestigung irgendeiner Art hatte und wir bisher der Meinung gewesen waren, dass es in Frankreich keine Stadt dieser Größe gab, die nicht gut befestigt war. Wir hatten jedoch keine Zeit zum Diskutieren oder Überlegen, denn wir sahen Lichter in vielen Fenstern; Hunde bellten; wir hörten aus verschiedenen Richtungen menschliche Stimmen; und wir befanden uns in äußerster Gefahr. Glücklicherweise bemerkten wir in diesem Moment zufällig eine Öffnung, auf die wir uns sofort zubewegten, und fanden heraus, dass es sich um eine Seitenstraße handelte, die uns klar aus der Stadt hinausführte; aber wir wussten immer noch nicht, welcher Ort dies war, was uns dazu veranlasste, uns im ersten Haus zu erkundigen, dem wir uns näherten, und in wenigen Minuten bot sich eine Gelegenheit dazu.

Wir bemerkten mehrere Hütten am Straßenrand. Mr. Ashworth und ich gingen weiter und ließen unsere Gefährten verborgen. Als wir an die Tür einer der Hütten klopften, fragte uns ein Mann (wie wir annahmen, im Bett), was wir wollten. Wir antworteten, wir seien arme, verzweifelte Reisende, ganz hungrig und schwach und würden gern wissen, wie weit wir von der nächsten Stadt entfernt seien. Er sagte uns, nicht mehr als eine Meile von Montcornet entfernt. [11] Dann gingen wir weiter und wünschten uns sehnlichst das Tageslicht, damit wir auf der Karte feststellen könnten, wo ungefähr Montcornet lag.

Kurz vor Tagesanbruch, am Sonntag, dem 6., machten wir, nachdem wir einen kleinen Fluss namens Serre überquert hatten, in einem Wald Halt, der nicht mehr als drei Meilen von dieser Stadt entfernt war. Es war sehr dünn, was dazu führte, dass wir uns viele Male verlagerten und unsere Position änderten, bevor wir irgendeinen Teil fanden, der uns verbergen sollte. Schließlich suchten wir uns einen Platz aus, den wir einigermaßen bequem machten, indem wir Äste abbrachen und sie überall um uns herum verteilten.

Gegen zwei Uhr nachmittags wurden wir von einem Vogeljäger und seinem Vorstehhund aufgeschreckt. Der Hund kam ganz nah an uns heran und begann zu bellen und zu schreien, sobald er uns bemerkte. Der Herr kam ebenfalls nah an uns heran und pfiff und rief unentwegt nach seinem Hund, der zu diesem Zeitpunkt schon weit von ihm entfernt war, da er sich eilig zurückgezogen hatte, als er uns entdeckte. Der Mann verfolgte den Vorstehhund in gerader Linie weiter. Wir konnten seine Beine und Füße deutlich erkennen, als er vorbeiging, aber von unserer Position aus waren wir sicher, dass er uns nicht sah. Unsere Angst kann man sich leicht vorstellen, ebenso wie unsere große Freude darüber, dass wir um Haaresbreite entkommen waren.

Zur gewohnten Stunde verließen wir unser Versteck und stellten glücklicherweise fest, dass einige Apfelbäume direkt außerhalb des Waldes mit sehr ausgezeichneten Früchten bedeckt waren; womit wir, das brauche ich kaum zu bemerken, alle unsere Taschen und Rucksäcke füllten. Der kleine Keks, den wir jetzt noch übrig hatten, war buchstäblich zu Staub zerfallen, was diesen Vorrat an saftigen Früchten fast zu einem Luxus machte. Die Nacht war übermäßig dunkel und wir hatten mehrere unangenehme und schwere Stürze.

Leutnant Essel war nun sehr erschöpft. Seine Müdigkeit war extrem und er konnte nicht mehr mit uns mithalten. Aufgrund der großen Veränderung, die wir in den letzten zwei oder drei Tagen in seinem Aussehen beobachtet hatten, begannen wir zu befürchten, dass er die Reise nicht mehr lange in jedem Tempo fortsetzen konnte und gezwungen sein würde, unterwegs anzuhalten. Wir beschlossen jedoch auf jeden Fall, so lange wie möglich bei ihm zu bleiben. Die Alternative wäre sehr schmerzhaft.

Am nächsten Tag, Montag, dem 7., überprüften wir unseren Vorrat an Lebensmitteln und fanden ihn erbärmlich niedrig. Wir waren beunruhigt, als wir entdeckten, dass wir nicht einmal ein Pfund Kekse oder vielmehr Kekspulver hatten und unser einziges verbliebenes Nahrungsmittel, Wurst, in etwa im gleichen Ausmaß vorhanden war. Was wir in dieser kritischen Situation tun sollten, wussten wir nicht. Eines war zumindest sicher: Um zu überleben, müssen wir essen, und um zu essen, müssen wir Nahrung haben. Daraus war die Schlussfolgerung klar, dass unser Plan, der unsere Sicherheit sicherte – das System, Städte zu meiden, uns von Häusern fernzuhalten und alles zu meiden, was mit der menschlichen Natur zu tun hatte – nicht mehr lange eingehalten werden konnte, während es schwierig war, sich einen anderen Plan vorzustellen, der angenommen werden konnte.

Nach einer sehr langen und nicht sehr angenehmen Diskussion kamen wir zu dem Schluss, dass die Herren Tuthill und Ashworth, da sie von unserem Aussehen her die dürftigsten und daher den Franzosen am ähnlichsten waren, versuchen sollten, etwas Brot zu beschaffen die erste zurückgezogene und einsame Behausung, die wir früh in der Nacht sehen sollten. Dementsprechend bemerkten wir gegen neun Uhr direkt in unserem Kurs ein Haus, das der geforderten Beschreibung zu entsprechen schien. Die beiden französischen Herren gingen näher, um ihre Adresse zu versuchen: Leutnant Essel und ich blieben dicht an einer dichten Hecke sitzen. Wir blieben einige Zeit in dieser Position und warteten auf das Ergebnis der Botschaft unserer Freunde – mein armer Begleiter beklagte sich schmerzlich über die Veränderung seines Gesundheitszustands. Als wir feststellten, dass sie nicht zurückkamen, vermuteten wir, dass sie vielleicht einen guten Empfang gefunden hatten und sich amüsierten; und da uns das Haus direkt im Weg lag, einigten wir uns darauf, achtlos daran vorbeizugehen, und gingen dementsprechend weiter. Gerade als wir an der Tür vorbeikamen, erschienen sie mit einem jungen Mann, der wie ein Bauer gekleidet war. Sie schlossen sich an und teilten uns mit, dass sie in diesem Haus keine Abhilfe schaffen könnten; aber dass es ein paar hundert Meter von uns entfernt ein kleines Dorf gäbe und dass dieser junge Mann ihnen dort ein Wirtshaus zeigen würde, wo sie sich mit allem versorgen könnten. Ich war entschieden der Meinung, dass dies viel zu freundlich von seiner Seite war; und ich riet ihnen daher, diesen Führer zurückzusenden, da wir das Haus sicherlich auch ohne seine Hilfe finden könnten; aber er bestand darauf, uns zu dirigieren – erkundigte sich, ob wir auch mit von der Partie seien; und bald war das Dorf in Sicht, und es war sehr klein, worüber ich mich sehr freute. Es wären viele Leute unterwegs und unser Führer teilte uns mit, dass es ein *Festtag sei*.

Das Wirtshaus stand nun vor uns, und der junge Mann zeigte darauf, sagte: „Sie können ohne Angst eintreten", und verließ uns. Diese letzte Bemerkung gefiel mir nicht. Doch wir waren inzwischen an der Schwelle – eine Anzahl Leute standen in der Tür; es blieb uns nichts anderes übrig, als hineinzugehen. Das Haus war voll mit Leuten beiderlei Geschlechts, die tanzten und sich amüsierten. Der Tanz hörte sofort auf, als wir eintraten; alle Augen waren auf uns gerichtet. Wir verlangten nach einem Platz, wo wir uns hinsetzen und erfrischen konnten, und wurden in ein Zimmer geführt. Wir baten um etwas Brot, Käse und Wein, bekamen sie und aßen herzhaft, obwohl wir uns nicht großer Bequemlichkeit oder Bequemlichkeit rühmen konnten. Mehrere Bauern und ihre Frauen kamen und setzten sich dicht an unseren Tisch und drängten uns, einige ihrer *Torten zu nehmen* . Aufgrund unseres allgemeinen Erscheinungsbilds und insbesondere unserer Mützen und Rucksäcke hielten sie uns offensichtlich für Wehrpflichtige, die zur Armee gingen. Wir sagten ihnen, wir würden nach Guise gehen und müssten Tag und Nacht in Eilmärschen reisen, weil unser Regiment abkommandiert worden war und wir zu lange zu Hause geblieben waren. Glücklicherweise waren sie keine neugierigen Leute und fragten uns weder nach der Zahl oder den Offizieren des Regiments noch nach unseren Umständen. Wir verlangten unsere Rechnung und baten unseren Gastgeber, uns einen großen Laib Brot und eine Flasche Brandy zu bringen, denn wir könnten sie brauchen, bevor wir uns unserem Regiment in Guise anschlossen. Nachdem dies geschehen war, wünschten sie uns alle viel Erfolg und wir verabschiedeten uns von ihnen, höchst froh, ihre Gesellschaft loszuwerden.

Bei Tagesanbruch hielten wir an einem Gehölz, das an ein Bauernhaus am Ufer der Oise angrenzte. Am Dienstag, dem 8., setzten wir unseren Marsch gegen sieben Uhr abends fort, nachdem wir von einer vornehm gekleideten Dame und zwei Kindern, die mit einem Diener an uns vorbeigekommen waren, sehr erschreckt worden waren. Sie schüttelten die Brombeeren und klopften die Nässe von den Bäumen. Sie kamen uns so nahe, dass sie das Gebüsch berührten, das uns bedeckte. Gegen halb neun überquerten wir die Oise an zwei Stellen und mussten erneut durch ein Dorf gehen, um zur Brücke zu gelangen, die über den Fluss führte.

Bei Tagesanbruch des 9., nach einem mühsamen und schwierigen Marsch, bei dem wir eine Reihe tief gepflügter Felder und Stoppelfelder überquert, über Hügel und durch Täler gegangen waren, befanden wir uns wieder auf offener Ebene, und der arme Essel konnte sich kaum bewegen. Dies war bei weitem die schlimmste Situation, in die wir uns seit Beginn unserer Reise begeben hatten. Als wir mit größter Sorge und Aufmerksamkeit unsere Umgebung absuchten, glaubten wir, Bäume zu erkennen; aber sie waren in beträchtlicher Entfernung und abseits unseres Weges. Wir näherten uns ihnen dennoch. Es begann sehr stark zu regnen, und als wir die begehrte Stelle erreicht hatten, stellte sich heraus, dass es sich nur um einen spärlichen Obstgarten mit ein paar verstreuten Apfelbäumen handelte. Wir gingen weiter, wohl wissend, dass es hinter uns keinen Schutz für uns gab – zumindest keinen, der nicht weit entfernt war. Bald entdeckten wir ein kleines Dorf in genau der Richtung, in die wir gingen, und in der Nähe erschien ein kleiner Wald. Wir kamen ziemlich schnell voran. Der arme Essel musste ein großes Stück zurückbleiben. Als wir einen alten Bauern trafen, erkundigten wir uns nach dem Namen des Dorfes und fanden heraus, dass es Petit Essigny war. Er sagte uns, dass rechts davon ein Pfad sei, falls wir nicht durchgehen wollten. Wir waren, sagte er, fünf Meilen von St. Quentin entfernt. Die Bemerkungen des alten Mannes kamen uns sehr merkwürdig vor; er verabschiedete sich und wir gingen weiter. Es regnete, und der Morgen brach an, es war nun fast acht Uhr. Was wir für einen an das Dorf angrenzenden Wald hielten, bestand bei unserer Nähe nur aus ein paar Sträuchern; als wir ankamen, stellten wir fest, dass dieser ziemlich dicht und das Gras sehr hoch war und die Einfriedung von einer schnell gewachsenen Hecke umgeben war. Wir schafften es sofort durch diese Hecke und legten uns dicht darauf. Unsere Lage war sehr unangenehm. Das übermäßig nasse Gras trug zu unserem Elend bei, da wir schon fast bis auf die Haut durchnässt waren, bevor wir es betraten. Der Regen von den Büschen strömte buchstäblich in Regengüssen über unsere armen Körper; aber das war wesentlich besser als das Risiko, ins Dorf zu gehen, wo wir vermuteten, dass *Gendarmen* lauern könnten, da der Ort so nahe an einer großen Stadt lag. Wir blieben in dieser elenden Lage bis etwa vier Uhr, als Herr Essel ganz schwach und erschöpft wurde und dem Rest unserer kleinen Gruppe es nicht viel besser ging. Dies veranlasste uns, diesen unwirtlichen Ort zu verlassen und zu versuchen, in einem Haus Unterschlupf zu finden, was auch immer die Folgen sein mochten.

Dementsprechend näherten wir uns einer einzelnen Hütte in kurzer Entfernung vom Dorf; Er betrat es und fand darin einen armen alten Bauern und zwei Burschen, die sich als seine Söhne erwiesen; sie zitterten über ein paar Aschen und schienen sehr arm und elend zu sein. Wir baten sie, ein gutes Feuer zu machen und uns zu erlauben, unsere durchnässten Kleider zu trocknen und uns zu wärmen; und das taten sie, aber erst, nachdem wir eine großzügige Zahlung versprochen hatten. Sie schienen über unser Erscheinen erstaunt zu sein und kaum zu wissen, wer und was wir sein könnten. Nachdem das Feuer endlich angezündet war, wrangen wir freudig das Wasser aus unseren Kleidern und bemühten uns, sie zu trocknen. Wir ließen uns vom alten Bauern etwas Brot bringen; er gab uns auch etwas Butter, die er zufällig im Haus hatte; Die alte Dame, seine Frau, hatte den Rest an diesem Morgen zum Markt von St. Quentin mitgenommen.

Wir dachten, wir würden sehr gut zurechtkommen, wenn der alte Mann uns erlaubte, die ganze Nacht zu bleiben, sogar an seinem Kamin, da es so stark regnete, dass es absolut unmöglich war, zu reisen. Dies wurde unserem ehrwürdigen Gastgeber mitgeteilt, begleitet von der Zusicherung, dass er seine Belohnung erhalten würde; aber ohne zu zögern erklärte er uns in aller Deutlichkeit, dass dies unmöglich sei. Was sollten wir tun, denn es schien die Art von Nacht zu sein, die die sanfte Cordelia erklären ließ, dass sie den Hund ihres Feindes nicht hinauswerfen könne; und doch schienen wir, Christen und Gentlemen und obendrein Offiziere, in Gefahr zu sein, zu den Elenden zu werden, deren „obdachlose Köpfe und ungefütterte Seiten" der verrückte König Lear so bemitleidete. Unsere Überlegungen waren nicht sehr tröstlich.

Schließlich erzählte uns der alte, geizige Wirt, dass es im Dorf ein Wirtshaus gäbe, wo wir uns mit allem versorgen könnten, und er fügte hinzu, dass es so nahe sei, dass wir es ohne große Schwierigkeiten erreichen könnten. In diesem Augenblick kamen zwei Bauern an seiner Tür vorbei, und er war entschlossen, uns auf jeden Fall hinauszujagen, und rief diese beiden Kerle, damit sie uns hinführten. Die Männer wirkten sehr höflich, aber selbst wenn es das Gegenteil gewesen wäre, blieb uns keine andere Wahl. Also bezahlten wir dem alten Zerberus für sein kümmerliches Feuer, sein schimmeliges Schwarzbrot und seine saure Butter und verließen sein Haus mit der Absicht, auf seiner Schwelle den Staub oder in diesem Fall vielmehr den Schlamm von unseren Schuhen zu schütteln. Die Gestalt unseres steinharten Wirts steht noch immer vor mir. Er war ein großer, dünner, unförmiger Kerl; und die Wirkung seines leichenhaften und abscheulichen Gesichtsausdrucks wurde durch sein äußerst finsteres Schielen und sein boshaftes, bösartiges Grinsen nicht verbessert, das die Unglücklichen durchaus hätte warnen können, dass sie von ihm nicht viel Menschlichkeit zu erwarten hatten.

Unter unseren zivilen Führern erreichten wir bald das Dorf und stellten zu unserer unaussprechlichen Freude fest, dass es ein kleiner und elender Ort war. Unsere Führer zeigten uns das Gasthaus und verabschiedeten sich. Wir betraten diese ärmliche Hütte und stellten fest, dass die gute Wirtin uns nichts zu geben hatte als Brot und Eier; und außerdem, dass es im Haus kein Bett gab, da ihre Gäste es gewohnt waren, auf einem Dachboden zu schlafen, wo es reichlich sauberes Heu gab. Dies war jedoch ein Luxus für arme Wanderer, die seit unserer Flucht aus dem Gefängnis auf die gleiche Weise gegessen und geschlafen hatten wie wir. Aber wir mussten auf den Schein achten, und da es im Dorf kein anderes Gasthaus (wie sie die elende Hütte nannten) gab, schienen wir zu zögern, ob wir hier bleiben oder in die nächste größere Stadt oder nach St. Quentin weiterziehen sollten. und wir erkundigten uns entsprechend, wie weit es entfernt sei. Unsere Gastgeberin antwortete, dass es bis zu einem einigermaßen großen Dorf nicht mehr als drei oder vier

Meilen seien, St. Quentin aber zwei Meilen entfernt sei. Wir taten so, als wären wir über diese Information sehr verärgert, und sagten ihr, dass es zu stark regnete, als dass wir diese Strecke zurücklegen könnten, und dass wir, so unbequem es auch sei, diese Nacht lieber bei ihr bleiben und auf dem Heuboden schlafen würden länger den Witterungseinflüssen ausgesetzt zu sein. Wir machten ein gutes Feuer, trockneten unsere Kleidung, aßen etwas zu Abend und zogen uns auf den Heuboden zurück. Die freundliche Frau gab uns zwei Decken, um uns zuzudecken. Wir fanden diese Unterkunft ausreichend gut und schliefen sehr schnell ein.

Der nächste Tag war, zum Glück für uns (da wir in Deckung blieben), sehr schlimm und es regnete ununterbrochen. Wir blieben auf unserem Dachboden, bis auf einen von uns, der Frühstück besorgte und der Vermieterin (wie wir herausfanden, dass sie eine Witwe war) mitteilte, dass wir bis zum Abend bleiben würden, in der Hoffnung, dass der Regen aufhören würde. Wir schickten ihr unsere zerfetzten Kleidungsstücke, Strümpfe usw. zum Ausbessern. Wir konnten uns an diesem Ort ohne große Angst bewegen, da wir feststellten, dass sie dem Anblick eines *Gendarmen völlig fremd waren* . Die gute Dame hielt uns für Wehrpflichtige und bedauerte unsere Situation. Sie hatte einen Bruder in der Armee, dann in Preußen; und sie brachte uns einen Brief zum Lesen, den sie kürzlich von ihm erhalten hatte. Ich sagte, dass ich im selben Regiment gedient hätte, worüber sie sehr erfreut war.

Gegen sieben Uhr bezahlten wir diese würdige alte Gastgeberin und verabschiedeten uns. Es war eine klare, sternenklare Nacht und das Wetter versprach günstiges Wetter; Aber der Boden war so extrem rutschig und schlammig, dass wir kaum verhindern konnten, dass wir bei jedem Schritt stürzten. Gegen zehn Uhr bekam Herr Essel heftige Blutungen aus Nase und Mund. Wir befürchteten, dass er ein Blutgefäß geplatzt hatte. Dies, zusammen mit einer Ruhr, an der er schon seit einiger Zeit litt, machte ihn so übermäßig geschwächt, dass er keinen Schritt mehr machen konnte. Wir waren über dieses Unglück sehr betroffen und einigten uns darauf, ihn in das nächste Haus zu bringen, das wir finden würden. Glücklicherweise war das von unserer Wirtin erwähnte Dorf, als wir zum ersten Mal in ihrem Haus ankamen, in Sicht, und der Anblick gab unserem kranken Freund neuen Mut; aber wir befürchteten, dass es zu groß für unsere Sicherheit sei; Wir waren jedoch auf jeden Fall entschlossen, ihm dort eine Unterkunft zu verschaffen, wachsam zu sein und sofort zu verschwinden, wenn wir eine Gefahr bemerkten. Gegen halb elf kamen wir in diesem Dorf an und zu unserer Freude erwies es sich als weitaus schlechter als erwartet. Herr Ashworth ging in ein Wirtshaus, um es zu erkunden und sich zu erkundigen, ob unserem leidenden Freund Nahrung und Unterkunft geboten werden könnten. Er kehrte bald mit der frohen Nachricht zurück, dass es ihm gelungen sei, und versicherte uns, dass er nach allem, was er beobachten konnte, davon überzeugt sei, dass wir keine Gefahr eingehen würden, wenn wir die ganze Nacht und sogar den nächsten Tag im Gasthaus blieben. Die Freude, die diese Nachricht unter uns verbreitete, ist kaum vorstellbar. Wir waren daher alle sehr herzlich damit einverstanden, bei unserem unglücklichen Freund zu bleiben, in der aufrichtigen Hoffnung, dass er in der nächsten Nacht seine Krankheit loswerden und einen Teil seiner Kräfte wiedererlangen würde. Die Blutung hatte aufgehört, ein Symptom, das wir sehr zu seinen Gunsten interpretierten, und schließlich betraten wir alle das Wirtshaus, wobei der kranke Herr und ich die Nachhut bildeten.

Wir wurden vom Wirt, einem anständigen jungen Mann, sehr höflich empfangen und in ein schönes, sauberes und gemütliches Hinterzimmer geführt, in dem für jeden von uns ein eigenes Bett stand. Es war jedoch ziemlich überraschend, ihn uns versichern zu hören, dass „wir bei ihm vollkommen sicher" seien; denn diese Sicherheitsgarantie, selbst wenn sie aufrichtig gemeint war, implizierte zumindest, dass wir verdächtig waren. Unsere Zweifel wurden jedoch bald zerstreut, denn er fügte zu unserer großen Erleichterung hinzu: „Ich war selbst einmal in einer ähnlichen Situation und werde immer Mitgefühl für andere haben, die sich in solch unglücklichen Umständen befinden. Als ich als Rekrut die Armee verließ, reiste ich mehrere hundert Meilen bei Nacht und versteckte mich tagsüber in Wäldern." Das war tröstlich und wir nickten ihm *zustimmend* und zustimmend zu; denn es war gefährlich zu sprechen, da ein oder zwei Worte zu einem Gespräch geführt hätten, in dem es möglicherweise nicht bequem gewesen wäre, Fragen wahrheitsgemäß zu beantworten und ihnen nicht leicht durch Einfallsreichtum auszuweichen oder sie sogar durch Lügen zu entkräften.

Wir nahmen unsere Erfrischung mit einer Begeisterung zu uns, die zeigte, dass wir in letzter Zeit nicht an gute Laune gewöhnt waren, und wir stellten fest oder schmeichelten uns damit, dass es unserem kranken Freund bereits besser ging. Jeder zog sich in sein Bett zurück, so glücklich wie jedes andere Geschöpf im Universum. Himmel! Was für ein Paradies! Es liegt nicht in meiner Macht, die Freude und das Glück, die ich empfand, als ich wieder in einem bequemen Bett lag, in dem alles an mir sauber und ordentlich war, auszudrücken oder eine Vorstellung davon zu vermitteln. Wir hatten dreizehn Tage und Nächte verbracht, ohne ein einziges Mal unsere Kleider auszuziehen, außer in der Nacht zuvor auf dem Heuboden, als wir unsere Kleider reparieren ließen, und diese Tage und Nächte waren vergangen, erstere, wie der Zufall es wollte, im Schlafen, im Schlamm, im Moor oder im Sumpf oder auf trockenen oder nassen grünen Blättern, während letztere mit leeren Mägen und ausgetrockneten Kehlen abgemüht worden waren, über all die schlechten Gründe und unangenehmen Hindernisse, denen Reisende mit Privatleben begegnen müssen Gründe für die Vermeidung von Autobahnen oder ausgetretenen Pfaden. Solche Leiden tragen auf wunderbare Weise dazu bei, dass Menschen die Annehmlichkeiten eines guten Bettes empfinden und dafür dankbar sind. und ich brauche nicht zu bemerken, dass wir alle im Bett blieben, nicht nur die ganze Nacht, sondern den größten Teil des nächsten Tages [Freitag, den 11.].

Sobald es dämmerte, bezahlten wir dankbar unsere bescheidene Rechnung; und nachdem wir uns sehr freundlich von unserem einfältigen und gutherzigen Gastgeber verabschiedet hatten, schnallten wir uns wieder unsere Rucksäcke um und nahmen unsere Gewohnheit des nächtlichen Reisens wieder auf. Essel war sehr erfrischt; Nach der Ruhe der letzten Nacht fühlten wir uns vergleichsweise recht kräftig und wohlauf.

Am 12. begann es bei Tagesanbruch unaufhörlich und in Strömen zu regnen; wir waren nun ganz in der Nähe eines kleinen Dorfes. Unser neuer Erfolg machte uns mutiger als bei unserem ersten Aufbruch, und da wir keinen Wald hatten, der uns Schutz bot, beschlossen wir, ins Dorf zu gehen. Wir fanden, dass es für unseren Zweck sehr gut geeignet war, und wurden in ein Wirtshaus eingelassen; wo wir, nachdem wir etwas zu essen besorgt hatten, um Erlaubnis baten, uns irgendwo ein wenig hinlegen zu dürfen, in der Erwartung, man würde uns auf einen Heuboden führen — aber wir waren angenehm überrascht; denn unsere gute alte Wirtin legte Laken auf die einzigen beiden Betten, die sie hatte, und sagte uns, wir könnten uns bis zum Abend darauf ausruhen. Wir merkten, dass sie auch annahm, wir seien Wehrpflichtige. Sie brachte Herrn Essel etwas Warmes und schien sehr aufmerksam. Bei Einbruch der Dunkelheit bezahlten wir die gute Dame und begannen wie gewöhnlich unseren Marsch. Der arme Essel klagte viel, und meine Füße begannen anzuschwellen; obwohl sie nicht schmerzten, befürchtete ich, dass die Schwellung schlimme Folgen haben könnte. Gegen zehn erklärte unser Freund, er könne keinen Schritt weitergehen; daher setzten wir uns hin, um ihm Zeit zum Ausruhen zu geben. Wir einigten uns darauf, noch ein oder zwei Tage mit ihm zu warten, um zu sehen, ob es ihm besser ginge, waren aber völlig ratlos, wohin wir ihn für diese Nacht bringen sollten. Während wir so grübelten, gesellte sich ein Mann zu uns, der auf unserem Weg war. Er grüßte uns sehr freundlich und drückte sein Bedauern darüber aus, unseren Kameraden so krank zu sehen. Der ehrenwerte Kerl war gut gelaunt und offensichtlich von mitteilsamer Natur und schien geneigt, uns alles über sich und seine Angelegenheiten zu erzählen, was uns weitaus angenehmer war, als wenn er von uns eine gleiche Offenheit erwartet hätte. Er teilte uns mit, er sei Bäcker und kehre von dem Ort zurück, an dem er die ganze Woche gearbeitet hatte, zu seiner kleinen Familie in einem Dorf etwa zwei Meilen entfernt. Der ehrliche Kerl schien eine Art melancholische Befriedigung zu empfinden, wenn er an seine Frau dachte, die, wie er traurig hinzufügte, vor kurzem gestorben war und ihm drei junge Waisen hinterlassen hatte. Der gutherzige Mann beendete seine ungekünstelte, offene Geschwätzigkeit, indem er uns mitteilte, dass er zwei gute Betten habe, in denen er uns willkommen hieß, und er hieß uns mit einer solchen Offenheit und Wärme willkommen, dass kein Zyniker in einem solchen Menschen Arglist vermuten oder nicht von Dankbarkeit für seine wohlwollende Art erfüllt sein könnte. Der ehrliche Bäcker fügte seinen anderen Versicherungen hinzu, dass er uns alles besorgen würde, was wir uns wünschen oder wünschen könnten. Es war offensichtlich, dass man uns *auf Exkursionen immer* für Wehrpflichtige halten würde, denn dies versicherte uns unser lustiger Begleiter mit einem wissenden Blick und fügte hinzu, „dass sein Dorf klein sei und dass mit ihm keine Gefahr bestehe". Wir spürten die Wahrheit dieser Aussage und ihren unschätzbaren Wert.

Wir kamen bald in der Wohnung dieses armen Mannes an, und er schien so froh, uns zu empfangen, als hätte er durch Glück unerwartet Freunde oder Verwandte gefunden, die ihm schon lange abwesend waren und die ihm am Herzen lagen. Er machte ein loderndes Feuer und forderte die Kinder auf, aufzustehen und die Betten für unseren Empfang vorzubereiten. Dies taten sie fröhlich und zogen sich dann auf ihren Dachboden zurück. Bei diesem armen, gastfreundlichen Fremden fühlten wir uns besonders sicher, und die ganze häusliche Szene war zumindest darauf ausgelegt, uns die Wahrheit einzuprägen, dass Zufriedenheit, Glück, Großzügigkeit und die besten Gefühle unserer Natur nicht das ausschließliche Erbe der Reichen sind . Wir wärmten uns an seinem glühenden Kaminfeuer, wünschten ihm eine gute Nacht und sanken freudig in unsere bequemen Betten.

Am nächsten Tag besorgte uns unser gastfreundlicher Freund alles, was wir wollten. In jeder Hinsicht hätte nichts freundlicher und liberaler sein können als das Verhalten dieses bescheidenen, bescheidenen und guten Mannes; und der Leser wird in der Folge weitere Beweise für meine gerechte Einschätzung seines Charakters erhalten.

Wie wir es unserem Freund Essel versprochen hatten, warteten wir bis zum Einbruch der Dunkelheit am Sonntag, dem 13., und bezahlten dann unserem Gastgeber reichlich für alles, was wir erhalten hatten. Er begleitete uns ein oder zwei Meilen auf der Straße und verabschiedete sich, als ob es ihm leid tat, uns zu trennen, aber voller Genugtuung darüber, dass er die Gelegenheit gehabt hatte, seine Pflicht gegenüber denen, die in äußerster Not waren, so gut zu erfüllen.

Am 14. September, kurz vor Tagesanbruch, betraten wir einen Wald und fanden einen sehr geeigneten Ort für unser Versteck. Wir vermuteten, dass wir etwa fünf Meilen von Arras entfernt waren. Gegen elf Uhr wurden wir durch den Lärm und das Pfeifen eines Vogeljägers mit einem Hund alarmiert, und nach wenigen Minuten hörten wir den Knall seines Gewehrs; Der Schuss prasselte durch die Büsche, in denen wir lagen, und ein Rebhuhn saß dicht neben uns. Dieser Umstand beunruhigte uns außerordentlich, da wir hören konnten, wie der Mann und der Hund genau auf die Stelle zukamen. Es wäre unklug gewesen, sich zu bewegen, da er so nah war, dass man nicht verhindern konnte, entdeckt zu werden. Wir warteten auf das Ereignis, ohne auch nur die geringste Hoffnung zu haben, unentdeckt zu bleiben – der Hund rückte vor – das Rebhuhn scheuchte uns fast zu Füßen – der Vogeljäger war dicht bei uns. Glücklicherweise nahm der Vogel die entgegengesetzte Richtung zu der Stelle, an der wir uns versteckt hatten, und Herr und Hund folgten ihm und erlösten uns in wenigen Minuten aus der Bestürzung, in die sie uns gestürzt hatten.

Zur gewohnten Stunde verließen wir in der Nacht des 14. September unser Laubversteck, um unsere nächtliche Wanderung zu beginnen; und wir wurden in gute Stimmung versetzt, als wir feststellten, dass sich der Gesundheitszustand unseres Freundes erheblich verbessert hatte. Wir sind heute Nacht eine große Strecke gelaufen, um unsere jüngsten Verspätungen und Unterbrechungen auszugleichen ; aber wir wären beinahe dem alten Sprichwort zum Opfer gefallen: „Je mehr Eile, desto schlechter die Geschwindigkeit"; und wir fanden, dass es für unsere Sicherheit weniger wichtig war, schnell zu reisen, als vielmehr, bei oder vor Tagesanbruch in der Reichweite eines Waldes anzuhalten, der groß und dick genug war, um uns zu verstecken. Im Morgengrauen des Dienstags, dem 15., befanden wir uns jedoch zu unserer großen Bestürzung auf einer offenen Ebene und streckten ängstlich unsere Augen in alle Richtungen aus, konnten aber nicht das geringste Anzeichen eines Waldes erkennen, obwohl wir zu unserem Schrecken Wir sahen mehrere Dörfer. Da es unserem Kameraden viel besser ging, beschlossen wir, weiterzumachen und menschliche Behausungen so weit wie möglich zu meiden. Nachdem wir das erste Dorf passiert hatten, entdeckten wir in der Nähe des zweiten ein Wäldchen oder Gebüsch; Wir beschleunigten also unsere Schritte und gelangten schnell voran an die Stelle, die am weitesten vom Dorf entfernt war. Es stellte sich heraus, dass es sich lediglich um eine Baumschule handelte und nur spärlich mit kleinen Bäumen oder sogar Sträuchern bestückt war; aber wir wählten den Ort, der für unser Ziel am günstigsten war, und glücklicherweise gelang es uns, uns darin zu verstecken, bis die Dunkelheit uns den üblichen Grund für unseren Ausfall bot. Als wir um elf Uhr an einem kleinen Dorf vorbeikamen, übermäßig durstig waren und keine Wasserstelle finden konnten, einigten wir uns darauf, *dicht an der Grenze zu* bleiben, in der Hoffnung, an einem der Brunnen, die es in diesen Dörfern gibt, etwas Wasser holen zu können . Mr. Ashworth und unser kranker Kamerad waren damit beschäftigt, welche zu besorgen, während Mr. Tuthill und ich uns unter dem Schutz einer schnell wachsenden Hecke in eine kleine Entfernung zurückzogen. Zwei Frauen und ein Mann gingen dicht an uns vorbei. Die Frauen gingen weiter, doch dieser blieb stehen und drehte sich auf dem Absatz um. Ich war neben ihm. Er musterte mich aufmerksam und rief: „ *Vous-êtes Anglois?* " Worauf ich antwortete: „ *Je suis aussi bon François que vous, je l'espère* ." Dies war das einzige Mal in meinem Leben, dass ich Angst hatte, mein Land anzuerkennen. Als die Frauen das Gespräch hörten, riefen sie dem Kerl zu: „Er solle mitkommen und sich um seine eigenen Angelegenheiten kümmern." Er schien bleiben zu wollen; aber als sie ihn wiederholt riefen, verließ er uns. Nachdem wir uns unseren Begleitern angeschlossen hatten, machten wir uns auf den Weg.

Bei Tagesanbruch am Mittwoch, dem 16., gelangten wir in einen ausgezeichneten dichten Wald und stellten fest, dass sich das Wetter erheblich änderte, als wir nach Norden vordrangen. Manchmal gab es eine Art grauen Frost, der uns vor Sonnenaufgang extrem auskühlte; Aufgrund der Dicke des Teils des Waldes, den wir (wenn möglich) einnehmen mussten, konnten wir auch nicht immer bis zum Mittag die Wohltaten dieses Himmelskörpers genießen. Wir fanden eine Fülle von Haselnüssen, füllten unsere Taschen damit und freuten uns besonders über den bisherigen Erfolg. Dies war der letzte Wald, den wir zu bewohnen erwarteten, bevor wir die Meeresküste sahen; und manchmal waren wir von dem Gedanken erfüllt, dass es die letzte Nacht sein würde, in der wir im Land der Usurpation und Tyrannei bleiben würden. Zur üblichen Zeit begannen wir unsere Route und ließen die Stadt St. Pol etwa zwei Meilen auf unserer linken Seite liegen.

Gegen zehn wurde unser Vorankommen durch den Fluss Canche behindert. Nachdem wir ihn erfolglos in verschiedene Richtungen abgesucht hatten, beschlossen wir, Mr. Ashworth zu einem nahegelegenen Bauernhaus zu schicken, um uns nach der nächsten Stelle zu erkundigen, die wir überqueren könnten. Von dort kehrte er in wenigen Minuten mit einem der Männer des Bauern zurück, der gebeten worden war, ihm den Weg zu weisen, und versicherte uns, dass die Leute äußerst höflich seien. Es schien ihm ein guter Ort zu sein, um sich mit Lebensmitteln zu versorgen – wir waren außerordentlich hungrig – und da der Übergang über den Fluss direkt am Ende des Bauernhauses lag und sie bereits unsere Anzahl festgestellt hatten, beschlossen wir gegenseitig, die Gastfreundschaft des Bauern auf die Probe zu stellen und, wenn möglich, das zu beschaffen, was wir wollten. Wir gingen mit dem Mann weiter, der uns hineinführte, und wurden sehr freundlich vom

Hausherrn empfangen, der uns in ein anständiges Hinterzimmer führte. Als wir die Küche betraten, war sie voller Bauern beim Abendessen.

Die Ernte des Bauern war an diesem Tag beendet oder eingeholt worden, und er gab seinen Arbeitern zu diesem Anlass ein Fest, was, wie uns gesagt wurde, in diesem Teil des Landes ein uralter Brauch sei, bei dem uns viele Dinge an unsere erinnerten eigen. Tatsächlich befanden wir uns jetzt mitten in einem französischen Ernteheim; und obwohl die Szene erfreulich war, wären wir in unserer besonderen Situation weitaus zufriedener gewesen, wenn wir allein gewesen wären. Alles war Freude und Glück unter diesem rustikalen und gastfreundlichen Dach, wenn ich von den Anflügen der Besorgnis absah, die mich und meine Freunde hin und wieder stören würden. Nichts konnte jedoch die Aufmerksamkeit und Freundlichkeit dieses guten Bauern übertreffen. Er versorgte uns spontan mit allem, was sein Haus leisten konnte. Sicher ist, dass er uns für Franzosen und Wehrpflichtige hielt und vielleicht dachte, wir würden unter den Adlern des neuen Kaisers für den Ruhm Frankreichs kämpfen. Er ahnte nicht, dass wir englische Marineoffiziere waren, die allen Gefahren ausgesetzt waren und alle Strapazen erduldeten, nur um noch einmal unter ihnen zu kämpfen

Die Flagge, die tausend Jahre getrotzt hat.
Der Kampf und der Wind.

Da unser Wirt keine Bezahlung für das, was wir erhalten hatten, annehmen wollte, machten wir dem Diener, der uns führen sollte, ein Geschenk und verabschiedeten uns voller Dankbarkeit für seine Güte von diesem guten Mann.

Wir vermuteten, dass wir nicht mehr als sieben Meilen von Étaples entfernt waren, einer Stadt an der Mündung des Flusses Canche mit einem einigermaßen guten Hafen für kleine Schiffe. Das versetzte uns in so gute Stimmung, dass selbst Herr Essel trotz seiner Schwäche entschlossen war, diese Strecke noch vor Tagesanbruch zurückzulegen. Wir beschleunigten unser Tempo und gingen leichten Herzens und voller Hoffnung weiter.

Um Mitternacht passierten wir die starke Stadt Hesdin und achteten erwartungsgemäß darauf, einen sehr respektvollen Abstand zu ihr einzuhalten. Am Donnerstag, dem 17., stellten wir bei Tagesanbruch zu unserer großen Beschämung fest, dass wir mindestens drei Meilen von Étaples entfernt waren. Wir hatten uns mannhaft angestrengt und unsere Aufgabe erfüllt; aber die Reise dauerte viel länger, als wir angenommen hatten, als wir das Bauernhaus verließen. Eine Bourg oder Gemeindestadt namens Nieuville lag jetzt unmittelbar auf unserem Weg, ohne dass wir wegen des schlangenförmigen Flusslaufs eine Möglichkeit hatten, sie zu umgehen. Weder Holz noch irgendetwas anderes, das uns Schutz bot, war in

Sicht. Unsere Situation war äußerst kritisch und wir kamen unfreiwillig zu dem naheliegenden Schluss: Wir müssen durch die Stadt gehen. Unser Ziel war es, schnell durchzukommen, bevor irgendjemand oder zumindest viele der Bewohner aufstehen konnten. Dies ist uns mit Freude gelungen. So schnell wie möglich machten wir uns auf den Weg über die Felder; aber zu unserer Bestürzung konnte kein Anschein eines Waldes entdeckt werden. Sogar auf den Feldern bewegten sich die Menschen in unterschiedliche Richtungen, und es beruhigte uns nicht, dass viele von ihnen Militärangehörige waren. Angesichts solch zahlreicher Schwierigkeiten beschlossen wir, in ein kleines angrenzendes Dorf zu gehen, in der Vorstellung, dass selbst dies weniger gefährlich wäre, als auf den offenen Feldern herumzuirren und umherzuwandern. Wir kamen gegen acht Uhr bei einer Hütte im Dorf an; Vermeiden Sie die Kneipen, da dort in der Nähe großer Städte im Allgemeinen Polizisten oder *Gendarmen lauern*. Wir fragten die Bewohner, ob sie uns Frühstück anbieten könnten. Sie antworteten: „Ja, wir können dir etwas Milchsuppe und Brot geben." Wir waren mit dieser Mahlzeit sehr einverstanden; und nachdem wir sie bezahlt hatten, baten wir sie um die Güte, uns ein paar Stunden an einem geeigneten Ort auszuruhen; Dies lehnten sie jedoch mit der Begründung ab, dass sie vermuteten, dass wir Deserteure aus dem Lager Boulogne seien. Wir versicherten ihnen, auf unsere Ehrenworte hin, dass sie sich sehr geirrt hätten; dass wir im Gegenteil diesen Weg gingen, aber so erschöpft waren, und da wir einen kranken Kameraden hatten, wollten wir uns ein wenig ausruhen. Nachdem sie sie lange gedrängt und eine gute Belohnung versprochen hatten, erlaubten sie uns, in eine mit Stroh gefüllte Scheune zu gehen. Wir waren ihnen besonders dankbar und mit dieser Wohnung vollkommen zufrieden; Aber als wir uns fast niedergelassen hatten und alle mit Stroh bedeckt waren, kam zu unserem großen Kummer und Ärger der Besitzer, der seine Erlaubnis zum Betreten bereut hatte, und bestand darauf, dass wir seine Räumlichkeiten sofort verlassen würden. Unsere ganze Rhetorik mit diesem Kerl war umsonst. So waren wir gezwungen, gegen elf Uhr unsere Wohnung zu verlassen und zu einem anderen, ansehnlicheren Dorf zu gehen. Als wir diesen Ort betraten, fragten wir einen Hirten, ob er uns zu einem Wirtshaus führen könne; und er hat uns auf eines hingewiesen. Wir machten weiter, hatten aber wenig Hoffnung, einer Entdeckung oder Verhaftung zu entgehen. Wir entschieden uns jedoch, sofort nach unserer Ankunft im Kabarett ein Privatzimmer anzurufen, in der Hoffnung, dass wir vielleicht bis zum Abend unbemerkt bleiben würden (wenn wir den Polizeibeamten auf dem Weg zu einer Privatwohnung entgehen könnten). Das ist uns gelungen; Nachdem wir uns mit Erfrischungen versorgt hatten, wurde uns sofort eine passende Wohnung zur Verfügung gestellt. Die einzige Person im Haus war ein Mädchen von etwa achtzehn Jahren, die uns ein gemütliches Feuer machte und zwei Betten aufrüttelte, damit wir uns ein wenig ausruhen konnten, wenn wir wollten. Da keine Gefahr bestand, taten wir so, als wären wir ganz entspannt, und fragten sie kühl, wo ihr Vater und ihre Mutter seien. Sie antwortete: „Erstgenannter bewachte die Schafe außerhalb des Dorfes, und Letzterer war nach Étaples gegangen." Aus ihrer Beschreibung ihres Vaters erfuhren wir, dass er genau der Mann war, der uns zu ihr geführt hatte. Sie fragte uns: „Wenn wir nicht Wehrpflichtige wären und ins Lager von Boulogne gehen würden?" Wir haben dies bejaht; und flehte sie an, niemanden in unser Zimmer zu lassen, da wir noch einige Dinge untereinander zu klären hätten und lieber allein sein wollten. Sie versprach uns zu gehorchen; aber ihre Zustimmung brachte wenig Zuversicht oder Trost, als sie hinzufügte, dass sich in diesem Moment ein *Gendarm* in der Verkleidung eines Bauern in der Küche befand. Dies reichte aus, um uns zum Zittern zu bringen. Aber selbst das war noch nicht alles; denn sie teilte uns mit, dass dieser *Gendarm* gerade mit einer Gruppe aus Boulogne gekommen sei, um dort Futter für die Pferde der *Gendarmen zu beschaffen*. Wir waren offenbar in ein Hornissennest geraten oder fast in den Rachen des Löwen; aber indem wir so viel Ruhe wie möglich wahrten, teilten wir ihr mit, dass wir nicht den geringsten Wunsch verspürten, irgendjemanden außer ihrem Vater zu sehen, mit dem wir ein Gespräch zu führen wünschten. Sie versprach, ihn holen zu lassen, sobald ihr Gast in der Küche das Haus verlassen hätte. Das „bald" war inständig zu wünschen; und wir waren froh, als uns nach kurzer Zeit mitgeteilt wurde, dass er gegangen sei. Das Mädchen schickte nun nach ihrem Vater; und auch ihre Mutter kehrte zurück. Da diese Leute sehr arm waren, hofften wir sehr, dass wir sie über einige ihrer Freunde, die Fischer an der Küste, dazu bewegen könnten, uns ein Boot zu besorgen, die vielleicht nicht der Versuchung standhalten konnten. oder unempfindlich gegenüber dem Einfluss einiger *Louisd'or* . In der Überzeugung, dass ohne dieses allmächtige Metall nicht viel erreicht werden könnte, begann jeder von uns, in den verschiedenen Teilen seiner Kleidung nach dem ihm angemessenen Verhältnis zu suchen. Wir waren gezwungen, die Goldmünze, die wir hatten, vorsorglich in die Nähte unserer Kleidung einzunähen, damit wir sie im Falle unserer Verhaftung nicht verlieren würden. Zu unserem großen Bedauern – und ich darf hinzufügen, auch zu unserem Erstaunen – hat Mr. Essel entdeckte, dass seine Goldmünze im Wert von 45 Pfund Sterling aus einem Block gerutscht war, den er zum Verstecken erfunden hatte und den er immer in seinem Halstaschentuch um den Hals getragen hatte; Er konnte sich auch nicht erinnern, es seit unserer Abreise nur einmal losgebunden zu haben, und zwar in der Hütte des guten Bäckers, wo er es vermutlich zurückgelassen hatte. Dieser Bäcker schien ein ehrlicher Mann zu sein und hatte sich, wie ich bereits bemerkte, überaus freundlich zu uns verhalten. Es war möglich, dass das Geld dort zurückgelassen wurde, ohne dass unser Gastgeber es erst nach unserer

Abreise gesehen hatte; aber der arme Kerl hatte keine Gelegenheit, den Schatz seinem rechtmäßigen und nun in Verlegenheit geratenen Besitzer zurückzugeben. Der Verlust war für uns in diesem Augenblick sehr schmerzlich, aber nicht irreparabel, da wir immer noch über eine einigermaßen gute Summe verfügten und Leutnant Essel und ich über zwei goldene Uhren verfügten, die, wie wir glaubten, ausreichten, um den Hirten anzuspornen und ihn dazu zu bewegen Helfen Sie uns. Endlich kam er an; Als wir, nachdem wir alle möglichen Mittel ergriffen hatten, um Geheimhaltung zu erzwingen, unsere Situation, unser Ziel und unsere Identität preisgaben und versprachen, ihn sehr großzügig zu belohnen, vorausgesetzt, er könnte uns eine Beförderung über den Kanal verschaffen. Wir waren uns sicher, stellten wir fest, dass er eine Reihe von Bekannten aus der Seefahrt an der Küste haben musste, und wir würden ihre Mühe durchaus lohnen, uns zu helfen. Er zögerte zunächst sehr; aber nachdem er ihm einen Geldbeutel gezeigt und unsere Belohnungsversprechen wiederholt hatte, versicherte er uns, dass er alle möglichen Mittel ausprobieren würde, und er erklärte, dass wir auf jeden Fall unter seinem Dach vollkommen sicher seien und dass er fortfahren würde, nachzusehen, was er konnte es schaffen. Wir waren hocherfreut und fast sicher, dass wir erfolgreich sein würden, da er keine Hindernisse in die Welt setzte. Unsere Sorge um die Rückkehr dieses Kerls ist nicht in Worte zu fassen: Jeder einzelne, der vorbeikam, schien jemand zu sein, den er geschickt hatte oder mitbringen wollte, um mit uns über unsere Überfahrt zu vereinbaren. Endlich kam, wie wir dachten, der so ersehnte Moment, als der alte Hirte mit sittsamer Miene unsere Tür öffnete und, nachdem er sie mit äußerster Vorsicht wieder geschlossen hatte, uns mitzuteilen begann: „Das ist alles seins." Die Suche nach einem Boot war erfolglos geblieben. dass die Fischer entlang der Küste gezwungen waren, ihre Boote nach Étaples zu bringen und dort aufzubewahren, von wo aus sie es nicht wagten, ohne einen Pass vom Kommandanten der Stadt sowie einen Soldaten als Wache in jedem Boot fortzufahren, um sie daran zu hindern Kommunikation mit den englischen Kreuzern oder ohne Grenzen gehen. Außerdem mussten sie nur tagsüber ausgehen und zurückkehren." Zu unserer Verärgerung und unserem Kummer fügte der Kerl hinzu: „Wir konnten nicht länger als bis zum Abend in seinem Haus bleiben, da er verpflichtet war, dem Bürgermeister des Dorfes über jeden Fremden, der bei ihm sein könnte, Bericht zu erstatten." nach Einbruch der Dunkelheit nahm er gleichzeitig seinen Reisepass zur Inspektion durch den Bürgermeister mit;" und der Kerl beendete all diese alles andere als angenehme Information und Freundlichkeit, indem er seinen Hut hob, sich am Kopf kratzte und sagte: „Ich hoffe, meine Herren, Sie werden mich für meine Mühen und dafür, dass ich mich beraten habe, belohnen." Wir waren völlig verwirrt. Wir standen erstaunt da und starrten einander an; und konnten einige Zeit lang kein Wort hervorbringen. Schließlich brach ich das Schweigen und bemerkte: „Dass es die Schuld seiner *besseren Hälfte war*, die uns von dem Moment an, als wir sie gesehen hatten, wie ein verbittertes, bösartiges Geschöpf vorkam." Sie war zweifellos konsultiert worden." und ihr mürrisches Aussehen und ihr Verhalten bei jeder Gelegenheit überzeugten uns alle davon, dass diese Meinung begründet war.

Da wir von diesem gefühllosen und prinzipienlosen Paar nichts zu erwarten hatten, bezahlten wir ihnen reichlich für alles, was wir hatten, und für alles, was sie getan hatten oder zu tun vorgaben; und sobald es dunkel wurde, verließen wir ihren für uns nicht angenehmen Aufenthaltsort. Der Ausgangspunkt war Gegenstand von Auseinandersetzungen gewesen; denn sobald sie unser Geld erhalten hatten, bestanden sie darauf, uns rauszuwerfen; während wir für unsere eigenen Zwecke ebenso entschlossen unser Recht behielten, zu bleiben, bis es dunkel wurde. Beide unwirtlichen Paare hatten wiederholt damit gedroht, den Bürgermeister zu rufen, um uns zu verhaften, wenn wir noch einen Moment länger blieben; Aber das hätte kaum schlimmer sein können, als das Risiko einzugehen, tagsüber gesehen zu werden . Doch schließlich hüllte die Dunkelheit die Erde ein, und wir verließen dieses ungünstige Dach ohne allzu barmherzige oder, wie wir befürchten, christliche Gefühle gegenüber denen, die uns vertrieben hatten.

Als wir im Freien waren, waren wir völlig ratlos, wie wir uns verhalten und welchen Kurs wir einschlagen sollten. Wir begannen zu glauben, dass das, was man uns über die Boote erzählt hatte, teilweise wahr sein könnte. Manchmal dachten wir, es wäre besser, in Richtung Rotterdam weiterzufahren; manchmal dachten wir daran, die Canche wieder zu überqueren und unseren mühsamen Kurs in Richtung St. Valery zu steuern; manchmal dachten wir, es wäre besser, uns in einen Hafen zu begeben, in dem wir wahrscheinlich ein amerikanisches oder anderes neutrales Schiff finden würden, in dem wir entkommen könnten; aber schließlich einigten wir uns einstimmig darauf, den Fluss zu überqueren, da dies in jedem Fall der sicherste Plan für diese Nacht war, und danach in einige Dörfer zu fahren, die nahe an der Küste liegen könnten. Wir berieten uns gerade oder waren gerade zu diesem Schluss gekommen, als die Tochter des Hirten erschien und uns freundlich erzählte: „Ihr Vater habe sie geschickt, um uns ein Haus zu zeigen, in dem wir sicher jemanden finden würden, der uns von Nutzen sein würde und der uns über den Fluss bringen würde; das sei", fügte sie hinzu, „bei weitem die sicherste Seite." Wir dankten dem Mädchen, das den ganzen Abend über sehr betroffen über das Verhalten ihrer Eltern schien; und sie kam zurück und bat uns, nicht zu erwähnen, wer uns den Weg gezeigt hatte – was wir natürlich versprachen und Wort hielten. Einer von uns wurde nun zur Erkundung abkommandiert. Es war etwa zehn Uhr; das Haus lag am

Straßenrand, und eine Anzahl Soldaten kamen auf ihrem Weg zum Lager vorbei: dieser Umstand verzögerte unser Vorhaben, da wir gezwungen waren, uns innerhalb einer Hecke aufzuhalten, bis das Militär vorbei war, und inzwischen war es volle elf Uhr. Dann kam Mr. Tuthill (der Abgesandte) näher; und kam bald zurück und teilte uns mit, dass er einen Mann gesehen hatte, der ihm einige Hoffnungen gemacht hatte, und dass er sich uns bald wieder anschließen würde. Das waren höchst willkommene Neuigkeiten. Die Person erschien und sagte uns, dass sie uns zum Haus eines Freundes auf der anderen Seite führen würde, der, so glaubte er, tun würde, was wir wünschten. Himmel! Was für eine freudige Nachricht! „Sein Boot“, sagte er, „würde uns hinüberbringen, sobald es flott wäre; die Flut war gerade im Anmarsch, und er würde in einer Stunde wieder zu uns zurückkehren, denn bis dahin würde das Boot seiner Meinung nach bereit sein.“ Das versetzte uns in höchste Stimmung. Vor einer Stunde waren wir noch in tiefster Verzweiflung; unsere Freude war jetzt durch den Kontrast noch verstärkt. Mit der Lebhaftigkeit eines Blitzes blitzten all unsere vergangenen Leiden vor meinem inneren Auge auf; und angesichts der vielen Gefahren, denen wir fast wie durch ein Wunder entgangen waren, kam mir der Gedanke, dass wir besondere Lieblinge des Schicksals waren und dass wir im Begriff waren, das glorreiche Ziel all unserer Wünsche zu ernten. Die Gewohnheit hatte uns jedoch Misstrauen und Vorsicht gelehrt; und wir änderten unsere Lage, damit sich dieser Fremde nicht als falscher Freund oder als ein Schurke entpuppte, der geschickt worden war, um uns zu täuschen, und wir stellten uns so auf, dass wir leicht herausfinden konnten, ob er irgendwelche Hilfstruppen bei sich hatte, wenn er zurückkam. Zur verabredeten Zeit kam er allein an den Ort, wo er uns erwartete, was uns davon überzeugte, dass seine Absichten ehrlicher waren, als wir angenommen hatten. In wenigen Minuten wurden wir auf die gegenüberliegende Seite gebracht, wo er sein Boot festmachte und uns zu dem oben erwähnten Haus führte. Er versicherte uns, dass es sich um Leute handelte, auf die wir uns verlassen könnten und die viele Freunde, Fischer, am Wasser hätten. Er wollte das Häuschen oder die Hütte nicht betreten, sondern ließ uns an der Schwelle zurück, nachdem er eine ausreichende Belohnung für die Mühe erhalten hatte, die wir uns gemacht hatten. Wir klopften wiederholt an die Tür. Es begann sehr stark zu regnen; wir konnten erst eingelassen werden, nachdem wir mehrfach versichert hatten, dass wir besondere Freunde seien, die nur ein paar Minuten vor der Unbill der Nacht geschützt sein wollten. Diese Beteuerungen verschafften uns schließlich die Erlaubnis, einzutreten.

KAPITEL VI

Eine falsche Anweisung und eine entsetzliche Zurückweisung – Ein abgelehntes Bestechungsgeld – Eine Sintflut und Unterschlupf in einer Scheune – Ein verhängnisvoller Entschluss – Gefahren für Flüchtlinge, die bei Tageslicht reisen – Ein Markttag in Étaples – Durch Menschenmengen, die für entlaufene Kriegsgefangene nicht sehr angenehm sind – Ein Versuch, die Sandhügel an der Küste zu erreichen – Ein kühnes Vordringen durch ein verabscheuungswürdiges Dorf – Das letzte Haus – Brennender Durst und Betteln um einen Schluck Wasser – Ein Einverständnis oder eine Antwort in Gestalt zweier Zollbeamter – Unsere Gefangennahme – Eine clevere Fiktion, gut erdacht, besser aufrechterhalten und vollständig vereitelt – Beseitigung verdächtiger Waren – Eine Vernehmung vor dem Bürgermeister – Amerikanismus und der amerikanische Gentleman – Eine unangenehme Entlarvung – Ein *Haftbefehl* für das Gefängnis von Boulogne – Eine Untersuchung unserer Person und Kleidung – Unser Schicksal besiegelt und unsere Hoffnung zerstört.

SOWOHL der Mann als auch die Frau des Hauses starrten uns voller Erstaunen an, und als sie merkten, dass wir völlig Fremde waren, wollten sie wissen, was wir wollten und warum wir sie so ungelegen gestört hätten. Dieser Empfang war ziemlich bedeutungsvoll und entsetzlich, aber den Unglücklichen gebührt Bescheidenheit, und wir baten sie demütig, es uns recht zu machen, denn wir waren durchaus als Freunde in großer Not gekommen, um Schutz und Hilfe zu erbitten. Das besänftigte sie, und wir erklärten weiter, wir seien Franzosen, die so schnell wie möglich in einen Teil der Normandie oder der Bretagne gebracht werden wollten. Wir machten ihnen sehr großzügige Angebote, aber zu unserem Entsetzen waren sie völlig „versuchungsresistent". All unserer Bestechungsversuche zum Trotz blieben ihre Herzen und Köpfe kalt wie Asbest. Die Frau bemerkte schließlich, „es sei wahr, dass sie einen Bruder habe, der Fischer an der Küste sei", und unsere Augen glitzerten bei dem, was wir für den Beginn einer guten Nachricht hielten; aber dann kam der traurige Nachtrag, dass sein Boot nach Étaples gebracht worden war und dass er, wenn er fischen wollte, unter der Aufsicht und den Vorschriften an Bord gehen musste, die uns der Hirte beschrieben hatte. Ach, ach! Wir begannen zu befürchten, dass der Hirte nicht der dreiste Lügner war, für den wir ihn gehalten hatten. Die Geschichte der Frau wurde vom Ehemann bestätigt, und beide versicherten uns, dass sie uns, als wir an ihre Tür klopften, für verkleidete *Gendarmen gehalten* hatten. Diese Kerle, so schien es, pflegten häufig solche Streiche an ihren Landsleuten zu üben. Das gute alte Paar bestand jedoch bald darauf, dass wir ihr Haus verließen, und zwar auf eine Art und Weise, die bewies, dass sie es nicht gewohnt waren, viel Zeremoniell anzuwenden. Vergeblich wiesen wir sie auf unsere elende Lage hin und sprachen ausführlich über das extrem schlechte Wetter. Wir sprachen über die extreme Dunkelheit der Nacht, die Regengüsse, die in Strömen herabströmten, als ob Himmel und Erde sich berühren würden, und wir baten sie, uns zu erlauben, in irgendeiner Scheune, einem Kuhstall oder sogar einem Schweinestall Schutz zu suchen; aber wir hätten ebenso gut eine ägyptische Mumie anrufen können. Je mehr wir bettelten, desto gebieterisch und sogar wilder wurden sie; und schließlich waren wir gezwungen, in einer Art Sintflut abzureisen. Sobald sie sahen, dass sie uns über die Schwelle gebracht hatten, schienen einige wenige und schwache Gefühle des Mitleids ihre verstockten Herzen zu berühren, und sie hatten die Güte, uns eine Richtung zu zeigen, die zu einer Scheune führte, die, wie sie uns versicherten, voller Heu war und selten besucht wurde, so dass wir uns bis zur nächsten Nacht sehr sicher darin verstecken konnten. Sie rieten uns außerdem, entweder nach Dieppe oder St. Valery weiterzufahren, da dies die beiden Häfen waren, in denen es am wahrscheinlichsten war, dass wir ein Boot bekommen würden.

Wir entdeckten die Scheune kurz darauf und hatten das Glück, sie kurz vor Tagesanbruch zu erreichen. Wir fanden es voller Heu, wie sie gesagt hatten; Eine äußerst zeitgemäße Erleichterung für uns, da wir vom unaufhörlichen Regen ziemlich durchnässt und überall Schlamm und Dreck waren. Jeder fand oder baute sich bald ein geeignetes Loch im Heu und traf die Vorsichtsmaßnahme, sich weit nach unten vorzuarbeiten und sich gut zu bedecken, damit unsere Schritte an diese Stelle keinen Verdacht erregen und wir entdeckt werden könnten. Wir fielen in einen tiefsten Schlaf; Ich wachte auch erst um neun Uhr morgens (Freitag, 18. September) auf, als ich hörte, wie Mr. Tuthill meinen Namen wiederholt rief. Er schlug vor, dass wir diesen Ort sofort verlassen und ans Meer gehen sollten, da der Tag die einzige Möglichkeit sei, ein Boot zu besorgen, da sie alle Schiffe nachts mit der Methode gesichert hatten. Ich benutzte die überzeugendsten Argumente, die ich beherrschte, um sie von einem so überstürzten Vorgehen abzubringen; und wies darauf hin, dass die Vorsicht, die wir im Landesinneren beobachtet hatten, der einzige Faktor war, der dafür gesorgt hatte, dass wir dort ankamen, wo wir uns damals befanden; Allerdings bestand im Landesinneren viel weniger Gefahr als an der Meeresküste, wo es natürlich eine strenge Wache durch Zollbeamte, *Gardes de Côte* usw. geben würde. Ich schlug dies als den besseren Plan vor , bis zur Nacht warten: Wir könnten, falls es uns nicht gelingen sollte, dies immer zu unserem Rendezvous machen und vor Tagesanbruch dorthin zurückkehren und in der Nacht in einem einsamen Häuschen für unseren Lebensunterhalt sorgen. Meine ganze Rhetorik war umsonst: Sie schienen entschlossen, ihr Glück bei Tageslicht zu versuchen. Ich bat dann jedenfalls darum, dass sie bis Mittag warten würden – die übliche Zeit, zu der die Landleute zu Abend essen –, damit wir leichter unbemerkt davonkommen könnten. Dem wurde schließlich zugestimmt; So blieben wir bis zur Mittagsstunde im Heu begraben, als wir, unbemerkt von irgendjemandem, hinauskrochen und auf der Landstraße in die Richtung weiterfuhren, die wir einschlagen wollten. Wir gingen den katastrophalen Ereignissen mutig entgegen und marschierten mit offensichtlicher Unerschrockenheit weiter. Unglücklicherweise war in Étaples Markttag und die Straße war voller Menschen, die zur Fähre gingen und von dort zurückkehrten. Unser einziger Plan bestand darin, direkt durch sie hindurchzugehen, basierend auf dem Grundsatz, dass kein Mensch, dessen Ziel die Flucht und Flucht ist, am Tag der offenen Tür durch die Menge der Feinde gehen würde. Dies war der einzige Weg, den wir einschlagen konnten; und obwohl sich alle unsere Berechnungen als völlig falsch und unsere Hoffnungen als trügerisch erwiesen, hatte ich dennoch nichts, was ich mir selbst vorwerfen musste.

Mit allem Anschein von Nachlässigkeit und Selbstvertrauen schritten wir weiter auf die Sandhügel zu, aber mit schnellen und, soweit wir es annehmen konnten, kühnen und festen Schritten; und wir kamen schließlich in einem armen, traurigen Dorf an, durch das wir gehen mussten. Wir hatten tatsächlich das allerletzte Haus erreicht, als unser armer Freund Ashworth sich äußerst erschöpft fühlte und zum Ausdruck brachte, dass sein dürrender Durst ihn dazu zwang, um einen Schluck Wasser zu bitten. Bei all diesen Gelegenheiten wurde jeder einzelne der Partei konsultiert, und die Mehrheit der Stimmen bildete das Ultimatum oder die Entscheidung; und ob ein langer Erfolgszug oder eine lange Reihe knapper Fluchten uns vergeblich zuversichtlich gemacht hatten, kann ich nicht sagen, aber keiner von uns sah die geringste Gefahr darin, dass Ashworth dieses Haus betrat. Es war unmöglich anzunehmen, dass ein so elendes Dorf Truppen oder *Gendarmen beherbergen könnte*; und da wir durch den Ort gegangen waren, ohne überhaupt Aufmerksamkeit zu erregen, konnten wir uns nicht vorstellen, dass es eine Gefahr sein könnte, das letzte Haus an seinem Ende zu betreten. Das herrliche Meer mit all seinen Inspirationen lag vor uns, und wir lachten über das, was wir erlebt hatten, denn unsere Herzen waren leicht und unsere Gedanken waren erfüllt von der frohen Aussicht, dass wir alle unsere Wünsche erfüllen würden.

Ashworth betrat das Haus, und wir gingen langsam voran, blieben zurück und warteten darauf, dass er zu uns zurückkehrte. Seine Abwesenheit schien sehr lang zu sein – unnötigerweise. Spannung und Ungeduld wichen Misstrauen, und auf Misstrauen folgte Besorgnis. Ich werde meine widersprüchlichen Gefühle nie vergessen – sie wurden von Moment zu Moment stärker und stärker. Schließlich brach Mr. Tuthill das Schweigen und äußerte den Wunsch, hinzugehen und herauszufinden, was unseren Begleiter aufgehalten hatte. Essel und ich blieben am Straßenrand stehen und schauten besorgt hinaus. Sie erschienen sehr bald; und wurden zu unserem unbeschreiblichen Kummer und unserer Demütigung von zwei bewaffneten Männern in einer für uns völlig fremden Uniform geführt. Es stellte sich bald heraus, dass es sich dabei um *Douaniers* oder Zollbeamte handelte, von denen es zu dieser Zeit an der Küste Frankreichs viele gab; aber keiner von ihnen war jemals unserer Beobachtung oder unserem Wissen unterworfen. An der Art und Weise, wie sie sich näherten, konnte ich deutlich erkennen, dass diese Kerle unsere beiden Begleiter in Gewahrsam genommen hatten. Als sie sich uns angeschlossen hatten, stellte mich Mr. Ashworth ihnen als Kapitän Cox vom Schiff *Favorite* aus New York vor – die Geschichte war festgeschrieben, falls man sie stoppen sollte. Wir waren in der Nähe von Marseille weggeworfen worden, und alle Männer waren umgekommen, außer Florence Heath (Mr. Ashworth), Maat; William Dixon (Mr. Tuthill), Supercargo; und Herr Essel (dessen neuer Name ich jetzt vergessen habe), Passagier. Wir waren nach Barcelona gebunden. Fracht – Sklaven und Baumwolle. Nur der Supercargo und der Maat konnten Französisch sprechen. Sie schienen Mitleid mit unserer Situation zu haben und hatten nicht den geringsten Zweifel daran, dass das, was wir behaupteten, wahr war. „Aber sie müssen uns“, sagten sie, „zum Bürgermeister der Stadt bringen, der uns zweifellos Pässe für die Weiterfahrt zu einem Seehafen ausstellen würde, von wo aus wir nach Amerika oder an einen anderen Ort unserer Wahl verschifft werden könnten.“ Wir bedanken uns ganz herzlich für diese Aufmerksamkeit; aber (wenn es ihnen gefiel) fügten wir hinzu: „Dass wir ihnen nicht die Unannehmlichkeiten bereiten wollten, unseretwegen aus dem Weg zu gehen.“ Sie antworteten: „Dass es ihnen völlig im Weg stand; und es war unmöglich, dass wir ohne Papiere die Küste entlangfahren konnten; sie waren nur erstaunt darüber, dass wir das Königreich Frankreich (oder besser gesagt das Kaiserreich) durchquert hatten, ohne verhaftet zu werden. Wir hatten eine große Schuld daran, dass wir uns vor unserer Abreise aus Marseille keine Pässe beschafft hatten.“ Wir versicherten ihnen, dass wir nicht im Geringsten wüssten, dass dies notwendig sei, dass wir in einem Land geboren seien, in dem nichts dergleichen erforderlich sei und in dem es als große Beleidigung gelten würde, jemanden zu fragen, woher er käme oder wohin er komme er ging. Wir haben natürlich auf öffentliche Funktionäre angespielt; denn wir erinnerten uns gut an den sprichwörtlichen Charakter der Amerikaner wegen ihrer Neugier und an Dr. Franklins Geschichte, wie er bei seiner Ankunft in einer amerikanischen Stadt eine gedruckte Tafel über seiner Wohnung anbrachte, die so voll war mit allen ihn betreffenden Einzelheiten, dass es unmöglich war , wie er dachte, damit sogar die amerikanische Neugier mit einer Frage in seine Privatsphäre eindringt.

Natürlich bedauerten wir, nicht besser über die Gesetze und Gebräuche dieses Landes aufgeklärt worden zu sein , und schließlich erreichten wir die Fähre und fanden uns innerhalb weniger Minuten in der Stadt Étaples wieder, unter anderen Umständen und in anderer Gesellschaft als er es sich gewünscht oder erwartet hatte. Wir hofften noch immer zu entkommen, aber unglücklicherweise hatte jeder von uns viele Dinge bei sich, die für eine Inspektion durch französische *Zöllner äußerst unpraktisch* waren und unsere Fiktion, wir seien schiffbrüchige Amerikaner, kaum bestätigen konnten. Mein Gehirn arbeitete daran, in den Wind dieses Treibsandes zu gelangen, und ich flüsterte meinem „Kumpel" zu, um seinen unwillkommenen oder unangenehmen Freunden mitzuteilen, dass ich erschöpft sei und in einem geeigneten Gasthof eine kleine Erfrischung zu mir nehmen wolle, bevor mir die Ehre zuteil würde, vor dem Bürgermeister zu erscheinen. Unsere höflichen Begleiter waren einverstanden, dass der erschöpfte Herr die Erfrischungen zu sich nahm, die er brauchte, und ich brauche wohl kaum zu sagen, dass sie daran teilnehmen wollten. Wir kamen in ein Kabarett, durften hinein, wurden in ein schönes Zimmer geführt, und als wäre ich der gelassenste und gleichgültigste Herr, der je aus Amerika gekommen ist, verlangte ich gebieterisch Brot und Wein. Während dieser Mahlzeit hatten wir abwechselnd einen Vorwand, uns zurückzuziehen: Ich brauche wohl nicht zu sagen, dass wir darauf achteten, fast jeden Gegenstand loszuwerden, der beweisen könnte, dass unsere Fiktion nicht die rettende Gnade der Wahrscheinlichkeit besaß.

Wir haben endlich das Beste aus einem sehr schlechten oder wenig vielversprechenden Fall gemacht; und mit dem Anschein von Unbekümmertheit und Fröhlichkeit folgten wir unseren Führern. Sie sagten uns, dass sie auf ihren Kapitän warten müssten, bevor sie zum Bürgermeister gingen. Er empfing mich und meine Begleiter höflich, und alles schien darauf hinzudeuten, dass das Gespräch ohne Gefahr verlaufen würde, bis er mir höflich sagte, er müsse den Bürgermeister zu unserer Vernehmung rufen. Dadurch änderte sich der gesamte Sachverhalt des Falles; und ich bin mir sicher, dass die Wirkung in den meisten unserer Gesichter sichtbar gewesen sein muss. Schließlich traf „Seine Anbetung" ein, ganz und gar nicht zu unserem Trost; aber was seine Anwesenheit noch ärgerlicher machte, war, dass er „ *einen amerikanischen Gentleman* " mitbrachte . Man sagt, dass die Gesellschaft eines Gentleman immer wünschenswert ist; Aber die Geister versetzten „Richards Seele" nicht mehr in Angst und Schrecken, als die Realität des Erscheinens dieses amerikanischen Gentlemans unsere Seele in Angst und Schrecken versetzte. Der Bürgermeister und der amerikanische Herr stellten uns „Yard-Arm and Yard-Arm" zur Rede. Ihr Kreuzverhör war schlimmer als ein Feuer. Wir mussten nur unsere frühere Geschichte wiederholen. Schließlich erklärte uns unser unglückliches Genie, der amerikanische Gentleman, deutlich, dass sie uns für Engländer hielten – was wir nicht widerlegen konnten. Der Bürgermeister fügte hinzu, dass wir im Gefängnis von Boulogne eingesperrt werden sollten, bis die Behörden vom amerikanischen Konsul in Paris hörten oder bis sie vollständig von der Richtigkeit unserer Aussage überzeugt waren. Dies waren katastrophale „bis"; und es kam mir der Gedanke, dass wir vielleicht bis in alle Ewigkeit im Gefängnis bleiben würden, wenn sie auf ihre Alternative warteten.

Das Ergebnis war, was weniger zuversichtliche und weniger interessierte Männer erwartet hätten: Wir sollten unter einer Eskorte der *Gendarmerie in einen Kerker geschickt werden* . Der Brigadier, der offenbar alle hundert Augen von Argus in zwei vereint hatte, fragte, ob wir durchsucht worden seien. Die Antwort war verneinend. „Durchsuchen Sie sie sofort", rief er; „Und", fügte er hinzu, „Sie können davon ausgehen, dass es sich um Engländer handelt, die aus einem der Depots geflohen sind." Die Kerle gehorchten den Befehlen, und wir wurden sofort einer so strengen Prüfung unterzogen, wie sie nur ein Mensch je erlebt hat. Ich war der Erste, der durchsucht wurde. Meine Brieftasche wurde geöffnet, und darin befanden sich mehrere englische Briefe und andere Papiere, die ebenfalls dazu geeignet waren, die Wahrhaftigkeit meiner Identität als amerikanischer Kapitän, der in Marseille Schiffbruch erlitten hatte, zu widerlegen. Meine Quelle bestand darin, zu sagen, dass meine Brieftasche einem Cousin gehörte, der bei dem Unfall ums Leben gekommen war. Auf den anderen befanden sich Karten der Abteilungen, die wir besucht hatten, sowie mehrere andere Papiere, die uns als diejenigen identifizierten, die sie vermuteten.

Wir beharrten jedoch weiterhin darauf, Amerikaner zu sein. Sie protestierten gegen die Torheit einer solchen Auferlegung und schickten uns in den Kerker, wobei sie uns versicherten, dass wir jetzt sehr grob behandelt und als gefährliche Menschen betrachtet werden sollten; wohingegen ein offenes Geständnis eine gewisse Milderung bewirken könnte. Nach kurzer Überlegung erkannten wir deutlich, dass es sinnlos war, durchzuhalten; so erkannten wir sofort, wer und was wir waren. Der Brigadier versicherte uns, dass er vom ersten Moment an davon überzeugt gewesen sei, dass wir Engländer seien, und dass er nun alles in seiner Macht Stehende tun würde, um uns in unseren gegenwärtigen Verlegenheiten zu trösten, aber er habe keinen Vorgesetzten seines Korps näher als Boulogne , wohin er uns am nächsten Tag schicken sollte; und für diese Nacht würde er uns erlauben, in ein Gasthaus zu gehen, um uns ein wenig in Ordnung zu bringen, aber mit einer starken Eskorte; und wir sollten verpflichtet sein, diese Eskorte mit allem Notwendigen zu versorgen und den Männern jeweils sechs Livres (fünf Schilling) für die Nacht zu zahlen. Dem haben wir bereitwillig zugestimmt.

Wieder einmal waren wir Gefangene: Unser Geisteszustand war wirklich
erbärmlich.

Im Gasthof kauften wir uns jeder ein neues Hemd und ein Paar Strümpfe
und ließen unsere alten, die in einem traurigen Zustand waren, waschen und
flicken. Man stellte uns einigermaßen gute Betten zur Verfügung, die wir
unbedingt in Besitz nehmen wollten. Nach dem Abendessen wollten wir
gerade zu Bett gehen, als der Befehl des befehlshabenden Offiziers eines
benachbarten Lagers kam, uns in sein Zelt zu führen – was schnell ausgeführt
wurde. Sein Benehmen schien das Gegenteil des allgemeinen Charakters der
Franzosen zu sein. Er las alle meine Briefe, die für niemanden außer mir von
Belang waren – und die mir nie zurückgeschickt wurden – und erklärte, er sei
sicher, dass wir Abgesandte an der Küste hätten, sonst hätten wir nie eine so
gefährliche Reise unternehmen können. Dies war zumindest ein
Kompliment für unser gewagtes Unternehmen; und als wir ihm versicherten,
dass wir keinerlei Verbindung zu den Menschen an der Küste gehabt hätten,
antwortete er mit einem „Pah!" und schloss mit einem „Ah! Die Fischer an
unserer Küste hängen leider zu sehr an den Engländern."

Unser Gespräch endete und wir wurden zu unserem Gasthaus
zurückgebracht. So verzweifelt wir auch waren, zogen wir uns sofort zurück,
um unsere müden Glieder auszuruhen. Die Natur war erschöpft; und wir
versanken im Balsam der Natur – dem „süßen Schlaf" – zu betrübt und
erschöpft, um nachzudenken oder uns um die Überlegung zu kümmern, dass
die Morgendämmerung uns auf dem Weg ins Gefängnis sehen würde.

Kapitel VII

Unser Einzug in das Gefängnis von Boulogne – Verlockender Anblick der Flagge des alten England und der weißen Klippen – Das Abendessen eines Gefängniswärters und eine Gewissensrechnung – Eine weitere Untersuchung – Der Weg nach Verdun – Arras – Die Art des Gefängniswärters und der Kommandant voller Nachsicht – Bapaume – Die Bäcker und Anfragen nach unserem verlorenen Geld – Cambray – Cateau-Cambresis und sein schrecklicher Kerker – Landrecies – Unsere Unbeholfenheit in Ketten, Handschellen und Fesseln – Meine Abneigung gegen sie – Avesnes – Information, dass wir erschossen werden sollten – Der Kerker von Avesnes – Ein Kerkerkamerad, der seine beiden Eltern getötet und zerschnitten hatte – Eine Nacht voller Schrecken und Wahnsinn – Hirson, eine Stadt ohne Gefängnis, aber mit einem Kerker – Ein Abendessen und seine Folgen – Die Entdeckung unserer Fluchtwerkzeuge – Maubert Fontaine – Ein neuer Kerker und ein Mithäftling – Gegenseitige Dienste – Eine neuartige Art, Pistolenläufe zu verstecken – Gefangene an einen Karren ketten – Mezières – Ankunft in Verdun – Von meinen Gefährten getrennt – Überlegungen zum Erschießen – Eine genaue Untersuchung – Befragt Beziehung zu Bonaparte – Darf sich meinen alten Kollegen anschließen – Ein weiteres Kreuzverhör – Eine erneute Einweisung ins Gefängnis – Unser Schicksal ist bestimmt – Der Kerker von Bitche – Der Rev. Lancelot C. Lee, eine *Entspannung* – Seine Großzügigkeit.

AM nächsten Morgen, dem 19. September 1807, um acht Uhr betrat unser *Gendarmerie-* Eskorte das Gasthaus, setzte uns bald in einen Karren und brachte uns nach Boulogne. Wir kamen gegen zwei Uhr nachmittags an und wurden kurzerhand einem gewöhnlichen Gefängniswärter, einem Mons, übergeben. Verjuis, der uns einem seiner erfahrensten Schlüsselverwalter anvertraute. Der Kerl zeigte uns unsere Wohnung. Kurz darauf wurden uns zwei kleine Bündel Stroh als Ersatz für die Betten geschickt, und ein Eimer Wasser begleitete sie als unsere einzige Erfrischung. Tuthill, erstaunt über diese Quelle, fragte mich ernsthaft, was das bedeuten könnte? Ich antwortete, dass es offensichtlich unser Essen sein sollte und dass sie glaubten, Stroh sei für Engländer ein guter Ersatz für Brot!! Eine Beschwerde hätte uns jedoch nur Spott oder Beleidigungen eingebracht, und ohne zu murren tranken wir unser Wasser und ruhten auf unserem Strohhalm. Wir hatten viele Tage verbracht, an denen das Stroh für uns ein Luxus gewesen wäre, und viele Nächte und Tage, an denen wir für den Schluck Wasser einen Strom Gold gegeben hätten.

Der heutige Ausflug hatte uns einen Blick auf die gewaltige Flottille gewährt, die so oft damit gedroht hatte, Zerstörung auf unsere kleine Insel zu werfen;

Aber mit welchen unterschiedlichen Gefühlen erhaschten wir den Blick auf die weißen Klippen von Dover und sahen, wie eine englische Fregatte und ein Logger den französischen Hafen blockierten. Der Anblick unseres Landes und der siegreichen Flagge unseres ruhmreichen Berufes – der Marine Englands – erfüllte uns mit Wünschen, die nicht in Erfüllung gingen, und mit Hoffnungen, denen wir uns nicht hingeben wollten. Ein wenig erleichterte mich ein Gefühl der Verachtung gegenüber der demontierten und verfallenden Flottille, und als ich darüber nachdachte, dass Frankreich, wenn es die Torheit gehabt hätte, tausendmal so viele Plattbodenboote zu bauen, wie ich damals sah, niemals einen Eindruck auf sie gemacht hätte unser glückliches Land.

Doch weder Gefühle noch Nachdenken können Nahrung ersetzen, und unser großer Appetit lehrte uns bald die absolute Notwendigkeit, unseren *guten Gastgeber kennenzulernen* . Wir begannen, durch die Eisengitter um Hilfe zu flehen, und unsere Erfahrung mit dem französischen Charakter hatte uns gelehrt, dass es eine gute Praxis war, jede Bitte mit der Versicherung zu begleiten, dass wir für alles, was man uns geben würde, großzügig bezahlen würden. Schließlich hielt es dieser Mann mit den Eisengittern und -gittern für angebracht, uns einen Besuch abzustatten. Er versprach uns Hilfe, und bald wurden wir einigermaßen gut mit Nahrung versorgt und bekamen zwei Matratzen gebracht – wobei wir unser Versprechen hielten, alles zu bezahlen, was verlangt wurde. Es schien, dass dieser Kerl eine große Bereicherung für Bonapartes Regierung war: Er war ursprünglich ein Sträfling gewesen, der zu lebenslanger Kettenhaft verurteilt worden war; er lebte daher im Gefängnis und trug kleine Silberketten um seine Handgelenke und Knöchel und fügte sich so buchstäblich seinem Urteil, während er in eine der Regierung unterstellte Position gebracht wurde.

Am Montag, den 21., wurden wir zum Hauptmann der *Gendarmen geführt* , um uns einer weiteren Untersuchung zu unterziehen; und er benahm sich sehr wie ein Gentleman. Wir wurden getrennt verhört. Er sagte, dass unser Versuch, unsere Freiheit zu erlangen, sehr lobenswert sei und dass er Mitleid mit unserem Unglück habe. Unser Rückmarsch sollte am nächsten Morgen beginnen. Er ermahnte uns zu Standhaftigkeit und Geduld und wies besonders darauf hin, wie grausam es sei, keinen Gefangenenaustausch zwischen den beiden Ländern durchzuführen. Wir dankten ihm herzlich für seine Güte und wurden zurück in unser Gefängnis begleitet, wo wir alle notwendigen Vorkehrungen für den nächsten Tag trafen, die in unserer Macht standen. Dies war weder schwierig noch langwierig, denn unser Gepäck und unsere Kleidung waren nicht darauf ausgelegt, uns große Peinlichkeiten zu bereiten.

Am Dienstag, dem 22. September, wurden wir rechtzeitig von der Wache gerufen und waren in wenigen Minuten wieder *unterwegs* . Der Tag war sehr nass und die Straßen schwer, was die Wachen daran hinderte, uns anzuketten, insbesondere da wir einen sehr langen Marsch nach Montreuil vor uns hatten, das zwölf oder dreizehn Meilen entfernt war. Gegen fünf Uhr nachmittags wurden wir in das öffentliche Gefängnis von Montreuil gebracht, das wir als einigermaßen komfortables Gefängnis empfanden; aber der Gefängniswärter und seine Frau belästigten uns auf schändliche Weise.

Unser Weg führte uns nun über Hesdin und St. Pol nach Arras. Der Gefängniswärter hier verhielt sich freundlich und höflich zu uns und war (mit Ausnahme eines Mannes) der menschlichste Mensch, den ich je in dieser Situation kennengelernt habe. Und wir alle brauchten seine Menschlichkeit in diesem Moment dringend; ich aber ganz besonders, denn ich war durch die lange Reise in Ketten an diesem Tag von übermäßiger Müdigkeit und Erschöpfung so erschöpft, dass mir ganz schwindlig wurde und ich tatsächlich ohnmächtig wurde und gegen die Gefängnismauern fiel, bevor der Gefängniswärter mich in meine Zelle führen konnte.

Der Kommandant war ebenfalls äußerst höflich und erlaubte uns auf unseren eigenen Wunsch hin eine Kutsche mit einer Eskorte von zwei *Gendarmen* (deren Namen Potdevin und Pasdevie waren) nach Cambray. Nachdem wir Bapaume durchquert hatten, besuchten wir den Bäcker unseres alten Freundes, wo Herr Essel vermutete, dass er sein Geld verloren hatte. Er und seine Kinder wurden eingehend untersucht; aber wir konnten nicht die kleinste Spur entdecken, die uns zu der Annahme verleiten könnte, dass er es gestohlen hatte; und ich muss gestehen, dass ich glaubte, der Bäcker sei unschuldig. In Cambray wurden wir entlassen, oder besser gesagt, die Eskorte aus Arras verließ uns; und wir wurden nach Cateau-Cambresis geführt, wo wir in einen äußerst schrecklichen unterirdischen Kerker gesteckt wurden, und nichts in unserer Macht konnte irgendeine Wirkung auf den hartherzigen Wärter desselben haben. Glücklicherweise blieben wir nur vierundzwanzig Stunden an diesem Ort; von dort wurden wir nach Landrecies geführt, wo wir anhalten und frühstücken durften. Unsere Vermieterin hier vergoss Tränen, als sie sah, wie wir auf so grausame Weise mit Handschellen gefesselt wurden; Doch trotz aller Vorwürfe und Bitten und ungeachtet der offensichtlichen Nutzlosigkeit dieser Vorsicht oder Härte ließen unsere Wachen während der ganzen Zeit kein einziges Handgelenk los, und die Bewohner des Hauses waren buchstäblich verpflichtet, uns zu ernähren.

Am 29. kamen wir gegen fünf Uhr in Avesnes an und wurden sehr grob ins Gefängnis geworfen und zu den schlimmsten und niedrigsten Verbrechern gesteckt, die es dort gab. Dies geschah, wie man uns mitteilte, auf besonderen

Befehl von General Wirion, der, wie es schien, einen Express zu allen Postkutschen auf unserer Route geschickt hatte, mit dem Wunsch, dass wir so streng und empört wie möglich behandelt würden. Unsere Wache schien in Sachen Disziplin keineswegs nachlässig zu sein, denn sie befolgte ihre Anweisungen nach Sinn und Wortlaut. Außerdem ging hier ein Gerücht um, dass wir englische Spione seien, die erschossen werden sollten, weil man sie angeheuert hatte, um die Marinewaffen entlang der französischen Küste zu inspizieren. Diese Vorstellung brachte uns sicherlich nicht die Sympathie der Bevölkerung ein, noch schien sie die Gemüter unserer Führer zu besänftigen; und alle gegenteiligen Beteuerungen unsererseits wurden durch die Tatsache, dass wir so schwer gefesselt, gefesselt und mit Ketten beladen waren, zunichte gemacht. Aus diesen Symbolen der Schuld schloss man, dass wir, wenn wir keine Spione waren, etwas noch Schlimmeres waren. Wie groß war unser Ekel und unser Entsetzen, als wir feststellten, dass wir in einen schrecklichen Kerker geworfen wurden, zusammen mit einem Schurken, der zu lebenslanger Haft verurteilt war, weil er sowohl seinen Vater als auch seine Mutter ermordet und verstümmelt hatte! Ich schauderte jedes Mal, wenn ich dieses Monster sah, und konnte seinen Blick nicht auf mir ertragen. Man erzählte mir, dass der Schurken seine Eltern geviertelt und in einer Grube begraben hatte. Nie werde ich die Freude vergessen, die wir alle empfanden, als wir im Morgengrauen aus dieser schrecklichen Gesellschaft geholt wurden. Ich drückte mein Erstaunen darüber aus, dass so abscheuliche Verbrechen nicht mit dem Tod bestraft werden sollten; und erst dann wurde mir die Lösung klar – der unglückliche Mann war bei seinem Prozess für verrückt erklärt worden. Ich dachte, dass er als Wahnsinniger nicht einer so grausamen Gefangenschaft unterworfen werden sollte. Nach allem, was ich von französischen Gefängnissen gesehen hatte, hatte ich keine besonders gute Vorstellung von der Disziplin, Ökonomie und Verwaltung der französischen Gefängnisse. Die Schrecken jener Nacht werden sich jedoch nie aus meinem Gedächtnis löschen lassen.

Es war etwa fünf Uhr am 30. September, als wir in der Stadt Hirson angehalten wurden. Die Stadt hat kein Gefängnis, aber sie besaß eine kleine feuchte, unterirdische Zelle oder einen Kerker, der gerade groß genug war, uns vier aufzunehmen. Wir wurden in diesen *Cachot* oder Kerker gestoßen, und nachdem man verächtlich etwas Stroh auf uns geworfen hatte, wurde die schwere Tür geschlossen und wir hatten die Wahl zwischen Meditation oder Schlaf. Wir zogen Letzteres vor, aber der Ärger machte uns reizbar; da erschien glücklicherweise ein Brigadegeneral der *Gendarmerie* – die mit zwei *Gendarmen* die Polizei des Dorfes bildete – durch das kleine Loch in der Tür des Kerkers und teilte uns mit, dass die Frau des Kerkermeisters uns eine Art Erfrischung verschaffen würde, vorausgesetzt, wir würden sie bezahlen, und zwar im Voraus. Wir stimmten dem nicht nur sofort zu, sondern uns hüpfte das Herz bei dieser Nachricht, und wir dankten diesem Brigadegeneral demütig und dankbar für seine außerordentliche Güte und Herablassung. Bald wurde uns mitgeteilt, dass eine Art Mahlzeit für uns vorbereitet war und dass wir die Erlaubnis hätten, für die wenigen Minuten, die wir brauchten, um uns zu erfrischen, in das Haus des Gefängniswärters zu gehen. Diese Nachricht brachte uns in große Verwirrung, da wir an eine solche Nachsicht nicht gewöhnt waren und deshalb versäumt hatten, in einem geheimen Loch eine Anzahl kleiner Gegenstände wie Feilen und Bohrer zu verstecken, die wir glücklicherweise bisher in unserem Besitz behalten hatten. In dem Moment, als sie unsere Tür öffnen wollten, zog es einer vor, die Werkzeuge, die er bei sich hatte, zu behalten, ein anderer schob seine ins Stroh, und in diesem verwirrten Zustand wurde der Kerker geöffnet und wir wurden hinausbeordert. In diesem Augenblick warf ich zwei kleine Feilen, die ich in meiner Hand versteckt hatte, als die Kerkertür geöffnet wurde, über eine hohe Gartenmauer. Ich bekräftige, dass ich dachte, die im Stroh zurückgelassenen Sachen wären am besten sicher, da es dort sehr dunkel war. Wir saßen nun in großer Bestürzung bei etwas Suppe und *Bouilli am Tisch*, umgeben von den *Gendarmen* und dem Gefängniswärter. Nach wenigen Minuten besorgte dieser eine Kerze und eine Laterne und teilte dem Brigadier mit, dass er bereit sei, ihn zu bedienen. Er stand also auf und sie begaben sich zu der elenden Behausung, die wir gerade verlassen hatten. Nur jene unglücklichen Menschen, die ähnliches Leid und ähnliche Ängste erlebt haben, können sich eine Meinung über unsere Gefühle in diesem Augenblick bilden. Ich kann nur sagen, dass unser Appetit auf die Suppe nicht sehr groß war. Wir waren uns sicher, dass alles, was im Stroh zurückgelassen wurde, unweigerlich entdeckt werden würde, was mit Sicherheit zu einer allgemeinen Durchsuchung unserer Personen führen würde. Die Großzügigkeit des Brigadiers war nun hinreichend gerechtfertigt: Er und sein Begleiter kehrten zurück; und wie wir erwartet hatten, hatten sie jedes einzelne Werkzeug gefunden, zusammen mit dem Schaft einer doppelläufigen Pistole – die ich Essel anvertraut hatte, wobei ich die Läufe in meinem eigenen Besitz behielt, und einer anderen Pistole derselben Art, ebenfalls mit ihren Läufen. Sie suchten sehr sorgfältig nach den Läufen von Essels Pistolenschaft, aber ohne Erfolg. Wir versicherten ihnen, dass wir die Läufe weggeworfen hatten, bevor wir Verdun verließen; und dass wir den Schaft und das Schloss mitgenommen hatten, um sie gelegentlich anstelle eines Feuerzeugs zu verwenden, das wir nicht beschaffen konnten. Sie begannen nun, uns einzeln zu durchsuchen: Bei meinen Kameraden wurden einige Dinge gefunden; aber zu meinem Glück entdeckten sie bei mir weder meine Pistole, die vollständiger war als die, die sie gefunden hatten, noch die Läufe von Essels Pistolenschaft, noch überhaupt irgendetwas. Der arme Ashworth hatte weniger Glück, denn aus den Nähten seines Mantels nahmen sie zwei Akten.

Als nächstes schnitten sie jeden verdeckten Knopf auf, weil sie dachten, einer oder alle von ihnen könnten eine Münze enthalten; aber in diesem Punkt waren sie, da bin ich mir sicher, höchst beschämt und betrübt, dass sie sich geirrt hatten. Der Brigadier konnte sich kaum davon überzeugen, dass mein Spazierstock, den ich nach dem Verlassen von Boulogne gekauft hatte, kein Schwert oder Dolch verbarg. Er drehte ihn ständig herum und zerrte daran, alles vergebens, und doch war er so misstrauisch, dass er beschloss, ihn für die Nacht zu behalten. Wir wurden in einem kaum vorstellbaren Gefühlszustand in unsere Höhle zurückgeführt. Nach ein paar Minuten versuchten wir, so viel Ruhe wie möglich zu finden.

Als ich gegen Mitternacht erwachte, begann ich über die Folgen nachzudenken, die es mit sich bringen würde, eine so gefährliche „Zunderbüchse" mit all ihren notwendigen Materialien, *dh* Munition, bei mir zu haben; und nachdem ich einen meiner Meinung nach geeigneten Ort gefunden hatte – ein Loch in der Kerkerwand – deponierte ich die Läufe von Essels Pistole darin und behielt immer noch meine eigene Waffe bei mir. Die Nacht verlief ohne weitere Störungen.

Bei Tageslicht wurden wir erneut *auf den Weg geschickt* – angekettet, mit Handschellen gefesselt und streng, ja sogar böswillig beobachtet. Der Tag war sehr regnerisch, die Straßen sehr schlecht und schwer; unser Marsch war lang und ermüdend; und ich kann nicht sagen, dass unser Geist in der bestmöglichen Verfassung war, uns über unsere Leiden hinweg aufzumuntern.

Es war am 1. Oktober, gegen sechs Uhr abends, als wir in Maubert Fontaine ankamen. Noch nie waren arme Gefangene in einer elenderen Lage. Wir waren vom Regen durchnässt und mit Schlamm bedeckt. Wir stellten fest, dass in diesem Dorf ein neues Verlies gebaut worden war, und wurden uns grob hineingeworfen. Was der alte Kerker gewesen sein könnte, weiß ich nicht, aber unser *Domizil* bewies mir, dass die Franzosen in der Kunst des Kerkerbaus keine großen Fortschritte gemacht haben konnten. Es war ein elender Ort. Ein etwa zehnjähriger Junge war sechs oder sieben Tage lang darin eingesperrt; Er stammte aus der Nachbarstadt Lille und wurde inhaftiert, weil er ohne Pass von zu Hause weggelaufen war. Der arme kleine Kerl teilte uns mit, dass sein Essen nichts als Schwarzbrot und Wasser gewesen sei; und er erklärte, was mich nicht sehr befriedigte, dass unsere Ankunft erst in zwei oder drei Tagen erwartet worden sei und dass wir aufs strengste durchsucht werden müssten. Dieser Junge leistete mir die größten Dienste, und mit seiner Hilfe gelang es mir, meine doppelläufige Pistole oder, wie ich es nannte, meine Zunderbüchse zu verstecken. Ich schraubte die Läufe ab, steckte sie in die Finger meiner Handschuhe und behielt den Handschuh an, wobei die Finger zum Handgelenk hin gebogen waren, so dass man die Pistolenläufe mit meinen geraden Fingern verwechselte. Der Junge half mir, den Vorrat zu verstecken, als der Wachmann hereinkam, um uns zu durchsuchen. Wir hatten jetzt nichts anderes mehr bei uns als unser bisher geachtetes Geld und eine kleine goldene Uhr, die ich trug und die sie glücklicherweise nicht entdeckten. Ich habe diese Uhr in Verdun gekauft und trage sie bis heute. Wir wurden mit großer Strenge und Strenge durchsucht; und die Gefühle gegen uns waren so groß, dass die Wache uns unser gesamtes Geld entzog, und auf unsere Proteste antworteten sie, dass sie davon alle unsere Ausgaben nach Verdun bezahlen und den Rest an General Wirion in diesem Depot abrechnen würden . Der Leser kann sich leicht vorstellen, mit welcher Treu und Glauben das Konto geführt wurde und welcher Betrag noch an den General zu zahlen war. Doch an diesem Abend besorgte uns der Wächter von unserem Geld etwas, das sie ein Abendessen nannten; und sie besorgten uns Stroh und Decken, die unsere einzigen Betten waren. Der arme französische Junge war vollkommen glücklich darüber, dass er, wie er es nannte, „etwas Gutes" zu essen hatte. Wir gaben dem armen Kerlchen reichlich Anteil von allem, was uns gebracht wurde; und wenn er den Luxus einer unerwarteten Mahlzeit verspürte, empfanden auch wir „den größeren Luxus, Gutes zu tun". Die Wachen starrten mit offenem Mund auf die ungewöhnliche Szene; und nachdem sie ihr *Parbleus* und *Sacrés gemurmelt hatten* , zuckten sie mit den Schultern und brachten ihr Erstaunen über unsere Großzügigkeit zum Ausdruck. Ich wünschte nur, dass Großzügigkeit ansteckend wäre und dass unsere habgierigen, steinharten vorübergehenden Bewahrer unsere Gefühle aufsaugen könnten.

Der Wächter besuchte uns nachts jede Stunde; Trotzdem gelang es mir, eine Gelegenheit zu finden, alle Materialien meiner gefährlichen „Zunderbüchse" mit Ausnahme der Fässer loszuwerden.

Bei Tagesanbruch des 2. Oktober wurden wir mit Handschellen gefesselt und an einen Karren gekettet, da die Straßen zu stark geworden waren, als dass wir noch zu Fuß weitergehen könnten; und hier habe ich die Fässer losgeworden, indem ich jedes mit etwas Stroh umwickelt und sie durch den Karren in den Schlamm geworfen habe.

Am Abend kamen wir im Gefängnis von Mezières an und wurden nach einer gründlichen Durchsuchung in den Hof gebracht. Wir konnten nicht einmal in ein Verlies, bis wir uns bereit erklärt hatten, den horrenden Preis zu zahlen, den der Gefängniswärter für einige Erfrischungen verlangte, die er für uns besorgt hatte. Er bemerkte sehr lakonisch: „Ich weiß, dass die *Gendarmen* viel Geld haben, das sie Ihnen abgenommen haben. Sie können mir genauso gut einen Teil geben, wie *ihnen* alles. In ein paar Tagen werden Sie nichts mehr brauchen." Damit deutete er an, dass wir als Spione erschossen werden sollten, was überall die allgemeine Meinung war.

Unsere Behandlung war auf dem gesamten Weg bis Verdun, wo wir Ende Oktober ankamen, nahezu gleich. Dann wurde ich von meinen Gefährten getrennt und als „*Chef du Complot*" betrachtet und in einen elenden Kerker geworfen, in dem sich ein weiterer Gefangener befand, der angeblich ein Spion gewesen war und der erwartete, in ein paar Tagen vor Gericht gestellt zu werden. und ohne große Zuversicht, mit einem überflüssigen Rücksicht auf Gerechtigkeit oder Gnade vor Gericht gestellt zu werden. Der allgemeine Eindruck, dass wir erschossen werden sollten, mit dem unsere Ohren an jedem Rastplatz auf der Straße geplagt worden waren, schien durch den Kameraden, mit dem sie mich in diesen Kerker steckten, bestätigt zu werden. Ich war mir sicher, dass, wenn nur einer aus der Gruppe den Tod erleiden würde, ich selbst das Opfer sein würde – nicht nur, weil es in Frankreich Brauch ist, daraus zu schließen, dass der Älteste einer Partei oder Bande der Rädelsführer oder *Chef du complot ist*, sondern auch Mein Gewissen sagte mir, dass ich wirklich der Hauptanstifter zu allem war, was wir getan hatten. Ich nahm mir vor, die Hinrichtung mit einer Standhaftigkeit und Würde zu ertragen, die weder den Marinedienst noch den nationalen Charakter meines Landes in Schande bringen sollte; Ich vertraute auf Gott, dass mein Tod die französische Rache sättigen würde und dass meine tapferen Gefährten entkommen könnten; und schließlich tröstete mich in der völligen Ergebung, die ich gegenüber meinem bevorstehenden Schicksal empfand, mein Gewissen, das mir sagte, dass ich kein Verbrechen begangen hatte, das eine so blutige und schändliche Strafe verdient hätte. Ich legte meine Hand auf mein Herz und fühlte, dass ich nichts getan hatte, was die Ehre eines Marineoffiziers und eines Gentlemans geschädigt hätte.

Bei Tagesanbruch kam ein Wächter, um mich zum Verhörort zu führen. Hier fand ich Leutnant Demangeoit von der *Gendarmerie*, einen Schreiber, und Herrn Galliers, einen Dolmetscher. Dieser Leutnant Demangeoit wurde später aus dem Dienst des Kaisers entlassen. Mein Verhör dauerte zwei oder drei Stunden; jede Frage und Antwort wurde aufgeschrieben, und der Verhandlung wurde so viel Form und Feierlichkeit wie möglich verliehen. Ich wurde hinsichtlich des Pistolenschafts eingehend ins Kreuzverhör genommen und immer wieder mit Ernsthaftigkeit und List danach ausgefragt, wo ich an den Tagen gewesen sei, als Bonaparte durch Verdun gekommen war. Ich wurde verhört, in welcher Gesellschaft ich gewesen sei, mit wem ich gefrühstückt hätte; und zahllose andere Fragen wurden mir gestellt, ohne dass ich mir auch nur die geringste Vorstellung davon machen konnte, was sie vermuteten oder worauf sie abzielten. Es war jedoch klar, dass ich verdächtigt wurde, etwas gegen den Kaiser getan zu haben, und es war sicher, dass man entschlossen war, mich, wenn möglich, darin zu verwickeln. Unser Gefährte Essel hatte an diesem Morgen in seiner Wohnung, die zufällig direkt an der Hauptstraße oder dem öffentlichsten Teil

der Stadt, *La Place St. Croix* , lag und in der Nähe der Fenster, an denen
Napoleon und sein Gefolge zwangsläufig vorbeigekommen sein mussten, ein
öffentliches Frühstück für mehrere seiner Freunde gegeben. Von diesem
Umstand wusste ich nichts, hatte daher keine Einladung, was sich in diesem
Moment für mich als glücklicher Zufall erwies und offensichtlich den Grund
für diese strenge und prüfende Vernehmung erklärte.

M. le Lieutenant Demangeoit schien auch besonders daran interessiert zu
sein, festzustellen, ob meine Pistolen vor oder nach dem Frühstück am Tag
von Bonapartes Durchzug durch Verdun gekauft worden waren. Dies
geschah offensichtlich in der Absicht, wenn möglich uns – aber insbesondere
mir, dem die fraglichen Gegenstände gehörten – das grausame und
abscheuliche Stigma einer Verschwörung und eines vorsätzlichen
Mordanschlags auf ihren Kaiser anzuheften: So furchtbar meine Abneigung
gegen den *Anführer* der erklärten Feinde meines Landes auch gewesen sein
mochte, hegte ich nicht die geringste persönliche Rachsucht. Sie wollten
unbedingt wissen, von wem wir die Seile bekommen hatten und wer uns
beim Abstieg von der Festungsmauer geholfen hatte. Ich antwortete: „Dass
wir nach und nach genügend Seile für Pferdekummen besorgt hatten und
natürlich *doppelt* so lang, wie nötig gewesen wäre, wenn uns ein Freund beim
Abstieg geholfen hätte, indem er sie festhielt; aber wir mussten die Bucht
über einen Felsen legen, von dem ich wusste, dass er in der Nähe der Stelle
stand, und dann in zwei Teilen hinuntergehen; danach zogen wir ihn zu uns,
schnitten ihn in Stücke und warfen ihn in die Maas."

Ich habe all diese Prüfungen mit Geduld und Demut überstanden; Doch als
die Tortur vorüber war, fing ich an, mich über die unnötige Grausamkeit der
Trennung von meinen Gefährten zu beschweren. Schließlich wurde
beschlossen, dass ich in ihr Gefängnis, *La Tour d'Angoulême* , *gebracht werden*
sollte , nachdem sie von dort zum Ort der Vernehmung gebracht worden
waren. Wir durften uns nicht sehen, bis die gesamte Untersuchung vorbei
war; Doch als ich an der Wache vorbeikam, in der sie eingesperrt waren,
hörte ich ihre Stimmen und rief ihnen zu: „Achten Sie darauf, sich an den
alten Text zu halten." Ein Hinweis, den sie sehr gut verstanden. Das
verärgerte den Wachmann, der unbedingt wissen wollte, was ich gesagt hatte;
aber ich antwortete einfach: „Dass ich nur gesagt hatte, dass ich sehr hungrig
sei und mein Frühstück wollte", womit er vollkommen zufrieden zu sein
schien. Ich muss die Freude, die wir alle empfanden, als wir wieder
zusammen waren, nicht beschreiben.

Wir amüsierten uns die ganze Nacht damit, die verschiedenen Fragen zu
besprechen, die jedem von uns gestellt worden waren; denn es war seit
langem unsere Gewohnheit, jede mögliche Frage vorzuschlagen, der wir im
Falle unserer Gefangennahme wahrscheinlich ausgesetzt sein könnten, und

uns auf die Antworten zu einigen, die wir geben sollten, damit uns weder Zweideutigkeiten noch Widersprüche zu Fall bringen konnten. Der Gefängniswärter (Monsieur Percival) versorgte uns aus unseren eigenen Mitteln mit der Nahrung, die nach den Gefängnisdisziplinargesetzen erlaubt war. Feuer und Kerzen waren verboten.

Es waren einige Tage vergangen, als wir erneut einzeln untersucht werden mussten. Ich wurde als erster vor Gericht gerufen. Der Leutnant (Demangeoit) teilte mir mit, dass mir vom Minister in Paris bestimmte Fragen übermittelt worden seien und dass es in meinem Interesse läge, ehrliche Antworten zu geben. Erstens war er sich sicher, dass wir auf der langen und schwierigen Route von Verdun nach Étaples ohne Führer niemals den direkten Kurs hätten halten können, zumal wir anscheinend weder Karte noch Kompass hatten. Glücklicherweise hatten wir den Kompass zerstört, und außer den Karten der Departements von Étaples war bei uns keine Karte gefunden worden, also antwortete ich kühl: „Dass englische Seeleute immer mit ausreichender Genauigkeit nach den Sternen steuern könnten, und zwar wann." Diese Himmelsobjekte waren sichtbar, sie waren nie ratlos."

Als diese Frage geklärt war, wollte das Gericht wissen, „ob ich etwas über die Küste Frankreichs wüsste und ob ich jemals vor dieser Küste stationiert gewesen sei". Mir kam der Gedanke, dass der Schiffbruch der *Hussar* ein ziemlich klarer Beweis dafür war, dass es zumindest einen Teil der Küste gab, von dem wir anscheinend nur unvollkommene Kenntnisse besaßen; aber ich lächelte über die Frage und antwortete: „Jeder Marineoffizier Englands war mit der französischen Küste weitaus besser vertraut als mit seiner eigenen." Ich milderte diese Anspielung darauf ab, dass wir jeden Hafen Frankreichs blockierten und triumphierend um seine Küste segelten, indem ich hinzufügte: „Wir könnten kaum den Kanal auf und ab fahren, ohne uns Kenntnisse über die Nordküste Frankreichs anzueignen"; und schließlich ließ ich in ihren Köpfen keinen Zweifel an unserer Ortskenntnis dieser Küste. Die Fragen waren an alle anderen dieselben, und dann wurden wir wieder in unser Gefängnis zurückgeführt.

In einer Woche wurde uns befohlen, uns für einen Marsch zur Festung Bitche in Lothringen bereit zu machen, einem elenden Ort, der vielen unserer unglücklichen Landsleute wohlbekannt war; ein Ort, in dessen schrecklichen Höhlen so mancher wertvolle britische Untertan sein Leben in all der Qual beendet hatte, die Krankheit, Verzweiflung und Misshandlung verursachen konnten. Dies war mein Übergang vom erwarteten Schicksal, erschossen zu werden. Und hier, in irgendeinem elenden *Souterrain*, sollten wir während des Krieges bleiben; ja, sie behaupteten sogar, es sei Bonapartes eigener Beschluss. Der Tod war einem solchen Urteil vorzuziehen; aber wir waren entschlossen, um jeden Preis einen weiteren Versuch zu unternehmen und, wenn möglich, unsere Freiheit wiederzuerlangen. Nur Bargeld fehlte. Ich verschaffte mir jedoch durch die Vermittlung eines würdigen Landsmannes einen kleinen Vorrat, trotz der strengen Bewachung, die über uns gehalten wurde. Mein Samariter oder Freund in der Not war der Reverend C. Launcelot Lee (a *détenu*), Fellow des New College in Oxford, von dem ich immer große Freundlichkeit erfahren hatte. Er schaffte es nun, mir in meiner äußersten Not zu helfen, indem er das Geld Herrn Galliers gab, einem anderen ehrenwerten Engländer, der als unser Dolmetscher fungiert hatte. Das Ziel wurde geschickt erreicht; denn als wir uns von den *Gendarmen umringt nach Bitche aufmachten,* schüttelte Herr Galliers mir beim Abschied herzlich die Hand und drückte mir den kostbaren Schatz in die Hand. Ich war gezwungen, diesen Akt der Großzügigkeit streng geheim zu halten; denn wäre er entdeckt worden, hätte er für meine beiden Freunde schwerwiegende Folgen gehabt.

KAPITEL VIII

Unsere Abreise von Verdun nach Bitche – Mars-la-Tour, Metz und Sarrelouis – ich erhalte ein sehr nützliches Geschenk von Mr. Brown – Sarreguemines – eine letzte Chance – eine berittene Wache – Gedanken an eine Flucht – Berechnungen für eine Verfolgungsjagd in a Wald zwischen berittenen Soldaten und Gefangenen zu Fuß – Versuch entschieden – Signal gegeben – Flucht von der Gefängniskarawane in den Wald – Französische Verfolgung – Ein Gefangener zurückerobert – Meine Flucht aus dem Wald in einen anderen – Meine Gefährten, fürchte ich, weniger glücklich – Meine Verborgenheit – Ein sumpfiges Bett und ein stürmischer Himmel mit einem Regenguss als Baldachin – Ein voraussichtlicher Flug von fast 800 Meilen – Das Elend einer erfolglosen Suche nach verlorenen Gefährten – Ich ernähre mich von Habichtsbüschen und hüte mich mit Vierbeinern und Ungeziefer – Eine Hütte entdeckt – Der Hunger zwingt mich einzutreten – Ein Kompromiss, eine Bestechung, weibliche Fürsprache und eine Flucht – Auf dem Weg zum Rhein – Eine Vorbereitung, das Leben teuer zu verkaufen – Eine knappe Flucht – Von Kohlstangen und rohen Rüben leben – Schlechte Füße und schlechterer Gesundheitszustand – Ein einsames Haus in der Nähe eines Waldes – Starke Versuchungen, einzutreten – Ein brutaler Gastgeber, extreme Gefahr und ein knappes Entrinnen – Schlechte Exemplare der menschlichen Natur.

AM Morgen unserer Abreise gesellten sich in der Dämmerung acht Täter zu uns und wurden in einen großen Wagen unter einer sehr starken Gendarmerieeskorte *mit* einem Brigadier als Kommandeur gebracht. In der ersten Nacht wurden wir in einem äußerst elenden Kerker eingesperrt, in einem Dorf namens Mars-la-Tour. Es war so klein und wir waren so viele, dass wir kaum atmen konnten. Unser Vorrat an Stroh, *jeweils anderthalb Pfund*, wurde uns zum Liegen gegeben; dieser Strohhalm war so kurz, dass er genau aussah wie so viele Bündel Zahnstocher. In der folgenden Nacht wurden wir im Gefängnis von Metz untergebracht. Wir blieben mehrere Tage hier. Schließlich erhielt die Hälfte von uns den Befehl, sich unserem Ziel zuzuwenden; zwei anderen, zusammen mit uns vieren, wurde entsprechend befohlen, sich bereit zu machen. Wir hatten nun gehofft, noch einmal eine Chance zu haben, den Fängen unserer Torhüter zu entkommen, haben uns aber gewaltig getäuscht; Unser Wachmann beobachtete uns genau und wir waren mit Handschellen und Ketten so gut gesichert, dass es unmöglich war, es zu versuchen. Wir wurden daher sicher im Gefängnis von Sarrelouis untergebracht. Dies war ein Depot für gefangene Seeleute und ein Straflager für Offiziere, die möglicherweise gegen die Gefängnisregeln verstoßen. aber es war Bitche um viele Grade überlegen. Mehrere unserer Landsleute erhielten die Erlaubnis, uns zu sehen; und von einem (Mr. Brown, Kapitän der HM-Kanonenbrigade *Mallard* , die kürzlich an der Küste Schiffbruch erlitten hat) erhielt ich eine kleine Deutschlandkarte, die ich aus einem alten Geographiebuch herausgerissen hatte und die ich sorgfältig in das Futter meiner Weste einnähte. Zu uns gesellten sich nun die im Metzer Gefängnis verbliebenen und wir machten uns bald wieder auf den Weg zu unserem vorgesehenen Wohnort. Die gleichen Vorsichtsmaßnahmen wurden getroffen, um uns zu sichern, und es blieben kaum oder gar keine Hoffnungen auf unser Entkommen. Wir kamen in Sarreguemines an, nur sechs oder sieben Meilen von Bitche entfernt, und wurden wie üblich im Gefängnis festgehalten. Am nächsten Tag, gegen vier Uhr nachmittags, erwarteten wir, in unserer schrecklichen Behausung anzukommen. Am Morgen kamen unsere Wachen mit einem großen Wagen, in den wir gesetzt wurden, und zu meinem großen Erstaunen und meiner Freude waren wir nicht angekettet. Ich betrachtete dies als einen äußerst wunderbaren Umstand und als eine günstige Fluchtmöglichkeit, die genutzt werden sollte, zumal es keine Hoffnung auf eine andere Chance gab; tatsächlich schien es ein Eingreifen der göttlichen Vorsehung zu unseren Gunsten zu sein. Ich teilte meinen Gefährten meine Absichten mit; und nachdem wir die Stadt verlassen hatten, stiegen wir aus unserem Wagen und erklärten den Wachen, dass wir lieber ein wenig zu Fuß gehen würden. Herr Essel blieb im Wagen. Die Herren Ashworth und Tuthill sowie Baker vom Handelsdienst gingen zusammen mit mir vor dem Wagen her. Wir hatten noch nicht mehr als zwei oder drei Meilen zurückgelegt, als ich etwa hundertfünfzig Meter von der Straße entfernt einen Wald entdeckte. Unsere Wachen befanden sich etwa fünfzig Meter hinter uns und waren zu Pferd. Bei einer so ungleichen Verfolgungsjagd, einer Verfolgungsjagd zwischen Mensch und Pferd, könnten wir auf unserem Weg zum Wald überholt werden; aber wenn wir diesen Punkt einmal erreichen könnten, wären wir in Sicherheit, denn obwohl es keine Blätter an den Bäumen gab, waren wir sicher, dass unsere berittenen Wachen uns wegen der Äste und des Unterholzes nicht ohne große Schwierigkeiten verfolgen konnten; und wenn sie absteigen würden, wüssten wir, dass wir ihnen mit ihrer Ausrüstung und ihren schweren Stiefeln mit größter Leichtigkeit entkommen könnten.

Endlich kam der interessanteste und aufregendste Moment. Wir waren an der Stelle, an der der Versuch besser durchgeführt werden konnte als an jeder anderen. Ich gab meinen Freunden das Signal – ein lautes Jubeln. Los rannten wir: Die erschrockenen Wachen gaben ihren Pferden die Sporen und galoppierten mit höchster Geschwindigkeit hinter uns her. Der Boden war sehr schwer, ein gepflügtes Feld war der Raum zwischen der Straße und dem Wald. Der arme Baker fiel und wurde sofort gepackt und mit einem Säbel über ihm und einer Pistole, die bereit war, ihren Dienst zu tun, sollte er erneut versuchen zu fliehen, zum Wagen zurückgeführt. Wir hatten mehr Glück.

Wir gelangten in den Wald und wichen den *Gendarmen* durch Dornen, Gestrüpp und

London, Edward Arnold, 1902.

Verstrickung. Ich und meine Gefährten kreuzten uns mehrmals außer Atem und ich konnte ihnen kaum zurufen, sie sollten sich hinter Bäumen aufhalten und Pistolenschüssen ausweichen; denn die Wachen sprangen, stürzten und ritten in alle Richtungen und brüllten in größter Wut die Worte: „ *Arrêtez, coquins!*" „ usw. Diese nicht sehr angenehmen Beinamen in heiserem Französisch drangen von überall auf unsere Ohren ein. Schließlich gaben meine Verfolger die Verfolgung auf, um meinen Gefährten zu folgen; und als ich glücklicherweise einen guten Baum zwischen mir und dem Feind fand, setzte ich mich hin, um zu Atem zu kommen und zu überlegen, was ich tun sollte. In dem Moment, als ich die *Gendarmen* aus den Augen verlor , sprang ich auf die Seite des Waldes zu, die der von ihnen eingeschlagenen Richtung entgegengesetzt war, und sah eine ausgedehnte Ebene, die in einer Richtung in einem Wald endete, der nicht viel mehr als eine Meile entfernt zu sein schien. Ohne weitere Überlegung stürzte ich in die Ebene; seine Ausdehnung betrug etwa eine Meile; und als ich die Mitte erreicht hatte, war ich so außer Atem, dass ich einige Minuten anhalten musste, und fiel deshalb flach auf mein Gesicht, mit offenem Mund und dicht an der Erde; und die Erleichterung war erstaunlich. Ich liege dicht am Boden, damit ich nicht entdeckt werde. Ein weiterer Lauf brachte mich jedoch in den Wald. Nachdem ich bisher so glücklicherweise davongekommen war, begann ich darüber nachzudenken, welche Schritte ich als nächstes unternehmen sollte;

und nachdem ich mich wieder ein paar Minuten ausgeruht hatte, um meine erschöpften Kräfte wiederzugewinnen, beschloss ich, diesen Wald zu verlassen, und am Ende, das dem, was ich berechnet hatte, entgegengesetzt war, könnten meine Verfolger nach mir Ausschau halten, da ich dachte, sie würden natürlich diese Richtung einschlagen , als eine sorgfältige Suche sie überzeugt hatte, dass ich mich nicht in dem Wald befand, in den wir zuerst eingetreten waren. Außerdem sah ich, dass der erste Wald jetzt vollständig von der Bauernschaft umgeben war; denn da es Sonntag war, waren alle untätig gewesen, und Männer, Frauen und Kinder erschraken und eilten wie Wölfe auf die Jagd. Die französische Regierung gewährte zu dieser Zeit eine Belohnung von fünfzig Livres oder 2 Pfund. 1s. 8d., an jede Person, die einen Kriegsgefangenen zurückerobern sollte, der aus dem Gefängnis oder einer Eskorte geflohen war, und dies löste eine so ungeheure Menge eifriger Menschen aus, dass ich nur sehr wenig Hoffnung hatte, irgendwo in Sicherheit zu bleiben wo man sogar vermuten könnte, dass ein Mann verborgen sein könnte.

Als ich diesen Wald verließ, schätzte ich, dass ich etwa drei oder vier Meilen von der Straße entfernt war, von der ich zuerst entkommen war. Riesige Ebenen, Stoppelfelder, Wiesen, brachliegende und gepflügte Felder boten sich mir dar, und der Fluss Sarre floss dicht südlich von mir, aber extrem schnell und nirgends passierbar. Meine Lage schien hoffnungslos; und um keinen Verdacht zu erregen, dachte ich, die beste Methode wäre, diese Ebenen absichtlich zu durchqueren und dabei eine andere Richtung einzuschlagen als alle anderen Leute dort, ohne jedoch den Anschein zu erwecken, als würde ich sie vermeiden. Ich setzte eine Nachtmütze auf, die ich in meiner Tasche hatte, statt der Bibermütze, die ich normalerweise trug – die Nachtmütze ist bei den Bauern in Lothringen eine übliche Kleidung. Ich passierte mehrere von ihnen in sehr kurzer Entfernung, blieb häufig stehen und schien sehr unvorsichtig zu gehen. Schließlich befand ich mich in einem kleinen Tal, durch das zwei kleine Bäche flossen, die eine Art Insel bildeten, die mit einem Weißdornbusch, Dornen usw. bedeckt war und groß genug war, um einen Mann zu verbergen. Ich hielt dies für ein hervorragend geeignetes Versteck; denn da es so extrem klein und nass war, war ich der Meinung, dass niemand auch nur daran denken würde, es zu durchsuchen. Ich betrat es und war so vollständig bedeckt, dass ich kaum den Teil erkennen konnte, durch den ich zuerst eingedrungen war. Ich fand es in gewisser Hinsicht sehr unbequem – ich meine in Bezug auf den Schlamm, die Nässe und den Schmutz, in dem ich mich wälzen musste; aber ansonsten war es für mich ein perfektes Paradies; und ich bedauerte nur, dass meine armen Kameraden nicht irgendwo in meiner Nähe waren, obwohl ich mich mit der Gewissheit tröstete, dass sie alle entkommen sein mussten, selbst diejenigen, die am Anfang nicht gerannt waren, da ihnen nur der Fuhrmann geblieben war, da die Wachen uns verfolgt hatten. Tatsächlich erfuhr ich einige Zeit später, dass keiner der übrigen acht jemals versuchte, den Fuhrwerksführer zu verlassen, sondern dass sie ruhig nach Bitche gebracht wurden, wo ich, wie der Leser erfahren wird, erneut gezwungen war, mich ihnen wieder anzuschließen. [12]

Es war Sonntag, der 15. November 1807, und ich lag kalt und ziemlich ruhig in meinem nassen und schlammigen Bett und wünschte mir sehnsüchtig, die Nacht möge kommen und einen Teil meiner Befürchtungen zerstreuen. Ich musste mich häufig von einer Seite auf die andere drehen, da die Kälte und die Feuchtigkeit extrem heftig und quälend wurden. In kurzer Zeit war ich am ganzen Körper durchnässt und empfand die Kälte als unerträglich, denn als ich mich in den Schlamm legte, schwitzte ich stark. Es linderte mein Elend nicht, weder die Alarmglocken in den umliegenden Dörfern läuten zu hören, noch das Pfeifen, Heulen und Schreien der Bauern; was noch schlimmer war, ich wurde häufig von Stimmen in meiner Nähe aufgeschreckt.

Doch nun nahte der ersehnte Moment der Dunkelheit: Die Sonne ging unter; aber zu meinem großen Unbehagen und meiner Demütigung mit jedem Anschein von schlechtem Wetter. Es begann bereits sehr stark zu regnen, was den damals etwa acht oder neun Tage alten Mond verdeckte. Als ich über meinen gegenwärtigen Zustand nachdachte, fand ich ihn wirklich bedauernswert. Ich hatte nur die kleine alte Karte, die ich bereits erwähnt habe, um meinen Kurs zu bestimmen; und ich hatte keinen Kompass, keinen Führer, keine Kleidung, kein Essen, kein Getränk und keinen Begleiter, und der trostlose Monat November begann mit mehr als seiner üblichen Härte. Die nächstgelegene befreundete Stadt war Salzburg in Österreich und lag zwischen sieben und achthundert Meilen entfernt. Dies reichte aus, um die Begeisterung zu dämpfen und die Anstrengungen der Unerschrockensten zu lähmen; Dennoch hat es meiner Einschätzung nach tausende Nöte, Leiden und Gefahren mehr als wettgemacht, dass ich dem Zugriff der Tyrannen entkommen und mein eigener Herr geworden bin.

Gegen halb sieben wagte ich mich hinaus, schüttelte, säuberte und wusch den Schlamm von meiner Kleidung, so gut ich konnte, und indem ich mich einem barmherzigen Schöpfer empfahl, durch dessen großzügige Gnade ich an diesem Tag auf so wundersame Weise beschützt worden war, machte ich weiter Ich war sehr vorsichtig gegenüber dem Wald, in dem ich mich von meinen Gefährten getrennt hatte, denn ich nahm an, dass sie dort bleiben oder vielleicht dorthin zurückkehren würden, um mich zu treffen. Es regnete sehr stark und es herrschte tiefe Stille. Ich durchquerte den Wald drei oder vier Meilen lang in verschiedene Richtungen; aber alles ohne Zweck. Ab und zu wagte ich es zu pfeifen, was früher bei uns das Signal war, aber alles ohne Erfolg. Ich blieb allein, entmutigt, hungrig, kalt, müde und vom Regen durchnässt. Das Risiko war zu groß, um sich auf die Landstraße zu wagen; Und doch war ich vor Kälte und Nässe so nahe daran, zu sterben, dass es unmöglich war, an meinem Versteck zu bleiben. Deshalb lief und ging ich die ganze Nacht über weiter, häufig behindert durch den Verlauf der Saar, der mich sehr verwirrte. Endlich war ich sehr ermüdet und fand einen geeigneten Wald, obwohl es an Blättern mangelte. Ich begab mich hinein und verbarg mich kurz vor Tagesanbruch an einer einigermaßen guten Stelle. Ich kann mich nicht erinnern, so viel unter der Kälte gespürt oder gelitten zu haben: Es hatte den ganzen Tag ununterbrochen geregnet. Den ganzen Tag (dem 16.) war ich von Maulwürfen, Ratten und anderen kleinen Tieren umgeben, die Eichhörnchen ähnelten; Die Ratten kamen oft so nah heran, dass sie meine Schuhe leckten. Ihre Tricks und Annäherungsversuche amüsierten mich ziemlich und milderten in gewissem Maße die Niedergeschlagenheit und Unruhe meines Geistes. Am Ende des Abends kam ein Schweinehirt vorbei und führte seine Schweine in die Nähe meines Verstecks. Ich habe ihn sehr deutlich gesehen. Eines der Schweine flog genau auf mich zu: Er schickte seinen Hund hinterher; die es durch die Vorsehung zurückgewiesen hat, sonst wäre es mich völlig überfahren worden.

Gegen acht Uhr verließ ich meinen Zufluchtsort. Die Nacht war wieder sehr schlimm. Es stürmte und regnete immer wieder sehr stark, und ich wusste nicht, in welche Richtung ich gehen sollte, denn nie verdunkelten dunklere und dickere Wolken das Licht des Himmels. Gegen neun Uhr entdeckte ich eine kleine Hütte und bildete mir ein, dass ich Gelegenheit hätte, zu versuchen, mir ein bisschen Nahrung zu besorgen. Ich erkundete sie mit zitternder Ernsthaftigkeit und näherte mich schließlich sehr vorsichtig der Tür. Der Kampf zwischen meinem brennenden Verlangen, mir etwas Nahrung zu beschaffen, ohne die ich umkommen musste, und der Angst, bei dem Versuch verhaftet zu werden, kann man sich vorstellen, aber nicht beschreiben. Nach längerem Überlegen überwog der Hunger sogar die Angst, wieder in meinen Kerker geführt zu werden, und mit zitternder Hand klopfte ich schließlich an die Tür. Sie wurde von einer Frau geöffnet. Ich bat demütig auf Deutsch, der Sprache der lothringischen Bauern, um etwas Brot. Sie gab mir durch Zeichen zu verstehen, dass ich eintreten sollte, was ich auch tat.

Im Haus befanden sich drei Männer und eine weitere Frau. Ein älterer Mann, der als Einziger in der Gruppe Französisch sprechen konnte, sagte mir sofort: „Er war sich sicher, dass ich einer der englischen Gefangenen war, die am Vortag der Wache entkommen waren." Er fügte hinzu: „Dieser Wachmann hatte gerade die Hütte verlassen: Er war den ganzen Tag auf der Suche nach den Flüchtlingen gewesen und hatte auf dem Heimweg vorbeigeschaut, um der gegenwärtigen Firma Informationen zu geben." Ich habe nicht bestritten, wer oder was ich war. Der Kerl ging dann auf die Belohnung von *fünfzig Livres ein*, die die Regierung für die Verhaftung eines Kriegsgefangenen gab. „ *Fünfzig Livres* ", fügte er hinzu, „waren für arme Leute wie sie ein Gegenstand." Ich verstand seinen Standpunkt vollkommen und bemerkte lediglich: „Die Regierung versprach zwar die Belohnung, war sich aber nicht sicher, wann sie ausgezahlt werden würde." Anschließend appellierte ich an seine Ehre und seine Gefühle und fragte ihn: „Welcher ehrlicher Mann würde für eine so dürftige Entschädigung oder Summe einen armen Kriegsgefangenen, der sich keinerlei Verbrechens schuldig gemacht hatte, daran hindern, seine Frau und alles andere noch einmal zu besuchen?" das lag ihm am Herzen, nach einer harten Gefangenschaft von vier oder fünf Jahren?" Er erklärte den anderen alles, was ich gesagt hatte; und ich stellte fest, dass die Frauen meine Ansichten zu dem Thema vertraten und sich für mich einsetzten. Daraufhin wandte ich mich erneut an den alten Mann und sagte: „Da Sie mir als sehr würdige, ehrliche Menschen erscheinen, akzeptieren Sie diese Kleinigkeit unter Ihnen." und ich gab ihm einen *Louis d'or*. Als nächstes überreichte ich den Frauen sechs Livres als Zeichen meines Respekts für sie, und sie nahmen das Geld sehr gnädig entgegen. Ich sah, dass die Dinge jetzt einen positiven Aspekt hatten oder zu zeigen begannen, und nutzte daher die erste günstige Gelegenheit, um ihnen zu versichern, wie sehr es mir leid tat, dass ich nicht mehr Geld hatte, um ihnen zu geben. Als nächstes bat ich sie, mir den nächstgelegenen Weg nach Bitche zu zeigen, da ich dort Freunde hatte, die mir etwas Bargeld geben würden, damit ich meine lange Reise fortsetzen könnte. Nach einer langen Diskussion auf Deutsch, bei der ich ihr Unbehagen darüber, dass sie nicht mehr als dreißig Livres erhalten hatten, vollkommen erkannte, bemerkte der alte Mann: „Da es nur einen von ihnen gibt, hat das keine große Bedeutung; aber wenn sie alle hier wären, hätte es sich durchaus gelohnt." Ich kam nicht umhin, bei mir zu denken, dass wir ihnen, wenn wir alle anwesend gewesen wären, so überlegen gewesen wären, dass sie den Versuch verhindert hätten, und dass ich mein Geld vielleicht in der Tasche behalten hätte. Ich wiederholte noch einmal meinen Wunsch, nach Bitche geleitet zu werden. Ich wusste, dass es einen direkten Weg von Bitsch zum Rhein gab, und das war der Grund, warum ich diesen Weg nehmen wollte. Die Frauen baten erneut um meine Gunst, und schließlich standen die beiden jungen Männer auf und boten ihre Dienste an. Ich nahm das Angebot an, und sie rüsteten sich aus und verkündeten, dass sie bereit seien. Ich verabschiedete mich freudig von den Frauen und dem alten Mann und folgte meinen Führern, unaussprechlich froh darüber, dieser Gefahr entkommen zu sein; obwohl ich mich während meines Aufenthalts bei diesen Männern nicht für vollkommen sicher hielt.

Mein Verdacht und meine Besorgnis wurden immer stärker, denn sie führten mich durch sehr enge, verschlungene Wege, durch verlassene Gegenden und über Heide und Allmende, und sie blieben im Allgemeinen hinter mir, während ich bemerkte, dass sie ständig miteinander flüsterten. Ich hatte bestenfalls keine große Meinung von ihnen, und diese Umstände waren so verdächtig, dass ich vorgab, eine kleine Weile zurückzubleiben, und diesmal war ich damit beschäftigt, meine Uhr, mein Geld und die kleine Karte zu verbergen, die sich bis dahin alle in einer Tasche meiner Hosen befunden hatten. Nachdem dies getan war, ging ich weiter, nahm eine leichte und zufriedene Miene an, hütete mich aber gut, ihnen nicht wieder voranzugehen. Gegen Mitternacht verließen mich die Männer auf einem Pfad zur Straße nach Bitche und verabschiedeten sich. Ich war sehr erfreut über diese glückliche Rettung und ging in dieser Richtung weiter, bis ich etwa drei Uhr nachmittags kam; dann nahm ich an, dass ich nahe genug an diesem unglücklichen Herrenhaus (Bitche) war, und nahm (wie ich dachte) Kurs auf den Rhein. Einige Zeit vor Tagesanbruch hörte es auf zu regnen; Die Sterne zeigten sich und ich musste zu meiner Schande feststellen, dass ich genau den entgegengesetzten Weg gegangen war wie ich eigentlich wollte.

In diesem unglücklichen Dilemma schritt ich weiter vorwärts, überzeugt, dass ich keinen sicheren Rückzugsort passiert hatte. Endlich, einige Zeit nach Tagesanbruch, entdeckte ich einen sehr dünnen Wald an der Seite eines Hügels, den ich sofort aufsuchte und dort bis zum Abend blieb. Hier gelang es mir, mich trocken zu rasieren. Meine goldene Uhr, die an einem Busch hing, war mein einziger Spiegel; aber das Rasiermesser war einigermaßen *gut* . Den ganzen Tag nieselte es, und es war extrem kalt.

Abends, etwa zur üblichen Zeit, begann ich meine Reise und nahm den gleichen Weg zurück, indem ich über das Gelände ging, dem ich am Vormorgen gefolgt war; und ich gestehe, trotz meiner Enttäuschung empfand ich einen gewissen Trost darin, dass ich endlich auf dem richtigen Weg war. Während dieser ganzen Nacht war es ziemlich unglaublich, dass ich immer wieder davonkam, durch Stürze von Abgründen, die die Dunkelheit verbarg, in Stücke gerissen zu werden. Gegen elf fühlte ich mich sehr bedrängt, da ich Felder, Sümpfe, Schluchten und Gräben überqueren musste; und als ich zufällig auf die Hauptstraße stieß, beschloss ich, ihr eine Zeit lang zu folgen, besonders weil ich dachte, es sei mein direkter Weg, aber ich konnte mir nicht sicher sein, da Mond und Sterne noch verdeckt waren. Ich nahm an, dass es für Reisende zu spät war, mich zu unterbrechen. Stellen Sie sich jedoch mein Erstaunen vor, nachdem ich ein Gehölz am Straßenrand verlassen hatte, von wo aus ich eine Art Kiesgrube hinaufkriechen musste, um auf die Straße zu gelangen! – Ich hatte die Straße kaum betreten, als ich aufgefordert wurde – „*Qui vive?*" „Wer da?", rief mir ein berittener *Gendarm hörbar* zu. Ich machte nur einen Sprung in die Kiesgrube und kroch von dort zurück in den Wald, wo ich, völlig erschöpft, einige Zeit blieb, um Kraft zu sammeln. Dann ging ich weiter durch den Wald, ohne zu wissen, wohin ich ging, denn die Nacht war noch sehr dunkel, nass und rau. Glücklicherweise stieß ich in der Nähe einer Hütte am Wald auf einen Kohlgarten, aß reichlich und hatte einen guten Vorrat für den nächsten Tag in meinen Taschen. Danach betrat ich den Wald wieder, in dem ich den ganzen Tag blieb. Nach Einbruch der Dunkelheit setzte ich meine Reise fort. Dies war die unwirtlichste Nacht, die ich je erlebt hatte: Die Straßen, Wege und Felder waren durch den ständigen Regen tief und schwer; Bäche waren zu gefährlichen Flüssen geworden, und ich musste durch mehrere waten. An diesem Abend hatte ich wieder Gelegenheit, Kohlstängel, -blätter und -rüben zu verspeisen und meine Taschen reichlich zu füllen.

Meine Füße bekamen Blasen und wurden sehr wund; ich war ebenfalls abgemagert und sehr schwach – es war mein fünfter Tag, an dem ich von Kohlblättern, -stängeln und rohen Rüben lebte. Bei meinem ersten Fluchtversuch bestand unsere Nahrung gelegentlich aus Nüssen, Äpfeln und Trauben; jetzt waren Rüben und Kohl meine einzige Nahrungsquelle.

Gegen halb drei Uhr morgens bemerkte ich ein kleines einsames Haus am Rande des Waldes. Meine Not ließ mich glauben, dass ich mich ihm ohne Gefahr nähern und versuchen könnte, etwas Erfrischung zu finden. Ich sah ein Licht im Fenster, näherte mich der Tür, spähte abwechselnd durch das Schlüsselloch und das Fenster und sah schließlich eine Frau, die sich an einem lodernden Feuer drehte. Die Wirkung war elektrisierend. Was könnte für einen Mann in meinem beklagenswerten Zustand aufregender sein, als den sauberen Herd, das lodernde Feuer und die fröhliche Arbeit inmitten der Bequemlichkeiten und einfachen Verzierungen des Häuschens zu sehen? Oh, wie sehr wünschte ich mir, an diesem strahlenden Feuer zu sitzen! Die körperlichen Bedürfnisse der schlaffen Natur überwogen, und als ich den Türklopfer ergriff, hörten meine erstaunten Ohren seinen Klang. Die Tür wurde von einem Mann geöffnet, der mich von Kopf bis Fuß musterte. Ich war über und über mit Schlamm bedeckt, und es gab keinen Faden an mir, der nicht vom Regen durchtränkt war. An meinem erbärmlichen Aussehen und meinem traurigen Gesichtsausdruck konnte er deutlich erkennen, dass ich lange Zeit von meinen Mitgeschöpfen abgesondert gewesen war und dazu verdammt war, mit den Tieren, die die Höhlen und Wälder bewohnen, Umgang zu pflegen oder vielmehr zu hüten. Während der Kerl mit den Augen auf mich gerichtet blieb, versicherte ich ihm auf Französisch, dass ich durstig sei, und fragte ihn, ob er die Güte hätte, mir etwas zu trinken zu geben. Er konnte kein Französisch, aber er machte mir klar, dass er mir überhaupt nichts zu geben hatte. Ich entdeckte einen Eimer Wasser, und der Bauer zeigte mit einer flehenden Geste darauf, und er brachte mir eine Kelle voll davon. Dann nahm ich mir die Freiheit, mich ans Feuer zu setzen, obwohl der ungastliche Bauer oder die ungastliche Frau mich nie darum bat. Das Aussehen des Ortes gefiel mir ebenso wenig wie das seines brutalen Besitzers; und da er mir außer dem Feuer nichts bot, was mir auch nur im Geringsten von Nutzen sein konnte, beschloss ich, zu gehen. Ich fragte ihn nach dem Weg nach Straßburg und er antwortete, dass er ganz in der Nähe sei. Ich wollte gerade den Kamin verlassen, als ein Schneider kam, um für die Familie zu arbeiten. Auch er begann mich genau zu mustern, und nachdem er mich von Kopf bis Fuß untersucht hatte, hörte ich ihn dem Hausherrn etwas zuflüstern und konnte die Worte „ *Engländer*" und *„Bitche" deutlich unterscheiden* . Tatsächlich hatte der lieblose Schurke die Wahrheit enthüllt, nämlich dass ich ein Engländer war, der aus Bitche geflohen war. Dann wandte er sich an mich und fragte, ob ich eine reiseberechtigte Person sei – ob ich einen Pass hätte – und stellte mehrere andere Fragen in derselben Richtung.

So erschöpft ich auch war, erkannte ich, dass Kühnheit in diesem Fall mein einziger Schutz war; So wandte ich mich heftig an ihn und antwortete, dass er ein sehr unverschämter Kerl sein müsse, der sich die Freiheit nehme, solche Fragen zu stellen – dass ich mich nicht herablassen sollte, einem neugierigen, klatschenden Schlingel wie er zu antworten; und ich wollte wissen, mit welcher Autorität er sich anmaßen könnte, mich auf so unschöne Weise zu verhören. Der Kerl tat so, als würde er lächeln; aber er hatte nicht mit einer so energischen Erwiderung gerechnet, da ich offensichtlich sah, dass er beunruhigt, wenn nicht sogar verängstigt war. Als nächstes bemerkte ich gegenüber dem Wirt, dass allein die extreme Witterung mich veranlasst hatte, bei seinem Haus anzuhalten, zumal ich weder eine Stadt noch ein Dorf noch ein daran angrenzendes Wirtshaus gesehen hatte. Ich fügte hinzu, dass ich, da keine Hoffnung auf eine Besserung des Wetters bestehe, meinen Weg nach Straßburg fortsetzen sollte, von dem der Mann mir versicherte, dass es zwölf Meilen entfernt sei, während Bitche nur drei Meilen entfernt sei. Bei dieser Information war ich betrübt und beschämt, als ich feststellte, wie wenig Fortschritte ich in so vielen Tagen bzw. Nächten gemacht hatte. Die ganze Gesellschaft setzte sich zum Frühstück, ohne den wettergegerbten, verwirrten Fremden zu bitten, an ihrer Mahlzeit teilzunehmen; Deshalb verabschiedete er sich natürlich von diesen selbstsüchtigen und gefühllosen Exemplaren der menschlichen Natur. und indem er das lodernde Feuer gegen die unbarmherzigen Elemente eintauschte, setzte er seine einsame Reise fort, angewidert darüber, dass etwas so Niederträchtiges wie das, was er gesehen hatte, unter der menschlichen Gestalt gefunden werden konnte.

KAPITEL IX

Eine raue Jahreszeit – Ein Rückzug in eine Höhle – Schlafwandeln – Die Entdeckung einer Schäferhütte – Ein Reisender, der vom falschen Weg abgebracht wird – Schwimmen in einer Winternacht – Durch eine Mühle gehen – Ein misstrauischer Reisender kann ein ehrlicher Mann sein – Ein lothringisches Häuschen im Nebel – Gefahren durch übermäßig freundliche Menschen – Abneigung, einem Bürgermeister oder einer anderen guten Gesellschaft vorgestellt zu werden – Versteck in einer hohlen Weide – Ein ehrlicher Mitreisender mit flüchtigen Erinnerungen – Eine geistreiche Fiktion – Eine Perspektive auf Straßburg.

DER unheilvolle Monat November 1807 schien meine Unternehmungen bösartig zu verfolgen und mich mit mehr Härte als sonst heimzusuchen. Um keinen Verdacht zu erregen, ging ich kühn die Straße entlang. Es regnete außerordentlich stark und ich war sicher, dass niemand, der die Möglichkeit hatte, sich in Deckung zu bringen, mir im Weg stehen würde, um mich zu stören. Nachdem ich eine kurze Strecke zurückgelegt hatte, bemerkte ich beim Umdrehen, dass mein *Freund* , der Schneider, mit allen anderen beobachtete, in welche Richtung ich ging. Ich ging also weiter, bis ich das Haus aus den Augen verlor, und ging weiter, hungrig und nass, aber ziemlich zufrieden, dass es mir so gut ging. Ich entdeckte nun einen hohen Berg mit Felsen und Kiefern, der an die Straße angrenzte, und ich stellte mir vor, dass ich in einer Höhle zwischen diesen Felsen einen gastfreundlicheren Rückzugsort finden könnte als in dem Haus, das meine Mitmenschen bewohnten. Da ich nicht länger ungeschützt auf der Straße bleiben wollte, kletterte ich hinauf und erreichte den Gipfel. Dort fand ich unter einem riesigen Felsen eine ausgezeichnete trockene Höhle. Ich kroch hinein und fiel kurz darauf in einen tiefen Schlaf. In diesem Zustand blieb ich, bis ich vom Grunzen wilder Schweine gestört wurde, die gekommen waren, um den unglücklichen und verlassenen Usurpator zu vertreiben, der sich so illegal ihrer Behausung bemächtigt hatte. Es war bereits dunkel und es war ungefähr an der Zeit, meine Reise fortzusetzen. Ich lief die Straße nach Straßburg hinunter und lief die ganze Nacht ohne Unterbrechung weiter, trotz der entsetzlichen Schmerzen, die ich von meinen Blasen an den Füßen verspürte.

Gegen Mitternacht hielt ich an, um zu lauschen, ob auf der Straße irgendwelche Geräusche oder Schritte zu hören seien, und bemerkte durch das Knallen von Peitschen deutlich, dass eine Kutsche oder ein Wagen näherkam. Ich zog mich daher ein paar Schritte vom Straßenrand zurück und legte mich dicht aneinander. Es passierte, und soweit ich einen Blick darauf wagte, schien es sich um eine Diligence oder eine sehr schwere Reisekutsche zu handeln. Dann nahm ich meine Route wieder auf; Ich rannte weiter und kam an mehreren Dörfern vorbei, bis kurz vor Tagesanbruch, und vermutete, dass ich nicht mehr weit vom Rhein entfernt sein konnte. Für den nächsten Tag sicherte ich mir meine Unterkunft in einem Wald.

Als ich mich nach dem besten Unterschlupf und der besten Unterkunft umsah, entdeckte ich weit über mir eine Höhle unter einem Felsen. Es wurde offenbar durch die Hand der Natur und der Zeit geformt; und der Felsen zeigte von seinem gewaltigen Gipfel aus einen riesigen Abgrund, der wohl dazu geeignet war, die Gefühle der Ehrfurcht und Bewunderung zu erwecken, die der Anblick einer schönen und erhabenen Landschaft mit sich bringt. Aber ich hatte keine Lust, die Landschaft zu betrachten oder Schönheit oder Erhabenheit zu genießen. Meine Gedanken waren ganz damit beschäftigt, mir Schutz vor bitterer Kälte, vor stechenden Winden und strömendem Regen zu verschaffen, und, was noch schlimmer war, vor der feindseligen Hand eines gefühllosen Menschen.

Ich beschloss, wenn möglich, diese alarmierende Höhe zu erklimmen. Es war noch dunkel, was meine Gefahren und Schwierigkeiten noch vergrößerte. Bei dieser Anstrengung kletterte ich auf die Knie und klammerte mich an Wurzeln, Gruppen von Zwergbäumen oder an Büscheln des dicken, groben Grases; und wenn auch nur ein einziger Laderaum nachgegeben hätte, wäre ich in Stücke gerissen worden. Keuchend und fast erschöpft erreichte ich endlich den Gipfel; und als ich wieder zu Atem kam, erfrischte ich mich mit den wenigen Kohlstümpfen, die ich mir auf dem Weg durch die Dörfer besorgt hatte; Als ich die Höhle betrat, warf ich mich auf den Boden und verfiel augenblicklich in etwas, das man eher Benommenheit als Schlaf nennen könnte.

Meine Stimmung war während der ganzen Zeit, die ich an diesem Versteck war, äußerst aufgeregt. Ich wachte häufig auf, redete ziemlich laut und nannte die Namen der Herren, die meine früheren Begleiter gewesen waren, und unterhielt mich mit ihnen, als ob sie tatsächlich anwesend wären. Einige Zeit nachdem ich eine kurze und unruhige Ruhe erlebt hatte, fuhr ich plötzlich auf und forderte meine Gefährten auf, aufzustehen und ihre Reise fortzusetzen; Als ich mich von meinem Delirium erholte und mich umsah, stellte ich zu meinem unaussprechlichen Erstaunen fest, dass ich mich tatsächlich am Grund des Abgrunds befand und dass es ganz heller Tag war. Dieser Abgrund war sehr steil und, ich wiederhole es, erschreckend gefährlich, selbst für einen Mann mit allen Sinnen und am offenen Tag; und wie ich der Sache lebend wieder auf den Grund gekommen bin, kann ich mir überhaupt nicht erklären. Nachdem ich meine verstreuten Ideen gesammelt hatte, was keine leichte Aufgabe war, eilte ich wieder in den Wald, denn es regnete sehr stark, und warf mich in der demütigsten, andächtigsten und, wie ich vertraue, aufrichtigsten Weise vor dem großen Entsorger aller Ereignisse nieder Ich spreche Ihnen meinen aufrichtigsten und tief empfundenen Dank für die große Gnade und den Schutz aus, die mir bei diesem wundervollen Anlass so großzügig zuteil wurden. An diesem Tag überquerte ich mehrere mit Bäumen bedeckte Berge und fand schließlich am Abhang eines Hügels eine sehr gemütliche Höhle voller schöner trockener Blätter. Aufgrund der langen Kette hoher, wilder und karger Berge, die mich umgaben, hatte ich sehr ernste Befürchtungen, dass dies das Versteck von Wölfen oder einigen wilden Tieren sein könnte; aber ich betrat es und fand es hoch genug, um aufrecht darin zu sitzen. Ich zog meinen Mantel aus, drückte das Wasser aus, und nachdem ich mich mit meiner üblichen Kost gestärkt hatte, legte ich mich auf die Erde und bedeckte mich mit Blättern und Nachdem ich meinen Mantel übergezogen hatte, ging ich schlafen.

Gegen Abend wurde ich durch das Geplapper eines Eichelhähers am Eingang der Höhle geweckt. Das Bild dieses Vogels ist jetzt frisch in meiner Erinnerung und wird es bleiben, solange ich lebe. Ich kroch aus diesem für mich sicheren Rückzugsort heraus, schüttelte mich und zog meinen nassen Mantel an. Es schien eine schöne Nacht zu sein, mit einer Neigung zum Frost. Ich tröstete mich mit der Berechnung, dass ich nicht weiter als drei Meilen von Straßburg entfernt sein dürfte. Nachdem ich den Berg hinuntergestiegen war, entdeckte ich im Tal eine Bauernhütte; und mag die Gefahr auch sein, wie sie auch sein mochte, so entschloss ich mich unter allen Umständen, an dieser Stelle festzustellen, wie weit ich wirklich vom Rhein entfernt war. Ich trat also ein und fand einen jungen Mann, eine junge Frau und ein junges Kind, die um ein Feuer saßen. Leider konnten sie nur *Patois* -Deutsch sprechen, und ich wollte gerade zurückweichen, zutiefst verärgert darüber, dass wir einander unverständlich waren; Als ich gerade die Hütte verließ, traf mich ein alter Mann an der Tür. Er starrte mich mit verwunderten Augen an, und sobald er seine Fassung wiedererlangt hatte, fragte er mich, ob ich ein Franzose sei. „Ja", antwortete ich; „Und ich habe meinen Weg verfehlt, als ich die Berge überquerte; und ich werde Ihnen dankbar sein, wenn Sie mich *auf den Weg* nach Straßburg schicken." Der Kerl hatte ein gutes Herz und höfliche Manieren. Er zeigte mir den richtigen Weg und gab mir die Namen aller Dörfer, durch die ich gehen musste; aber meine Stimmung sank in mir, als er zum Schluss sagte, dass ich nur zwölf Meilen von Straßburg entfernt sei. „Zwölf Meilen!" rief ich bestürzt aus; aber ich verabschiedete mich von diesem alten Mann und setzte schweren Herzens meine scheinbar endlose Reise fort. Ich konnte mir diese große Entfernung nicht erklären, außer mit der Begründung, dass ich von den ehemals unwirtlichen Schurken, die mich von ihrem Kaminfeuer vertrieben hatten, in die Irre geführt worden war.

Meine bescheidenen Gastgeber hatten mir bei dieser Gelegenheit nichts zu essen zu geben, und es schien ihnen wirklich leid zu tun; aber vor meiner Abreise boten sie mir etwas Brandy und Wasser an, wofür ich dankbar war, bekamen Wechselgeld für einen Napoleon und bezahlten großzügig.

Zu diesem Zeitpunkt waren meine Füße so stark geschwollen und schmerzten, dass ich meine Schuhe nicht tragen konnte; aber ich behielt meine Strümpfe so lange an, bis die Fußteile abgenutzt waren, und selbst dann leisteten mir ihre Beine bei frostigem Wetter gute Dienste. Der Brandy und das Wasser, die ich getrunken hatte, erfrischten mich nicht, sondern machten mich sehr krank.

Die dankbare Vorstellung, endlich auf einem guten Weg zu sein, alle Schwierigkeiten zu überwinden, begann mich jetzt sehr zu erfreuen. Ich befand mich auf einer ausgezeichneten Straße, besorgte mir einen Vorrat sehr guter Rüben aus einem angrenzenden Garten und entdeckte regelmäßige Pfosten am Straßenrand. Ich lief die ganze Nacht mit sehr wenig Unterbrechung weiter, entschlossen, auf jeden Fall vor dem Morgen in die Nähe des Rheins zu gelangen. Die Straße führte etwa vier Meilen durch einen Wald. Als ich diesen Wald verließ, blieb ich plötzlich vor den Mauern einer Stadt stehen, die nach den Namen, die ich von dem alten Mann erhalten hatte, Haguenau war; aber ich hätte nie gedacht, dass die Straße durch sie führte oder dass sie von Mauern umgeben war. Sie war außerdem von einem Fluss umgeben, der mir ein unüberwindliches Hindernis für mein Vorankommen zu sein schien. Es erforderte viel Entschlossenheit (aufgrund des Frosts), ins Wasser zu gehen; es gab jedoch keine Alternative, die Notwendigkeit kennt keine Gesetze, also zog ich mich aus und schwamm und watete glücklicherweise durch einen Arm des Flusses. Auf dem anderen Seitenarm bemerkte ich eine Mühle, deren Haus auf einem Bogen gebaut war, so dass das Wasser darunter hindurchfließen konnte. Bei genauerem Hinsehen erkannte ich, dass ich, wenn ich diesen Seitenarm passieren könnte, die Stadt umrunden und mich davonmachen könnte. Ich näherte mich, sah das Mühlentor offen und die Straße auf der gegenüberliegenden Seite. Ich war nackt und bereit, in diesen Bach zu springen, wie ich es in den anderen getan hatte, wenn es die Notwendigkeit erforderte; aber ich zog mich in einen Unterschlupf zurück, zog meine Kleider an und ging mit klopfendem Herzen durch die Mühle, ohne ein anderes Geräusch als das der Mühle zu hören. Der Durchgang schien mir ein Durchgang für die Leute zu sein, die ihr Getreide zum Mahlen brachten, wenn nicht für die Bevölkerung im Allgemeinen.

Ich ging nun in Richtung Straßburg, mit der ermutigenden Gewissheit, dass ich auf dem richtigen Weg war. Gegen halb drei erschrak ich ein wenig, als ich in geringer Entfernung hinter mir einen Mann husten hörte. Ich beschleunigte mein Tempo nicht; aber im Gegenteil, um keinen Verdacht zu erregen, habe ich es lieber gemildert. Er überholte mich bald, begrüßte mich höflich in sehr gebrochenem Französisch und drückte seine Überraschung darüber aus, dass ich die Stadt so früh verlassen konnte. Das war eine kluge und für mich sehr unangenehme Beobachtung.

Ich sagte meinem höchst unwillkommenen Begleiter, dass ich glaube, ich sei an diesem Morgen der Erste, der die Stadt verlassen habe. Ich gab vor, der Meinung zu sein, es sei nach fünf Uhr, und sagte, ich glaube, es sei üblich, die Stadttore um diese Zeit zu öffnen. Er erwiderte: „Es sei eher drei als fünf Uhr" und fügte hinzu: „Er wundere sich, mich barfuß zu sehen." Ich begann, diese Art der Unterhaltung sehr zu hassen; aber ich tat so, als wäre ich ruhig, wenn ich sie nicht hatte, und sagte ihm, ich sei Soldat und nach den harten Feldzügen, die wir kürzlich in Preußen und gegen die Russen geführt hätten, seien wir unempfindlich gegen Kälte und gleichgültig gegen jedes Wetter. Er stimmte allem zu, was ich sagte, lobte meinen Eifer und erklärte, dass „wir Soldaten wunderbare Kerle seien". Ich war froh, ihn sagen zu hören, er sei Metzger und gehe Vieh kaufen; und noch froher, als er mir sagte, „er könne meine Gesellschaft nicht mehr als zwei Meilen weiter ertragen." Straßburg war etwa drei Meilen entfernt. Als er die Entfernung nannte, verabschiedete er sich von mir und lud mich ein, in einem Wirtshaus am Straßenrand ein Gläschen von ihm zu trinken. Ich entschuldigte mich mit der Bemerkung, „ich sei es nicht gewohnt, so früh zu trinken." Die Entschuldigung hatte zumindest etwas Militärisches an sich, denn in Frankreich fand ich die Soldaten bemerkenswert nüchtern.

Der Tag brach an und ich näherte mich einer großen Stadt, weshalb ich von der Autobahn abfahren musste; Also nahm ich den ersten Weg nach rechts und beschloss, Straßburg auf der linken Seite zu lassen, da ich die Absicht hatte, in die Schweiz weiterzugehen, falls ich beim Versuch, den Rhein zu überqueren, auf ein erhebliches Hindernis stoßen würde. Ich ging etwa zwei bis drei Meilen durch die Felder, dann setzte ich mich, wischte mir die Füße ab und zog meine Schuhe (mit den Beinen meiner Strümpfe) an, wenn auch mit großen Schwierigkeiten, da meine Füße und die Haut immer noch sehr geschwollen waren war teilweise abgelöst. Ich hinkte unter großen Schmerzen weiter, der Morgen war sehr dunstig und unangenehm und ich fühlte mich übermäßig schwach. Die Hitze meiner Füße trocknete das Oberleder der Schuhe so stark aus, dass ich häufig gezwungen war, in einem Pool oder an einem nassen Ort zu stehen, um sie abzukühlen und weicher zu machen. Während ich auf den offenen Feldern umherstreifte, unter unerträglichen Schmerzen und unter größter Niedergeschlagenheit, ohne ein Versteck entdecken zu können, blieb ich einige Zeit unentschlossen, wie ich mich verhalten sollte.

Endlich hörte ich eine Glocke läuten und vermutete, dass es in einem kleinen Dorf sein musste. Der Nebel war so dicht, dass ich nicht weit sehen konnte. Ich steuerte auf das Geräusch zu und fand, was ich vermutet hatte. Das Dorf schien sehr arm zu sein. Nach langem Zögern beschloss ich, mich dem nächsten Haus oder Häuschen zu nähern. Mein Vorwand war, mich zu erkundigen, wie weit ich von der Straße nach Straßburg entfernt war. Das tat ich auch. Ich traf zwei junge Frauen, die Flachs spannen, vornehm gekleidet nach deutscher Art. Sie konnten mich nicht verstehen. Ich gab Zeichen, dass ich durstig war, als eine von ihnen mir etwas Milch brachte, die ich mit großer Gier schluckte. Ich bot ihr Geld an, aber sie wollte nichts nehmen und ließ mich wissen, wie leid es ihnen tat, dass sie kein Französisch sprechen konnten. Danach ging eine hinaus und kam bald mit einem Mann zurück, der ein wenig gebrochenes Französisch sprach: je weniger und je gebrochener, desto besser für mich, denn dies entschuldigte mich davor, zu deutlich oder mitteilsam zu sein. Ich hätte ihre gut gemeinten, aber aufdringlichen Dienste gerne ablehnen können.

Man kann sich leicht vorstellen, welche Gefühle ich hatte, als mein Zivillehrer mir engagiert mitteilte, dass der Bürgermeister des Dorfes der einzige Mann unter ihnen sei, der meine Sprache richtig spreche. In diesem Moment hegte ich den äußerst unbarmherzigen Wunsch, an welchem Ort seine Verehrung stattfinden könnte, zumindest bis ich fliehen konnte. Stellen Sie sich dann vor, was ich empfand, als mein überaus höflicher Gesprächspartner mir höflich versicherte: „Dass die junge Frau auf der Suche nach dem Bürgermeister gewesen sei; dass seine Anbetung nicht zu Hause war: Er wurde jedoch jede Minute erwartet; und dass er sich nach seiner Rückkehr sofort das Vergnügen gönnen würde, zu mir zu kommen und sich mit mir zu unterhalten." Abschließend versicherte er mir, dass der Bürgermeister Freude daran habe, Fremden seine Aufwartung zu machen. Ich wünschte fast, Beelzebub selbst hätte diesen höflichen Bürgermeister in seinen Fängen gehabt, oder dass seine Anbetung dreimal von den Feen, von den Dämonen von Freischütz umgeben wäre, wenn nicht von den schlimmeren Kobolden eines anderen Ortes. Alle Visionen von guter Laune, einem hervorragenden Feuer, Ruhe und Verborgenheit unter scheinbar „den besten Menschen der Welt" wurden in einem Moment zerstört. Plötzlich stand ich auf, und mit einem Ton voller Dankbarkeit und Verpflichtungsgefühl dankte ich ihnen herzlich für ihre Gastfreundschaft und dankte ihnen höchst heuchlerisch für ihre außerordentliche Güte, mir die Ehre eines Besuchs des Bürgermeisters zu verschaffen; und ich drückte mein großes Bedauern darüber aus, dass ich es kaum erwarten konnte, seine Anbetung zu empfangen, da ich es in größter Eile hatte, nach Straßburg zu gelangen. Mit diesen Worten verließ ich das Haus.

Ich humpelte so schnell ich konnte durch die Felder und blickte mich ab und zu um, ob diese wohlmeinenden Leute beobachteten, welchen Weg ich nahm, oder vielmehr, ob ihre aufdringliche Freundlichkeit dazu geführt hatte, dass sie mich verfolgten. Das Wetter war glücklicherweise trüb und diesig, und ich marschierte durch die Felder und mied sorgfältig diejenigen, auf denen ich Leute bei der Arbeit sehen konnte. An diesem Tag hatte ich Gelegenheit, einen hervorragenden Vorrat an Rüben zu ergattern. In diesem Teil des Landes gibt es sie im Überfluss; sie sind die Hauptnahrung ihres Viehs, und die Bauern waren eifrig damit beschäftigt, sie zu Haufen aufzustapeln und mit Erde zu bedecken, als Futtervorrat für den Winter. In einer Hinsicht zumindest hätte ich mich in die Lage Nebukadnezars versetzt fühlen können, denn sowohl meine Nahrung als auch mein Obdach ähnelten denen von vierfüßigen Tieren. Meine Strafe sollte jedoch nicht so lange dauern. „Meine Armut und nicht mein Wille stimmte zu."

Nach einem langen Zustand der Ungewissheit entdeckte ich etwa eine Meile entfernt eine Art Gebüsch und strebte sofort darauf zu. Ich fand, dass es sich um ein dickes Gehege handelte, das sich gut als Versteck eignete. Obwohl ich bis auf die Haut nass war, begann ich sofort mit den Vorbereitungen für die Nacht. Meine Füße waren so viel schlechter, dass es völlig unmöglich war, meine Schuhe anzuziehen. Allerdings dachte ich, dass ich in dieser Nacht irgendwie noch bis zum Rhein humpeln könnte. Zu meiner üblichen Zeit humpelte ich hinaus. Die Nacht begann mit unaufhörlichem Regen und ich befand mich in kurzer Zeit umgeben von Sümpfen und Flüssen und in völliger Dunkelheit. Nachdem ich durch eine Vielzahl von Mooren gewatet war, befand ich mich schließlich in einem einigermaßen klaren Land, und meine Füße fühlten sich durch die Feuchtigkeit besser an. Es war jedoch sinnlos, weiterzugehen, da ich dadurch die Strecke, die ich zurücklegen musste, verlängern würde, anstatt sie zu verkürzen. Ich beschloss daher, anzuhalten, bis es aufklarte, wenn ich einen geeigneten Platz finden könnte. Ich entdeckte in einiger Entfernung ein Haus und machte mich auf den Weg dorthin, in der Hoffnung, in der Nähe Schutz zu finden. Es stellte sich heraus, dass es sich um ein großes Bauernhaus handelte. Es war jetzt ungefähr Mitternacht. Ich betrat den Hof und konnte das Vieh in den Ställen und Kuhställen weiden hören. Ich konnte nicht umhin, die Tiere zu beneiden, die so bequem versorgt wurden, aber meine Ängste hielten mich davon ab, mich ihnen anzuschließen, und ich ging weiter in einiger Entfernung von der Behausung auf die offenen Felder, wo ich neben einem ein paar Weidenbäume entdeckte großer Deich, von dem einer ziemlich groß war und dessen Stamm mir Schutz bot. Es befand sich in der Nähe eines Weges, was keine geringe Ermutigung war, da ich erwartet hatte, dass er mich in den Weg führte. Ich setzte mich an die Weide und betete inständig, dass die Wolken sich auflösten und die Sterne sich zeigten und mich aus dem

Elend herausführten, das mich überwältigte. Da ich übermäßig ohnmächtig war, fiel ich in eine Art Schlaf; und es war einige Zeit vergangen, als ich plötzlich erschrak, als ich die Schritte eines Mannes hörte. Da Informationen tatsächlich unerlässlich waren und ich möglicherweise keine andere Gelegenheit hatte, sie zu erhalten, beschloss ich, den Passagier anzusprechen, stand auf und folgte ihm. Er ging so überaus schnell, dass ich humpeln oder sogar rennen musste, um ihn zu überholen, obwohl die Schmerzen, die das verursachte, unerträglich waren. Als ich heraufkam, sprach ich ihn auf Französisch an und er antwortete mir sehr höflich. Er trug die Tracht eines Bauern, aber ich fürchtete sehr, dass dies nur eine Verkleidung sein könnte. Mit einer kleinen Einleitung und Umschreibung fragte ich ihn nach dem Weg nach Straßburg. Er antwortete, dass ich auf dem richtigen Weg sei und dass wir uns auf dem Weg dorthin gegenseitig begleiten könnten. Der Himmel vergib mir die Heuchelei, als ich ihm versicherte, dass ich mich über seine Gesellschaft freuen würde.

Obwohl er einigermaßen gut Französisch sprach, bemerkte ich, dass er einen deutschen Akzent hatte. Das gefiel mir sehr, und ich begann zu hoffen, dass ich ihn durch die Erfindung einer sehr plausiblen Geschichte und indem ich vorgab, ihn zu meinem Vertrauten zu machen, so gut täuschen und schmeicheln könnte, dass er mich nicht verraten würde, selbst wenn er ein verkleideter *Gendarm wäre*.

Mit den passenden Blicken und Gesten begann ich meine Geschichte. Ich sagte ihm, da er mir ein freundlicher, ehrlicher Mann zu sein schien, wolle ich ihm mitteilen, was ich sei und wohin ich ginge, und dass ich ihn inständig um Rat bat. Er hörte mir sehr selbstgefällig zu. Ich fuhr mit meiner Erzählung fort, und zwar in so mitleiderregendem Ton, wie ich nur konnte. Ich erzählte ihm, ich sei ein unglücklicher Wehrpflichtiger, gebürtiger Schweizer; ich hätte vor kurzem die Nachricht vom Tod meiner Eltern erhalten, wodurch ich ein wenig unabhängig geworden sei, und ich hätte um Erlaubnis gebeten, wegzugehen und meine Angelegenheiten zu regeln, und diese sei mir verweigert worden. Mein Begleiter hörte sich das alles mit so aufrichtigem Mitgefühl an, dass ich zum Höhepunkt kam und preisgab, diese grausame Ablehnung habe mich zur Desertion bewogen und ich sei entschlossen, nie wieder der französischen Nation zu dienen. Ich sagte ihm, ich würde mich ganz sicher fühlen, wenn ich nur auf die andere Seite des Rheins käme; und schloss mit den Worten, dass ich mich auf seine Güte verlasse, um mich zu leiten, und dass ich drei Kronen hätte, die ihm zur Verfügung stünden, wenn er mir nur eine Überfahrt über den Fluss verschaffen würde. Wie fruchtbar sind Notwendigkeit und Gefahr, wenn es darum geht, einem armen Sterblichen die Fähigkeit zur Erfindung zu verleihen!

Der Mann hörte mir bis zuletzt aufmerksam zu, blieb ab und zu stehen und musterte mich aufmerksam. Sein prüfender Blick gefiel mir nicht besonders. Schließlich bat er mich, guten Mutes zu sein, und sagte, dass mein Vertrauen in ihn keineswegs fehl am Platz sei; Die Überquerung des Rheins könne kein großes Risiko darstellen, und er würde mir Anweisungen geben, wie ich vorgehen und wo ich ein Boot besorgen könne. Wir waren etwa eine Meile an einem kleinen Dorf vorbeigekommen, als er ganz plötzlich oder plötzlich stehen blieb, nach seiner Tabakschachtel griff und ausrief: „Mein Gott, ich habe sie verloren!" Er glaubte sich zu erinnern, wo er es abgelegt haben musste. Ich wollte wissen, ob es irgendeinen Wert hatte, sonst lohnte es sich nicht, dafür umzukehren. Er antwortete: „Ja, mein Freund, es hat mich zwanzig Sols (Tenpence) gekostet." Ich versuchte, ihn von der Rückkehr abzubringen, aber alle meine Bitten erwiesen sich als nutzlos. Tatsache war, dass ich fürchtete, dies sei nur ein Vorwand, ins Dorf zurückzukehren, um Informationen zu geben und mich verhaften zu lassen. Er riet mir, an einem Ort zu bleiben, den er mir zeigte, bis er zurückkam. Ich teilte ihm mit, dass ich es tun würde; Dennoch hatte ich nicht die Absicht, mein Versprechen zu halten. Dann verließ er mich, und ich richtete meinen Kurs auf die festgelegte Stelle; Aber als ich ihn aus den Augen verloren hatte, änderte ich meine Stellung und schlüpfte nach heftigem Kampf und unter größter Qual in die Beine meiner Strümpfe, in meine alten Schuhe und in ein altes Paar Gamaschen, die ich zuknöpfen konnte gesamt. Ich stellte mich dann in ein einigermaßen gutes Dickicht, wo ich ihn sehen konnte, ohne gesehen zu werden. Hier blieb ich fast eine Stunde lang in einem Zustand der Ungewissheit, als ich ihn zu meiner großen Zufriedenheit allein zurückkehren sah. Deshalb begab ich mich vor seiner Ankunft wieder an den vereinbarten Platz, damit er meinen Verdacht nicht entdecken könnte. Er hatte die Kiste nicht gefunden und bedauerte den Verlust sehr. Wir näherten uns nun der alten und bekannten Stadt Straßburg und konnten deutlich ihre Türme sehen, von denen der Hauptturm als einer der höchsten und schönsten in Europa gilt. Doch egal, wie sehr ich Kunstwerke bewundere, ich befand mich in einem Zustand, der es mir unmöglich machte, den Anblick von Kirchtürmen zu genießen.

Der Fremde begann nun seine eigene Geschichte, als Gegenleistung für mein kommunikatives Selbstvertrauen. Er teilte mir mit, dass er gebürtiger Russe sei, lange Zeit in der französischen Armee gewesen sei und den Dienst verlassen habe. Ein Russe in französischen Diensten kam mir unwahrscheinlich vor. Anschließend ging er ausführlich auf die Schüchternheit *junger* Deserteure ein. Als er zum ersten Mal desertierte, meinte er, er solle verhaftet werden, wenn er auch nur die Spitze eines Kirchturms sehen würde, und riet mir, mutig zu einem Teil des Rheins vorzudringen, den er mir zeigen würde, wo es Fischer gäbe, die mich sofort hinüberbringen würden eine bloße Kleinigkeit. Ich wünschte, er möge mich dorthin begleiten und bot ihm zwei der Kronen an, die er bereits abgelehnt hatte. Er wollte mich weder begleiten noch das Geld entgegennehmen, sondern begnügte sich damit, mir zu versichern, dass keine Gefahr bestehe. Kurz vor den Toren dieser berühmten Stadt sagte er mir, dass er mich verlassen müsse. Ich bat ihn daher, eine Krone anzunehmen, die er mit großer Freude entgegennahm. Dann schüttelte ich ihm die Hand und ging in die Richtung, die er mir gezeigt hatte. Seitdem habe ich die Begegnung mit diesem freundlichen Fremden immer als einen Eingriff der Vorsehung zu meinen Gunsten betrachtet, in einem Moment, in dem ich völlig ratlos war und nicht wusste, in welche Richtung ich mich wenden oder was in aller Welt ich tun sollte.

Ich hatte etwa eine halbe Meile zurückgelegt, als ich angesichts der vielen Landleute, denen ich auf dem Weg in die Stadt begegnete, und der Einzigartigkeit meines Aussehens und meiner Kleidung, insbesondere an einem Sonntag, es für das Klügste hielt, die Autobahn zu verlassen, und schnellstens. Ich gelangte also in einen nahegelegenen Garten und setzte mich an einen Bach, in dem ich, so kalt und unangenehm es sich anfühlte, den Schlamm und die Erde abwusch, mich so gut ich konnte abkratzte und säuberte und dann weiterging , durchquerte mehrere kleine Dörfer und überquerte den Fluss Ill in einem kleinen Fischerboot und für zwei *Sols* . Dieser außergewöhnliche Erfolg hat mich unglaublich erheitert und ermutigt. Anschließend machte ich mich eifrig auf den Weg zu dem Ort, den mir mein vorausschauender Führer gezeigt hatte, während mein Durchqueren des Kranken mir neues Vertrauen in seinen Rat gab, was das Gefühl anbelangte oder zumindest Gewissheit und Gelassenheit annahm.

Bald darauf erblickte ich den breiten und majestätischen Fluss. Mein Herz klopfte vor Freude und schließlich befand ich mich am Ufer des Rheins.

KAPITEL X

Das Rheinufer – Überlegungen zur unregelmäßigen Überquerung des Flusses – Schwierigkeiten, eine legale Passage zu finden – Verwechselung zweier bewaffneter Offiziere mit zwei harmlosen Fischern – Ein Appell an Gefühle und eine nationale Bekräftigung des Patriotismus – Vieh überquert die Brücke von Kehl – Eine Vermischung mit dem Vieh und einer Überfahrt über den Rhein – Freude, nicht mehr in Frankreich zu sein – Ein Fortschritt in Richtung Freiburg – Kontrast zwischen einem warmen Federbett und dem Biwakieren im Schlamm – Ein unschuldiger Wirt, der klug rät – Eine Flucht rund um Freiburg – Eine Nacht Ruhe – *Auf dem Weg* nach Konstanz – Ein Dorfgasthof – Ein Landsmann als Kellner und ein langer Klatsch über persönliche Geschichten und Heimatorte – Die Widersprüchlichkeiten von Aberglaube und Hunger – Meine Annäherung an Konstanz – Auswirkungen auf den Geist, hervorgerufen durch seine herrliche Landschaft , und wunderschöner See – Überqueren eines Arms des Bodensees – Verlassen des Königreichs Wirtemberg und Eintritt in das Königreich Bayern – Eine Nachtruhe in einem bayerischen Dorf – *Der Weg* nach Lindau – Einen Feind ausmarschieren – Das Tor nach Lindau – Erfolgreiches Passieren die Wächter – Hochstimmung der Geister – Ein unbeholfener Sucher – Erfolglose Erfindung – Eine Gefangennahme – Verhör und Einkerkerung – Bittere Gedanken über mein grausames Schicksal.

ES war am Sonntag, dem 22. November (dem achten Tag seit meiner Flucht), als alle meine Leiden und Gefahren so reichlich belohnt wurden, als ich den Rand dieses majestätischen Baches erreichte, wo ich gegen ein Uhr nachmittags ankam , war aber betrübt darüber, dass ich die Fischerhütten, die mir mein Freund beschrieben hatte, nicht entdecken konnte. Meine Angst war extrem. Dieser Teil des Flussufers war vollständig mit Bäumen und sehr hohem Gras bedeckt. Ich hatte das Ufer in verschiedenen Richtungen erfolglos überquert, als ich endlich einen kleinen Kahn erblickte, der ohne Ruder oder Paddel in einen Bach gezogen und mit einem Schloss und einer Kette an einem Baum befestigt war. Ich dachte, dies könnte eine Fluchtmöglichkeit sein, wenn kein besserer Weg gefunden werden könnte; aber der Gedanke entstand aus Verzweiflung, denn der Fluss war übermäßig schnell und von Untiefen und Inseln durchsetzt, und da ich mich nicht mehr als drei oder vier Meilen über der Brücke von Kehl befand, könnte ich fast bis zu dieser Entfernung getrieben werden, wenn ich mich anstrengen würde es alleine zu überqueren und so aller Wahrscheinlichkeit nach in die Hände meiner Feinde zu fallen.

Deshalb zögerte ich, verbarg mich in einem dichten Versteck und ruhte mich im Gras aus, während ich den Lauf und die Windungen dieses berühmten und edlen Flusses betrachtete, sehr ratlos darüber, welche weiteren Schritte ich unternehmen sollte. Ich griff jedoch auf meinen alten Plan zurück, mich mit einer angemessenen Menge Rüben zu erfrischen; und da ich in der Umgebung der Stadt eine Fülle davon gefunden hatte, war ich bei meiner pflanzlichen Ernährung nicht sehr sparsam. Nach kurzer Zeit begann ich meine Suche erneut; und in einem kleinen Boot beobachtete ich in geringer Entfernung zwei Männer, die einen schmalen Bach hinunterfuhren. Ich war von dieser Entdeckung ziemlich begeistert, da ich sicher war, dass es sich um Fischer handelte; und ich ging daher ohne jegliches Zögern auf sie zu. Ich rief sie dann an. Als sie mich entdeckten, machten sie sich sofort auf den Weg zum Ufer, auf dem ich stand. Ich brauche nicht zu sagen, wie glücklich ich mich in diesem Moment fühlte, als ich erwartete, in wenigen Minuten auf der deutschen Seite zu sein. Aber mein Gott! Was war mein Erstaunen, als ich, als diese Männer näher kamen, entdeckte, dass sie mit Musketen und Säbeln bewaffnet waren! Für einen Rückzugsversuch war es zu spät; und wie ich sie genannt hatte, konnte ich mir vorstellen, dass dies ihr Misstrauen weitgehend ausräumen würde. Ich wartete daher auf das Ergebnis dieses Rencontres.

Einer von ihnen sprang sofort aus dem Boot und kam auf mich zu. Ich schien ziemlich zufrieden zu sein; und obwohl ich deutlich sah, dass er mich verhören wollte, zeigte ich ihm ein *Sechs-Franken-* Stück und fragte ihn ganz bewusst, ob er mir eine Überfahrt in seinem Boot ermöglichen würde? Er konnte mir nicht antworten, da er kein Wort Französisch verstand; aber der Mann im Boot hörte mich und antwortete: „Das können wir nicht, aber wir sind sehr zu Ihren Diensten." Ich erkannte, dass er ein echter Franzose war; und nachdem er so viel gesagt hatte, sprang auch er heraus.

„Ich nehme an, Sir", fügte er hinzu, „dass Sie einen Reisepass und die entsprechenden Papiere haben, die Sie zur Ausreise aus diesem Land berechtigen?" Ich antwortete: „Sicherlich. Aber wer hat Sie autorisiert", fragte ich, „eine so unverschämte Frage zu stellen?" „Ich bin vom Bürgermeister von Straßburg autorisiert; und wenn du sie nicht vorweisen kannst, werde ich gezwungen sein, dich als Gefangener in seine Gegenwart zu führen." Ich sagte ihm, dass ich gerne mit ihm gehen würde, obwohl es sicherlich etwas unbequem wäre. „Ich habe Freunde auf der anderen Seite, denen ich versprochen habe, sie heute Abend zu besuchen; es wäre zu spät gewesen, wenn ich den Rundgang an der Brücke gemacht hätte; und das war mein Beweggrund für den Wunsch, dorthin zu gelangen, wo ich jetzt bin."

Dieser Mann schien ein sehr scharfsinniger Kerl zu sein. „Ich vermute", fügte er hinzu, „dass Sie ein Deserteur aus der Armee sind und ich Sie nach Straßburg führen muss." Ich zeigte ihm meine Kleidung und die Qualität des Stoffes, den ich trug (obwohl er durch den letzten Gebrauch etwas abgenutzt war, war er superfein) und fragte ihn, „wann er jemals einen französischen Soldaten etwas Vergleichbares tragen gesehen habe?" „Ja, ja", rief er, „französische Soldaten wissen, wie man sich besser verkleidet; also werden Sie so gut sein und mit uns kommen." Ich protestierte gegen die Härte, auf diese Weise daran gehindert zu werden, meine Freunde zu besuchen. Er stampfte auf und sagte: „Kommen Sie mit!" Der Deutsche, kühler und phlegmatischer, schien dem anderen etwas zuzuflüstern. Ich nutzte diese Gelegenheit, um meinen Ton und Plan völlig zu ändern, und sprach den Franzosen fast mit denselben Worten an, die ich am Morgen mit meinem russischen Führer gesprochen hatte, was meine Meinung über seine Ehrlichkeit, Herzensgüte usw. betraf, aber in Bezug auf meinen Heimatort wich ich stark ab.

Ich kam aus Württemberg, nicht weit vom Rheinufer, und war in Paris erzogen worden, wo ich Verwandte hatte. Schon in jungen Jahren war ich nach Hannover versetzt worden, wo ein Freund mir eine Fähnrichsstelle im Dienst des englischen Königs verschafft hatte. Als die Franzosen diesen Platz einnahmen, floh ich nach Preußen, wo ich eine Leutnantstelle erhielt und in der letzten Schlacht bei Jena gefangen genommen worden war. Ich hatte vor kurzem die Nachricht vom Tod meiner Eltern erhalten, die mir ein ziemlich gutes Vermögen hinterlassen hatten, und ich sehnte mich danach, mein Heimatland wieder zu besuchen, aus dem ich so lange weg gewesen war. Da ich in Chalons (unserem Depot) eingesperrt war, war ich entkommen und hatte nun kein Hindernis mehr zu überwinden, das er nicht leicht beseitigen konnte (gemeint war der Fluss). Ich schloss, indem ich ihn bat, sich einen Moment lang in meine Lage zu versetzen und meine anhand seiner eigenen Gefühle zu beurteilen. Ich sah, dass diese Argumentation anfing, kraftvoll zu wirken. Dann holte ich die sechs Livres hervor, die ich dem Deutschen bereits angeboten hatte, und bat sie, sie anzunehmen und mich rüberzubringen. Es war eine Kleinigkeit, aber ich war nicht in der Lage, mehr zu zahlen. Der Franzose sprach sehr gefühlvoll und erklärte, es sei völlig unmöglich, mich rüberzubringen, da sie Gefahr liefen, auf der anderen Seite verhaftet und dafür bestraft zu werden, dass sie jemanden heimlich an Land brachten. Dann verlangten sie, dass ich meine Hand hebe und feierlich erkläre, dass ich kein Verbrechen gegen den Staat begangen habe. Dagegen konnte ich nichts einwenden und tat es sofort. Sie waren zufrieden, befahlen mir, wegzugehen , und rieten mir, mich im Wald zu verstecken, indem sie sagten: „Kommen Sie rüber, so gut Sie können; wir werden Sie nicht belästigen." Ich bestand darauf, dass sie das Geldstück annahmen. Sie schifften sich ein, und ich eilte in den Wald, nicht wenig erfreut über diese knappe Flucht.

Nachdem ich mich in einem ausgezeichneten Versteck gesichert hatte, kam mir die ganze Szene wie ein Traum vor. Ich konnte nicht umhin, mehrmals vor mich hin zu rufen: „Was für ein Glückspilz! Was für eine wunderbare Flucht!" Ich blieb bis zur Dunkelheit verborgen und wandte mich dann der Stadt zu, in der Hoffnung, dass ich bei der Suche nach einem Boot mehr Erfolg haben würde. Doch diese Hoffnung wurde kläglich enttäuscht. Meine Lage schien hoffnungslos.

Bei Tagesanbruch am Montag, dem 23. November, befand ich mich fast am Eingang der Kehler Brücke. Diese Brücke war voller Ochsen, und ihr Gebrüll, das Knallen der Peitschen und das Pfeifen, Geschrei, Fluchen und Streiten der Viehtreiber verursachten einen schrecklichen Lärm und sorgten für eine große Verwirrung. Plötzlich kam mir der Gedanke, dass ich die Unordnung ausnutzen, mich unter das Vieh mischen und über die Brücke gehen könnte, um mich der Wachsamkeit der Wachen zu entziehen. Ich war belästigt, erschöpft und es leid, in einem solchen Zustand der Spannung gehalten zu werden und ständig von den Konflikten von Hoffnung und Angst aufgewühlt zu werden. Ich hatte das Gefühl, dass ich zu erschöpft war, um mich länger von meiner rohen Gemüsediät und ohne Obdach zu ernähren, da die Jahreszeit schon weit fortgeschritten war und das Wetter von Tag zu Tag schlechter wurde. Voller dieser und ähnlicher Überlegungen wandte ich mich um Schutz an die allsehende und gütige Vorsehung und ergriff unverzüglich die Gelegenheit.

Ich ging zügig auf die Brücke zu, und als ich mich zwischen die Rinder gedrängt hatte, war ich in wenigen Minuten an dem größten Teil der Tiere vorbeigekommen, ebenso an den beiden französischen Wachen, die in ihren Wachhäuschen am Fuß der Brücke eingehüllt waren. Mein Unterfangen war dank der Ochsen erstaunlich erfolgreich. Nach einer Viertelstunde befand ich mich zu meiner tiefsten Zufriedenheit sicher auf der deutschen Seite des Rheins, nachdem ich zwischen den Rindern an acht oder neun französischen und deutschen Wachen vorbeigekommen war, ohne von einem von ihnen angehalten oder bemerkt zu werden. Gott sei Dank war ich nun aus Frankreich heraus. Meine Flucht war vielleicht zum Teil dem Wetter zu verdanken, denn der Morgen war äußerst rau und kalt, und die Wachen hielten sich so gut in ihren Häuschen auf, dass sie inmitten des Lärms, des Gedrängels und der Verwirrung der Rinder kaum Gelegenheit hatten, mich zu sehen.

Mit leichtem und höchst dankbarem Herzen ging ich ohne Unterbrechung weiter und ließ Kehl links liegen; und als ich plötzlich nach rechts abbog, gelangte ich bald auf die Landstraße nach Freiburg. Die Wirkung dieser Flucht auf meinen Geist schien meinen Schritten Leichtigkeit und Elastizität zu verleihen und meinem ganzen Körper Kraft zu verleihen. Mein gesamter tierischer Körper schien gestärkt zu sein; und als ich meinen Blick über die weite Fläche des edlen Flusses richtete und auf der anderen Seite Frankreich sah, das Land meiner Verfolgung, gab ich Gedanken nach, die ich lieber nicht wiederholen möchte.

Nachdem ich fast drei Meilen so schnell gelaufen war, wie es in meinem Bundesstaat möglich war, hielt ich in einem kleinen Dorf an der Hauptstraße an, um mich zu erfrischen, nachdem ich fast neun Tage lang ausschließlich von rohem Gemüse gelebt hatte. Ich war nun entschlossen, mich als Franzose auszugeben, denn die Angst vor französischen *Gendarmen quälte mich nicht mehr*. In dem Wirtshaus, das ich betrat, ohne misstrauische Blicke oder beunruhigende Fragen, wurde ich bereitwillig mit reichlich Brot und Käse und einem halben Liter Wein versorgt, der, obwohl von sehr minderer Qualität, in diesem Moment alles übertraf, was ich jemals getrunken hatte geschmeckt. Gefahren und Leiden, übermäßige Müdigkeit und Hunger würden das schlechteste Essen gut und köstlich erscheinen lassen.

Nach meiner erfrischenden Mahlzeit und meiner gemütlichen Ruhepause am Feuer verabschiedete ich mich gegen zwei Uhr und setzte furchtlos meine Reise fort, wobei ich die Landstraße nach Freiburg behielt. Für einen Mann, der sich frei fühlt, erscheint die Luft des Himmels selbst süßer und erfrischender als für den Knecht, und ich fühlte mich in Freiheit, zumindest im Vergleich zu dem, was ich schon lange war.

Aufgrund des Zustands meiner Füße kam ich nur langsam voran. Abends begann ich zu überlegen, wie ich mich verhalten sollte, denn ich befürchtete, dass die Gesetze Badens und Württembergs in Bezug auf Reisende denen Frankreichs ähneln könnten und dass jeder Wirt oder Gastgeber den Pass seines Gastes verlangen und ihn der Gemeinde vorzeigen müsste, bevor er ihm ein Bett zur Verfügung stellen darf. Nach langem Überlegen fasste ich den Entschluss, ein kleines, ärmlich aussehendes Dorf zu betreten, das vor mir lag. Ein Ort dieser Art schien der beste Ort, um das Experiment durchzuführen. Gegen halb acht wurde ich zu einem Wirtshaus geführt; alles schien mir zu gefallen, also trat ich ein und fragte, ob man mir ein Bett zur Verfügung stellen könnte. Der Wirt bejahte dies in sehr gutem Französisch und fügte, wenn ich wollte, auch noch das Abendessen hinzu. Nachdem er eine herzhafte Mahlzeit zubereitet hatte, bestand ich darauf, dass er etwas Wein mitnahm, und äußerte dann den Wunsch, ins Bett zu gehen, da ich bemerkte, dass ich ein wenig müde war. Er befahl dem Diener, mir den Weg in mein Zimmer zu leuchten, und belästigte mich auch nicht mit irgendwelchen Fragen. Der Diener gab mir eine Nachtmütze und zog sich zurück, und ich verschloss dann die Tür meines Zimmers. Meine Füße waren in einem höchst erschreckenden Zustand; an den meisten von ihnen war kein Stück Haut; sie klebte buchstäblich am oberen Leder meiner Schuhe fest, und ich musste sie mit Wasser befeuchten, bevor ich sie ausziehen konnte. Dann riss ich ein paar Streifen von meinem Hemd (das übrigens jetzt stark reduziert war), trug etwas Kerzenfett auf und legte die Streifen auf die wunden Stellen. Nachdem meine Füße so eingekleidet waren, wenn auch auf sehr unvollkommene Weise, zog ich meine Kleider aus und ging ins Bett. Ich fand es sehr gut, obwohl es eine eigenartige Form hatte, die mir fremd war, da es in diesem Land Brauch ist, zwischen zwei Federbetten zu schlafen, wobei das größte im Allgemeinen oben liegt; aber ich hatte Laken und eine Bettdecke, wie in anderen Ländern.

Trotz der entsetzlichen Schmerzen in meinen Füßen fühlte ich mich noch nie in meinem Leben so glücklich wie in diesem Moment. Es ist wahr, dass die Empfindungen, die ich am Morgen nach dem Passieren der Brücke bei Kehl verspürte, ekstatisch waren und von einer Art, die keine Feder jemals beschreiben kann, aber ich glaubte wirklich, dass meine gegenwärtigen Gefühle sie übertrafen. Ich lag in einem Bett, das weicher für mich war als Daunen, mit einem einigermaßen ruhigen Geist, und der Himmel weiß, dass es mir in letzter Zeit nur sehr selten passiert war, einen inneren Frieden zu haben. Ich brauche nicht zu sagen, dass ich, nachdem ich dem allmächtigen Gott demütig meinen aufrichtigsten und dankbarsten Dank für seine Güte und seinen Schutz dargebracht hatte, in einen tiefsten Schlaf fiel und auch kein einziges Mal meine Augen öffnete, bis es am nächsten Morgen hell wurde, als Obwohl ich mich sehr erfrischt hatte, waren meine Beine außerordentlich steif und meine Füße schmerzten äußerst.

Es war für mich unmöglich zu gehen und es war sogar eine harte Arbeit, meine Schuhe anzuziehen. Schließlich gelang es mir sogar, wenn auch unter großen Schmerzen und Schwierigkeiten, und schließlich stieg ich hinab und bestellte das Frühstück. Als ich über die Vergangenheit nachdachte, der Gedanke, ein Frühstück zu bestellen – allein der Klang der Worte brachte mich zum Lachen.

Der Vermieter war zuvorkommend und höflich, und ich fand es praktisch, bis zu einem gewissen Grad kommunikativ zu sein. Ich bemerkte ihm gegenüber, dass ich in allen meinen Gliedern und Gelenken sehr steif sei, da ich nie viel mit dem Gehen vertraut gewesen sei und es mir in den Kopf gesetzt habe, meine Reise von *Frankfurt* aus dieses *letzte Mal* zu Fuß zurückzulegen. Ich fügte hinzu, dass ich nach Basel in der Schweiz fahre und noch am Abend in Freiburg ankommen wolle und ihm daher sehr dankbar wäre, wenn er mir eine Beförderung verschaffen könnte.

Der Mann schien keinen Verdacht zu hegen, und nachdem er mich gefragt hatte, ob er mir entgegenkommen könne, fügte er hinzu: „Ich kann erraten, wer Sie sind." Ich muss gestehen, dass mir das etwas zu nahe kam. Die Lage wurde kritisch, aber ich musste der Situation nachgeben und bat ihn zu raten. Zu meiner Freude und Überraschung antwortete er: „Sie sind ein Tuchhändler und reisen, um Kunden zu gewinnen." Ich sagte ihm, dass ich seine Scharfsinnigkeit bewundere, und er schien sehr erfreut über seine Klugheit, nicht nur herauszufinden, was ich war, sondern auch, warum und weshalb ich reiste. Ich bezahlte ihm meine Rechnung, die eher moderat war. Er stellte dem Tuchhändler eine Art *Voiture zur Verfügung*, die mich, wie er sagte, nur sechs Meilen weit bringen konnte. Das war ein großes Glück – genau das, was ich mir gewünscht hatte, da es auf dieser kurzen Strecke keinen Ort von Bedeutung auf der Straße gab. Wäre ich gezwungen gewesen, nach Freiburg weiterzufahren, hätte ich mir eine Ausrede einfallen lassen und in einem Dorf kurz vor dieser Stadt angehalten.

Wir einigten uns bald über den Preis, und ich stieg in diesen Ersatz für eine Kutsche; der Besitzer war Postillon; Es war eine offene Maschine, die aus zusammengeflochtenen Zweigen bestand und ein grobes Korbgeflecht bildete. Der Morgen war dick und es nieselte. Ich habe mir vom Vermieter einen Mantel geliehen und los ging es – das war eine große Veränderung in meiner Art zu reisen! Ich musste mehrere Schlagbäume bezahlen, und ich gestehe, ich hatte Angst, dass die Torwächter an einigen dieser *Schlagbäume nach meinem Pass fragen könnten*; Aber ich war angenehm enttäuscht, als mein ehrlicher Fahrer ihnen mitteilte, dass ich, *ein Franschose, nach Basel fahre*, was sich als ausreichend für sie und als sehr erfreulich für mich erwies.

Gegen sechs Uhr abends hielten wir in einem sehr ansehnlichen Dorf; Mein Schaffner machte mir klar, dass er mich dort zurücklassen würde und dass ich nur drei Meilen von Freiburg entfernt sei. Ich entließ ihn und ging in eine vornehme Taverne. Sie schickten nach einem Mann, der Französisch sprechen konnte, um ihnen mitzuteilen, was ich haben wollte. Eine sehr Gentleman-artige Person erschien, und ich hatte zunächst die Befürchtung, dass es sich um den Bürgermeister handeln könnte, aber meine Befürchtungen waren unbegründet. Dank der Güte dieses Herrn, die Dinge zu erklären, bekam ich eine private Wohnung und ein gutes Abendessen und ging zu Bett, sehr glücklich und bequem, weil mir keine Frage gestellt worden war. Am Morgen stand ich rechtzeitig auf und bestellte Frühstück. Der vornehme Dolmetscher hielt mich offenbar für einen Herrn, denn er kam, um mich zu fragen, ob ich nach dem Frühstück eine Kutsche haben möchte. Ich konnte mir ein Lächeln bei dieser Frage nicht verkneifen, als ich darüber nachdachte, wie ich erst zwei Morgen zuvor zwischen den Rindern über die Kehlbrücke gehuscht war. Ich antwortete lediglich, dass ich lieber zu Fuß gehen würde, da ich nur noch drei Meilen vor mir hatte. Was hätte ich nicht für eine Kutsche oder auch nur für eine „Mitnahme" auf dem Rücken eines Esels oder in einem Hundekarren gegeben, wenn dieser stark genug wäre, in dem pochenden und schmerzenden Zustand meiner aufgerissenen Füße! Aber ich dachte darüber nach, dass es weder mit meinen Finanzen noch mit meinem Reisecharakter leicht sein würde, mit einer Kutsche durch eine Stadt wie Freiburg zu fahren; und der Himmel weiß, dass ich in diesem Moment am liebsten einen Kompromiss eingegangen wäre, indem ich sicher gewesen wäre, zu Fuß hindurchzugehen oder es auf irgendeine Weise zu umgehen, in der Art und Weise, die ich auf der anderen Seite gewohnt war des Rheins.

Mein Frühstück war nun fertig, und als ich Kaffee, Toast und Eier auf dem Tischtuch sah und an meine Kohlstiele und Rüben und den Schlamm von vor drei Tagen dachte, begann sich, so schien es mir, mein Kopf zu drehen: und ich vermutete, dass das, was ich in den *Unterhaltungen aus Tausendundeiner Nacht gelesen hatte* , doch etwas Wahres enthalten könnte. Für mich war es schon lange ein Novum, etwas vor mir zu haben, was ein Mensch essen konnte, der nicht wirklich hungerte.

Mein Gentleman-Dolmetscher hielt mich die ganze Zeit über im Gespräch, und meine Aufgabe bestand darin, so wenig – zumindest so wenig Wahrheit – wie möglich preiszugeben und so viele Informationen wie möglich zu erhalten, wobei ich sehr sorgfältig darauf achtete Trennen Sie die Spreu vom Weizen. Der Dialog hielt mich manchmal in Atem.

„Das ist eine Art Frühstück, Sir, das Engländer im Allgemeinen mögen.“

Dieses Wort, Engländer, klang in meinen Ohren noch nie so unangenehm. Ich dachte, der Kerl würde mich entweder aufregen oder dass er mir einen Hinweis geben wollte, dass er wusste oder vermutete, dass nicht alles in Ordnung war; oder dass er tatsächlich meine falschen Farben entdeckt hatte.

Ein großes Stück Toast in meinem Mund befriedigte sofort meinen Appetit und war ein Vorwand, nicht zu antworten.

„Engländer“, fuhr mein Peiniger fort, „unterscheiden sich von Ihnen nur dadurch, dass sie ihr Toast in ihren Kaffee tauchen.“

Ich antwortete lakonisch und folgte einem unbestreitbaren allgemeinen Grundsatz: „Ich glaube, dass Menschen aller Nationen das Gute mögen.“

Zu meiner Freude endete das Gespräch; Ich bezahlte meine bescheidene Rechnung, verabschiedete mich von meinem deutschen Gastgeber und seinem vornehmen Dolmetscher und machte mich mit gestilltem Appetit und trockener Kleidung auf den Weg nach Freiburg.

Schließlich bereute ich im Laufe der Zeit sehr oft, dass ich meinem gesprächigen Freund nicht „die Wahrheit, die ganze Wahrheit und nichts als die Wahrheit“ anvertraut hatte, damit er mich entweder in die Quere kommen konnte Ich habe mir einen Reisepass besorgt oder mir zumindest gesagt, wie die Gesetze des Landes in Bezug auf Reisen wirklich sind. Meine Unwissenheit über dieses Thema war äußerst beunruhigend und verursachte mir viele unnötige Schwierigkeiten und Ermüdung.

Gegen Mittag entdeckte ich den hohen Turm der Freiburger Kirche. Es ähnelte sehr stark dem von Straßburg, und obwohl es nicht so groß angelegt war, erschien es doch interessanter, weil ich nicht mehr den Gefahren ausgesetzt war, die mich gegenüber solchen Objekten von Erhabenheit, Schönheit und Verehrung unempfindlich gemacht hatten. Ich marschierte auf die Stadt zu, wobei ich immer noch alle Vorsichtsmaßnahmen beachtete und vor allem mein Möglichstes tat, um nicht den Anschein zu erwecken, lahm zu sein, so schmerzhaft die Anstrengung auch war.

Ungeachtet des Erfolgs und der Ermutigung, die ich auf dieser Seite des Rheins erfahren hatte, ließen mich die Erinnerungen an alles, was ich auf der anderen Seite durchgemacht hatte, vorsichtig sein, eine große Stadt zu betreten oder sich ihr auch nur zu nähern; und doch war ich gezwungen, direkt und am Tag der offenen Tür nach Freiburg zu gehen, da mir aufgrund des elenden Zustands meiner Füße ein Umweg unmöglich war.

Ich erkundete den Ort von allen Seiten und näherte mich schließlich schüchtern und vorsichtig dem Westtor. Da ich sehr unsicher war, wie ich vorgehen sollte, hielt ich es nicht für ratsam, hineinzugehen, und als am Tor ein riesiger Grenadier auftauchte, der auf seinem Posten auf und ab ging, machte ich plötzlich kehrt und gab jeden Gedanken auf, diesen Weg zu gehen. Ich ging fast eine halbe Meile zurück und entdeckte glücklicherweise einen Pfad, der um die Nordseite der Mauer herumführte, oder besser gesagt, der Ruinen, da nur wenige Überreste der ehemaligen Mauer zu sehen sind. Als ich weiterging, gelangte ich plötzlich auf einen alten Platz, wo eine kleine Anzahl Rekruten übten, und in wenigen Minuten befand ich mich an der Außenseite des Osttors. Ich musste noch eine Wache und ein Wachhaus passieren. Dies gelang mir jedoch ohne Schwierigkeiten; sie nahmen zweifellos an, dass ich aus der Stadt kam. Ich fühlte mich jetzt besonders glücklich, da ich feststellte, dass ein weiteres großes Hindernis für mich überwunden war. Ich nahm nun die Richtung nach Konstanz ein, einer Stadt in Schwaben, die am gleichnamigen See liegt. Auf der kleinen Karte, die ich hatte, waren nur die Namen der größeren Orte verzeichnet, was mich sehr verwirrte; und nachdem ich Freiburg verlassen hatte, war Konstanz die nächste Stadt auf der Strecke, die ich nehmen wollte. Ich fand die Straße sehr bergig und uneben. Ich begegnete mehreren Wagen. Als ich warm wurde, wurden meine Füße weicher und geschmeidiger, und ich kam zügig voran. Gegen acht Uhr abends entdeckte ich eine Mühle am Straßenrand und zu meiner großen Freude ein angrenzendes Wohnhaus. Ich erkannte auch ein Schild, das über der Tür hing – klopfte und wurde eingelassen. Ich machte den Leuten klar, dass ich ein Bett wollte, und sie baten mich, mich hinzusetzen. Ich hielt dies für ein gutes Omen. Ich wünschte sehr, etwas zu essen, und sie brachten mir eine Schüssel gekochte Milch mit aufgebrochenem Brot und stark gewürzt mit Pfeffer. Dies nannten sie Milchsuppe, und das war alles, was das Haus zu bieten hatte.

Da ich seit meinem englischen Frühstück am Morgen gegen sieben Uhr nichts mehr gegessen hatte, war ich nicht besonders nett. Ich wurde zu Bett gebracht und war angenehm überrascht; denn es war viel besser, als ich an einem solchen Ort erwarten konnte. Am Morgen aß ich etwas von der gleichen Suppe, und meine Rechnung war, wie es sein sollte, sehr vernünftig. Man teilte mir mit, dass Konstanz neunzehn Meilen entfernt sei, und ich humpelte davon, obwohl meine Füße zunächst sehr wund und steif waren. Gegen sechs Uhr abends wurde das Wetter sehr rau; und da ich mich in der Nähe eines kleinen Dorfes befand, beschloss ich, dort für die Nacht meinen Aufenthalt zu verbringen.

Ich ging dementsprechend in ein Wirtshaus und wurde nach oben in das Kaffeezimmer geführt: In diesen Lokalen befindet sich das öffentliche Wohnzimmer normalerweise im ersten Stock. Dort fand ich eine Reihe trinkender Menschen und an ihrer Spitze einen respektabel aussehenden Priester. Ich bereitete mein *Entree à la Française vor*, so gut ich konnte, und fragte: „Könnte ich ein Bett haben?" Ich konnte keine Antwort bekommen; Aber die Wirtin rief laut nach ihrem Hausangestellten Peter, der, wie sie sagte, ein Franzose war, um ihr alles zu erklären. Endlich erschien er; und fragte in sehr gutem Französisch: „Was ich gerne hätte?" Ich fragte: „Könnte ich mit einem Bett und etwas zum Abendessen untergebracht werden?" Er antwortete: „Sicherlich" und fügte hinzu: „Ich werde dafür sorgen, dass Sie gut betreut werden." Dieser arme Kerl war wirklich sehr aufmerksam und freundlich. Ich aß kräftig Suppe und *Bouilli* und bestand anschließend darauf, dass er mir seine Geschichte erzählte, was er ohne zu zögern tat. Es war wie folgt: —

„Ich bin in Nancy in Lothringen geboren, Sir, und es ist nun elf Jahre her, dass ich meinen Heimatort verlassen habe."

Hier hielt ich es für angebracht, ihn zu unterbrechen, um die von mir angenommene Tarnung besser zu wahren. Ich sagte ihm, „dass mir, als er zu sprechen begann, ein großer Unterschied zwischen seinem und meinem Akzent aufgefallen sei und ich deshalb vermutet habe, dass er lange Zeit nicht in Lothringen gewesen sei"; und ich fügte hinzu, „dass der lothringische Akzent sich sehr von dem anderer Teile Frankreichs unterscheide". Diese Unterbrechung kam gut und zur rechten Zeit, denn der Mann erwiderte:

„Ich habe viel von meiner Muttersprache vergessen; und ich kann Ihnen sagen, dass ich in Bezug auf Ihren Akzent die gleiche Bemerkung machen wollte, die Sie zu meinem gemacht haben; Aber jetzt haben Sie mir die Mühe erspart, indem Sie den Unterschied erklärt haben. Aber um meine Erzählung fortzusetzen, versichere ich Ihnen, Sir, alles, was mir widerfahren ist, war die Folge meiner Einberufung zum Wehrpflichtigen; denn es widersprach meiner Natur, Bonaparte zu dienen. Ich war von Beruf Weber und wusste, dass ich in jedem Land meinen Lebensunterhalt verdienen konnte; und so schmerzlich es auch war, mich von meiner Familie und meinen Freunden zu trennen, nahm ich eines Morgens französischen Urlaub, überquerte den Rhein und lebte seit acht Jahren bei meinem jetzigen Vermieter. Er unterhält eine Art Manufaktur, in der ich bis vor Kurzem gearbeitet habe; Da er aber eine vertrauenswürdige Person in der *Auberge* haben wollte , hat er mich gezwungen, mein altes Webergewerbe aufzugeben und hier in meiner jetzigen Eigenschaft zu arbeiten.“

Ich fragte ihn nun, ob er jemals in der Normandie gewesen sei, die, wie ich sagte, mein Teil Frankreichs sei.

Er sagte nachdrücklich „Niemals“ und äußerte den Wunsch zu erfahren, welchem Gewerbe ich angehörte. Hier wurde meine Erfindung auf die Probe gestellt; doch mit so viel Bereitwilligkeit wie ich konnte, sagte ich ihm, dass ich ein *Marchand de Drap sei* und nach Konstanz reise, um Aufträge entgegenzunehmen. Als Weber muss dieser ehrliche Kerl viel mehr über Stoffe gewusst haben als ich, und ein weiteres Gespräch hätte meine Unwissenheit entlarvt; also ließ ich keine Zeit für weitere Fragen und fügte hinzu: „Ich bin äußerst müde und möchte zu Bett gehen“, woraufhin er mich höflich in mein Zimmer führte und sich ohne ein weiteres Wort, außer dem üblichen „Gute Nacht“, verabschiedete. Mein Bett war sehr bequem, und ich schlief sehr fest, genoss mein gutes Quartier und genoss alle Vorteile der Erholung durch Ruhe. Am Morgen ließ ich mich mit meinem angeblichen Landsmann nieder, schüttelte ihm die Hand und verabschiedete mich von ihm.

Ich fuhr bis zwei Uhr auf der Hauptstraße weiter, als ich zu meiner großen Beunruhigung in einem sehr abgelegenen Teil der Straße auf einen bewaffneten Mann traf. Ich vermutete, dass er ein Polizist war; aber zu meiner Überraschung stellte er mir keine Fragen und ich verfolgte freudig meinen Weg.

Gegen Ende des Abends entdeckte ich in einiger Entfernung etwas, das ich für eine Anzahl von Häusern hielt, und ich war hocherfreut, da ich mir ein Dorf vorstellte. In dieser angenehmen Illusion stapfte ich mit gesteigerter Stimmung weiter; doch als ich mein Ziel erreichte, war ich zu meinem

Erstaunen nicht in der Lage, die Gebäude als die bescheidenen Behausungen einfacher Dorfbewohner zu erkennen, sondern als die zahlreichen Nebengebäude des prächtigen Herrenhauses eines Edelmanns! Einer der livrierten Diener beantwortete jedoch sehr höflich alle meine Fragen und wies mir mit großer Freundlichkeit den Weg zu einem Dorf, das allerdings so weit entfernt war, dass ich erst sehr spät dort ankam. Obwohl es schon spät war, gelang es mir doch, ein Bett und ein Abendessen zu bekommen. Mein Gastgeber und meine Gastgeberin waren, leider was hungrige Mägen und Heißhunger angeht, ein wenig anfällig für den Fluch des Lebens namens Aberglaube; und da es Freitag war, verweigerten sie mir strikt das Essen; Aber dennoch erlaubte mir der große Hunger, ein Abendessen mit Eiern und Milch zu genießen, und ihr Glaube zwang ihr Gewissen nicht, mir eine begrenzte Menge zu geben.

Am Morgen verließ ich sie und ging nach Konstanz. Ich war noch keine Meile weit gekommen, als ich den wunderschönen See mit diesem Namen erblickte. Die Stadt Zürich war im Blick. [13] Die hohen Berge der Schweiz, deren Gipfel mit Schnee bedeckt waren, die vielfältigen, wunderschönen Ebenen am Fuße, durchsetzt mit Maisfeldern, Weinbergen, Wäldern und Kräutern, erregten Bewunderung und boten einen Ausblick wirklich großartig. Gegen fünf Uhr nachmittags war ich in der Nähe der Stadt Konstanz. Es schien groß zu sein: Eine Reihe von Gebäuden, die Klöster und Türme darstellten, präsentierten sich dem Betrachter und schienen Denkmäler seiner alten Pracht zu sein; aber sein gegenwärtiger Zustand deutete darauf hin, dass es lange Zeit vernachlässigt worden war. Der See sah sehr schön aus und war etwas unruhig, da es ziemlich stark windete.

Lindau, am unteren Ende des Sees, war die nächste große Stadt in meiner Richtung. Ich überlegte gerade, wie ich mich für die Nacht am besten verhalten sollte – ob ich lieber in der Nähe der Stadt Quartier beziehen oder weiter nach Lindau ziehen sollte –, als ich zwei junge Männer traf, die vornehm gekleidet waren. Ich grüßte sie, was sie sehr höflich erwiderten. Beide sprachen Französisch. Ich erkundigte mich, wie weit ich von Lindau entfernt sei. Sie teilten mir mit, dass ich vierzehn Meilen zurückgelegt habe und dass ich einen Seitenarm des Sees überqueren müsste. [14] Von dieser letzteren Notwendigkeit war ich völlig unwissend gewesen; Denn die Karte, anhand derer ich mich durch diese mir unbekannten Regionen führte, war zu klein und unvollkommen, um sehr genaue Informationen zu liefern. Da der Wind sehr stark wurde, rieten mir die Fremden, die Überfahrt erst am nächsten Tag zu wagen. Sie kannten meine Beweggründe für die Schnelligkeit kaum. Natürlich habe ich meine Unwissenheit über dieses Hindernis verheimlicht oder vielmehr so getan, als wäre ich mir dessen bewusst; und ich fügte hinzu: „Ich habe in Lindau so besondere Geschäfte zu erledigen, dass ich versuchen muss, noch in dieser Nacht dorthin zu gelangen, und wenn möglich die Passage überqueren sollte." Sie versuchten ernsthaft, mich davon abzubringen, und verabschiedeten sich dann höflich.

Meine Schwierigkeiten beim Überqueren des Wassers hatten ganz andere Ursachen, als sie sich vorgestellt hatten. Meine gewaltigen Hindernisse und Gefahren waren nicht die Elemente, sondern meine Mitmenschen. Ich musste nun herausfinden, ob ich diesen Arm ohne Pass überqueren konnte und ohne – was für mich am unbequemsten war – Angaben über mich zu machen. Die Notwendigkeit einer festen und sofortigen Entscheidung war jedoch absolut; und ich betrat ein Wirtshaus in der Nähe des Wassers, um zu erfahren, was ich durchmachen musste.

Zu meinem Ärger befand sich hier eine Menschenmenge, von denen einige anscheinend auf das Boot warteten. Ich mischte mich mit aller scheinbaren Nachlässigkeit und Lässigkeit, die ich annehmen konnte, unter die Menge und bestellte ein kleines Maß Wein, wie ich es bei anderen gesehen hatte; und tatsächlich ließ ich mich inmitten der vielfältigen Menschenmenge nieder, als ob ich „ganz zu Hause" wäre. Ich hatte die Augen von Argus; und während ich jedem Geräusch lauschte, war ich so wenig mitteilsam wie möglich. Ich hatte das Gefühl, dass ich mich in einer Schicksalskrise befand. Schließlich kamen zwei Wassermänner herein und verkündeten, dass das Boot bereit sei. Ich war gezwungen, Mut zu fassen und der Aufforderung zu gehorchen, als wäre es eine Selbstverständlichkeit; und zu meiner Freude stellte ich fest, dass, obwohl ich Würtemberg verließ und in das Gebiet Bayerns einreiste, [15] kein Passagier einen Reisepass vorlegen oder eine Aussage über sich machen musste.

Als wir uns einschiffen wollten, bemerkte ich, dass alle Passagiere jeweils einen halben Gulden zahlten, während die Schiffer zwei Gulden von mir verlangten. Nie war ein Mann bereiter, sich Zwang und Erpressung zu unterwerfen als ich in diesem Moment; aber meine Mittel schwanden schnell, bis hin zur Ebbe, wenn nicht gar zum Niedrigwasser, und mir wurde klar, dass meine beste Politik darin bestand, allem zu widerstehen, was mich von der Masse trennte oder unterschied.

Deshalb lehnte ich die Auferlegung so entschieden ab, dass die Bootsführer beschlossen, mich festzuhalten, bis sie ihren Kapitän oder den Eigner des Bootes riefen.

Er war ein sehr kleiner, alter, buckliger Mann, der unter den Negern als Obi hätte gelten können. Der alte Bucklige redete mich mit der größten Höflichkeit, die ein Schurke an den Tag legen kann, wenn er im Begriff ist, einen Mitmenschen in Not zu betrügen, wie folgt an: „Monsieur, wenn Sie nicht zahlen möchten, können Sie tun, was Sie wollen, und Du kannst bleiben, wo du bist." Für meine Ohren war das eine absurde Logik und für meinen Geldbeutel eine sehr unbequeme Argumentation; Doch während ich über eine politische und vorsichtige Antwort nachdachte, nahm der Peiniger seine Redefreiheit wieder auf und sagte: „Monsieur, Sie sind ein Franzose; Und da Ihr Freund und Herr, Bonaparte, jeden beraubt und ausplündert, halte ich es für gerecht, dass ich Sie Franzosen bezahlen lasse, was ich will."

Ich muss gestehen, dass diese Identifizierung mit einem Franzosen mir die Gewissheit gab, dass meine wahre Identität nicht in Zweifel gezogen wurde. Und obwohl mein Portemonnaie fast leer war, zahlte ich dem mürrischen alten Geizhals seinen vierhundertprozentigen Gewinn aus der Überführung eines Franzosen.

Unsere Liliput-Reise war nur etwa vier Meilen lang, und doch hätte ich mich mittendrin beinahe enttarnt oder verraten; denn ein plötzlicher Windstoß oder ein leichter Sturm, der vom Land heraufkam, hätte das Boot umgekippt, wenn ich nicht dem ungeschickten Kerl, der es steuerte, die Schot (des Segels) aus der Hand gerissen hätte. Dies war die „herrschende Leidenschaft", die in allem präsent war. Die Bootsleute schienen erstaunt zu sein: Sie starrten einander an, sagten aber nichts. Tatsächlich hatte ich unvorsichtig gehandelt. Ein Franzose wird selten oder nie als Seemann angesehen; und jeder Engländer wird von einem Ausländer als ein Mann angesehen, der von Natur aus mit allen nautischen Angelegenheiten vertraut ist; und unsere Bootsleute, so befürchtete ich, begannen zu ahnen, dass „ich kein Franzose war".

Wir erreichten nun das gegenüberliegende Ufer und betraten bayerisches Gebiet. [16] Wir waren im Begriff, in einer kleinen befestigten Stadt an Land zu gehen. Wälle, Schießscharten und schießende Kanonen weckten in mir die starke Vorstellung, Pässe zu prüfen oder sogar Personen zu durchsuchen, was unweigerlich zu Ketten, Handschellen und einem Kerker führen würde.

Von allen Seiten drang Trommeln an meine Ohren, und ich fürchtete, es sei das Schließen der Tore. Nachdem ich an Land gegangen war, ging ich mit den anderen weiter durch die Straße und fragte, ohne Verdacht zu erregen: „Um wie viel Uhr werden die Tore geschlossen?" Sie antworteten: „In einer Dreiviertelstunde." Zu meiner unsagbaren Freude erschien niemand, um die Papiere zu kontrollieren. Meine Mitreisenden gingen in ein Gasthaus, und ich fragte nach dem nächsten Weg aus der Stadt auf der Lindaustraße. Nachdem ich die erforderlichen Informationen erhalten hatte, ging ich weiter, und zu meiner großen Freude stellte ich fest, dass das Tor offen war, und passierte es sehr bald.

Ich ging etwa zwei Meilen weit, ohne einem lebenden Wesen zu begegnen oder irgendetwas zu sehen, das einer Behausung ähnelte. Endlich sah ich

Lichter und kam bald in ein kleines Dorf. [17] Die Notwendigkeit trieb mich weiter, und ich ging in ein Wirtshaus, wo ich ein Bett und Abendessen bekam. Mehrere Leute tranken in dem Zimmer, in dem ich war; sie lachten herzlich über meine französisierten Verbeugungen und Schrammen und wollten, dass ich mit ihnen trinke, was ich aber ablehnte. Ich schlief ziemlich gut und war glücklich, diese Kerle unterhalten zu haben, während meine Grimassen meinem eigenen Zweck dienten.

Bei Tagesanbruch, am Sonntag, dem 29. November, frühstückte ich und machte mich auf den Weg nach Lindau. Meine Füße wurden besser und ich machte mit großer Freude Fortschritte. Nachdem ich mehrere malerische Dörfer am Ufer des Sees passiert hatte, sah ich gegen fünf Uhr nachmittags die Stadt Lindau und schätzte, dass sie zwischen vier und fünf Meilen entfernt lag. Ich hielt in einem kleinen Dorf [18] an, um mich zu erfrischen, und auch, weil ich vermutete, dass es zu früh war, um an der Stadt vorbeizukommen, obwohl sie anscheinend in einer respektablen Entfernung lag, zumal sie groß erschien, und weil sie so groß war Außerdem fiel mir auf, dass ich, da Sonntag war, viele Menschen in der Umgebung treffen müsste. Ich betrat also ein Wirtshaus und fand darin zwei Frauen und einen Mann, die ihr Mittag- oder vielmehr Abendessen aßen. Von der Wirtin, einer alten Frau, bekam ich etwas Wein, Brot und Würstchen, und es gelang mir, die Zeit bis fast sieben Uhr zu vertreiben, oder vielmehr zu vertreiben. Ich hielt es nun für richtig, fortzufahren; Nachdem ich die alte Dame bezahlt hatte, machte ich mich auf den Weg, voller Hoffnung, nicht ohne Sorge und Sorge, aber immer noch nicht ahnend, wie groß das Übel war, das mir widerfahren sollte.

Ich hatte noch nicht viele hundert Meter zurückgelegt, als ich entdeckte, dass mehrere Soldaten sehr schnell hinter mir gingen. Ich dachte, dass sie mich vielleicht verfolgen würden. Als nächstes vermutete ich, dass sie, wenn sie nicht auf der Jagd waren, sich beeilten, um nicht für die Nacht aus der Stadt ausgeschlossen zu werden. Beide Berechnungen waren für mich ein ausreichender Beweggrund, in Eile zu marschieren. In diesem Tempo fuhr ich etwa eine Dreiviertelmeile weiter, bis ich, als ich plötzlich um eine Ecke auf der Straße abbog, feststellte, dass ich mich in der Nähe des Tores befand, das in die Stadt führte. Ich sah auch die Stadt selbst in beträchtlicher Entfernung auf einer Insel und stellte fest, dass dies das Tor der Brücke war, die diese Insel mit dem Festland verband.

Die Soldaten standen dicht dahinter; Daher hielt ich es nicht für ratsam, umzukehren; und ich schmeichelte mir, dass es keine Notwendigkeit gab, als ich merkte, dass mein Weg nach links führte , nachdem ich das Tor zu meiner Rechten passiert hatte. Ich dachte, dass unser Kurs in entgegengesetzte Richtungen gehen könnte. In dieser Hoffnung ging ich weiter – passierte das

Tor und den Wächter – es wurde mir keine Frage gestellt oder ein Blick auf mich gerichtet – mein Herz prallte vor Freude – ich war in Sicherheit – meine Leiden wurden belohnt und ein glorreicher Triumph erfüllte sogar meine Fantasie zur Ekstase. Lahmheit war vergessen; und ich stolperte, wenn ich den Ausdruck gebrauchen darf, voller Visionen von dem Wenigen, das ich durchmachen musste, von der kurzen Zeit, die vergehen würde, bevor ich wieder in Englands Element sein würde, unter seiner glorreichen Flagge und in der Ausübung aller meiner Pflichten als Marineoffizier.

Ach, wie vergänglich sind doch alle menschlichen Hoffnungen! In diesem Gemütszustand wurde ich plötzlich von einem älteren Mann angehalten, der mir anscheinend vom Tor aus gefolgt war. Er fragte mich sehr höflich auf Deutsch, ob ich einen Pass hätte. Als Kriegslist *antwortete* ich auf Französisch: „Dass ich seine Sprache nicht verstehe." Zu meiner Überraschung und Bestürzung ging er bereitwillig auf meine Antwort ein und drückte in ausgezeichnetem Französisch höflich seinen Wunsch aus, *meinen Pass zu sehen* . Ich wünschte ihm und seiner Frage einen schlimmeren Ort als die Vorhölle oder den Fluss Styx; aber da meine Erfindungsgabe schon so oft auf die Probe gestellt worden war, war ich nicht verlegen, seine unangenehmen Fragen abzuwehren. Ich versicherte dem alten Herrn, dass ich alle meine Papiere und, was noch schlimmer war, fast mein ganzes Geld sowie mehrere kleine Besitztümer verloren hätte, als ich am Abend zuvor den See überquerte. Tatsächlich sagte ich, dass meine Brieftasche aus meiner Tasche gefallen und nie wieder aufgetaucht sei, da das darin enthaltene Geld sie unglücklicherweise zu schwer zum Schwimmen gemacht habe.

Der alte Herr schien mir so sehr zu glauben, dass ich noch hinzufügte, dass ich nach Innsprück fahre, wo ich einige Freunde habe, und da die Reise nur zwei oder drei Tage dauern würde, dachte ich, ich könnte ohne Unterbrechung weiterfahren. Auf jeden Fall hatte ich vor, das Experiment zu machen.

In diesem Moment rückten mehrere Soldaten vom Tor auf mich zu; und da ich den alten Herrn allem Anschein nach so vollkommen zufrieden gestellt hatte, dachte ich, dass sie nur aus Neugier oder sogar aus Höflichkeit gekommen seien.

Schließlich versicherte mir der Torhüter mit einer Freundlichkeit, die ich gerne hätte entschuldigen können, dass Innsprück weiter entfernt sei, als ich gedacht hätte; dass es für mich unbequem wäre, meine Reise ohne Papiere fortzusetzen; und er erinnerte mich daran, dass es jetzt sehr spät sei.

Ich sagte ihm, dass ich an späte Stunden gewöhnt sei und Unannehmlichkeiten gegenüber völlig gleichgültig sei und dass es mir nicht passe, meine Reise zu verschieben.

Mein jesuitischer Peiniger nahm mich auf mein eigenes Grundstück und antwortete, dass es für einen Mann, der so an späte Stunden gewöhnt und so gleichgültig gegenüber Unannehmlichkeiten sei, keine große Sache sein könne, nur eine Nacht festgehalten zu werden, besonders da die Verzögerung durch die verbesserten Reisemöglichkeiten, die ich durch die neuen Papiere genießen würde, die mir der Kommandant von Lindau am nächsten Morgen geben würde, reichlich kompensiert würde. Keine Logik könnte vernünftiger sein, aber nie klang eine Argumentation unangenehmer für ein menschliches Ohr.

Ich dankte diesem Torwächter und allen um mich herum für ihre freundlichen Absichten, versicherte ihnen, dass ich es vorzog, meinen eigenen Weg zu gehen, machte viele höfliche Verbeugungen und drehte mir den Rücken zu, während ich meine Reise fortsetzte. Daraufhin gab mir der höfliche alte Herr zu verstehen, was ich schon lange verstanden hatte, dass das schlichte Englisch seiner Höflichkeit darin bestand, dass er mich *zurückhalten wollte*, obwohl er bereit war, es so höflich wie möglich zu tun. Er passte die Tat dem Wort an und rief eine Gruppe Soldaten zusammen, um seine Höflichkeit durchzusetzen.

Ich war verpflichtet, mein Gesicht zu beherrschen und alle Gefühle zu kontrollieren, so bitter sie auch waren. Mit äußerster Ruhe antwortete ich: „Sie brauchen keine Hilfe, mein guter Freund; Ich bin bereit, Sie zu begleiten, wohin Sie wollen, auch wenn es mich ein wenig aus dem Weg bringt und mir nicht die geringsten Unannehmlichkeiten bereitet." Ich wünschte, die Unannehmlichkeiten wären gering gewesen!

Ich begleitete meinen Entführer mit schmerzendem Herzen. Ich beherrschte meine Gefühle jedoch so weit, dass ich mir darüber im Klaren war, dass meine einzige Hoffnung auf Flucht darin bestand, dem Kommandanten eine plausible Geschichte auszudenken, und während ich unter meiner Eskorte weiterging, spann ich das Netz einer genialen Fiktion.

Gegen halb acht kamen wir im Quartier des Kommandanten an und ich wurde in einen weitläufigen Vorraum geführt. In wenigen Minuten erschien der große Mann. Er war prächtig gekleidet, trug sein Schwert und war, wie man mir mitteilte, im Begriff, in die Oper zu gehen. Er schien verärgert über einen so vulgären Grund, wegen seiner Belustigung inhaftiert zu werden; und ich bin mir sicher, dass es mich genauso verärgert hat, oder vielmehr weitaus verärgerter, dass ich einer so erhabenen Persönlichkeit Unannehmlichkeiten bereitet habe.

Dieser Kommandant konnte kein Französisch und musste auf seinen Sekretär und Dolmetscher warten. Kaum war er da, verlangte er nach Feder, Tinte und Papier, setzte sich an einen Tisch und befahl mir mit einer Menge lächerlicher Konsequenz, vorzutreten und die Fragen zu beantworten, die er mir stellen sollte. Dann fuhr er folgendermaßen fort: „Aus welchem Land sind Sie, bitte?" „Ein Franzose." „In welchem Teil Frankreichs sind Sie geboren?" „In Rouen, in der Normandie." „Kommen Sie und geben Sie einen Bericht über sich." „Mein Name ist Louis Gallique" (der Kochname unserer ehemaligen Fregatte *Hussar*). „Mein Vater war Chirurg in Rouen, wo ich einen Bruder (mit demselben Beruf) und zwei Schwestern habe. Meine Eltern sind schon seit einiger Zeit tot. Ich wurde durch die Unterstützung meines Bruders aus der Armee entlassen. Ich gehe nach Innsbruck, um einige Freunde zu besuchen; von dort beabsichtige ich, nach Wien weiterzureisen, wo ich voraussichtlich als Angestellter in einem Kontor arbeiten werde." „Wie haben Sie Ihr Portemonnaie und Ihre Papiere verloren?" „Als ich einen Seitenarm des Sees überquerte, war eine Windböe nahe daran, das Boot umzukippen; als ich mich darüberbeugte, muss mir meine Brieftasche herausgefallen sein. Ich kann mir nicht erklären, warum ich sie auf andere Weise verloren habe. Es war ein großes Unglück, denn ich verlor mein ganzes Geld, mit Ausnahme einiger loser Stücke, die ich in meiner Tasche hatte, und auch meine Empfehlungsschreiben, meinen Pass, meine Papiere usw." „Wie heißen Ihre deutschen Freunde?" Ich nannte ihm französische Namen und sagte ihm, dass sie alle französischer Abstammung seien. Dann begann er, dem Kommandanten alles zu erklären, und nach einigen Minuten Überlegung teilte er mir mit: „Ich scheine ein sehr verdächtiger Mensch zu sein, und sie müssten mich für die Nacht ins Wachhaus schicken. Morgen früh würde ich ins Gefängnis gesteckt, bis ich von der französischen Regierung oder in der Zwischenzeit von meinen Freunden in Innsbruck oder Wien identifiziert werden könne." Ich stellte die Grausamkeit eines solchen Verhaltens einem Untertan des großen Napoleon vor, der ihr Verbündeter und der Beschützer des Rheinbundes war. Ich fügte hinzu, sie könnten jetzt tun, was sie für richtig hielten, aber ich hätte Freunde, die ihr Verhalten bekannt machen würden. Sie antworteten nicht und ich wurde zum Wachhaus eskortiert. Eine Stunde später wurde ich zurückgebracht und einer ähnlichen Untersuchung unterzogen. Dann befahlen sie mir, ins Gefängnis zu kommen, wo ich, wie sie mich informierten, sehr gleichgültig behandelt werden würde, da sie mich verdächtigten, ein Spion zu sein. Ich verachtete solch ein schändliches Epitheton und machte ihnen erneut Vorwürfe wegen der Grausamkeit ihres Verhaltens; aber sie waren unnachgiebig und ich ging ein zweites Mal mit der Wache.

Auf meinem Weg zum Gefängnis dachte ich über die Schrecken nach, die es mit sich bringen würde, ins Gefängnis geworfen zu werden, vielleicht in einen Kerker unter Übeltätern aller Glaubensrichtungen geworfen zu werden, und über die Gewissheit, in ein paar Tagen entdeckt zu werden. Ich stellte mir auch vor, dass sie mich freundlicher behandeln würden, wenn ich zugab, wer ich war. Nach vielen widersprüchlichen Berechnungen bat ich daher den Chef meiner Eskorte, mich zum Kommandanten zurückzubringen, was er auch tat. Dann erzählte ich ihnen freimütig, wer und was ich war und wie ich entkommen war. Er sagte, er glaube, ich sei Engländer, und brachte eine Liste mit Beschreibungen von Kriegsgefangenen mit, die er kürzlich aus Frankreich erhalten hatte, und zeigte auf meinen Namen, bevor ich ihn erwähnte. Er fragte mich, wo meine Kameraden seien. Ich erfuhr nun, dass diese Beschreibung bei unserer ersten Flucht aus Verdun erstellt worden war. Ich versicherte ihm, ich könne nicht sagen, wo sie seien – vielleicht in England; ich hatte mich am ersten Tag von ihnen getrennt. Ich wollte unbedingt wissen, welche anderen *Signalemente* er hatte. Er bat mich, nicht neugierig zu sein; sagte, ich würde jetzt besser behandelt werden, ich müsse in das städtische Gefängnis gesperrt werden, wo ich in wenigen Minuten sicher untergebracht war und alle Hoffnung auf Freiheit, zumindest für den Augenblick, zu Ende war; [19] denn so stark war die Liebe zur Freiheit, so energisch der Wunsch nach freiem Handeln in mir, dass selbst unter dieser überwältigenden Flut vereitelter Bemühungen, nach Entdeckung, Entlarvung und Bestrafung mein Verstand mir zuflüsterte, ich könnte doch noch eine Chance zur Flucht haben – eine Chance, die ich entschlossen war, um jeden Preis zu nutzen.

KAPITEL XI

Eine neue Inhaftierung – Einen Gefangenen nackt auszuziehen ist ein wirksameres Mittel zur Gefangenhaltung als Ketten und Vorhängeschlösser – Hoffnungen auf Flucht erweisen sich als trügerisch – Gefängnisoperation und Gefängnisdiät – Eine rechtzeitige Ausleihe von Büchern – Ein kurzer Besuch eines Schweizer Gefangenen – Befehl zur Vorbereitung einer Rückkehr nach Frankreich – Eine schwere Kette und ein riesiges Vorhängeschloss – Der Mob in Lindau – Abschied zwischen einem Gefangenen und dem Gefängniswärter und seiner Frau – Der Weg nach Frankreich – In Ketten zu Bett gehen – Strenge Überwachung – Chancen auf Rettung – Vorahnung der Schrecken von Bitche – Mitleid meiner Wachen – Überqueren der Brücke von Kehl – Eine Kapitulation vor den französischen *Gendarmen* – Gefangenschaft im Militärgefängnis von Straßburg – Ein freundlicher Gefängniswärter und eine ebenso freundliche Frau – Seine Dankbarkeit für die englische Freundlichkeit als Kriegsgefangener – Verhör durch die Polizei – Liebevolle Verabschiedung des ehrlichen Gefängniswärters und seiner Frau – Auf dem Weg nach Bitche, schwer angekettet an elf Korsen werden militärisch hingerichtet – Das grausame Verlies von Niederbronn – Eine abstoßende Nacht der Gefangenschaft – Schreckliche Leiden zweier korsischer Soldaten – Ferne Aussicht auf Bitche – Vorahnung einer grausamen Gefangenschaft – Ankunft in der Festung.

ES war an einem trüben Sonntagabend, dem 29. November (1807), als ich in dieses Gefängnis geführt wurde. Der Gefängniswärter und seine Wärter brachten mich in ein einigermaßen anständiges, gut eingerichtetes Zimmer mit Bett, Ofen, Tisch und Stuhl. Dies war für die Unterbringung eines einfachen Menschen ausreichend, aber äußere Annehmlichkeiten sind kein Ersatz für die Gelüste des Hungers. Ich machte meine Wärter daher auf den erschöpften Zustand meines Körpers aufmerksam und bat um eine Erfrischung, wie bescheiden oder klein sie auch sein mochte. Dies gewährten sie mir; aber vorher durchsuchten sie mich – zogen mich aus – nahmen mir meine gesamte Kleidung mit allem ab, was meine Taschen enthielten – was jedoch nur aus einem Messer, einem Rasiermesser und ein paar Silberstücken bestand. Sie versicherten mir, dass mein gesamter *Besitz* zu gegebener Zeit an mich zurückgegeben würde. Aber ich bat sie, mir wenigstens meine Beinkleider zu lassen. Dem kamen sie schließlich nach. Von meinem Hemd waren nur noch der Kragen und die zerfetzten Ärmel übrig, und die Bequemlichkeit, es zu behalten, war mir gleichgültig.

Ich protestierte bei meinen Verfolgern und bat darum, den Grund für diese grausame Behandlung zu erfahren. Sie antworteten mürrisch, dass es in ihrem

Land Brauch sei und dass sie dafür sorgen würden, dass ich nicht wieder entkomme. „Menschen, die ein großes Talent dafür haben, aus Gefängnissen zu entkommen, sollten entsprechend behandelt werden", sagten sie und fügten hinzu, dass sie verhindern würden, dass ich ihren Fängen entkomme. Als die missmutigen Bestien dies sagten, schwangen sie sich zu der massiven Tür, und meine Ohren wurden mit dem Geräusch von Schlössern, Riegeln und Riegeln begrüßt und meine Augen mit der Aussicht auf Ketten, die schwer genug schienen, um die Leichen eines Regiments oder eines anderen zu sichern Armee.

In diesem Zustand der Nacktheit und Einsamkeit begann ich mit unaussprechlichem Kummer und bitterem Kummer über mein unglückliches Schicksal nachzudenken. Schließlich schoss mir ein Gedanke durch den Kopf. Obwohl meine Zelle in ihrem Mauerwerk so stark schien wie die bombensichere Kasematte einer Festung und meine Ohren mich über die massive Stärke der Tür und ihrer schwerfälligen Sicherungen und Verschlüsse informiert hatten, kam mir doch der Gedanke, dass es irgendeine Schwachstelle geben könnte, die ich ausnutzen könnte, um zu entkommen. Aus der Tatsache, dass sie mir meine Kleider wegnahmen, um meine Flucht zu verhindern, schloss ich sogar, dass sie wussten, dass das Gefängnis an irgendeiner Stelle schwach war. In dieser angenehmen Täuschung wartete ich voller Angst bis zum Tagesanbruch, um alle in meiner Macht stehenden Beobachtungen anstellen zu können, und ich war entschlossen, in der folgenden Nacht aufzubrechen, selbst wenn ich danach splitternackt sein sollte.

Außer wenn diese Hoffnungen und schwachen Berechnungen an mir vorbeigingen, war ich eine Beute der grausamsten Qualen. Ich habe nie geschlafen – ich habe nur geschlummert; und in diesem kurzen Schlaf war ich furchtbar aufgeregt. Einmal überkam mich der Gedanke, dass alle meine verstorbenen Kameraden in Sicherheit seien und dass ich der einzige Unglückliche in der Gruppe sei, der leiden müsste. In einem weiteren Anfall wurde ich von dem Gedanken gequält, wie leicht ich dem tödlichen Tor hätte ausweichen können, wenn ich gewusst hätte, dass ich mich auf der Straße befand, die daran vorbeiführte. Mit welcher Bitterkeit machte ich mir selbst Vorwürfe wegen mangelnder Umsicht: Kurz gesagt, ich befand mich in einem Zustand der Zerstreutheit. Ich bemühte mich, meinen Geist zu beruhigen, in der Hoffnung, aus meinem jetzigen Gefängnis herauszukommen oder auf jeden Fall meinen Wachen auf unserem Rückmarsch nach Frankreich zu entkommen; Ich war der strengsten Wache des Universums, der französischen *Gendarmerie* , bereits entkommen . Diese Ideen erwiesen sich als eine Art heilsamer Balsam für meine gequälte Brust. Aber mir war in der Nacht übermäßig kalt. Es hatte starker Frost und Schnee

133

eingesetzt; und zu dieser Jahreszeit konnte ich nicht erwarten, dass es anders sein würde.

Am frühen Morgen schenkte mir eine alte Dame (die Frau des Gefängniswärters) eine Tasse Kaffee, die ich begierig trank. Die arme Frau hatte großes Mitleid mit meiner verzweifelten Situation und vergoss tatsächlich Tränen. Ich bat sie, mir Materialien für das Schreiben eines Briefes an den Kommandanten zur Verfügung zu stellen; Ihr Mann brachte sie mir, und ich tadelte den Zerberus wegen seiner Grausamkeit, als er mich in einem Gefängnis (das sich zu meinem Kummer jetzt als zu sicher herausstellte) meiner Kleidung entledigen ließ, obwohl er keine Ahnung von meiner Existenz hatte in der Lage, davon wegzukommen. Ich bat darum, mir wenigstens ein Halstuch und eine Mütze zurückzugeben, und wünschte, er möge anordnen, dass das Geld, das mir entzogen worden war, für den Kauf eines groben Hemdes und eines Paares Strümpfe ausgegeben würde, die ich sehr wollte. Ich bat auch darum, dass mir einer der Militärärzte gestatten dürfe, meine Füße zu verbinden, die sich immer noch in einem sehr schlechten Zustand befanden. All diese Forderungen hatte er freundlicherweise zu erfüllen. Der Sekretär kam und teilte mir mit, dass ich festgehalten werden sollte, bis sie Befehle von der Regierung in Ulm erhielten, [20] was in etwa zwölf Tagen der Fall sein würde. Er drückte seine große Trauer über mein Unglück aus und zog sich zurück. Ein großer Trost war das für einen armen Teufel ohne Kleidung!

Schließlich kam der Chirurg und verband meine Wunden auf menschlichste Weise. Er drückte sein Erstaunen darüber aus, wie ich mit so kranken Füßen reisen konnte. Als ich ihren zerschundenen Zustand sah, war ich nicht weniger erstaunt als er. Und dieses Erstaunen wurde auch durch die extremen Schmerzen, die sie mir jetzt bereiteten, nicht gemindert. Ich war erstaunt darüber, wie ich mit so geschwollenen und zerfetzten Füßen eine so große Strecke zurücklegen konnte.

Nachdem der Chirurg mich verlassen hatte, ging ich zu Bett und fühlte mich geistig etwas ruhiger; aber alle meine Bemühungen, die Augen zu schließen, waren vergeblich. Die Schmerzen hielten mich wach, und geschäftige Gedanken, freudlose Gedanken an die Vergangenheit und hoffnungslose Gedanken an die Zukunft, drängten sich in meinen ruhelosen Geist.

In diesem Zustand lag ich bis zum Mittag, als mir die alte Dame, die Frau des Gefängniswärters, mein Abendessen brachte. Es war eine einigermaßen gute Mahlzeit, wenn man bedenkt, in welchem Quartier ich untergebracht war. Sie teilte mir mit, dass ich nur Wasser trinken dürfe. Dies empfand ich als sehr unmenschlich, da mein miserabler Zustand etwas Anregenderes erforderte.

In diesem melancholischen Zustand empfing ich einen unerwarteten Trost. Ein Schweizer Herr war in einer Nebenzelle eingesperrt und schickte mir freundlicherweise ein paar Bücher, darunter ein *Leben Friedrichs des Großen* , das mich sehr interessierte. Natürlich äußerte ich den Wunsch, meinen Wohltäter zu sehen, aber die alte Dame sagte mir, dass es strikte Anordnungen gäbe, jeglichen Verkehr zwischen Gefangenen zu verhindern. In diesem Punkt war sie unerbittlich. Ich wurde nun mit einem Hemd und einem Paar Strümpfen versorgt; aber die letzteren waren zwar groß, aber für mich völlig nutzlos, da meine Füße so wund und so außerordentlich geschwollen waren.

Um sieben brachte mir meine freundliche alte Gastgeberin das Abendessen, machte mein Bett und verabschiedete sich, wobei sie mich zur Geduld ermahnte.

Elf Tage vergingen auf die gleiche Weise, außer dass ich meinen Gefängniswärter zuletzt dazu überredete, mir das Frühstück vorzuenthalten und mir stattdessen zum Mittag- und Abendessen jeweils einen halben Liter Dünnwein zu geben und mir abends eine Kerze zu erlauben.

Der Schweizer Herr schaffte es schließlich, mich zu sehen. Er sprach ein wenig Englisch und teilte mir mit, dass er in österreichischen Diensten gestanden und die Ehre gehabt hatte, unter Seiner Königlichen Hoheit dem Herzog von York in Valenciennes, Dünkirchen und an anderen Orten zu dienen. Er saß wegen Schulden in Haft, war achtzehn Monate im Gefängnis und rechnete nicht damit, sechs Monate später freigelassen zu werden. Er schien sehr überrascht darüber zu sein, dass die Bayern einen britischen Offizier so grausam behandelten, und nachdem er mir kurz sein Beileid ausgesprochen hatte, kehrte er in seine Zelle zurück.

Am dreizehnten Morgen erschien bei Tagesanbruch der Gefängniswärter mit Frühstück und meinen Kleidern und teilte mir mit, dass ich mich sofort auf meine Rückreise nach Frankreich vorbereiten müsse – meine Eskorte würde in wenigen Minuten vor der Tür stehen. Er bat mich, nicht den Mut zu verlieren. Ich versicherte ihm, dass ich mich sehr über die Nachricht und darüber freute, aus einer so einsamen Behausung entfernt zu werden. Ich hegte natürlich die Hoffnung, auf dem Rückweg zu entkommen, und konnte mir nicht vorstellen, dass man mich wie einen Verbrecher behandeln würde, der hingerichtet werden soll. Ich hatte mein Frühstück kaum hinuntergeschluckt, als zwei Militärs in mein Zimmer geführt wurden; der erste hielt eine riesige Eisenkette mit Fesseln und einem großen Vorhängeschloss in den Händen. Der Anblick dieser Ausrüstung zerstörte jede Hoffnung, die ich mir zuvor hinsichtlich meiner Flucht gemacht hatte; ich tat jedoch so, als würde ich sie nicht beachten. Dieser Mann sprach ein

wenig Französisch, grüßte mich höflich und fragte: „Wenn ich bereit wäre?"
„Ja", sagte ich, „ganz bestimmt." „Es tut mir leid", fuhr er fort, „dass ich
diese Maschinen benutzen muss. Es ist der Befehl des Kommandanten, und
da Sie selbst Offizier sind, brauche ich nicht zu erwähnen, wie wichtig es ist,
den Befehlen eines Vorgesetzten zu gehorchen. Wir sind Mitglieder des
Freiwilligenkorps dieser Stadt, unser Name ist Schlatter, und wir sind Brüder
des Sekretärs des Kommandanten, die speziell ausgewählt wurden, um Sie
nach Frankreich zurückzubringen, damit Sie nicht von Liniensoldaten
misshandelt werden." Ich sagte ihm, sie seien überaus freundlich, und
forderte sie auf, ihre Pflicht zu tun; und fügte hinzu, dass das, was ich erlitten
habe, keine Schande für mich sei, denn die Anstrengungen, die ich
unternommen habe, seien dem Dienst an meinem Land zuliebe gewesen, und
ich sei stolz darauf. Der Sekretär des Kommandanten schloss sich nun der
Gruppe an und drückte seine Genugtuung darüber aus, dass seine Brüder
dazu bestimmt worden waren, mich zu begleiten. Ich machte ihn darauf
aufmerksam, wie grausam es sei, einem menschlichen Wesen eine so enorme
Kette anzulegen. Er antwortete: „Sie sind so oft entkommen, Sir, sogar vor
der *Gendarmerie* in Frankreich, und das sind nur Freiwillige, dass der
Kommandant es für sehr notwendig hält, Sie anzuketten, und wir haben
keine kleinen Ketten. Es wurde ein Wagen für Ihren Transport bestellt, und
daher wird die Unannehmlichkeit nicht so groß sein."

Es folgte noch ein wenig Palaver. Ich erzählte von der Schande und den
Demütigungen, die einem Offizier zugefügt wurden, und schüttete alle
Schwärme der Beredsamkeit aus, die ich zu Hilfe rufen konnte; aber alles war
umsonst, der phlegmatische Deutsche hielt an seinem Kettentext fest; und
dementsprechend waren mein rechter Arm und mein linkes Bein aneinander
gekettet, und die Enden waren mit einem riesigen und klobigen
Vorhängeschloss sicher befestigt, dessen Proportionen den Gliedern der
Kette entsprachen, und beide schienen im Verhältnis zu den Gliedmaßen
eines Goliaths oder Herkules zu stehen. Nun wurde ich zur Gefängnistür
getragen, und als ich meinen Kopf nach draußen steckte, um frische Luft zu
schnappen, die mir so lange fremd gewesen war, sah ich eine riesige
Menschenmenge, die sich versammelt hatte, um einen Blick auf den
unglücklichen Gefangenen zu erhaschen Der Kommandant hatte es für
angebracht gehalten, dies zweimal oder dreifach zu sichern. Die staunende
Menge kam, um das zu sehen, was sie für ein Monster hielten; denn solche
Berichte über meine wundersamen Fluchten waren verbreitet worden, und
es waren derart übertriebene und sagenhafte Berichte darüber gegeben
worden, was ich erreicht hatte, dass die unwissende Bevölkerung glaubte, ich
sei ein Dämon oder zumindest ein getarnter Zauberer.

Endlich kam die Stunde meines Aufbruchs. Ich verabschiedete mich von meinem Gefängniswärter, der sein Amt nicht überschritten hatte; und dann verabschiedete ich mich liebevoll von der alten Frau, die die ganze Zeit weinte, und trennte mich von mir, als wäre ich ihr Sohn gewesen, den sie nie wieder sehen sollte. Ich gebe ehrlich zu, dass ich von der Freundlichkeit des armen, einfachen alten Geschöpfs tief berührt war. Es gibt Fälle, in denen weder das Alter noch das Gefängnis das Herz verhärten können.

Meine Wachen hoben mich in die Kutsche, und einer von ihnen setzte sich auf jede Seite, denn sie schienen zu glauben, ich könnte noch einen Fluchtversuch unternehmen – als wären die schweren Ketten und das riesige Vorhängeschloss seidene Bänder gewesen, die mit dem Knoten eines wahren Liebhabers befestigt waren. "Gott schütze dich!" rief die gütige alte Frau des Gefängniswärters, in Tränen gebadet. „Gott segne dich, gute alte Mutter!" Ich antwortete. "Weiterfahren!" brüllte die Wache dem Postillion zu. Whack schlug mit der schweren Peitsche über die Schultern beider Pferde, und unsere Kutsche rollte ratternd über die Steine. In jeder Straße, durch die wir kamen, drängten sich die Schaufenster mit Zuschauern, die alle meinen Wachen eine sichere Rückkehr wünschten, als ob sie glaubten, sie wären in den entlegensten Winkel der Welt gebunden oder als wären sie in der Gesellschaft von einigen Zauberer, der ihnen unterwegs einen unangenehmen Streich spielen könnte. Die Wachen selbst schienen sich nicht wohl zu fühlen; Denn obwohl ich so schwer gesichert war, luden sie ihre Gewehre, bereiteten sie vor und blickten mich bedeutsam an – ein Hinweis darauf, was ich erwarten würde, wenn ich unruhig würde.

Obwohl, wie ich bereits bemerkt habe, einer meiner Wachen Französisch sprach, war meine Stimmung so deprimiert, dass ich mich kaum oder gar nicht mit ihm unterhielt. Manchmal stellte ich ihm tatsächlich eine Frage über sein Land, aber nur um der trockenen Information willen, die ich mir später zunutze machen konnte. Jede Frage wurde trocken gestellt und ebenso trocken beantwortet, und so ging meine Reise weiter.

Um Mitternacht hielten wir in einer ummauerten Stadt, deren Namen meine Wachen vor mir verheimlichten, [21] und ich wurde so gut bewacht, dass ich die Frage, so unbedeutend sie auch war, niemand anderem stellen konnte. Mir wurde jedoch höflich mitgeteilt, dass ich hier für zwei Stunden zu Bett gehen könnte, und ich antwortete höflich oder satirisch: „Dass ein Bett kein Trost für einen Mann sei, der mit schweren Ketten und einem schweren Vorhängeschloss belastet ist." Wenn ich in nichts anderem rational war, galt ich hierin als rational; und dementsprechend wurde mir das Vorhängeschloss, die Ketten und die Handschellen entriegelt und ich durfte zu Bett gehen; aber ich dachte, dass es ein so gefährlicher Charakter war, dass zwei Polizisten zusätzlich zu meinen beiden Wachen in meinem Zimmer stationiert waren, um mich zu bewachen, während ich schlummerte oder im Bett lag, wobei sie sich auf jeder Seite des Zimmers niederließen. Ich brauche kaum zu bemerken, dass ich nicht schlafen konnte. Wenn in dieser Nacht ein Auge geschlossen war, musste es im Kopf eines meiner Wachen oder eines ihrer Assistenten gewesen sein.

Die Zeit verging, und ich war froh, als die kalte, feuchte Morgendämmerung hereinbrach. Ich wurde wieder angekettet, und wir wurden in ein anderes Fahrzeug gesetzt, und ich entdeckte, dass sie eine nördlichere Richtung in Richtung Straßburg einschlugen. Wir hatten drei Staffeln vor vier Uhr nachmittags, als wir in Tütlingen ankamen, einer kleinen offenen Stadt in Württemberg, [22] und wie üblich am Posthaus anhielten, das auch eine Taverne war. Wir fanden dort eine Anzahl sehr vornehmer Leute. Ich erregte natürlich die Aufmerksamkeit aller; sie schienen begierig und eifrig, mir zu dienen, und verurteilten das Verhalten der Bayern sehr, die einen britischen Offizier so grausam behandelten. Ich hatte große Hoffnungen, die ganze Nacht hier bleiben zu können, da es zunächst schwierig war, eine Kutsche zu beschaffen. Die Bayern hielten dies jedoch nicht für ratsam und besorgten einen gewöhnlichen Wagen, der mit Stroh gefüllt war, und stellten mich in die Mitte zwischen sie. Sie hatten damit nichts falsch gemacht, denn wäre ich in dieser Nacht dort geblieben, hätte man mich mit Sicherheit gerettet.

Um Mitternacht wechselten wir in Rothweil unseren Waggon. Im Morgengrauen zogen wir uns wieder um; und um vier Uhr nachmittags fuhren wir durch Gegenbach; und gegen Mitternacht kamen sie in Offenburg an, einer befestigten Stadt in Baden, nur fünf oder sechs Meilen von Straßburg entfernt. Hier gingen wir zu Bett, nachdem meine Wachen zunächst ihre Bettgestelle auf beiden Seiten meines Bettes aufgestellt hatten.

Mein Geist war zu sehr mit dem Elend beschäftigt, das mich erwartete, um zu schlafen. Die Kerker, in denen ich vielleicht unweigerlich dazu verdammt war, ein elendes Dasein zu fristen, erschienen meiner Fantasie mit all ihren Schrecken. Bitche war der Ort, der mir ursprünglich zugeteilt worden war, und aufgrund der verschiedenen Berichte, die ich über diesen elenden Ort erhalten hatte, war ich der Meinung, dass das Leben eines Gefangenen verlängert wurde, nur um seine Strafe umso schwerer zu machen. Meine Niedergeschlagenheit wurde extrem; und selbst meine Wachen bedauerten mein Leid sehr und äußerten häufig ihr Bedauern darüber, dass es ihr Schicksal war, mich wieder in die Hände meiner Feinde zu geben.

Um diesen, meinen Dirigenten, gerecht zu werden, muss ich sagen, dass sie ihre Autorität mit größtmöglicher Barmherzigkeit genutzt haben. Sie haben alle meine Wünsche so gut wie möglich vorhergesehen; und tatsächlich machten sie es mir in jeder Hinsicht so angenehm wie möglich unter unseren relativen Umständen und Positionen. Wenn ich über diese und viele ähnliche Tatsachen nachdenke, und vor allem, wenn ich über die freundliche alte Frau des Gefängniswärters von Lindau nachdenke, muss ich sagen, dass ich die Deutschen im Allgemeinen ehrlich und gutherzig fand, und die Frauen von dieses Land besonders.

Am nächsten Morgen verließen wir Offenburg um acht Uhr in Richtung Straßburg und frühstückten um elf Uhr in Kehl. Dies war unsere letzte Etappe, und hier besorgten wir unseren letzten Pferdewechsel. Wir überquerten die Brücke um eins und wurden von Zollbeamten aufs strengste durchsucht. Alles, was sie bei mir fanden, waren die schweren Ketten und das ebenso schwere Vorhängeschloss. Ich wünschte, sie hätten diese Schmuggelware als Schmuggelware angesehen und mich ihrer beraubt! Diese Kerle und auch die Wachposten waren erzürnt, als ich ihnen erzählte, dass sie ein paar Morgen zuvor, als ich über die Brücke gegangen war, ohne dass sie sich herabließen, mit mir zu sprechen, nicht so sehr wählerisch gewesen seien. Ich versetzte die letzteren in eine äußerst wütende Leidenschaft, als ich sie ausfragte, wie sie sich in ihre warmen Mäntel einhüllten und in ihren Wachhäuschen blieben, während ich inmitten des Viehs an ihnen vorbeischlüpfte. Wie wütend sie waren! – aber der Witz richtete sich jetzt ganz gegen mich selbst, denn nach einer halben Stunde befand ich mich sicher im Militärgefängnis von Straßburg untergebracht. Damit endeten alle meine Hoffnungen.

Der Gefängniswärter war Gott sei Dank überaus höflich und freundlich; und Höflichkeit und Freundlichkeit sind keineswegs gemeinsame Eigenschaften unter den Gefängniswärtern dieser äußerst zivilisierten und höflichen Nation. Er führte mich in eine Wohnung, in der es ein einigermaßen gutes Bett gab, und fragte mich sogar, ob ich ein Feuer machen wollte. Ein gutes Feuer in einem feuchten Raum eines Gefängnisses an einem bitterkalten Dezembertag war sicherlich eine große Bereicherung für die Annehmlichkeiten eines armen Gefangenen, und ich antwortete offenherzig, dass es zumindest unter seinem Dach nichts gab, was mir so gefallen hätte viel zu sehen als ein lodernder Herd; aber ich fügte ehrlich hinzu, dass ich keinen Heller dafür bezahlen musste. Das wenige Geld, das ich besaß, hatten die Bayern fast ausschließlich für die Anschaffung eines Hemdes und eines Paares Strümpfe ausgegeben, und ich sah, wie sie den Rest, der nur eine Kleinigkeit war, den französischen *Gendarmen* übergaben, als sie mich auslieferten ihr Sorgerecht. „In diesem Fall", antwortete der gefühlvolle Gefängniswärter, „gehen Sie in meine Wohnung und wärmen Sie sich, und es wird Ihnen an nichts fehlen, wozu ich Ihnen helfen kann." Das war ein ganz anderer Empfang, als ich erwartet hatte. Es ist erstaunlich, welche Wirkung Güte auf das Herz hat, und besonders auf das Herz der Bedrängten und Elenden. Die Barmherzigkeit dieses Mannes hat mich völlig von jeglichen Fluchtgedanken abgehalten. Nichts hätte mich durch irgendein Fehlverhalten dazu bewegen können, einen so guten Mann der Zurechtweisung oder Bestrafung durch die über ihm stehenden Autoritäten auszusetzen.

Zitternd vor Kälte verließ ich mein dunkles, feuchtes Zimmer und fand mich bald in einem sehr gemütlichen Apartment wieder. Meine Augen wurden vom Anblick eines lodernden Feuers begrüßt, während das Knistern der brennenden Holzscheite „süße Musik in meinen Ohren spielte".

Mein offener und barmherziger Samariter erklärte mir bald, warum er mir jetzt so herzlich seine Güte entgegenbrachte. Er war ein alter Soldat und war während des letzten Krieges zweimal in englische Gefangenschaft geraten. Er war im Mittelmeer gefangen genommen worden und beide Male, sagte er, hätten die Engländer ihn freundlich behandelt; und er war der Meinung, dass er nur eine Dankschuld beglich, indem er die Gelegenheit nutzte, einem englischen Offizier in Not freundlich zu sein. Nie war eine Logik für mich schlüssiger, und nie klang eine Schuldner- und Gläubigerrechnung über empfangene und zurückgegebene Gefälligkeiten angenehmer in meinen Ohren.

Er stellte mich seiner Frau vor, einer Deutschen, die darauf bestand, dass ich mich ans Feuer setzte. Das offene, gastfreundliche Wesen schien mit ihrem Mann zu wetteifern, wenn es darum ging, meine Leiden zu lindern. Nach den vielen Stunden, in denen ich fast vor Kälte umgekommen war und mich von meinen Ketten verkrampft und taub gefühlt hatte, brauche ich nicht zu sagen, wie wohl ich mich fühlte. Ich aß mit meinem würdigen Gastgeber zu Abend und am nächsten Tag frühstückte und speiste ich an ihrem Tisch.

An diesem Tag kam der Leutnant der *Gendarmerie* des Bezirks Straßburg zusammen mit einem anderen Offizier, um mich über meine Flucht, die Richtung, die ich eingeschlagen hatte, und alle anderen Umstände meiner Flucht zu befragen. Ich war offen und mitteilsam, und beide waren sehr erstaunt über die Leiden, die ich erduldet hatte, und brachten ihr Erstaunen darüber zum Ausdruck, dass ich unbemerkt die Brücke von Kehl überqueren konnte. Zu meinem Kummer teilten sie mir mit, dass Bitche der Ort meines Ziels sei; und dass ich am nächsten Morgen bei Tageslicht zu dieser Festung eskortiert werden sollte, in Begleitung von elf korsischen Soldaten, die kürzlich aus ihrem Regiment in Deuxponts desertiert waren und ihre Waffen, Ausrüstung und Rucksäcke mit sich führten. Diese unglücklichen Kerle, fügten sie hinzu, sollten alle erschossen werden. Ich muss gestehen, dass es mir keineswegs gefiel, in solcher Gesellschaft zu reisen; aber meine Informanten versicherten mir, dass sie, obwohl sie sich der Demütigung bewusst waren und sie bedauerten, nicht in ihrer Macht standen, sie zu verhindern, und dass ich mich geduldig meinem Schicksal unterwerfen müsse. Ich brauchte nur meinen Rücktritt mit der größtmöglichen Gnade zum Ausdruck zu bringen.

Der Gefängniswärter, der genau wusste, in was für Kerker ich auf meiner Reise nach Bitche gesteckt werden würde, sagte mir, er habe nur neun Livres – etwa sieben Schilling und sechs Pence Sterling – erhalten, was alles sei, was die Bayern den *Gendarmen* als mein Eigentum übergeben hätten; und da meine Mittel so gering seien, würde er für alles, was ich an seinem Tisch bekommen hätte, nur zwei Schilling und sechs Pence verlangen; den Rest meines Geldes gab er meinem Wächter, damit er es mir bei Bedarf vorschießen könne. Ich war dankbar für die Großzügigkeit und Uneigennützigkeit dieses Mannes. Seine Rechnung war tatsächlich die vernünftigste, die ich je in Frankreich bezahlt hatte, und ich bat ihn, mehr zu nehmen, da ich sicher war, dass seine Forderungen so moderat ausfielen, weil meine finanziellen Mittel so eingeschränkt waren; Er lehnte jedoch entschieden ab, und so verabschiedete ich mich von ihm und seiner Frau [23] und nahm meinen Platz an der Seite des elften Korsen ein, an den ich angekettet und mit Handschellen gefesselt wurde, während eine weitere Kette durch die ganze Gruppe geführt wurde, die uns alle vollständig miteinander verband. Gegen Mittag wurden unsere Wachen ausgewechselt. Die Brigade, die uns jetzt eskortierte, bestand aus den grausamsten Schurken, die ich je gesehen habe. Sie legten mir die Kette um den Hals, unter mein Taschentuch, und als ich ihnen sagte, dass es sicherlich ihre Absicht sein müsse, mich zu erwürgen, indem sie die Kette so fest anzogen, nahmen sie ein weiteres Glied, verdammten mich für einen schurkischen Engländer und legten ein riesiges Vorhängeschloss an, das als Schmuck den ganzen Weg unter meinem Kinn baumelte; danach schraubten sie mir die Handschellen an, bis mir buchstäblich die Haut von den Handgelenken gerissen war. Sie kannten meinen Namen genau und wussten, dass ich vor kurzem meinen Wachen entkommen war.

Nachts kamen wir im Gefängnis Hagenau an und am nächsten Morgen machten wir uns bei Tageslicht auf den Weg. Wir wurden in die gleiche Reihenfolge gebracht, mit einer Ausnahme: Die Kette wurde über die Schulter und unter den Arm geführt, wie ein Soldatengürtel, statt um den Hals. Gegen fünf Uhr nachmittags kamen wir in einer offenen Stadt, Niederbronn, an. Die Kälte war sehr stark und es schneite den ganzen Tag heftig. Zu unserem Trost wurden wir in einen der schmutzigsten Kerker gesteckt, den ein Sterblicher je gesehen hat, mit kaum Platz zum Umdrehen und nur einem kleinen Loch in der Tür, um Luft hereinzulassen. Die Korsen schienen großes Mitleid mit meiner Situation zu haben; und bemerkte, „dass sie sich nicht beschweren sollten, wenn *ein britischer Offizier auf so schreckliche*

Weise eingesetzt wurde .“ Sie durften den Kerker verlassen, um sich Erfrischungen zu holen, die ihnen die barmherzigen Bewohner schickten; aber das *Sacré Anglais* durfte sich nicht bewegen; und ich hatte große Schwierigkeiten, ein Bissen Essen zu besorgen, das mir durch das Luftloch gereicht wurde und für das sie den doppelten Preis verlangten. Dieses Luftloch war so klein und es roch so abscheulich, dass ich nie damit gerechnet hätte, es zu überleben. Zwei dieser unglücklichen Kerle wurden von einer Krankheit befallen, einer Art Cholera, die die ganze Nacht anhielt und den *Mauvaise-Gestank,* den wir bereits hatten, noch verstärkte. Ich habe noch nie eine schrecklichere Nacht erlebt. Endlich kam der jubelnde Moment, der durch die üblichen Geräusche angekündigt wurde – das Klappern von Schlüsseln, das Knarren von Türen, Riegeln usw. Ein *Gendarm* erschien und forderte uns mit schroffer, anmaßender Stimme auf, uns auf unseren Marsch vorzubereiten. Es fiel ihm kaum schwer, dieser Aufforderung Folge zu leisten; aber er sagte uns, wir müssten zuerst unsere Zelle ausmisten! „Wo ist der Engländer?“ brüllte das Tier; „Lass ihn diesen Teil alleine machen!“ Ich war voller Ekel und Empörung; Ich ging mutig auf ihn zu und sagte ihm entschieden, dass ich es nicht tun würde. Der Kerl geriet in rasende Wut, und ich zweifelte nicht daran, dass die Folgen ernst für mich gewesen wären, als sich glücklicherweise die Soldaten einmischten und sagten, dass sie, da sie das Übel verursacht hätten, nur deshalb verschwinden müssten aus der Zelle. Nachdem dies erledigt war, setzten wir unsere Reise in der Weise des Vortages fort.

Die beiden kranken Soldaten, obwohl die armen Kerle äußerst krank aussahen, wurden nicht von ihren Ketten und Fesseln befreit, obwohl das Wetter äußerst rau war und uns ein heftiger und harter Wind den schweren Schnee ins Gesicht wehte. Sie waren offensichtlich in einem hohen Fieberzustand, und wo immer sie einen gefrorenen Bach sahen, flehten sie darum, anhalten zu dürfen, um Eis oder Wasser zu holen; aber die hartherzigen Bestien waren für alle Bitten taub, und die elenden Leidenden mussten Handvoll Schnee essen, um ihren rasenden Durst zu stillen. Das grausame, wilde Verhalten dieser Wachen übertraf alles, was ich je erlebt hatte; und doch hatte ich genug gesehen und erlebt, um die Natur schaudern zu lassen. Sie beschuldigten die armen Kerle auch, Verräter ihres Landsmannes Napoleon zu sein.

Gegen Mittag des 21. Dezember 1807 tauchten vor meinem Blick die hohen Türme und massiven Türme der düsteren Festung auf, in der ich eingesperrt werden sollte. Ihr bloßes Aussehen reichte aus, um den Geist mit Entsetzen zu erfüllen; und ich kann nicht umhin zu glauben, dass der Ingenieur dieses Ziel im Auge hatte, als er seinem Bau solche äußeren Formen gab. Die Aussicht, vielleicht für den Rest meiner Tage in dieser abscheulichen Festung eingesperrt zu sein, konnte nur durch die Wahrscheinlichkeit gemildert werden, dass meine Lebensspanne durch die Art meiner Gefangenschaft verkürzt werden würde. Der Tod selbst war einer langwierigen Verfolgung vorzuziehen, und ich wünschte manchmal inständig, in Ruhe zu sein. In diesem Gedanken- und Gefühlsgang ging ich weiter; und ich war von meinem Kummer so vertieft, dass ich fast keine Gegenstände oder Umstände um mich herum wahrnahm, bis ich grob aus meiner Benommenheit erwachte und mich im Zentrum der Festung von Bitche wiederfand.

KAPITEL XII

Vermutungen der Gefangenen über mein Land und meine Verbrechen – Meine Ketten ließen darauf schließen, dass ich einen Mord begangen hatte – Mr. Ashworth, Mr. Tuthill und Mr. Baker stoßen wieder auf mich – Leutnant Essel wird beim Versuch, die Wälle von Bitche hinabzusteigen, zerschmettert – Mein Kummer über seinen Tod – Die gewaltige Höhe der Wälle – Mein schreckliches Verlies – Sein abstoßender Schmutz – Unterredung mit dem Kommandanten – Ein Antrag auf Erlaubnis, täglich zwei Stunden an die frische Luft zu dürfen – Überlegungen zu einer Flucht – Unsere Bemühungen vereitelten – Eine Weihnachtsnacht in einem Verlies – Erinnerungen an Zuhause und Freunde – Eine Wache schießt auf seine Gefangenen – Ich werde in eine Zelle mit fünfzig Gefangenen verlegt – Wieder werde ich in eine höhere Zelle mit nur zwölf verlegt – Besserer Zustand – Hören von einem Plan der Gefangenen unten, zu entkommen – Schaffe es, mich ihnen anzuschließen – List, um den Lärm der Arbeitsgeräte zu übertönen – Erfolgreiche Untergrabung – Lärm beim Öffnen der dritten Tür – Wachen alarmiert – Die Wachen treten ein – Durchsuchen und entdecken unsere Taktik – Wut der französischen Offiziere – Mr. Brine, der auf den Namen O'Brien hört, wird an meiner Stelle gefangen genommen. Ich fliehe aus dem Kerker und gelange zurück in meine eigene Zelle. Ich täusche eine Krankheit vor und vermeide, Verdacht zu erregen.

SOBALD ich meine zerstreuten Sinne wieder sammeln und meine verwirrten Gedanken ordnen konnte, wurde ich von allen Seiten von meinen unglücklichen Landsleuten angestarrt. Sie waren in diesem Augenblick zufällig aus ihren *Souterrains gekommen* , um mit ihrer Erlaubnis ein paar Atemzüge frische Luft zu schnappen, die sie brauchten, um den Rest des Tages in ihren widerlichen Verliesen überleben zu können. Ich konnte hören, wie einige dieser armen Kerle fragten, ob ich britischer Untertan sei. „Er muss der Anführer irgendwelcher Banditen gewesen sein!", sagte einer. „Sieht so aus", bemerkte ein anderer. „Vielleicht", bemerkte ein dritter, „ist er der Hauptmann der Soldaten, an die er gekettet ist." „Sehr wahrscheinlich", erwiderte ein anderer. „Auf jeden Fall", sagte ein fünfter, „ob er nun Engländer oder Ausländer ist, ist klar, dass er kein Kriegsgefangener ist, denn sie würden einen Kriegsgefangenen irgendeiner Nation niemals so schwer mit Ketten beladen." In dieser Meinung, und nur darin, waren sie sich alle einig; und ich wurde mit allgemeiner Zustimmung als ein tollkühner Verbrecher abgestempelt, der ein oder sogar mehrere grausame Verbrechen begangen hatte. Schließlich sahen und erkannten mich einige meiner alten Freunde. „Du meine Güte!", rief einer aus, „das ist unser alter Freund O'Brien." „Aber warum solche Ketten und mit solch einer Bande?" war die Antwort. Keiner wagte es, näher zu kommen, um eine Frage zu stellen; und wie ich später herausfand, war die allgemeine Schlussfolgerung, dass ich bei meinem Fluchtversuch einen Offizier oder Soldaten getötet hatte, der sich mir entgegengestellt hatte, und dass ich so gesichert hierhergeführt worden war, um meinen Prozess und meine Hinrichtung wegen Mordes vorzubereiten.

Aber es dauerte nicht viele Minuten, bis meine alten Freunde und Gefährten Ashworth und Tuthill einen Weg fanden, an mich heranzukommen.

Ich war in meinem ganzen Leben noch nie so vom Donner gerührt, denn ich hatte mir eingebildet, sie hätten entkommen können, und war glücklich gewesen bei dem Gedanken, der sich in meinem Kopf festgesetzt hatte, dass sie sicher in England angekommen waren. Mr. Baker von der Handelsflotte und in kurzer Zeit alle meine alten Kameraden umringten mich, außer dem armen Leutnant Essel; und als ich besorgt nach ihm fragte, erfuhr ich zu meinem großen Kummer, dass er bei einem erneuten Fluchtversuch, als er über die Mauern zu kommen versuchte, in Stücke gerissen worden war. Mr. Ashworth und Tuthill erzählten mir, dass sie etwa zwei Stunden, nachdem sie sich im Wald von mir getrennt hatten, verhaftet oder wieder gefangen genommen worden waren. Der Wald war tatsächlich so plötzlich von Soldaten und Bauern umzingelt worden, dass es unmöglich war, ihm zu entkommen. Sie fügten hinzu, dass sie sich nie erklären konnten, warum ich entkommen war. Die anderen Gefangenen hatten das Ablenkungsmanöver, das wir zu ihren Gunsten durchgeführt hatten, nicht ausgenutzt, sondern waren im Wagen geblieben.

Die traurige Nachricht vom gewaltsamen Tod meines armen Leidensgenossen Essel war ein zusätzlicher Schmerz zu meinem Unglück und meiner Qual. Ich erkundigte mich besorgt nach den Einzelheiten, als die Wache kam und meine Freunde wütend in ihre jeweiligen Kerker jagte, weil sie es gewagt hatten, mit mir zu sprechen. Ich wurde mit den Korsen ganz unzeremoniell in einen anderen Teil der Festung geführt, der La Grosse Tête genannt wurde.

Ich werde nicht versuchen, die Festung von Bitche zu beschreiben. Eine genaue Beschreibung ihrer Stärke, *Untergeschosse* usw. würde ein ganzes Buch füllen. Für diesen Moment genügt es mir zu sagen, dass sie zu den stärksten Festungsanlagen Frankreichs zählt und auf dem Gipfel eines ungeheuer hohen Felsens erbaut ist, aus dem alle ihre unterirdischen Höhlen gehauen sind. Sie hat auf einer Seite drei Wälle. Der erste ist 90 bis 100 Fuß hoch, der zweite 40 bis 50 und der dritte 25 bis 30 Fuß, mit fast unzähligen Schanzen, Verschanzungen und allen möglichen militärischen Vorrichtungen. [24] Als ich diese gewaltigen Höhen und Tiefen überblickte, schien es mir physisch unmöglich, von ihnen zu entkommen, und ich war voller Verzweiflung. Nur

Wahnsinn konnte einen Fluchtversuch auf die leichte Schulter nehmen. Als ich nun in dem elenden Verlies ankam, in dem ich untergebracht werden sollte, wurden mir Handschellen und Ketten abgenommen und die korsischen Deserteure in die Todeszellen geführt. Ich glaube, sie wurden bald darauf erschossen. Ein düsteres Verlies wurde aufgeschlossen, in dem ich anscheinend dazu verdammt war, lebendig begraben zu werden. Die Einsamkeit erschien mir schrecklich, und ich sah einen „lebendigen Tod" als mein letztes Schicksal an; doch ich fand im Verlies Herrn Worth, Fähnrich, und einen Kapitän Brine von der Handelsflotte. Letzterer war einer von denen, die mit mir aus Verdun gekommen waren. Sie befanden sich an einer Tür, die sie aus den Angeln gehoben hatten und die als Plattform diente, um sie vor den Exkrementen und der Nässe zu schützen, die mehr als knöcheltief waren: Sie hatten ein wenig Stroh und eine Decke dabei. Sie erzählten mir, sie seien die Gefährten des unglücklichen Essel bei dem jüngsten Versuch gewesen, über die Wälle zu kommen. Sechs von ihnen waren aus ihrer Höhle ausgebrochen, hatten ein Seil aus Laken mitgenommen und wollten sich gerade hinablassen, als sie entdeckt und Alarm geschlagen wurden, woraufhin vier von ihnen gemeinsam auf das Seil klatschten, das allerdings nur stark genug war, um einen oder höchstens zwei auf einmal hinabzulassen; infolgedessen riss das Seil. Einer wurde in Stücke gerissen, und die drei anderen – ich glaube, sie hießen Nason, Potts und Adams – waren so schwer verstümmelt und zerquetscht, dass man zunächst kaum Hoffnung auf Genesung hatte; Worth und Brine wurden bald von den Wachen an der Schießscharte ergriffen. Den anderen ging es dann schnell besser, und man erwartete sie in ein paar Tagen im Kerker, sobald der Chirurg sie für gesund erklärt hatte; danach mussten sie einunddreißig Tage in diesem Drecksbehälter bleiben, was die übliche Zeit war, in der man in der ersten und schrecklichsten Phase unserer Gefangenschaft lebendig begraben wurde. Es waren fünfzig tiefe Steinstufen unter der Erde – ich habe sie oft gezählt – , und die dunkelsten und verschlungensten Gänge führten von dort zum Haus des Gefängniswärters, der gemeinsam mit einer Wache für die Beaufsichtigung und Überwachung der Gefangenen zuständig war.

Ich war noch nicht länger als eine halbe Stunde in dieser trostlosen und schmutzigen Wohnung gewesen, als ein *Gendarm* kam und *den Neuankömmling aufforderte*, ihm zu folgen. Ich stellte mir vor, es ginge darum, mich zu befreien (das heißt aus diesem Kerker) und mich mit meinen Gefährten, den Herren Ashworth und Tuthill, in einer der Höhlen unterzubringen, was als eine Art Genuss angesehen wurde, da sie ein Bett hatten und Feuer in letzterem erlaubt; aber ich habe mich gewaltig geirrt.

Ich folgte meinem Führer durch alle oben erwähnten Gänge und erreichte schließlich das Haus des Gefängniswärters; wo ich von einem Mann, der eine

Ledermütze und einen Gehrock trug, mit folgenden Worten angesprochen wurde:

„Sie, Sir, sind die Person, die uns so viel Ärger bereitet hat und die dafür verantwortlich war, dass die *Gendarmen* auf die Galeeren transportiert wurden."

„Meines Wissens nicht."

„Das sind Sie, Sir, und Sie verdienen die größte Härte, die man Ihnen auferlegen kann."

Dies veranlasste mich dazu, darum zu bitten, mir mitzuteilen, was er meinte.

„Ich meine, Sir", widerrief er, „dass Sie die strengste Strafe verdienen, weil Sie nicht ruhig bei Ihren Wachen geschlafen haben und an deren Bestrafung mitgewirkt haben."

Ich antwortete: „Mir war bewusst, dass ich nur meine Pflicht getan hatte, als ich versuchte, der Sklaverei, Tyrannei und Unterdrückung und jeder anderen erdenklichen Grausamkeit zu entkommen."

Ich zeigte ihm die Male, die ich damals an meinen Handgelenken und an verschiedenen Körperteilen hatte, und brachte gleichzeitig sehr herzlich meine Abscheu gegenüber einem Land zum Ausdruck, das eine solche Behandlung dulden konnte.

„Bitte", sagte er, „wissen Sie, wen Sie da ansprechen?"

"Ich tue wirklich nicht."

„Dann, Sir, möchte ich Sie wissen lassen, dass ich der Kommandant aller in dieser Festung eingesperrten Gefangenen bin; dass in mir eine sehr große Kraft steckt und ich dich in einem Moment platzieren könnte, wo man dich nie sehen oder hören würde."

Ich antwortete: „Dass ich nicht wusste, dass er Kommandant war – ich hatte nicht den geringsten Zweifel an seiner Macht – war weit davon entfernt, ihn auch nur im geringsten beleidigen zu wollen – dass ich völlig in seiner Gewalt war – er konnte also handeln." von mir, wie er es für richtig hielt."

Er hörte mit großer Aufmerksamkeit zu; wurde ganz weich und mild; Es tat mir sehr leid, konnte aber nicht umhin, mich zu bestrafen. Er befahl daher, mich zurück in den Kerker zu führen, den ich gerade verlassen hatte. Meine Begleiter besorgten mir etwas zu essen; und obwohl ich mich an einem so elenden Ort befand, fühlte ich mich absolut glücklich, mit meinen eigenen Landsleuten zusammen zu sein: Ich hatte jetzt nichts mehr zu fürchten als die Guillotine oder die Sklaverei in den Galeeren.

Nachdem ich mich nun etwas beruhigt und meine Stimmung einigermaßen gestärkt hatte, sammelte ich ein paar der verstreuten Strohhalme zusammen, legte mich auf die Plattform, die meine Kameraden in der Not errichtet hatten, und schlief tief und fest ein. Als ich aufwachte, war die Nacht schon weit fortgeschritten. Meine Begleiter hatten auf die eine oder andere Weise einen Feuerstein, eine Zunderbüchse und eine Kerze besorgt, und wir zündeten ein Licht an. Sie wollten unbedingt einen Bericht über meine Abenteuer haben, den ich ihnen gönnte, und im Gegenzug erzählten sie mir von ihrem Unglück und ihren Leiden. Auf diese Weise verbrachte ich meine erste Nacht in diesem schrecklichen Kerker.

Von meinem Geld waren noch drei, aber drei Livres übrig, und damit besorgten wir uns durch Bestechung etwas Brandy vom Gefängniswärter. Diesen Anreiz hielten wir für sehr notwendig, denn die Ausdünstungen dieses giftigen und verseuchten Ortes waren ebenso stark und fast ebenso anstößig wie die Ausdünstungen des letzten Kerkers von Niederbronn, in dem ich zusammen mit den korsischen Soldaten eingesperrt worden war. Wir griffen auch auf das Rauchen von Tabak zurück, was die Auswirkungen des Gestanks dieses abscheulichen Ortes weitgehend milderte, obwohl es mich sehr krank machte. Ich erhielt nun die geheime Nachricht, dass eine Madame B-l-a-d aus der kleinen Stadt Bitche kürzlich durch Vermittlung meines würdigen Freundes, Rev. Launcelot C. Lee, den Auftrag erhalten hatte, meine finanziellen Mittel bereitzustellen will bis zu einem gewissen Grad; und ich brauche nicht zu sagen, wie sehr dieser rücksichtsvolle und menschliche Akt der Großzügigkeit und Freundlichkeit meine sinkende Stimmung aufgeheitert hatte.

Ich konnte nicht umhin, meinen Kameraden mein Erstaunen über die enorme Stärke und Sicherheit unserer Kerker auszudrücken. Sie übertrafen alles, was ich je gesehen oder mir je vorgestellt hatte, und es erschien mir wundersam, wie Menschen sich solche Orte ausdenken und errichten konnten, um ihre Mitgeschöpfe zu quälen und langsam zu vernichten.

Es dauerte eine Weile am nächsten Tag, bis wir überhaupt etwas erreichen konnten, um unsere erschöpfte Natur wiederzubeleben, obwohl unsere Rufe nach dem Namen des Gefängniswärters, La Roche, tausendmal vom Boden unserer Zelle widerhallten. Wir hatten uns beim Rufen abgewechselt, aber wir waren alle fast erschöpft, als der Kerl an die Gitterstäbe des kleinen Lochs kam, durch das Luft hereinkam. Und nachdem wir alle seine guten Eigenschaften angepriesen und angefleht, geschmeichelt und angerufen hatten (der Himmel möge uns unsere Heuchelei vergeben!), willigte der Schurke ein, uns eine Erfrischung zu geben. Diese reichte er uns durch die drei Gitterstäbe des Lochs, da man ihm die Türschlüssel nicht anvertraut hatte, und was immer er uns brachte, verschlangen wir gierig.

Ich fragte meine Gefährten, ob sie nie frische Luft atmen dürften, und zu meinem Bedauern antworteten sie, dass sie diese Gnade bisher nie genossen hätten. Es schien mir unmöglich, viele Tage an einem solchen Ort ohne sie zu überleben. Ich sagte meinen Leidensgenossen, dass ich es für ratsam hielte, die Gnade durch einen gemeinsamen Brief an den Kommandanten zu erbitten, in dem wir unsere Lage schilderten – und gleichzeitig um den sofortigen Tod baten, falls es seine Absicht sei, uns unserer Gesundheit zu berauben und uns so dazu zu bringen, zu verweilen und unser elendes Dasein nach und nach zu beenden.

Diese Anwendung hatte den gewünschten Effekt und wir durften jeden Tag zwischen elf und eins die Luft einatmen. An diesem ersten Tag, als ich die Luft einatmete, was für uns eine unbeschreibliche Erleichterung war, wurde ich von einem der *Gendarmen darüber informiert* , dass ihr kommandierender Offizier am Tag nach meiner Flucht strenge Befehle an seine Männer erlassen hatte Korps, die ausgesandt worden waren, um die Wälder und das Land auf der Suche nach mir zu durchkämmen, dass sie mich, falls sie mich *finden würden, mit ihren Säbeln au front et au visage* vernarben und entstellen und mich dadurch verstümmeln sollten eine Art und Weise, die sich als Beispiel erweisen würde, um künftig jeden britischen Kriegsgefangenen von einem Fluchtversuch abzuhalten. Diesen Umstand hörte ich später oft von anderen aus demselben Korps wiederholen.

Als ich sie fragte, ob sie im Falle einer Begegnung mit mir diese Anweisungen auch wirklich befolgt hätten, antworteten einige ausweichend und zögerten; andere, die offener waren, gaben zu, dass sie gezwungen gewesen wären, ihren Befehlen *à la lettre Folge zu leisten* – und dass sie natürlich angewiesen worden wären, zur Rechtfertigung ihres Verhaltens zu erklären, dass sie keine andere Wahl gehabt hätten, da ich mich nicht ergeben wollte, sondern verzweifelt Widerstand leistete. Keine Bitte konnte uns zu mehr Sauberkeit verhelfen. Uns ging es buchstäblich schlechter als Schweinen oder Hunden.

Wir begannen nun erneut, Fluchtpläne zu schmieden und zu erwägen. Einer schlug vor, das Verlies zu untergraben. Ich sah keinerlei Aussicht, damit Erfolg zu haben. Ich war jedoch bereit, alles zu versuchen, um meine Freiheit wiederzuerlangen. Mit großer Mühe beschafften wir Hämmer und Meißel, und wir trugen sie immer bei uns, da das Verlies in unserer Abwesenheit jeden Tag geplündert wurde. Wir hängten einen alten Mantel an den Teil des Felsens, an dem wir beginnen wollten. Ein Seil war nötig, um die Wälle hinabzusteigen, nachdem wir aus dem Verlies herausgekommen waren; daher gelang es uns, durch einige Freunde, die die Erlaubnis erhalten hatten, uns zu besuchen, festes Leinen für Hemden zu kaufen (die wir wirklich dringend brauchten), und von den Schuhmachern unter den Gefangenen bekamen wir ab und zu einen Knäuel Bindfaden. Wir besorgten uns nach und nach

Nadeln, Bienenwachs usw. und machten für jeden ein Seil von vier oder fünf Faden, das wir mit dem Rest des Bindfadens *verflochten* und fest um unseren Körper unter dem Hemd wickelten. Unsere Arbeitszeit begann sofort, nachdem wir eingesperrt worden waren und frische Luft geatmet hatten. Nachts war das nicht möglich, da wir Kerzenlicht brauchten und unsere Wachen uns durch die Gitterstäbe hätten sehen können.

Das Untergraben war nicht durchführbar und wurde daher fallengelassen. Da wir ein Seil hatten, schmeichelten wir uns, dass wir eines Tages, wenn wir frische Luft atmen könnten, der Wachsamkeit der Wachen entgehen und die Mauern erklimmen könnten. Dies erwies sich jedoch als ein so schwierig durchzuführender Plan, dass wir ihn aufgaben. Unsere einzige Hoffnung war, dass wir eine Gelegenheit haben würden, das Seil zu benutzen, wenn wir aus unserem derzeitigen Kerker befreit und in einem anderen *Keller* oder einer anderen Kammer der Festung untergebracht würden.

Die Weihnachtsnacht kam, aber weder Weihnachtsstimmung usw. noch Fröhlichkeit. Wir dachten über unser Elend nach, ohne etwas zu lindern. Die Melodie von „Oh, das Roastbeef von Old England!" würden uns einfallen, und visionäre Plumpuddings und reichhaltige Lendenstücke würden die Fantasie quälen. All die Gastfreundschaft, Fröhlichkeit und Gutherzigkeit, die auf unseren Heimatinseln bei diesem Fest zur Schau gestellt wurden, standen uns in lebhafter Erinnerung vor Augen. „ *Nessun maggior dolor che ricordarsi del tempo felice nella miseria* " wurde nun vollständig bestätigt. Intensive Gedanken und intensive Gefühle überwanden den Rahmen, und schließlich fiel ich in einen tiefen Schlaf. Kurz darauf wurde ich plötzlich von meinen Freunden geweckt und gewaltsam in eine Ecke meiner Zelle gezerrt. Als ich mich erkundigte, was dies zu bedeuten habe, wurde mir mitgeteilt, dass der Wachposten bei Mr. Worth Zündhütchen durch die Gitterstäbe gebrannt und seine Muskete noch einmal gerissen hatte, bevor ich davon erfuhr; Wenn es losgegangen wäre, müsste der Ball durch meinen Körper geflogen sein, da ich direkt gegenüber den Gitterstäben stand. Der Kerl hatte Mr. Worth gebeten, seine Kerze auszulöschen, und er hatte sich geweigert, woraufhin der gefühllose (vielleicht betrunkene) Kerl, ohne ein weiteres Wort zu sagen, zweimal mit seinem Stück nach ihm geschossen hatte – eine summarische Methode, Befehle durchzusetzen. Wir platzierten uns bald dort, wo er uns nicht treffen konnte, selbst wenn seine Muskete explodieren sollte. Die Kerze brannte immer noch, und dieser feurige, wenn auch nicht feuernde Wächter war gezwungen, sich flehentlich zu wenden und uns zu bitten, sie zu löschen. Während er flehte, hielt er seine Figur auf die Kerze gerichtet. Wir hatten reichlich Erfahrung mit dem Charakter solcher Schurken und gingen ihm sorgfältig aus dem Weg. Um Mitternacht wurde er abgelöst, und wir meldeten sein Verhalten dem Korporal der Wache, der ihn streng zurechtwies und uns die Erlaubnis gab, unsere Kerze brennen zu lassen. Was war der Schaden? Wir konnten keinen Verrat aushecken und keine List ersinnen, wenn es nur um uns ginge; Wir waren auch nicht in Gefahr, einen feuchten, gewölbten Steinverlies in Brand zu setzen.

Das Verhalten dieses Kerls war jedoch so ungeheuerlich gewesen, dass wir beschlossen, ihn am nächsten Tag dem Kommandanten zu melden, und wir versuchten, uns für den Rest der Nacht zu beruhigen, indem wir der Vorsehung dankten, dass wir seiner Muskete entkommen waren, weil das Feuer fehlte mörderische Absichten.

Dementsprechend teilte ich während unserer Abwesenheit dem *Maréchal de Logis* , Monsieur Mitchell, dem Stellvertreter des Kommandos, mit, was geschehen war. Ich machte ihn auf die Unmenschlichkeit dieses Unglücklichen aufmerksam, der sich bemühte, armen Kriegsgefangenen das Leben zu nehmen, die sich ohnehin in dem schrecklichsten Zustand befanden, den man sich vorstellen kann, weil in der Weihnachtsnacht ein Zentimeter Kerze brannte. Er antwortete mit großer Unbekümmertheit : „Aber sein Stück ging nicht durch; keiner von euch wurde verletzt; Und welchen Nutzen hat es, noch mehr darauf zu achten?“

23. Januar 1808. — Schließlich wurden wir aus dem Kerker in ein elendes Loch unter der Erde geführt, zu dem ich über dreißig steile Steinstufen hinabstieg, wo die Herren Tuthill und Ashworth sowie fünfzig unserer Landsleute bereits lebendig begraben waren. Hier blieb ich und plante und schmiedete alles Mögliche, um zu entkommen, aber vergebens. Ich trug das Seil jedoch ständig um mich herum; doch die Wachen waren so wachsam, dass ich kaum Hoffnung hatte, es jemals wie beabsichtigt nutzen zu können.

Dies dauerte die Monate Februar, März, April, Mai und Juni an. Nach Ablauf dieser Zeit war der Kommandant so freundlich, mir zu erlauben, in einen kleinen Raum zu gehen, in dem sich bereits zwölf weitere befanden. Diese Nachsicht, so hatte er die Höflichkeit zu sagen, war eine Folge meines guten Benehmens. Zu ihnen gehörten die Herren Tuthill, Ashworth und Brine. Letzterer trug sein Seil wie ich und war die einzige Person der Gruppe, die damals im Raum war und wusste, dass ich eines hatte. Durch dieses Vertrauen zueinander wurden wir täglich vertrauter, und nach einer Vielzahl fruchtloser Versuche schien sich am 17. Juli 1808 die Zeit unserer Sklaverei dem Ende zuzuneigen: An diesem Tag erzählte mir einer der Seeleute – ein junger Ire, dessen Namen ich vergessen habe – im Vertrauen, dass eine Gruppe daran dachte, in dieser Nacht aus dem *Keller auszubrechen* ; dass er einer von ihnen war; und er teilte mir mit, wer die anderen waren. Ich begann zu bedauern, die Höhle jemals verlassen zu haben. Ich nahm jedoch an, dass es wahrscheinlich war, dass ich für die Nacht zu ihnen hinunterkam. Ich wartete also auf die Anführer dieser Gruppe, während sie Zeit hatten, frische Luft zu schnappen, und bat sie, ohne meine Motive anzudeuten, mir zu erlauben, sie an diesem Abend in der Höhle oder *im Souterrain zu besuchen* . Sie starrten mich an, und die Seltsamkeit meiner Bitte ließ sie vermuten, dass ich von ihren Plänen wusste. Da ich wusste, dass sie mir vollkommen vertrauten, zögerte ich nicht, ihnen die Wahrheit zu sagen. Obwohl sie in ihrer Meinung über mich nur Gutes taten, weigerten sie sich dennoch, meiner Bitte nachzukommen; denn sie versicherten mir, dass sie nicht von ihrem festen Plan abweichen könnten, und der darin bestand, dass niemand von denen oben nach unten gelassen würde. Ihr Motiv war die Angst, Verdacht zu erregen, denn wir mussten die Erlaubnis des *Maréchal de Logis einholen* , um in die untere Zelle zu gehen, und selbst wenn wir darum baten, könnten die Behörden auf der *Hut sein* . Ich war zutiefst beschämt, dass ich von dem Unternehmen ausgeschlossen wurde. Zur üblichen Zeit, um sechs Uhr abends, mussten sie hinabsteigen, um eingesperrt zu werden, aber als sie nach unten gingen, sagte ich ihnen, dass ich nicht die Hoffnung aufgab, mich ihnen an diesem Abend anzuschließen. Nachdem ihre Türen verschlossen worden waren, hatte ich bemerkt, dass es die Gewohnheit des *Maréchal de Logis war* , die Festung für einige Zeit zu verlassen, und in dieser Nacht beobachtete ich besorgt seine Abreise. Gegen halb sieben sah ich ihn hinausgehen; um sieben waren wir an der Reihe, eingesperrt zu werden. Diese Zeitspanne war für mich bedeutsam – es durfte keine Zeit verloren werden. Nie war ich in einem größeren Zustand der Angst. Schließlich ging ich mutig auf den Wache haltenden *Gendarmen* mit Namen Buché zu und sagte ihm, dass ich eingeladen sei, den Geburtstag eines alten Freundes im *Souterrain zu feiern* , und dass er mir einen großen Gefallen tun würde, wenn er mich hinabsteigen ließe. Er zögerte. „Nein, mein freundlicher Monsieur Buché", sagte ich äußerst höflich, „welche Befürchtungen können Sie denn nur haben?" Bin ich im *Souterrain* nicht wesentlich sicherer als in der Zelle oben?" Diese treffende Bemerkung stellte ihn zufrieden, und ich erhielt seine Erlaubnis, hinabzusteigen.

Ich informierte die Herren Tuthill, Brine und Ashworth sofort über meinen Erfolg, als sie die Wache ebenfalls überredeten, sie an der Feier der Geburtstagsnacht teilnehmen zu lassen. Ich befürchtete, dass ihr Begehren Verdacht erregen und sogar mich davon abhalten würde, mich der Gruppe anzuschließen; aber ich war froh, dass das Gegenteil der Fall war. Ich war leider so berühmt für meine Fluchtstrategien, dass jede Bitte, die ich äußern konnte, sofort eine Menge verwirrter Verdächtigungen hervorrief; aber als der arme Monsieur Buché feststellte, dass so viele die Geburtstagsnacht feiern wollten, schloss er daraus, dass es tatsächlich eine Geburtstagsnacht zu feiern gab, obwohl ein intelligenteres Gehirn vielleicht zu dem Schluss gekommen wäre, dass es ziemlich absurd war, wenn Menschen etwas feierten, die kaum genug zu essen hatten.

Es war jedoch nicht unsere Aufgabe, allzu neugierig zu sein, und ich stieg mit meinen Begleitern ab. Als wir uns der Höhle näherten, drangen meine Ohren in den Lärm der Fröhlichkeit, der absichtlich angenommen wurde, um zu verhindern, dass die Wächter den Lärm von Meißeln, Sägen und anderen Werkzeugen hörten, von denen ich schlussfolgerte, dass sie hart arbeiteten. Einige sangen oder schrien, andere tanzten, wieder andere ließen ihre Hunde heulen und bellen, und das auf keine sanfte Weise; und die Täuschung wurde so bewundernswert aufrechterhalten, dass der Gefängniswärter und die Wachen annehmen konnten, dass unter ihren Gefangenen eine ausgelassene Saturnalie feierte. Noch vor sieben waren wir inmitten dieser „fröhlichen Kerle", und unser Wärter sperrte uns alle ein und lachte darüber, dass wir Engländer uns mit wenig oder nichts so glücklich machen könnten. Wir hatten ein paar Dinge des Nötigsten für die Nacht mitgenommen, die nicht eingehalten werden konnten, in unseren Taschen.

Unsere Freunde empfingen uns mit offenen Armen und bewunderten unsere Ausdauer. Ich stellte fest, dass sie schnell vorankamen; die Bergleute waren sehr fleißig. Eine Tür war bereits aufgebrochen. Die zweite Tür war eine riesige Eisentür; es war unmöglich, sie aufzubrechen; die Bergleute hatten daher die Erde und das Gestein darunter weggearbeitet. Es war halb elf, bevor wir ein Loch fanden, das groß genug war, dass ein kleiner Mann hindurchkriechen konnte, wodurch er die Riegel und Stangen auf der gegenüberliegenden Seite aufbrechen und die Tür öffnen konnte. Dieser Mann, dessen Name Daly war, war später Marineagent und lebte in Greenwich; er floh, glaube ich, mit Dr. Clarke aus Verdun und landete sicher in England. Die Haupthindernisse waren nun nach Meinung aller beseitigt, und es blieben nur noch zwei kleine Türen übrig, die uns den Vormarsch zu einem unterirdischen Gang versperrten, der aus dem Fort herausführte. Dies war eine sehr komplizierte Verbindung, und wir mussten uns den Weg zu diesen kleinen Türen ertasten, da es gefährlich war, Kerzenlicht zu haben.

Einige unglückliche englische Gefangene waren aufgrund von Verrat untereinander schon Jahre zuvor in demselben Gang niedergemetzelt worden, als sie vergeblich versucht hatten, nachts zu entkommen. Wie wertvoll wäre eine dunkle Laterne jetzt gewesen! Alle, außer den wenigen, die die Türen aufbrechen sollten, bereiteten sich auf ihre Flucht vor. Es war fast Mitternacht. Unsere Übereifrigkeit beim Aufbrechen der dritten Tür ließ den Riegel zurückschnellen, was ein Geräusch verursachte, das von den Wachen draußen mitgehört wurde. Dies führte dazu, dass sofort ein allgemeiner Alarm ausgelöst wurde – alle Hoffnungen waren dahin. „Was für unglückliche Kerle!" waren die einzigen Worte, die man hören konnte, und jeder versuchte, an seinen jeweiligen Platz zu gelangen, bevor die Wachen eintraten. Diejenigen, die ganz mit Schmutz bedeckt waren, versuchten, ihre Kleidung auszuziehen und zu verstecken; in allen Teilen der Höhle herrschte große Verwirrung; das Durcheinanderrennen, das Verwechseln der Betten und Kleidung der anderen usw. war ziemlich lächerlich. Die Besucher waren von allen anderen am schlimmsten dran: Ihre Freunde, mit denen sie den Abend verbringen wollten, konnten ihnen keine Betten anbieten. Die Türen öffneten sich jetzt, die Wachen traten ein, und ich, der ich ganz mit Dreck bedeckt war, irrte umher, ohne einen Ort finden zu können, an den ich kriechen konnte. Durch Zufall stolperte ich über ein Bett und kroch sofort mit meinen Stiefeln und all meinen Kleidern unter die Decken. Die Wachen gingen dicht an mir vorbei, noch bevor ich mich niedergelassen hatte; aber sie waren zu sehr darauf bedacht, die Stelle zu erreichen, von der sie glaubten, sie hätten das Geräusch gehört. In unserer Höhle war zu dieser Zeit alles still. Man hätte eine Stecknadel fallen hören können. Jeder Gefangene schien tief zu schlafen, und ein oder zwei schnarchten sogar. Im Licht der Wachen, als sie vorbeigingen, stellte ich fest, dass ich in das Bett eines Dieners, eines Amerikaners namens Clarke, geraten war. Er war so unerträglich betrunken (sie schafften es in dieser Nacht, etwas *Snique* oder Brandy hineinzuschmuggeln), dass es lange dauerte, bis ich ihn wecken konnte; und als er wach war, hatte ich ebenso große Schwierigkeiten, ihm verständlich zu machen, wer ich war und warum ich in sein Bett geraten war. Ich fürchtete, der betäubte Kerl könnte einen Ausruf ausstoßen, der alles aufdecken könnte. Glücklicherweise forderte er mich jedoch, sobald er verstehen konnte, was ich sagte, auf, mein Gesicht zu bedecken, und half mir, mich so gut wie möglich zu verbergen. Später stellte sich heraus, dass er in vollem Bewusstsein der Rolle, die er am nächsten Morgen spielen sollte, zu Bett gegangen war und dass er sich ein wenig betrunken hatte, um sich Mut für sein Vorhaben zu machen; und da im Rausch ein bisschen immer zu mehr führt, war er schließlich sehr betrunken, in der Illusion, er würde sich erholen, bevor die Zeit des Aufbruchs gekommen war. Dies ist, glaube ich, die übliche Selbsttäuschung aller angehenden Trinker.

Als der befehlshabende Offizier des Suchtrupps erfuhr, dass die erste Tür geöffnet worden war, sagte er höhnisch: „Er würde uns Wochen geben, um durch die nächste zu kommen." Gemeint ist damit die schwerfällige, massive Eisentür, die ich bereits beschrieben habe. Als wir ein paar Schritte vorrückten, verkündete einer der Wachen mit einem schrecklichen Fluch, dass sogar die Eisentür aufgebrochen worden sei. Dies versetzte den Offizier in rasende Leidenschaft, und er fluchte empört gegen die „ *sacrés coquins, les Anglais* " und stieß eine Tirade von Eiden aus, als er beschloss, die Anführer einer so schrecklichen Verschwörung zu entdecken. „Wo sind die Besucher?" rief er mit wütender Stimme. „Wo sind diejenigen, die, soweit ich

weiß, die *Gendarmen dazu gebracht haben*, in die Zelle eingelassen zu werden?
Sie müssen die Urheber dieses schrecklichen Geschäfts oder Komplotts
sein."

Leidenschaft ist niemals rational, sonst hätte sie diesen Beamten gelehrt, dass
diejenigen, die nur für einen Abend als Besucher zugelassen waren, nicht die
Urheber einer Verschwörung sein konnten, die viele Tage, Wochen oder
sogar Monate lang aktiv gewesen sein musste.

Der wütende Beamte rief die Liste der Besucher herbei, und Tuthill,
Ashworth und O'Brien hallten aus seinen wütenden Lungen. Ich war ein zu
alter Seemann, um den ersten Ruf zu bemerken. Die ersten beiden Beamten
waren so indiskret, dass sie antworteten. Sie dachten, dass sie, wenn sie
ausgezogen waren und im Bett lagen, dem Verdacht entkommen könnten.
Doch das Ergebnis war ein ganz anderes. Man befahl ihnen, aufzustehen,
ihre Kleider anzuziehen, und unter sehr grober Anstrengung sollten sie zu
meinem ehemaligen Wohnort, dem Kerker, geführt werden. Wieder
wiederholte der wütende Beamte meinen Namen – O'Brien. Der arme Mr.
Brine antwortete auf den Anruf; und ihm wurde ohne Umschweife befohlen,
sich anzuziehen, und er wurde gezwungen, sich den anderen beiden
anzuschließen. Wieder erklang der Name O'Brien von den Lippen des
wütenden Offiziers; aber Mr. O'Brien hatte nicht mehr Lust, auf den Anruf
zu antworten als am Anfang. Der betrunkene Diener hatte sich soweit erholt,
dass er die ganze Szene verstehen konnte, und er spielte seine Rolle mit
großem Takt. Ich blieb unter der Bettdecke, während er sich aufrichtete und
die Knie so angehoben hatte, dass er mich nicht entdecken konnte. Er
protestierte, dass er allein im Bett sei; Und da der Anschein seine Behauptung
begünstigte, störten ihn die Wachen nicht, sondern gingen zum nächsten
Bett. Ich für meinen Teil sah keine Möglichkeit zu entkommen, da die
Suchenden sehr wohl wussten, dass ich mich unten befand, und ich oft im
Begriff war, aufzuspringen und mich meinen Kameraden anzuschließen, die
nun auf den Marsch zum Kerker geschickt wurden. Der betrunkene Diener
bemerkte scharfsinnig: „Dass es Zeit genug sein würde, mich dieser Gruppe
anzuschließen, wenn ich entdeckt würde, und dass ich geduldig auf das
Ergebnis warten sollte." Ich fand, dass seine Worte durchaus begründet
waren, und schwieg. Drei oder vier weitere Rädelsführer (wie sie sie nannten)
wurden durch den Lehm und die Erde entdeckt, die sich um ihre Gewänder
herum befanden, und alle wurden in den schrecklichen Kerker gebracht.
Anschließend wurden die Türen verschlossen und an den aufgebrochenen
Türen Wächter aufgestellt. Ich ging davon aus, dass die Wachen
zurückkehren würden, um nach weiteren Rädelsführern zu suchen, und
wartete voller Angst auf ihre Ankunft. In der Zwischenzeit war ich der
Meinung, dass es besser wäre, meine Stiefel und Kleidung auszuziehen. Ich

habe dementsprechend diejenigen, die voller Erde und Schmutz waren, ausgezogen und an verschiedenen Stellen des *Souterrains versteckt*. Es verging einige Zeit, doch die Rückkehr der Wachen störte mich nicht. Ich beruhigte mich, so gut ich konnte: Mein Bettgenosse ließ mich völlig im Besitz, und ich fiel in einen tiefen Schlaf.

Als ich aufwachte, war es Tageslicht. Die übliche Stunde, in der die Gefangenen die frische Luft atmen konnten, war gekommen; aber die Türen wurden nicht wie zuvor geöffnet, und bald wurde ihnen mitgeteilt, dass sie verschlossen bleiben würden, bis sie es für richtig hielten, die Namen aller zu nennen, die in der Nacht zuvor fliehen wollten. Die Gefangenen lachten über einen solchen Vorschlag, denn es gab nichts Sichereres, als dass alle, die gehfähig waren, eine so hervorragende Gelegenheit zur Wiedererlangung ihrer Freiheit genutzt hätten. Nach einer zweiten Überlegung einigte man sich darauf, nur die Namen derjenigen zu nennen, die sich bereits im Kerker befanden, da man sich ihrer Strafe sicher sei. Der Kommandant wollte der Behauptung einer so geringen Anzahl von Namen keinen Glauben schenken, und das *Souterrain* blieb verschlossen. Auf jeden Fall war ich sicher, dass ich mein Zimmer vermissen würde, da es keine Möglichkeit gab, dorthin zurückzukehren. Um elf Uhr versammelten sie uns im Allgemeinen – der *Gendarm*, der uns die Erlaubnis zum Hinabgehen gab, befand sich in Haft, und es schien, dass er am Anfang nicht die richtigen Namen genannt hatte und danach nicht besonders verhört worden war, was den Grund dafür darstellte Verwechslung zwischen meinem Namen und dem von Mr. Brine. Doch der Moment, der mir keine Hoffnung oder Möglichkeit mehr ließ, der Entdeckung zu entgehen, rückte schnell näher.

Um neun Uhr kamen der Kommandant, Monsieur Clement, und alle anderen Offiziere der Garnison herab, um sich über die Verwüstung zu informieren, die die englischen Gefangenen bei der Errichtung der Festung angerichtet hatten.

Sie fanden von unseren Werkzeugen nur ein altes Stück Säge, einen einzelnen Hammer und ein paar Meißel, und alle äußerten ihr Erstaunen darüber, dass wir in so kurzer Zeit und mit so großen Hindernissen so große Fortschritte gemacht hatten wenige und schlechte Geräte. Während dieser Untersuchung hatte ich große Schwierigkeiten, mich zu verbergen; und obwohl es mir gelang, wusste ich, dass es irgendwann keinen Nutzen mehr haben würde, denn erst um elf Uhr würde sich über mein Schicksal entscheiden.

Gegen zehn Uhr kam eine Ladung Holz für die Gefangenen. Dann bat man um Erlaubnis, die Türen zu öffnen, damit sie heraufkommen und es holen könnten. Dies wurde verweigert, und die Gefangenen in den oberen Räumen wurden angewiesen, das Holz durch die Luftlöcher zu denen im Kerker hinunterzuwerfen, aber zu meinem Glück waren die Scheite zu groß, um durch die Gitter zu passen. Unsere Wachen waren daher gezwungen, den *Keller zu öffnen* und einer bestimmten Anzahl von Gefangenen zu erlauben, hinaufzusteigen, um das Holz herunterzuholen. An der Tür wurde eine strenge Wache postiert.

Ich schaffte es, saubere Kleidung herunterzuholen, die mir durch die Gitterstäbe gebracht wurde, und ich besprach einen Plan mit einem meiner Mitgefangenen, die das Holz herunterbrachten, einem sehr ehrenwerten und wohlerzogenen Mann, einem Sergeant der Marines der HMS *Magnificent*. Er sollte ein besonderes Zeichen geben, indem er seine Hand auf den Hinterkopf legte, wenn der Wachmann nicht auf die Tür blickte; was er tat, und in diesem Moment glitt ich heraus, oder besser gesagt, sprang ich heraus.

Die Wachen ergriffen mich und forderten mich auf, sofort wieder herunterzukommen. Ich fragte, warum sie mich nicht heraufkommen ließen, da sie mir gerade erst erlaubt hatten, hinunterzugehen. Ich sagte ihnen, dass ich nicht zum Souterrain gehöre *und* nur aus Neugier heruntergekommen sei, um zu sehen, was die Gefangenen in der letzten Nacht getrieben hätten. Ich erinnerte diejenigen, die sich gewöhnlich in dem Raum versammelten, in den ich gehörte, an ihren Irrtum und fragte sie, wie sie nur annehmen konnten, dass ich zum *Souterrain gehörte*. Sie sahen mich an, schienen überzeugt und schienen überrascht, dass sie sich nicht daran erinnern konnten, dass ich beim Heruntergehen an ihnen vorbeigekommen war, baten um Verzeihung und erlaubten mir, meinen Weg fortzusetzen. Ich erreichte mein eigenes Zimmer, wo ich in wenigen Sekunden unpässlich und gemütlich im Bett lag. So entging ich der Verschleppung auf die Galeeren: denn nach meinen wiederholten Fluchtversuchen hätte mich eine weitere Entdeckung diesem schrecklichen Schicksal ausgeliefert.

Es bestand keine Gefahr, dass ich entdeckt würde, bis der *Gendarm*, der mir die Erlaubnis erteilte, befreit werden sollte. Am Nachmittag erhielt ich die Erlaubnis, in den Kerker zu gehen, meine armen Kameraden zu sehen und ihnen Beileid auszusprechen. Sie freuten sich sehr über mein Glück, fürchteten aber, dass mein Trick bald auffliegen würde. Acht Tage vergingen: In dieser Zeit stattete ich diesen armen Kerlen häufig einen Besuch ab. Daraufhin wurde der *Gendarm* Buché freigelassen, und ich war verpflichtet, während seiner Dienstzeit ständig im Zimmer zu bleiben; und als er kam, um uns zusammenzurufen, lag ich zugedeckt im Bett. Sie nannten die Namen nie: Köpfe zu zählen war ihre Methode, die mir vortrefflich gefiel. Fünf weitere Tage waren auf ähnliche Weise vergangen, als wir den Auftrag erhielten, uns auf eine Generalüberprüfung vorzubereiten, die normalerweise einmal im Monat stattfindet.

4. August. – An diesem Tag wurden wir alle in Reihen aufgestellt und genauestens inspiziert. Es schien mir und meinen Freunden, dass ich einer Entdeckung bei dieser Gelegenheit nicht entgehen konnte, da alle Gendarmen *anwesend* waren. Es gab keine Ausnahme oder Entschuldigung für die Krankheit; Wenn ein Gefangener kriechen konnte, musste er dabei sein, und häufig wurden sie getragen. Ich nahm meinen Platz in den Reihen ein und erwartete, in wenigen Minuten bei meinen alten Kameraden in der Schwebe untergebracht zu sein.

Der *Gendarm* , dem ich so lange aus dem Weg gegangen war, richtete seinen Blick auf mich. Ich hatte die Nachricht erhalten, dass er dem Kommandanten Clement oder General Maisonneuve mitteilen wollte, dass ich ihn mehr als alle anderen bedrängt hatte und dass ich die Person gewesen sei, die ihn dazu gebracht hätte, irgendjemanden im Stich zu lassen. Er war erstaunt, mich zu sehen, nachdem man ihm mitgeteilt hatte, dass ich mit den anderen im Kerker sei. Kurz darauf kam er an mir vorbei und ich sah ihn gehen und mit den beiden oben genannten Beamten sprechen: Ich war dann zuversichtlich, dass er das Geschäft abgeschlossen hatte. Die Überprüfung erfolgte; Jeder wurde inspiziert und einigen wurden mehrere Fragen gestellt. Ich wurde ohne Vorankündigung übergangen. Ich konnte mir das nicht erklären, war aber der Meinung, dass sie etwas zu diesem Thema gesagt hätten, wenn sie davon erfahren hätten. Ich war froh, als wir alle entlassen wurden und die Beamten in den Ruhestand gehen durften. Meine Flucht war für mich unerklärlich, aber in dieser Hinsicht nicht weniger willkommen; Ich war jedoch von meinem Glück so verwirrt, dass ich das Gefühl hatte, dass irgendetwas Schlimmes auf mich wartete.

Während ich in einem peinlichen Dilemma auf und ab ging, kam der *Gendarm* Buché auf mich zu und redete mich mit folgenden Worten an:

„Durch welches Wunder bist du aus dem Kerker entkommen? Wie, im Namen aller Wunder, sind Sie aus dem *Souterrain hochgekommen* ? Ich habe dich an manchen Tagen herumlaufen sehen, obwohl du mich vielleicht nicht gesehen hast.“

Es war nicht zu verkennen, was er meinte, aber obwohl ich voller Befürchtungen war, beschloss ich, ein verwundertes Gesicht aufzusetzen, als er sich anmaßte, mich anzusprechen, und beharrte auf der Behauptung, ich wüsste nichts von allem, worauf er anspielte.

„Beten Sie, Herr“, antwortete ich, „und warum sollte ich in den Kerker gesteckt werden?“

"Mein Gott!" rief er, erstaunt über meine Unverschämtheit, „waren Sie nicht gerade die Person, die den Hauptanlass dafür gegeben hat, dass ich Sie und

Ihre drei Gefährten herunterlassen durfte, um Ihre Freunde zu besuchen und den Jahrestag eines Geburtstages zu feiern, wie Sie es nannten?"

„Sie müssen sicherlich einen Fehler gemacht haben, Sir; „Ich war es nicht", erwiderte ich mit einem Ausdruck beleidigter Unschuld.

Der Mann durfte auf diese Weise weder eingeschüchtert noch aufgedrängt werden. Er blieb bei seinem Text und bestand darauf, dass ich der Schuldige sei; aber zu meiner großen Erleichterung fügte er hinzu, dass er keine Lust habe, mich bestraft zu sehen, denn da seine Strafe vorüber sei, könne ihm meine Strafe keine Erleichterung verschaffen. Ich war froh, einen Menschen zu finden, der so frei von Rachegeist war; und doch fügte der Kerl hinzu, dass er es dem General und Kommandanten von mir erzählt hätte, wenn seine Frau ihn nicht überredet hätte – *Anglicè* , ihn befohlen und gezwungen hätte –, es nicht zu tun. Vielleicht hatte die Dame ein paar Kleinigkeiten seitens ihres Mannes zu verübeln und war nicht übermäßig betrübt über die Strafe, zu der ich ihn verraten hatte.

Ich bewahrte weiterhin meine würdevolle Haltung und versicherte ihm, dass er durch seine Nachsicht und das, was er infolgedessen erlitten hatte, nichts verlieren würde, denn ich kannte die Großzügigkeit des *Herrn* , wegen dessen er in Gewahrsam genommen worden war.

Da konnte er seine Haltung nicht länger bewahren und brach in ein herzzerreißendes Gelächter aus, das mir ins Gesicht lachte. Ich war gezwungen, die Maske abzulegen. Er schüttelte mir die Hand und wir wurden so gute Freunde, dass er mich am Nachmittag sogar in den Kerker mitnahm, um meine unglücklichen Gefährten zu sehen. Nichts konnte sie mehr in Erstaunen versetzen, als dass ich mit diesem Mann erschien, den sie für moralisch unmöglich zu besänftigen hielten, da seine Nachsicht mir gegenüber zu seiner Schande und Bestrafung geführt hatte. Ich berichtete ihnen von allem, was geschehen war, und von dem Dialog, der an diesem Tag zwischen ihm und mir stattgefunden hatte, worauf sie mir alle gratulierten und mich den glücklichsten Gefangenen der Festung nannten.

KAPITEL XIII

Ein Prozess in Metz – Englische Offiziere werden auf die Galeere verurteilt – Fälschung und Verwendung falscher Pässe – Die Folgen – Ein neuer Fluchtplan – Eine günstige Nacht, aber ungünstige Wachen – Ein Abschiedsessen – Ein weiterer Fluchtversuch – Ein Abstieg von der Festungsmauer an einem Seil – Versteck in einem Graben – Hinunterrollen eines Glacis – Ein Abschied vom Tränenhaus – Auf dem Weg zum Rhein – Versteck in einem Wald – Zuflucht in einem Weinberg – Erschießung eines Fuchses – Störung in unserem Lager – Eine Flucht und ihre Gefahren – Die Ufer des Rheins – Überquerung des Flusses – Eine freudige Flucht in neutrales Gebiet – Voraussichtlicher Komfort eines Gasthofs und Erfrischungen.

AM nächsten Tag (5. August 1808) erhielten meine unglücklichen Begleiter den Befehl, sich zum Marsch nach Metz vorzubereiten, wohin sie unter starker Eskorte geschickt wurden, um sich als Verschwörer vor Gericht zu stellen. Wie der einfache Versuch von Kriegsgefangenen, ein Gefängnis zu brechen, unter eine solche Kategorie von Verbrechen fallen konnte, war mir unerklärlich. Buché, der *Gendarm* , wurde angewiesen, sich nach Metz zu begeben, um in der doppelten Eigenschaft als Staatsanwalt und Kronzeuge zu fungieren. Ich war nun völlig in der Macht dieses Mannes. Ein einziges Wort von ihm hätte mich in die Reihe der Geächteten und Verurteilten aufgenommen; denn vor einem solchen Tribunal abgeurteilt und verurteilt zu werden, käme einem Gleichen gleich. Ich hatte das Glück, dass Buché mich nicht denunzierte.

Ich empfand die Demütigung, zu sehen, wie meine armen Kameraden schwer gebügelt und in Ketten gefesselt waren. Nachdem sie viele Tage lang eng in ihrer schmutzigen und verseuchten Höhle eingesperrt waren, sollten sie fünfundzwanzig Meilen weit marschieren, um ihren fiktiven Prozessen ausgesetzt zu werden. Wir trennten uns so liebevoll wie möglich, und ich hätte ihr Schicksal fast freiwillig teilen können: „Unser Verbrechen war üblich", um es mit den Worten des Dichters zu sagen, und ich konnte nicht anders, als das Ende der Zeile zu wiederholen: „Und gemeinsam sei der Schmerz." ."

Ein paar Tage später erhielt ich einen Brief von meinem Freund Mr. Ashworth, der mir einen melancholischen Bericht über den Prozess gab; und er schloss mit der Aussage, dass er und mehrere unserer Freunde „ *zu fünfzehn Jahren als Galeerensklaven* " verurteilt wurden. *Herr Tuthill wurde zu nur neun Jahren verurteilt.* [25] "

Ich war von dieser Nachricht so schockiert, dass ich den Brief fallen ließ und nicht weiterging. Ich beeilte mich, meinen Mitgefangenen die beunruhigende Nachricht zu überbringen. Die Empörung, die sie auslöste, war extrem, und obwohl wir unter der absoluten Macht des Feindes standen, protestierten wir lautstark gegen die Barbarei und Tyrannei einer Nation, die sich zivilisiert nannte und es ertragen konnte, dass ein solches Gerichtsurteil gefällt oder vollstreckt wurde.

Nachdem die ersten Wutausbrüche und Empörungen abgeebbt waren, nahm einer meiner Freunde den Brief in die Hand, und die ganze Szene änderte sich schlagartig; denn als er weiterlas, stellte er fest, dass das Urteil des Gerichts aufgehoben worden war. So groß dieser Trost auch war, änderte er nichts an meinen Gefühlen gegenüber dem Oberhaupt der französischen Nation.

In dem Brief wurde mir außerdem mitgeteilt, dass zwei unserer Seeleute zu sechs Jahren Galeerendienst verurteilt und tatsächlich an ihren Bestimmungsort geschickt worden seien. Das fand ich schrecklich.

Ich kannte diese beiden unglücklichen Opfer. Der eine war gebürtiger Italiener, der andere Engländer. Ersterer, John Gardner, *alias Italian John, war, wie ich herausfand, verurteilt worden, weil er für den anderen, einen gewissen Henry Hudsell, alias* Quiz, einen falschen Pass ausgestellt hatte . Hudsell floh aus Bitche und reiste mehrere Meilen mit diesem fiktiven Pass, bevor die Verhängung entdeckt wurde. Wenn der Leser nur an die Behandlung denkt, die unsere Gefangenen erlitten haben, ohne Aussicht auf einen Austausch während des Krieges, und daran, dass dieses Verbrechen zwar als Fälschung bezeichnet werden kann, aber nicht begangen wurde, um irgendjemanden zu belästigen oder zu verletzen, sondern tatsächlich Ich hatte lediglich vor, den Überbringer zu befreien, und ich habe nicht den geringsten Zweifel, dass er meiner Meinung zustimmen wird, dass dies bei weitem nicht die Strafe von sechs Jahren in der Galeere für Übeltäter aller Konfessionen verdient.

Vor kurzem war ein Engländer von den Galeeren eingetroffen, der in unserer Armee auf dem Kontinent unter Seiner Königlichen Hoheit, dem Herzog von York, gedient hatte. Soweit ich mich erinnere, hieß er Barnes. Er gab an, er sei zusammen mit einigen anderen von den Franzosen gefangen genommen worden und durch einen Unfall sei einer ihrer Wächter getötet worden. Alle Gefangenen wurden angeklagt und zu zwölf oder dreizehn Jahren Sklaverei verurteilt – ich bin mir nicht sicher, zu welchem Zeitpunkt; er war jedoch der einzige Überlebende. Als seine Strafe abgelaufen war, brachten sie ihn ins Straflager, wo er weiterhin als Kriegsgefangener galt. Es war sicherlich die Pflicht unserer Regierung, nach dem Frieden von 1814 eine strenge Untersuchung anzuordnen, ob noch immer einer unserer Landsleute auf den Galeeren litt!

September 1808. – Zu diesem Zeitpunkt hatte ich bereits einen anderen Plan, nachdenklich und mit großer Hoffnung auf Erfolg zu fliehen. Die Ankunft eines Mr. Hewson und eines Mr. Butterfield, Midshipmen (die im März letzten Jahres aus Verdun geflohen waren und in den Golf von Lyon im Mittelmeer gelangt waren, wo sie verhaftet und nach Bitche zurückgebracht worden waren), befürwortete meinen Plan sehr. Da Mr. Hewson ein enger Freund und sehr alter Bekannter war, teilte ich ihm meinen Plan mit, und er freute sich außerordentlich über die Gelegenheit, die sich so bald zu einem weiteren Versuch bot, abzuhauen. Es musste jedoch einige Zeit gewartet werden, da er im *Souterrain untergebracht wurde* . In wenigen Tagen gelang es ihm, aufgrund einer echten Unwohlseins nach oben in ein für die Kranken bestimmtes Zimmer verlegt zu werden. Ich wartete jetzt nur noch auf den würdigen Hewson; Ich musste mich bemühen, ihn in mein Zimmer zu bringen – eine andere Aussicht blieb nicht übrig. Er beantragte schriftlich beim Kommandanten; und am 11. September gelang es. Wir wollten jetzt nichts weiter als einen günstigen Moment. Am nächsten Tag erhielt auch Herr Barklimore, ein gemeinsamer Freund von uns, die Erlaubnis, in unserer Wohnung zu wohnen. Dieser Herr ist derzeit ein renommierter Chirurg in Charlotte Street, Bloomsbury. Glücklicherweise waren wir nur sieben an der Zahl, da die anderen armen Kerle in Metz waren; und von diesen sieben waren drei ans Bett gefesselt. Der vierte war ein Mr. Batley, ein Dragoneroffizier im Dienst der East India Company, der im *Bell-* Paket auf dem Weg nach Indien gefangen genommen worden war. Er war schon lange im Raum und teilte mir mit, dass er vermutet hatte, was wir vorhatten, und bat darum, mitmachen und an unserer Gefahr teilnehmen zu dürfen, was wir zustimmten. Es bot sich noch keine Gelegenheit, an den Wächtern vorbeizukommen. Unsere Freunde kamen aus Metz, wurden aber unten platziert. Ich teilte ihnen das Geschäft mit: Sie hielten es für einen sehr gefährlichen und riskanten Plan; Sie wären jedoch gerne mit uns das gleiche Risiko eingegangen, wenn sie könnten: aber das war unmöglich. Am 12. September und genau am Abend vor unserem überlegten Versuch, aus der Festung zu fliehen, hielt der Kommandant, M. Clement, beim Durchschreiten des Hofes, in dem wir Luft atmen durften, sehr herablassend ein paar Minuten inne, um uns zu unterhalten mit mir; als er mich mit den Worten ansprach: „Nun, Monsieur O'Brien, ich denke, jetzt, da der Kaiser von Österreich sich uns angeschlossen hat, müssen Sie alle Hoffnungen auf eine Flucht aufgeben, denn für einen Engländer gibt es überhaupt keine Chance, den Kontinent zu verlassen." ." Ich antwortete: „Das ist sehr wahr, Monsieur le Commandant; aber wenn das nicht der Fall gewesen wäre, Herr Kommandant, wo wäre dann die Möglichkeit, aus dieser starken und noch dazu so gut bewachten Festung herauszukommen?" „Stimmt", sagte er lächelnd; „Aber der Versuch wurde mehr als einmal unternommen, obwohl er sich stets als erfolglos erwies und für einige Mitglieder der Partei häufig tödlich endete." Er fuhr fort: „Meiner Meinung nach könnten Kriegsgefangene, ich meine Engländer, aus ihrer Haft entkommen, ihr einziger Weg wäre Flushing oder Rotterdam, wo sie immer ziemlich sicher sind, englische Schmuggler vorzufinden." um sie einzuschiffen." Ich versicherte Monsieur le Commandant, dass seine Bemerkungen völlig richtig seien und dass ich, wenn ich glaube, dass es auch nur die geringste Chance gäbe, aus der Festung zu entkommen, nicht zögern würde, dies morgen oder so bald wie möglich zu versuchen. „Ich glaube Ihnen wirklich, Monsieur O'Brien, und ich zolle Ihnen Anerkennung für Ihre Offenheit", war seine Antwort; „Hätten Sie etwas anderes gesagt, ich hätte Ihnen nicht geglaubt" und er fügte mit einem Lächeln hinzu, als er sich von mir verabschiedete: „Sie können versuchen, zu entkommen, wenn Sie können, und wir werden uns darum kümmern und alles in unserer Macht Stehende tun." hindere dich daran." Ich konnte nicht umhin, dieses Gespräch in einem so kritischen Moment als etwas ganz Außergewöhnliches zu empfinden. Diese Meinung von ihm veranlasste uns jedoch nicht, unseren beabsichtigten Kurs für Österreich zu ändern.

Es war nun der 13. September und der dritte Tag, seit mein Freund Hewson zu uns gestoßen war. Die Nacht war sehr stürmisch und unfreundlich, und wir dachten, das sei sehr zu unseren Gunsten. Alles war bereit. Unser Seil war fest zu einem Knäuel zusammengerollt und in einem Taschentuch versteckt. Jeder Augenblick wurde gespannt beobachtet und gezählt. Schließlich brach die Dunkelheit herein. Es regnete in Strömen, es tobte fast wie ein Orkan, der Donner grollte mit einem fürchterlichen Geräusch, und ich habe kaum jemals irgendwo auf der Welt eine verzweifeltere Nacht erlebt. All dies war bisher, wie wir dachten, günstig; aber leider waren die Blitze heftig und unaufhörlich, und das war eine ernste Gefahrenquelle.

Wir schlossen nun unsere Tür auf und blieben unten an der Treppe stehen, um zu sehen, wie die Wachen in ihre Kisten gingen. Das war etwa acht Uhr, und wir hielten vier Stunden Wache, bis Mitternacht, und keine einzige Seele von ihnen verließ ihren Posten. Das war umso ärgerlicher, denn da es in Strömen regnete und sie ihre Mäntel nicht dabei hatten, hatten wir mit Sicherheit damit gerechnet, dass sie Schutz brauchten und suchten. Das Gegenteil war der Fall, und während der ganzen Zeit waren sie so wachsam, als hätten sie unsere Pläne geahnt.

Wir einigten uns schließlich darauf, bis zur nächsten Nacht in unsere Gemächer zurückzukehren und alle unsere Geräte an Orten zu deponieren, die wir zuvor zum Verstecken bestimmt hatten; Aber als wir es uns noch einmal genauer überlegten, kamen wir zu dem Schluss, dass die Wachposten, die um Mitternacht kamen, um die Wache abzulösen, aller Wahrscheinlichkeit nach nicht so zäh und wachsam sein würden wie ihre Vorgänger, und dass wir vielleicht noch Gelegenheit haben würden, unseren Plan in die Tat umzusetzen . In dieser Erwartung oder Hoffnung warteten wir in einem Zustand großer Angst bis zwei Uhr morgens; aber zu unserem Unbehagen stellten wir fest, dass die Wächter den Elementen trotzten und ihre Posten im strengsten Pflichtgefühl behielten. Verärgert und verärgert kehrten wir in unsere Wohnungen zurück, schlossen die Tür ab und gingen zu Bett.

Der *Keller* wurde zur üblichen Zeit geöffnet, und unsere Freunde kamen angerannt. Sie glaubten, dass es uns aufgrund der Unbill der Nacht gelungen sein musste, zu entkommen. Sie waren sehr enttäuscht, als sie uns alle gemütlich in unseren Betten vorfanden. Ich erzählte ihnen alle Umstände. Sie zuckten mit den Schultern und äußerten ihre Befürchtungen, dass wir, wenn wir in einer Nacht wie der letzten nicht entkommen könnten, kaum Hoffnung hätten, bei schönem Wetter zu entkommen.

Am 14. September aßen wir früh zu Abend, damit wir das Vergnügen hatten, unsere Freunde bei einem Abschiedsessen zu sehen, während sie noch Zeit hatten, frische Luft zu atmen. Wir waren entschlossen, eine gute Grundlage für unsere Reise zu schaffen, besorgten uns ein sehr großes Stück Rindfleisch, ließen es braten und besorgten uns reichlich Brot, Bier und Gemüse. Für unsere Umstände war dies mehr als ein Festmahl für einen Stadtrat: Wir alle genossen es und hofften inständig, dass es das letzte sein würde, das wir jemals innerhalb der Mauern eines französischen Gefängnisses essen würden. Unsere Freunde machten uns auf die zahlreichen Schwierigkeiten aufmerksam, die wir überwinden müssten, um an den Wachen vorbeizukommen – die damit verbundenen Gefahren – und drückten ihre Sorge um uns aus. Wir waren jedoch entschlossen, unser Vorhaben nicht aufzugeben und jede Nacht bereit zu sein, bis sich eine Gelegenheit bot. Wir verabschiedeten uns, wie wir es am Abend zuvor getan hatten. Sie gingen davon aus, dass wir in dieser Nacht keine Chance haben würden, da das Wetter gemäßigt und schön war. Zu unserer üblichen Zeit um sechs (die Wintervorschriften waren in Kraft getreten) wurden wir eingesperrt und begannen sofort wieder mit unseren Vorbereitungen. Wir dachten, vielleicht könnten die Wachen am frühen Abend nachlässiger sein; das heißt vor acht, der üblichen Zeit, um die Nachtwache aufzustellen und die notwendigen Befehle zu geben.

Jetzt waren wir wieder bereit. Unsere Tür wurde geöffnet; und wir konnten sehen, wie der Wächter, vor dem wir am meisten Angst hatten, vor unseren Fenstern auf und ab ging. Seine Kiste stand vor der Tür, im Hof, durch den wir gehen mussten; aber da unsere Wachen unter unseren Wohnungen wohnten, dachten wir, er würde jeden, der so früh umherzog, für einen von ihnen halten: und es war ungewöhnlich, jemanden vor acht Uhr herauszufordern.

Gegen sieben betrat der Soldat zu unserer unendlichen Freude seine Loge. Ich stieg sofort die Treppe hinab, die in den Hof führte. Es war gerade dunkel geworden, und ich sollte sechs Minuten Zeit haben, in der vergeblichen Hoffnung, wie man es nennen könnte, unser Seil an einem Palisadenzaun zu befestigen und den ersten Wall hinabzusteigen, bevor Mr. Hewson, der als nächster auf der Liste an der Reihe war, folgte. Ich kam ganz nah am Wachposten vorbei und konnte ihn über sein Gewehr gebeugt sehen. Er rührte sich nicht, obwohl ich seinem Blick begegnete, wahrscheinlich hielt er mich für einen der Wachen, und ich gelangte glücklicherweise an die Stelle, die für die Befestigung des Seils vorgesehen war, was mir sehr bald gelang, und war gerade im Begriff hinabzusteigen, als mein Freund Hewson eintraf. Nach wenigen Minuten waren wir zu meiner unbeschreiblichen Zufriedenheit alle vier am Fuß der ersten Mauer angelangt. Da unser Hauptziel nun erreicht war, gratulierten wir einander. Wir mussten noch zwei Mauern hinabsteigen; Die Höhen betrugen, wie ich bereits erwähnt habe, jeweils 90 bis 100, 40 bis 50 und die dritte 25 bis 30 Fuß. Wir klammerten uns alle an das Seil und krochen mit den Füßen an der Wand hoch, bis wir eine gute Höhe erreicht hatten. Dann schwangen wir uns gemeinsam ab, als das Seil riss, und wir fielen aufeinander, wobei wir in unseren Händen noch genug übrig ließen, um den nächsten Wall hinabzusteigen. Wir befestigten dieses Stück an einem der oberen Steine der Schießscharte und stiegen wieder hinab. Wir mussten nun unseren Zug am Seil wiederholen, und es riss erneut, sodass ein Stück von ausreichender Länge für unseren zukünftigen Zweck übrig blieb, den Abstieg vom dritten und letzten Wall.

Wir hatten vorsichtshalber zwei lange Stiefelhaken in die Mauer gesteckt, um unser Seil daran zu befestigen, falls wir keine andere Möglichkeit finden sollten, es zu sichern. Diese erwiesen sich als äußerst nützlich, um den dritten Wall hinabzusteigen. Hätten wir sie nicht dabei gehabt, hätten wir uns ergeben müssen, denn wir konnten keine einzige Möglichkeit finden, das Seil irgendwo zu befestigen, und ein Sturz aus einer Höhe von 30 Fuß hätte unseren Untergang bedeuten können. Die Stiefelhaken erfüllten unseren Zweck: Wir befanden uns am Fuße der dritten Mauer; alles, was wir jetzt noch tun mussten, war, an den äußeren Wachen vorbeizukommen, die nur wenige waren und ziemlich nachlässig in ihrer Wachsamkeit, vielleicht weil man annahm, dass es keinem Gefangenen möglich war, in diese Richtung zu entkommen. Tatsächlich hatten wir uns an diesem schwachen Seil eine Gesamthöhe von etwa 180 bis 200 Fuß hinabgelassen.

Am Fuße des dritten Walls blieben wir in der *Fosse* oder dem Graben; und wir mussten darauf achten, wie sich der Wachposten drehte, der unmittelbar vor uns auf und ab ging. Sobald er ihm den Rücken gekehrt hatte, stiegen wir die Böschung des Grabens hinauf und rollten uns sanft den Hang oder das Glacis hinunter. In wenigen Minuten befanden wir uns voller freudiger Gefühle im Herzen auf der Straße nach Straßburg, auf der wir fast eine Stunde lang so schnell wir konnten weiterliefen. Dann hielten wir an, um unsere Schuhe anzuziehen, die wir um den Hals gehängt hatten, als wir das Glacis hinabrollten, da wir es ohne Schuhe als sicherer empfunden hatten, die Wände hinunterzusteigen als mit Schuhen, da die Füße viel geschmeidiger waren.

Wir drehten uns nun um, um, wie wir hofften, einen letzten Blick auf das Herrenhaus der Tränen zu werfen, den Namen, den die unglücklichen Gefangenen dieser abscheulichen Festung so lange gegeben hatten, da viele von ihnen in ihren schrecklichen Zellen und Kerkern Unmengen oder sogar ganze Regengüsse vergossen hatten. Wir dankten dem Allmächtigen Gott spontan für unsere Befreiung und schüttelten uns gegenseitig herzlich die Hand, überwältigt von der Freude über unseren fast wundersamen Erfolg. Als wir die gewaltigen Höhen des Felsens und der Festung betrachteten, schien es, als hätte nur ein Wunder uns den Abstieg ermöglichen können, aufgehängt an einem so dünnen und schlecht gemachten Seil wie dem, das wir aus unserem Hemdleinen und etwas Schusterschnur gebastelt hatten.

Die Abenteuer der letzten Stunde huschten wie ein Traum oder ein Märchen durch meinen Kopf. Ich konnte meinen Sinnen kaum trauen, als sie mir sagten, dass ich wieder frei und mein eigener Herr sei. Ich starrte meine Gefährten oft an und sagte mir: „Mein Gott! Ist es denn möglich, dass wir wieder frei von unseren Tyrannen und von Sklaverei und Verfolgung befreit sind?" Ich wandte mich nun an sie und bemerkte, wie sehr es uns oblag, vorsichtig vorzugehen. Es war der zweite Versuch der Herren Hewson und Barklimore, der erste von Herrn Batley, aber mein dritter, die Angelegenheit *im Untergeschoss* nicht miteinbezogen. Ich hatte daher allen Grund, auf der Hut zu sein, und wurde natürlich der Anführer. Ich bemerkte daher offen, dass ich keine Risiken eingehen würde, die auf irgendeine Weise vermieden werden könnten, und dass ich sie verlassen würde, sobald sie etwas versuchen würden, das ich für überstürzt oder unvorsichtig hielte. Sie drückten ihre größte Zufriedenheit über meine Entschlüsse aus und wünschten sich sehnlichst, ihnen zu entsprechen.

Wir richteten einstimmig unseren Kurs (nach den Sternen) genau nach Osten, der uns direkt zum Rhein und ein beträchtliches Stück nördlich von Straßburg führen würde; und bei Tagesanbruch, am 15., betraten wir einen ausgezeichneten Wald an einem Berghang, nahe der Hauptstraße, gelangten weit hinauf und hatten den ganzen Tag über die volle Sicht auf diejenigen, die darunter vorbeikamen, ohne die Möglichkeit zu haben, dort zu sein von ihnen gesehen. Wir sahen einige der *Gendarmen* aus unserem letzten Herrenhaus in vollem Galopp Richtung Rhein galoppieren und waren sicher, dass sie uns verfolgten und beabsichtigten, uns beim Vorrücken ihren Brüdern zu beschreiben, die in den angrenzenden Dörfern untergebracht waren .

Zu unserem Bedauern verspürte Barklimore bereits starke Symptome eines Fieberrückfalls. So bedauerlich das auch war, wir waren entschlossen, weder ihn noch Batley im Stich zu lassen, bis wir sie über den Rhein gelotst hatten. Gegen acht Uhr nachts stiegen wir von unserem Versteck ab und gingen vorsichtig in die oben erwähnte Richtung. Kurz vor Tagesanbruch (am 16.) machten wir Halt. Mr. Batleys Füße waren außerordentlich wund und schmerzten, und da wir ein sicheres Versteck hatten, hielten wir es für äußerst klug, erst in der nächsten Nacht weiter vorzudringen. Unsere Stärkung bestand aus etwas Munitionsbrot und Wurst, dazu andere Dinge (wie Kohl, Rüben usw.), die wir auf den Feldern besorgten. Als es dunkel wurde, begannen wir unsere Reise wieder; aber unsere beiden Gefährten wurden schwach und erschöpft, und wir kamen daher nur sehr langsam voran. Am 17. hielten wir an und blieben in einem Wald, wie wir es die beiden Tage zuvor getan hatten, und bei Einbruch der Dunkelheit zogen wir erneut weiter, in der Erwartung, in wenigen Stunden das ersehnte Rheinufer zu erreichen.

Allerdings ließ das Tageslicht am 18. den Fluss nicht erkennen; und was noch bedeutsamer war, es war kein Wald in Sicht, hinter dem wir uns verstecken konnten. Wir kamen ungefähr eine Meile voran, als wir einen Weinberg entdeckten, in den wir mit aller möglichen Geschwindigkeit hinein eilten. Wir fürchteten, vom Wächter oder Wächter gesehen zu werden, der immer auf der Hut ist, und schlichen daher weiter vorwärts, bis wir errechneten, dass wir zumindest die Mitte erreicht hatten. Der Boden war sehr nass und ungemütlich, und der Regen tropfte, oder vielmehr ergoss sich, von den Blättern auf uns; aber wir waren nicht in der Lage, wählerisch zu sein, und waren hocherfreut, so sicher und gut untergebracht zu sein.

Etwa eine Stunde war vergangen, als wir in kurzer Entfernung einen Mann pfeifen hörten. Uns kam der Gedanke, dass dies der Wachmann sein musste, und wenn er uns sah, war er sicher, dass er vermuten würde, dass wir zumindest gekommen waren, um die Trauben zu pflücken, da sie fast reif waren; was in diesem Land eine Straftat ist. Wenige Sekunden später hörten wir den Knall einer Muskete, und der kleine Schuss knallte durch die Weinreben dicht an unseren Köpfen. Wir schlossen daraus, dass der Kerl diese Art der Festnahme gewählt hatte, aber im nächsten Moment kam ein riesiger Fuchs, verfolgt von Hunden, dicht an uns vorbei, und der Mann brüllte in geringer Entfernung hinter uns. Glücklicherweise folgte er den Hunden nicht in direkter Linie, sonst wäre er direkt auf uns losgegangen. Wir wussten nicht, wie wir uns verhalten sollten. Den Weinberg zu verlassen wäre äußerst gefährlich gewesen, und nach einer kurzen Debatte hielten wir es für das Klügste, dort zu bleiben, wo wir waren. Gegen zehn wurden wir erneut durch das Geräusch von Stimmen, die sich uns schnell näherten, stark erschreckt. Wir lagen dicht auf dem Gesicht, ohne Hoffnung, nicht gesehen zu werden, denn die Stimmen kamen immer näher. Kurz darauf stellten wir fest, dass sie an einem Ort standen, aber dicht bei uns. Ich hob meinen Kopf, um durch die Weinreben zu spähen, und sah die Beine und Schenkel zweier Männer dicht bei mir, die Schöße ihrer Mäntel berührten fast die Stelle, an der wir standen; aber sie hatten uns den Rücken zugewandt und gingen in die entgegengesetzte Richtung: nach wenigen Minuten verloren wir sie völlig aus den Augen. Ich schlug vor, an einen anderen Ort zu gehen, da wir seit der Wahl des Ortes, an dem wir uns jetzt befanden, in ständiger Angst waren; und ich war der Meinung, dass dieser Ort in der Nähe eines Pfades war. Wir schlichen also zu einer anderen Stelle, waren aber kaum eine Stunde dort, als wir wieder ein Rascheln zwischen den Weinreben hörten. Jeder von uns, sehr beunruhigt, hob seinen Kopf und blickte in die Richtung, von der wir das Geräusch gehört hatten; wir bemerkten eine Frau mit einem Säugling in den Armen, die ein kleines Mädchen von etwa sieben Jahren führte und direkt auf uns zukam. Die Frau konnte uns zunächst nicht sehen, das Kind jedoch schon, da ihr kleiner Kopf weit unter den Zweigen steckte. Sie schrie sofort und packte die Frau bei den Händen, woraufhin ich aufstand und sie auf Deutsch ansprach. Sie war in ländlicher Kleidung gekleidet, schien sehr verwirrt und gab keine Antwort, sondern ging weiter, und wir vereinbarten, den Weinberg zu verlassen, bevor sie ins Dorf kommen konnte, um von diesem Vorfall zu berichten. Nach wenigen Minuten waren wir auf der Hauptstraße. In diesem Moment waren nur zwei Frauen darauf, und sie schienen auf uns zuzukommen. Wir gingen sehr bedächtig weiter. Ich hatte in Bitche ein wenig Deutsch gelernt und fand es jetzt sehr nützlich, da es die Sprache ist, die im Elsaß gesprochen wird. Ich fragte sie, wie weit wir vom Rhein entfernt seien. „*Drei Stunden* ", antworteten sie. Wir trennten uns und setzten unseren Weg fort, in dem sehnlichen Wunsch, ein Versteck zu finden.

Schon nach kurzer Zeit bemerkten wir einen Mann, der auf uns zukam. Zu unserem großen Ärger blieb er stehen und musterte uns immer wieder mit offensichtlichem Erstaunen. Wir hätten uns darüber nicht wundern dürfen, denn trotz aller Bemühungen, es zu vermeiden, waren wir mit Schlamm bedeckt und mussten ein trauriges oder zumindest ein sehr einzigartiges Schauspiel geboten haben. Batley war wegen seiner Füße kaum in der Lage, weiterzukriechen. Wir setzten unseren Weg fort und beobachteten, wie sich der Mann immer wieder umdrehte, um uns anzusehen; und ohne wirklich zu erkennen, wer wir waren, hatten wir keinen Zweifel daran, dass er uns für „nicht besser hielt, als wir sein sollten".

Wir entdeckten nun ein Gebüsch, in dem wir uns bald gemütlich und gut versteckt befanden. Es war eines der besten Verstecke, in denen ich je war, obwohl es nahe an der Straße lag. Es war jetzt etwa vier Uhr, und wir waren nicht weit vom Rhein entfernt. Unter diesen günstigen Umständen hofften wir, ihn zumindest in dieser Nacht überqueren zu können. Unser Gespräch drehte sich nun um die Schwierigkeit, ein Boot zu bekommen, und die Gefahr, sich einem Haus auf der französischen Seite zu nähern. Unsere Vorräte waren fast aufgebraucht. Wir waren jedoch zuversichtlich, dass es uns gelingen würde, und wünschten uns sehnlichst die Nacht, damit wir unser Experiment durchführen könnten.

Die Stunde der Angst kam, und wir machten uns mit großem Elan auf den Weg – vergaßen jedoch nicht, alle notwendigen Vorsichtsmaßnahmen zu beachten. Da dieser Teil des Rheins von Schmugglern heimgesucht wurde, war es naheliegend, zu dem Schluss zu kommen, dass es dort auch eine große Zahl von Zollbeamten geben musste, und wir mussten äußerst wachsam und umsichtig sein – ich muss sagen, dass die Étaples-Affäre lebhaft war in meiner Erinnerung?

Gegen elf machten wir einen Rundgang durch eine große Stadt, [26] und um Mitternacht erblickten wir zu unserer unaussprechlichen Freude den lang ersehnten Fluss, dessen weite Fläche wie ein Spiegel glänzte und in dem sich der Himmel spiegelte. wie Art und Weise. Wir waren bald an seinen Ufern. Wir ruhten uns ein paar Minuten aus, um Luft zu holen und unsere Beobachtungen zu machen. In der Nähe befand sich ein ausgezeichneter Wald, und wir beschlossen, uns dort zu verstecken, für den Fall, dass wir in dieser Nacht kein Boot bekommen sollten. und in der Zwischenzeit einigten wir uns darauf, etwa eine Stunde lang in nördlicher Richtung weiterzufahren: Diesen Kurs begannen wir, indem wir in jeder kleinen Bucht und Ecke des Flusses herumschnüffelten. Der Morgen war sternenklar, wunderschön und heiter, wir konnten auf der deutschen Seite die Hähne krähen und Hunde bellen hören. Dieser herrliche Fluss floss vor uns her, etwa eine Meile breit, ohne dass eine Insel die Aussicht behinderte, was nicht an allen Teilen des Rheins der Fall ist. Mein Gott! wie sehr sehnten wir uns danach, hinübergebracht zu werden! Diese Angst verhinderte, dass wir die herrliche Aussicht, die sich uns bot, in vollen Zügen genießen konnten: Es schien ein irdisches Paradies zu sein. Wir fuhren fast eine Stunde lang fort, zu bewundern und voranzuschreiten, als der große Herrscher aller menschlichen Angelegenheiten, dessen Vorsehung uns bei diesem Fluchtversuch so sehr begünstigt hatte, uns ein Boot vor Augen ließ, das mit einer Kette an einem ins Ufer getriebenen Pfahl befestigt war. in der Nähe eines Holzhaufens, mit dem sie vermutlich bei Tageslicht beladen worden sein sollte. Wir alle waren beeindruckt von dem geheimen Impuls, der uns genau an diesen Ort geführt hatte; und von diesem Moment an verspürte ich eine innere Unterstützung und Überzeugung, dass es mir jetzt gelingen würde. Bei näherer Betrachtung stellten wir fest, dass die Kette verschlossen war. Der Arzt und ich ergriffen den Pflock und zogen ihn ohne große Schwierigkeiten aus der Bank. Diese Sicherheit einer Kette und eines Schlosses an einem beweglichen Pfahl ließ mich erkennen, dass es „wie das Schloss an Leder war, das das Messer des Iren zum Lachen brachte". Da drei unserer Gruppe von der Grünen Insel stammten, löste diese Bemerkung einen allgemeinen Ausbruch von Heiterkeit aus. Mr. Hewson, ein erfahrener Segler, und ich bauten bald aus ein paar Holzstücken ein Paar Ruder oder Paddel. Dann schifften wir unsere beiden Kameraden ein, die wir auf dem Boden unseres kleinen Bootes platzierten; und in etwa zwanzig Minuten landeten wir sicher auf der gegenüberliegenden Seite, nachdem wir mit der Geschwindigkeit der Flut fast anderthalb Meilen getrieben waren. Wir rammten den Pfahl in den Boden, damit die Bootsbesitzer es bei Tageslicht finden könnten, und machten uns so schnell wie möglich auf den Weg ins Land. Wir hätten dem Eigner des Bootes Geld für den Ärger hinterlassen, den wir ihm verursacht hatten, obwohl wir mit dem Nötigsten zum Leben aufs Äußerste versorgt waren; Aber es war offensichtlich, dass es keine Gewissheit und auch nur eine geringe Wahrscheinlichkeit geben konnte, dass es in die richtigen Hände gelangte.

Bei Tagesanbruch des 19. wurde es übermäßig dicht und neblig: Der arme Batley war fast ohnmächtig, der Arzt war sehr müde und wir selbst ziemlich müde. Wir entdeckten ein Dorf am Fluss Merg, und nachdem wir es genau untersucht hatten, stimmten wir zu, es zu betreten und zum ersten Wirtshaus zu gehen, das wir sehen würden, um Erfrischungen zu erhalten und uns so anständig wie möglich in Ordnung zu bringen. Nicht nur aus Bequemlichkeitsgründen, sondern auch, um zu verhindern, dass wir als verdächtige Objekte auftauchen. Ich rechnete damit, dass wir uns durchaus als Franzosen ausgeben könnten; und aufgrund der Kenntnisse, die ich über die kleinen deutschen Dörfer hatte, hatte ich nicht die geringste Angst vor Gefahren. Dies war der sechste Tag, einschließlich Mittwoch, den wir ohne Rast verbracht hatten, und fünf davon unter dem offenen Himmelszelt, den Elementen ausgesetzt, ohne auch nur ein einziges Mal die Behausung eines Menschen erreicht zu haben. Diejenigen, die in Purpur gekleidet sind und sich jeden Tag prächtig ernähren, können sich keine Vorstellung davon machen, was der Mensch erdulden muss, ohne Nahrung, ohne Trost, ohne Unterkunft und sogar ohne Zwinger.

KAPITEL XIV

Erfrischungen in einem Dorfgasthof – Die Stadt Rastadt – Ein ziviler Reisender – Gute Unterkunft – Baden – Unangenehme Begegnung mit einer königlichen Gesellschaft – Ein Alarm wegen Pässen – Ein vornehmes Gasthaus, das für flüchtige Reisende gefährlich ist – Die Vorteile eines betrunkenen Wirts – Die Stadt Hornberg – Nach Kriemhieldsach, nach der Durchquerung des Schwarzwaldes – Banditen – Die Ermordung eines französischen Generals – Ein deutsches Wirtshaus und ein Bauerntanz – Die Stadt Tütlingen – Eine Verschleierung von acht Tagen – Vergebliche Versuche, Pässe zu schmuggeln – Fortgang unserer Reise – Überquerung der Iller – Verlassen von Würtemberg und Einmarsch in Bayern – Der Verlauf unserer Flucht – Kaufbeuern – Ein neugieriger Wirt und verängstigte Gäste.

„ KOMME , was komme, möge", wir verließen das verhasste Frankreich, und unser Puls schlug vor Freude, dass der herrliche Fluss zwischen uns und dem Land unserer Knechtschaft und unseres Leidens trat. „Fließ weiter, du leuchtender Fluss", wiederholte ich aus dem Lied von Erins modernem Dichter, „fließ weiter; denn weder französische *Gendarmen* noch französische Spione noch französische Gesetze können uns über deine weite und edle Weite fließender Gewässer erreichen. Hier können französische Ketten den Körper nicht zerfressen, noch können französischer Despotismus und Tyrannei den Geist niederwerfen und sich wie der Krebswurm ins Herz fressen." Dies waren unsere Überlegungen, als wir die Ufer dieses Flusses der Erlösung verließen und in das Nachbardorf gingen.

Es war etwa sieben Uhr morgens, als wir eine Taverne betraten – wenn man sie denn so nennen konnte. Nur ein Dienstmädchen und ein Kind waren auf. Wir gaben uns als französische Reisende aus Preußen aus, die nach Frankreich wollten und ihr Frühstück wollten.

Die Wirtin wurde sofort geweckt; das Frühstück wurde zubereitet; ein Barbier, der auch Chirurg war, wurde gerufen, und wir ließen uns rasieren, unsere Kleider bürsten und uns wieder „einigermaßen wie Gentlemen" aussehen. Wir fanden, dass das Haus für unseren Zweck sehr gut geeignet war, und dieser Barbier und Chirurg erwies sich als ein intelligenter Mann. Rastadt, sagte er uns, sei nur drei Meilen entfernt; und aus verschiedenen Fragen, die wir ihm stellten, erfuhren wir, dass wir den Rhein in der Nähe von Durlach überquert haben mussten. Rastadt lag am Fluss Merg und etwa vier Meilen nördlich von Baden, der Hauptstadt der Markgrafschaft.

Wir verließen unser Dorfgasthaus gegen neun Uhr, nachdem wir unsere Vermieterin mit unserem ausgezeichneten Frühstück und der pünktlichen Unterbringung sehr zufrieden gestellt hatten. Wir hatten uns wie Kormorane von Kaffee, köstlichem Brot und Butter ernährt und die Erfrischung geschorener Bärte, gewaschener Felle und einigermaßen gut gebürsteter Kleidung gespürt.

Wir richteten nun unseren Kurs Richtung Rastadt. Batley war sehr lahm. Jeder, der vorbeikam, bemerkte ihn und es wurde zu offensichtlich, dass es für ihn unmöglich war, die Reise noch viele Stunden länger fortzusetzen. Wie ich schon früher bemerkt habe, hatten wir vorgehabt, ihn und den Arzt zu verlassen, sobald wir über den Fluss nach Deutschland gelangt waren; aber wir waren uns jetzt einig, unseren anderen Freund nicht zu verlassen. Der große und schwierige Punkt war, wo man den Kranken unterbringen sollte, um seine Sicherheit zu gewährleisten, bis er seine Gliedmaßen wieder gebrauchen konnte. Er bedauerte, nicht dort geblieben zu sein, wo wir gefrühstückt hatten.

Rastadt erschien uns damals als offene Stadt. Wir hielten es jedoch für zu gefährlich, sie zu durchqueren; deshalb machten wir einen *Umweg* und bogen von der Straße ab und gingen in ein kleines Dorf etwa zwei Meilen entfernt, wo wir in ein Wirtshaus gingen. Sie konnten kein Französisch sprechen, und wir konnten in ihrer Sprache auch nicht ausreichend erklären, was wir über unseren kranken Freund wollten. Ein alter Mann wurde als Dolmetscher gerufen, der zufällig Schuhmacher war. Wir begannen damit, ein Paar Schuhe für Batley zu bestellen; dann bemerkten wir, dass wir Franzosen aus Preußen waren, die nach Straßburg gingen; dass unser Kamerad Batley geschwächt war, und wir wollten den Leuten erklären, dass wir vorhatten, ihn ein paar Tage bei ihnen zu lassen, bis er wieder zu Kräften gekommen war. Wir baten ihn, dem Gast jede Aufmerksamkeit zu schenken und als sein Dolmetscher zu fungieren. Sie stimmten unseren Wünschen zu; ein Bett wurde sofort für ihn vorbereitet; wir aßen zusammen zu Abend und nahmen dann Abschied von diesem armen Kerl, und es war ein schmerzhafter Abschied.

Wir setzten unsere vorgegebene Route fort, bis wir das Dorf aus den Augen verloren, und änderten dann unseren Kurs. Wir bedauerten sehr das Unglück unseres armen Begleiters und fürchteten, dass selbst der Schuhmacher herausfinden würde, wer er war, da er so gleichgültig Französisch sprach. [27] Der Tag ging sehr schnell zu Ende, und es lag an uns, nach einer Unterkunft für die Nacht Ausschau zu halten.

Wir gingen auf ein großes Dorf zu, das in unserer Richtung lag. Es war ziemlich dunkel. Wir durchquerten es bis zum anderen Ende, als es ungefähr acht Uhr war. Wir waren unentschlossen, wie wir uns verhalten sollten, und es begann sehr stark zu regnen. Wir wurden von einem alten, vornehm gekleideten Mann empfangen, der sehr schnell ging, um nicht nass zu werden. Er blieb stehen, offensichtlich mit der Absicht, mit uns zu sprechen.

Wir sprachen ihn auf Französisch an; fragte ihn, wie weit das badische Schloss von uns entfernt sei und ob wir in der Richtung, in die wir dann gingen, in Kürze einen Ort finden würden, an dem wir übernachten könnten. Er antwortete in gebrochenem Französisch, worüber wir uns freuten, dass es Mitternacht sein würde, bevor wir an einem Ort ankommen könnten, der unserem Ziel entspräche; und da das Wetter schlecht und die Stunde so spät war, riet er uns, mit ihm in das Dorf zurückzukehren, an dem wir gerade vorbeigekommen waren, wo es ausgezeichnete Unterkünfte gab; und er würde es auf sich nehmen, uns eine anständige Taverne zu zeigen, wo wir gut versorgt und behaglich sein sollten.

Die freundliche und desinteressierte Art, mit der der alte Herr uns ansprach, bewog uns, seine Dienste anzunehmen. Er führte uns daher zu einem vornehmen Haus in der Nähe einer Glasmanufaktur, in dem die Arbeiter wohnten. Wir bestellten das Abendessen und luden den alten Herrn ein, daran teilzunehmen, worauf er nach einigem Zögern einwilligte. Ich befürchtete, dass sie verlangen würden, unsere Pässe zu sehen, was meine Freude bis kurz vor dem Schlafengehen schmälerte; aber dann habe ich mich diesbezüglich zum Schweigen gebracht. Wir sprachen miteinander und unterhielten uns mit den Arbeitern, die Französisch konnten. Ich bin sicher, dass sie uns für Franzosen hielten, was ein glücklicher Umstand war und sie vielleicht daran hinderte, weitere Nachforschungen anzustellen. Kurz nach dem Abendessen reiste unser guter Freund ab und wir wurden in unser Zimmer geführt, wo jeder ein ausgezeichnetes Bett hatte. Der Hagel und der Regen, die gegen die Fenster schlugen, überzeugten uns davon, was wir hätten erleiden müssen, wenn wir nicht dem Rat des guten alten Mannes gefolgt wären.

Wir einigten uns darauf, sehr früh aufzubrechen, damit uns kein Unfall davon abhalten könnte, weiterzugehen. Nachdem dieser Punkt geklärt war, legte sich jeder von uns bald schlafen und lag nach wenigen Minuten fest in Morpheus' Armen. Ich öffnete meine müden Augen nicht, bis ich am nächsten Morgen wiederholt von meinen Kameraden gerufen wurde. Das Wetter war immer noch sehr schlecht. Wir frühstückten jedoch und machten uns *auf den Weg*, ohne nach einem bestimmten Ort zu fragen, damit sie nicht dachten, wir wüssten das Land nicht. Ich wusste, dass wir uns südlich halten mussten, um eine Kette fast unzugänglicher Berge zu vermeiden, die uns daran hindern würde, ins Landesinnere vorzudringen. Wir waren jetzt von Wäldern und Wüsten umgeben und wussten nicht, in welche Richtung wir uns wenden oder weitergehen sollten. In diesem Zustand der Verwirrung sahen wir glücklicherweise in einiger Entfernung einen Bauern und einen kleinen Jungen, die einen Karren mit Holz beluden. Wir machten uns auf den Weg zu ihnen, aber es dauerte lange, bis wir ihnen klarmachen konnten, dass wir uns verirrt hatten und nach Freiburg wollten, das, wie wir genau wussten, südlich von uns lag. Schließlich gelang es uns, und der höfliche Kerl ließ seinen Jungen und seinen Wagen zurück und ging fast zwei Meilen mit uns, um uns auf den richtigen Weg zu bringen. Wir bezahlten diesen ehrlichen und guten Kerl für seine Mühe, obwohl es einige Zeit dauerte, bis wir ihn dazu überreden konnten, etwas anzunehmen.

Gegen Mittag kamen wir am Palast des Markgrafen von Baden vorbei, und wegen der Unebenheiten der Berge, die ihn umgaben, mussten wir viel näher heran, als uns lieb war. Er hatte ein romantisches Aussehen. Auf einer der Alleen, die wir durchqueren mussten, bemerkten wir zwei Offiziere zu Pferd. Wir huschten sofort zwischen die Bäume und versteckten uns, bis sie vorbei waren. Bald kamen wir auf eine sehr breite Hauptstraße, als wir eine Anzahl in Scharlach gekleideter Reiter sahen, die vor einer Kutsche herzogen. Die ganze Kavalkade war in voller Fahrt. Wir bogen schnell in Richtung einiger Hütten ab und entkamen nur knapp dieser furchterregenden Gruppe. Die Bauern waren alle unverhüllt, als die Kutsche vorbeifuhr, und daraus schlossen wir natürlich, dass es sich um die königliche Kutsche handelte; und auf Nachfrage wurde uns gesagt, dass die Person in der Kutsche der Sohn des Herzogs von Baden war, der bereits den Titel eines Königs angenommen hatte. [28] Wir wurden informiert, dass wir uns in der richtigen Richtung nach Freiburg befanden, und fuhren in bester Stimmung weiter.

Auf der Autobahn mussten wir durch mehrere ansehnliche Dörfer fahren. Gegen sechs Uhr abends, als ich durch eins ging und Barklimore ein gutes Stück hinter uns lag, hörte ich ihn uns zurufen, wir sollten anhalten, da ein Mann da war, der unsere Papiere sehen wollte; aber natürlich waren wir in zu großer Eile, um zurückgeblieben zu sein. Der Mann sah uns sicherlich sehr gespannt an; aber wenn er Polizist gewesen wäre, hätte er nicht gezögert, uns zu verfolgen. Er hat nicht; und da unser Begleiter kein Deutsch verstand, folgerten wir, dass seine Ängste dazu geführt hatten, dass er die Bedeutung des Kerls falsch verstanden hatte.

Gegen sieben entdeckten wir ein weiteres Dorf in der Richtung, in die wir gehen mussten. Wir gingen zu einem Wirtshaus, bestellten etwas Bier und fragten, ob wir mit Betten versorgt werden könnten? „Nein“, war die Antwort; aber sie führten uns zu einem anderen Haus, wo zufällig alle Betten belegt waren; und diese Leute schickten uns zu einem dritten, ohne besseren Erfolg. Wir wussten nicht, was wir tun sollten, und bedauerten sehr, dass wir die Nacht nicht in diesem kleinen Dorf bleiben konnten, da wir, so wie es schien, keinen Grund hatten, die geringste Besorgnis zu hegen. Eine Person, die wir für einen Wirt hielten, sah uns in einem Zustand der Ungewissheit, redete uns auf Französisch an und sagte: „Meine Herren, Sie scheinen eine Unterkunft zu benötigen; Etwa zwei bis drei Meilen weiter gibt es eine kleine

Stadt, in der man gut übernachten kann." Wir dankten ihm und schienen uns über die Nachricht zu freuen; obwohl wir uns eigentlich davor fürchteten, so untergebracht zu werden, wie er es beschrieben hatte, damit wir nicht in der Folge *umsonst untergebracht werden könnten* , mit diversen zusätzlichen Sorgen und Höflichkeiten, die uns aufgezwungen werden, weit über unsere Bedürfnisse hinaus und gegen unsere Neigungen. Ich fragte ihn, ob er nicht davon ausgehe, dass das Tor geschlossen sein würde, bevor wir ankamen. Den finsteren Gegenstand der Frage durchschaute er nicht, und zu unserer großen Freude antwortete er, dass es überhaupt keine Tore gäbe, da die Stadt völlig offen sei. Aufgrund dieser Nachricht beschlossen wir, weiterzugehen, obwohl wir beschlossen, uns dem Ort mit großer Vorsicht zu nähern.

Gegen halb neun kamen wir in der Stadt an und es schien kein Ort zu sein, von dem aus wir viel oder gar nichts zu befürchten hätten. Wir hielten Ausschau nach einem Gasthaus und beschlossen, wie üblich, nicht in das erste Gasthaus zu gehen, das wir sehen würden, wenn wir es überhaupt vermeiden könnten, und auf keinen Fall in ein Gasthaus zu gehen, das nicht von bescheidener Beschaffenheit war.

Endlich entdeckten wir eines, und sein Aussehen und seine Lage veranlassten uns, es zu betreten. Wir waren unangenehm überrascht; denn wir wurden in ein vornehmes Kaffeezimmer geführt, und aus dem Erscheinen der Gäste, der Wirtin und der Bediensteten war klar, dass wir uns in genau der Art von Gasthaus befanden, das wir von allen anderen meiden sollten. Für einen Rückzug war es jedoch zu spät. Zögern hätte uns unfehlbar dem Verdacht ausgesetzt; Und wenn wir irgendwelche Verwirrung gezeigt hätten, wäre es zweifellos zu Entdeckung und Besorgnis gekommen. Deshalb machten wir eine kühne Miene, und mit einer Miene der Lässigkeit, als wären wir an dem Ort angelangt, an den wir gewöhnt waren und den wir finden wollten, bestellte ich etwas Wein, und meine Freunde bestellten das Abendessen.

Ich fühlte mich jedoch unwohl und befahl dem Zimmermädchen, mich zu Bett zu bringen, wobei sie meinen Begleitern mitteilte, dass ich nicht vorhabe, mich auszuziehen, bis sie zu Bett kämen; und dass ich, wenn sie zufällig die geringsten Anzeichen einer Gefahr entdecken würden, sofort bereit wäre, aufzubrechen. Ein sehr glücklicher Umstand war, dass „mein Gastgeber", Meister Bonifatius, ekelhaft betrunken war, und obwohl er uns oft ernst ansah, als ob er uns einige Fragen stellen wollte, war er so weit weg, dass er keine Silbe mehr hervorbringen konnte . Ich legte mich voller Angst auf das Bett; Ich konnte auch Barklimores Ängste vor dem Mann nicht vergessen, der ihn, wie er vermutete, um seine Papiere herausgefordert hatte.

Nach dem Abendessen gingen meine Freunde zu Bett. Sie teilten mir mit, dass sie nicht glaubten, dass wir in unmittelbarer Gefahr seien, und auch nicht, dass wir völlig sicher seien, da unsere Sicherheit hauptsächlich vom Zustand der Trunkenheit des Vermieters abhing. Es war nicht sehr angenehm, unsere Freiheiten oder unser Leben von der Trunkenheit eines anderen Mannes abhängig zu machen; und wir kamen zu dem Entschluss, aufzustehen, bevor der Kerl nüchtern werden konnte, unsere Rechnung zu bezahlen und zu verschwinden. In der Dämmerung zogen wir uns an und weckten die Diener, die sofort hingingen und ihrem Herrn mitteilten, dass wir uns zum Aufbruch bereit machten. Es war offensichtlich, dass wir in unmittelbarer Gefahr waren. Der Wirt erschien bald und war zu unserer großen Freude in einem solchen Zustand der Verblüffung, dass er kaum die Augen öffnen konnte. Er fragte, wohin wir so früh gehen würden? „Nach Straßburg", war meine Antwort. Er bemerkte, dass wir sehr bald dort sein würden, da es nur fünf Meilen entfernt sei. Wir waren uns dessen bewusst und wünschten ihm einen guten Morgen. Um zehn Uhr hatten wir Offenburg in Sichtweite, machten einen Bogen und gelangten auf die Straße nach Gigenbach, die wir gegen sechs Uhr sahen. Anschließend überquerten wir die Kinzig und fuhren auf direktem Weg Richtung Tütlingen. Ich erinnere mich nun genau an unsere Route, da ich sie erst kürzlich mit den Bayern zurückgelegt hatte. Um Mitternacht machten wir in einem kleinen armen Dorf Halt; wurde mit Erfrischungen und einer Art Bett versorgt. Barklimore hatte einen schweren Fieber- und Schüttelfrostanfall.

Am Morgen des 22. September frühstückten wir und machten uns auf den Weg. Gegen sechs entdeckten wir eine Art Festung an einem Berghang über einer kleinen Stadt. Wir rückten mit allen möglichen Vorsichtsmaßnahmen vor; aber als wir uns näherten, schien es ein Ort von geringer Bedeutung zu sein, und deshalb gingen wir kühn vorwärts. Wir befanden uns nahe dem Tor einer gemütlichen kleinen Stadt; Da wir weder Militär- noch Polizeibeamte sahen, machten wir uns direkt auf den Weg. Nachdem wir das gegenüberliegende Tor passiert hatten, machten wir Halt an einem Weinhaus, erfrischten uns und erfuhren, dass der Name der Stadt Hornberg sei. Der nächste Rastplatz war Kriemhieldsach, wo es eine Poststation gab; es war etwa drei oder vier Meilen entfernt und am Rande des Schwarzwaldes, durch den wir vor unserer Ankunft marschieren mussten. Alle Reisenden, so teilten sie uns mit, zogen es vor, in Hornberg Halt zu machen, anstatt durch einen so einsamen und unangenehmen Ort wie den Schwarzwald zu fahren, und das zu so später Stunde. Wir waren jedoch Ausnahmen von der allgemeinen Regel und marschierten weiter.

Der Schwarzwald, der in letzter Zeit so berühmt war, weil Moreau ihn vor den Österreichern durchquerte, ist ein sehr passender Name für diese schreckliche Region, denn ich habe in meinem ganzen Leben noch nie ein so bergiges, trostloses und unfruchtbares Land gesehen. Früher war es von

Banditen heimgesucht, und in den letzten Kriegen brachen die Deutschen im Verborgenen in günstigen Momenten hervor und fügten den französischen Truppen die schwersten Verluste zu, indem sie Nachzügler abschnitten, Konvois gefangen nahmen und alle kleinen abgetrennten Korps gefangen nahmen. Man erzählte mir, dass ein französischer General, dessen Namen ich jetzt vergessen habe, in seiner Kutsche erschossen worden war, als er durch den Wald fuhr, und dass die Postillone, die den Gewehrschuss gehört hatten, seinen Tod erst bei ihrer Ankunft in Hornberg erfuhren. Bevor wir Kriemhieldsach erreichten, trafen wir nur zwei oder drei Leute. Die Straße war auf beiden Seiten von Bäumen gesäumt und war hervorragend auf die Taktik der Banditen ausgelegt.

Gegen elf Uhr erreichten wir das Posthaus, klopften an die Tür und verlangten Einlass.

„Wer ist da? – und was bist du?" wurde von einer Person darin gefragt.

„Drei französische Reisende, die eine Unterkunft suchen", war meine Antwort.

Die Tür wurde sofort geöffnet und wir wurden bereitwillig nach oben in den Gemeinschaftsraum geführt. Wir hätten gerne auf Werbung verzichten und uns mit „einem Zimmer in Abgeschiedenheit" zufrieden gegeben; aber glücklicherweise erfüllte uns das Erscheinen der Gäste mit Zuversicht. Wir riefen zum Abendessen an und wünschten, sie würden unsere Betten vorbereiten. Sie gehorchten, ohne eine einzige Frage zu stellen oder auch nur die geringsten Anzeichen von Misstrauen oder Neugier zu verraten.

Unser Freund Barklimore war den ganzen Tag über sehr unpässlich gewesen, aber das Gasthaus war nicht gerade das beste der Welt für den Schlaf eines Kranken; denn als wir unsere Betten verlangten, begannen die Familie des Wirts und alle seine Gäste zu tanzen. Die Musik war das, was die Deutschen „Doodle-Sack" nennen – eine Art jenes rauen und misstönenden Instruments, das wir einen schottischen Dudelsack nennen. Walzer wurden eingeführt. Die Szene wurde lebhaft. Der Arzt vergaß seine Krankheit, engagierte eine hübsche Partnerin und begann mit großer Freude zu tanzen. Die ganze Gesellschaft bemerkte: „Was für ein lebhaftes, fröhliches Volk ihr Franzosen seid!" Ich konnte mir ein Lächeln bei dieser Bemerkung nicht verkneifen, noch konnte ich es unterlassen, über den gewaltigen Unterschied nachzudenken, ob man nachts mit einer hübschen deutschen Partnerin Walzer tanzt oder im Schlamm unter freiem Himmel oder in den noch schlimmeren Kerkern von Bitche schläft. Mein anderer Begleiter, Hewson, erfasste den Geist der Szene und schloss sich dem Tanz an. Ich blieb jedoch eine Ausnahme in der Gesellschaft und verließ den Tisch nicht, bis der Tanz vorbei war und wir uns dann alle zu Bett begaben.

Am Morgen des 23. ging es unserem kranken Freund durch Terpsichores Eingebungen nicht besser. Er konnte sich kaum bewegen. Ich hatte dann den Vorteil, ruhig geblieben zu sein, während sie ihre Beweglichkeit auf dem leichten, fantastischen Zeh unter Beweis gestellt hatten. So schwach der Arzt auch war, wir bezahlten unsere Rechnung und setzten unsere Route fort. Am frühen Nachmittag, als wir in ein kleines Dorf kamen, machten wir Halt, erfrischten uns und gingen sehr früh zu Bett. Der Arzt war sehr krank und es tat ihm leid, dass er den französischen Charakter so energisch unterstützt hatte.

24. „Wir brachen so früh wie gewöhnlich auf, durchquerten mehrere Städte und machten um acht Uhr abends Halt in einem kleinen Dorf, um uns zu erfrischen. Das Volk war besonders aufmerksam und lobte oft die französische Nation; sehr oft waren einige unserer Landsleute bei ihnen einquartiert. Wir verließen Rothweil auf der rechten Seite und man teilte uns mit, dass wir am nächsten Tag früh in Tütlingen sein sollten, wo ich auf einen freundlichen Empfang hoffte. Wir waren bester Stimmung, verbrachten den Abend angenehm und glaubten, unsere Hauptschwierigkeiten überwunden zu haben.

Am Sonntag, den 25., frühstückten wir und machten uns auf den Weg in die ersehnte Stadt. Um elf Uhr waren wir in Sichtweite. Ich schlug meinen Gefährten vor, in einem angrenzenden Wald verborgen zu bleiben, während ich in die Stadt ging, um zu versuchen, was getan werden könnte; sie stimmten dem zu; und wir bedauerten nur, dass wir unseren Begleiter Batley nicht bei uns hatten.

Ich betrat die Stadt gegen Mittag und ging dorthin, wo ich aufgrund meiner früheren Kenntnis des Ortes, als ich von den Bayern dorthin geführt wurde, und der damals in mir gesetzten Hoffnungen einige Hilfe erwartete; aber zu meiner großen Demütigung konnte ich keines bekommen. Ich kehrte mit dieser traurigen Nachricht zu meinen Gefährten zurück, versicherte ihnen, dass keine Gefahr bestehe, und machte mich noch einmal auf den Weg, um mir alle Mühe zu geben, Pässe zu besorgen.

Beim zweiten Mal traf ich einige Leute, die versprachen, mir bei der Erfüllung meiner Wünsche so viel wie möglich zu helfen. Sie brachten meine Gefährten in die Stadt und brachten sie oben in der Taverne eines Freundes unter; dort blieben wir in der täglichen Erwartung, mit dem versorgt zu werden, was wir brauchten, bis Dienstag, dem 4. Oktober, nach acht Tagen verborgen, als wir mit niedergeschlagener Stimmung, düsteren Gesichtern und leeren Geldbörsen vor Tagesanbruch auf die direkte Straße nach Memmingen geführt wurden, da wir beschlossen hatten, diesen Weg nach Salzburg zu nehmen. Wir waren von einigen, die mir Hilfe versprochen hatten, falls ich jemals wieder diesen Weg nehmen sollte, regelmäßig getäuscht worden und konnten nur unserem Glück danken, dass wir nicht betrogen worden waren.

Während unseres Aufenthalts an diesem Ort besorgten wir uns eine alte deutsche Karte, die uns sehr nützlich war. Gegen Mittag passierten wir Mosskirch und hielten uns etwa zwei Meilen rechts davon. Nach Einbruch der Dunkelheit überquerten wir den Fluss Andalspach und beschlossen, an der ersten sicheren Stelle anzuhalten, die wir finden konnten. Bald entdeckten wir ein Haus am Straßenrand, und es schien ein Gasthaus zu sein. Wir gingen hinein und verlangten Brot und Wein, was, wie wir feststellten, die einzige Versorgung war, die dieser elende Ort bot. Das war gut genug für uns; aber ein leichter Reiter fungierte als Kellner, und er sprach Französisch, was in mir viele unangenehme Befürchtungen weckte. Wir fragten nach Betten, und sie erklärten, sie hätten keine; aber der leichte Reiter sagte uns, dass es im Stall sauberes Stroh gäbe, in dem wir willkommen seien. Wir verließen den Ort, obwohl man uns gesagt hatte, dass das nächste Dorf mehr als eine Meile entfernt sei, denn ich war mit meinem militärischen Kellner überhaupt nicht zufrieden. Er war zu freundlich und neugierig.

Wir setzten unseren Weg mindestens eine Meile weit mitten durch einen Wald fort. Die Straße war sehr gut. Endlich hörten wir vor uns ein gewaltiges Geschrei und konnten uns nicht erklären, warum es zu so später Stunde so laut war; es kündigte jedoch die Nähe eines Dorfes an – vielleicht des Dorfes, das uns beschrieben worden war. Wir gingen zügig weiter. Das Geschrei, der Gesang und das Geräuschgewirr hielten an. Bald bemerkten wir auf der Straße eine riesige Menschenmenge beiderlei Geschlechts, die auf uns zukam. Sie kamen mit Bändern und Kokarden geschmückt an uns vorbei, woraus wir schlossen, dass es sich um ein Fest oder eine Hochzeit handelte. Jetzt sahen wir das Dorf sehr deutlich und erreichten es bald. Wir gingen zum ersten Wirtshaus, das wir entdecken konnten, aber es war so überfüllt, dass sie uns nicht empfangen konnten. Mit viel Überredungskunst konnten wir sie dazu bewegen, uns in ein anderes zu schicken, wo wir Betten und Erfrischungen bekamen. Im ersten Haus befanden sich viele Polizisten und Soldaten, aber sie waren so begeistert und belustigt, dass sie nicht auf uns hören konnten, um uns zu beobachten.

Wir haben hier für alles übermäßig teuer bezahlt; und am Morgen verließen wir es und zogen weiter nach Waldsee, einer Stadt in Schwaben mit einer Burg. Gegen sechs Uhr abends fuhren wir daran vorbei und ließen es in respektablem Abstand auf der rechten Seite liegen. Um acht Uhr hielten wir in einem kleinen Dorf, wo wir Betten und Abendessen bekamen. Bei Tagesanbruch setzten wir unsere Reise fort und entdeckten gegen vier Uhr nachmittags den Fluss Iler, den wir überqueren mussten. Wir verließen das württembergische Gebiet und reisten nach Bayern ein. Wir sahen eine

Brücke, bildeten uns aber auch ein, dass wir darauf ein Wachhaus oder einen Schlagbaum erkennen könnten, was uns nicht wenig beunruhigte; So versteckten wir uns bis zum Einbruch der Dunkelheit in einem Wald, rückten dann vor und überquerten ohne Schwierigkeiten die Brücke. Auf jeder Seite standen mehrere Häuser, aber glücklicherweise sahen wir keinen Polizisten oder sonst jemanden, der auch nur die geringste Besorgnis erregen könnte. Wir setzten unseren Weg über eine Meile fort, als wir zu einer Taverne kamen, in der es von Fuhrleuten wimmelte; Aber wir bekamen ein Privatzimmer und gingen sehr früh zu Bett.

Unser Freund Barklimore wurde jetzt von einem sehr schweren Fieberanfall befallen, und wir mussten in Bayern sehr vorsichtig sein, damit wir nicht gezwungen wären, unseren kranken Begleiter im Stich zu lassen. Die Reize der Gefahr und der Notwendigkeit ermöglichten es ihm am nächsten Morgen, die Müdigkeit des Tages auszugleichen. Aufgrund seiner Krankheit gingen wir sehr langsam.

Nachts schliefen wir in einem Dorf; und nicht nur waren die Leute höflich, unsere Wirtin ließ auch unsere Hemden waschen und am nächsten Morgen trocknen. Das war keine leichte Aufgabe, wenn man bedenkt, wie lange wir sie getragen hatten. Der Wirt ärgerte uns jedoch sehr. Er befand sich im Endstadium der Schwindsucht und schien den kurzen Rest seines Lebens seiner Neugier zu widmen. Vergeblich erzählten wir ihm, dass wir französische Reisende auf dem Weg nach Kaufbeuern waren, wo wir viele Freunde hatten. Seine „Warum" und „Weshalb" und seine „Was-dann" und „Wohin-kommen" waren für Reisende in unserer verdächtigen Lage höchst unbequem. Wir versicherten ihm, dass wir von Kaufbeuern aller Wahrscheinlichkeit nach nach Salzburg weiterreisen würden, aber nichts davon konnte seine Neugier befriedigen; und während seine Frau damit beschäftigt war, zur Erfrischung unseres Körpers beizutragen, indem sie unsere Hemden wusch, quälte er unseren Geist mit Fragen. Hätten wir ein Zehntel davon beantwortet, oder wenigstens ehrlich beantwortet, hätten wir uns in ein paar Tagen unfehlbar auf der Landstraße nach Bitche gesehen.

Kapitel XV

Kaufbeuern auf der linken Seite verlassen – Wardach und Lech überqueren – Ein willkommenes Fährschiff – Die Stadt Weilheim – Ein langer und anstrengender Marsch – Der Einschläfer der Müdigkeit – Die Fähre über den Inn – Angst vor einem Soldaten – Eine Lüge Alarm – Überquerung des Flusses – Die Stadt Reichenhall – Unsere Annäherung an die bayerischen Grenzen – Die Zunahme der Gefahren – Barrieren mit Erfolg überwunden – Eine Vermutung, dass wir uns in den österreichischen Herrschaftsgebieten befanden – Eine traurige Fehleinschätzung und eine knappe Flucht vor ihren fatalen Folgen – Eine unerwartete Forderung nach Pässen – Eine Umgehung – Die bayerischen und österreichischen Grenzen – Unsere äußerste Gefahr – Vorwegnahme der Galeeren – Eine Spur durch einen Wald am Fuße eines Berges – Eine Flucht – Die Grenze wurde überschritten und die Flüchtlinge in den Herrschaftsgebieten des Kaisers – Soldaten im Hinterhalt – Gefangen genommene Flüchtlinge – Vortäuschen von Amerikanern aus Altona – Wut der bayerischen Garde über die Überlistung.

AM 8. Oktober (1808) verabschiedeten wir uns von unserem schwindsüchtigen und neugierigen Wirt und ließen Kaufbeuern auf der linken Seite im Vorbeigehen zurück. Wenn seine Lungen sein Leben lang so fleißig Fragen stellten wie während unserer Zeit bei ihm, ist es nur ein Wunder, dass sie ihm so lange durchgehalten hatten. Wir überquerten die Wardach und nahmen Kurs auf Schöngau. Gegen sechs Uhr abends begann es so stark zu schneien, dass wir für die Nacht in einem benachbarten Dorf Unterschlupf suchten. Es war klein und passte sehr gut zu uns. Im Wirtshaus arbeitete ein Schuhmacher für die Familie, und sie waren so freundlich, ihm zu erlauben, unsere Schuhe zu reparieren.

Am nächsten Morgen setzten wir unsere Reise fort, obwohl das Wetter sehr streng war, schneite und uns direkt ins Gesicht wehte. Barklimore war viel besser, und wir hielten es nicht für ratsam, lange an einem Ort zu bleiben. Als wir Mittags ein ausgezeichnetes Gasthaus fanden, hielten wir wegen des strengen Wetters und da wir bis auf die Haut durchnässt waren, dort an: Dieses kleine Wirtshaus versorgte uns mit einem großen lodernden Feuer. Wir trockneten unsere Kleidung, erfrischten uns und gingen früh zu Bett. Bei Tagesanbruch setzten wir unsere Reise fort; und gegen elf Uhr sahen wir Schöngau, das uns als ein sehr starker und daher für uns gefährlicher Ort erschien. Wir konnten keine Möglichkeit entdecken, den Lech zu überqueren, ohne ihn zu durchqueren oder ihn zu durchqueren. Wir überlegten, was am besten zu tun sei, und beschlossen ohne zu zögern, nach links abzubiegen und am Ufer des Flusses zu bleiben, bis wir einen anderen Ort zum Überqueren fanden. Wir fuhren dementsprechend etwa acht Meilen nordwärts weiter, als wir auf einem angrenzenden Feld einen Pflüger mit einigen starken Pferden bei der Arbeit sahen. Mir kam sofort der Gedanke, dass wir durch das Aufsteigen vielleicht auf dem Rücken der Pferde über den Fluss schwimmen könnten. Ich machte dem Pflüger daher den Vorschlag und bemühte mich, einen Handel auszuhandeln. Der dumme Lümmel hielt das alles für einen Scherz und lachte mich lächerlich; aber als er feststellte, dass ich es wirklich ernst meinte, hielt er mich für weniger als verrückt, eine solche Idee zu hegen. Schließlich, nachdem er unablässig das Wort „*Schiff*" *wiederholt hatte* , zeigte er auf eine Fähre auf der gegenüberliegenden Seite. Dabei kamen wir dicht an den Fluss heran; und nachdem wir einige Zeit gewinkt und Zeichen gegeben hatten, hatten wir die Genugtuung, einen Mann in einem Boot sitzen zu sehen. Ungeachtet dessen, dass die Überschwemmung aufgrund der letzten heftigen Regenfälle sehr stark war, begab er sich sehr meisterhaft hinüber und brachte uns dann auf ebenso zufriedenstellende Weise hinüber. Wir zahlten ihm freudig sein übliches Fahrgeld, das etwa einen Penny betrug, und um acht Uhr abends hatten wir unsere Schritte auf dem gegenüberliegenden Ufer um eine Strecke von acht Meilen zurückverfolgt, um wieder auf die Hauptstraße zu gelangen. Weilheim war die nächste große Stadt auf unserer Route, aber wir machten in einem kleinen Dorf Halt. Wir waren furchtbar ohnmächtig, und nachdem wir uns erfrischt hatten, gingen wir zu Bett und stellten fest, dass Müdigkeit das beste Einschlafmittel auf Erden war. Nicht alle „schläfrigen Sirupe der Welt" könnten „uns zu einem süßeren Schlaf verhelfen" als der lange und trostlose Marsch, den wir zurückgelegt hatten.

Am Morgen setzten wir unsere Reise fort, und um zehn machten wir einen Umweg um Weilheim mit seiner Burg, überquerten die Amper und nahmen Kurs auf Tötz. Nachts suchten wir Schutz in einer Bauernhütte am Fuße der hohen Bergkette, die Bayern von Tirol trennt.

Am nächsten Morgen um elf entdeckten wir die Stadt Tötz in einem Tal an der Amper. Im Allgemeinen ist der Anblick einer Stadt für einen Reisenden erfreulich und erfreulich im Verhältnis zu ihrer Größe. In unserem Fall war das Gegenteil der Fall; und jede Stadt war ein Gegenstand der Besorgnis, insbesondere wenn sie eine beträchtliche Größe oder Bevölkerung hatte. Tötz schien ein schwer zu passierender Ort zu sein. Wir wandten uns nach Süden, und nachdem wir viele trostlose Meilen über Berge und durch Wälder und Sümpfe marschiert waren, entdeckten wir glücklicherweise eine Brücke, die wir ohne Unterbrechung überquerten. Ich bemerkte auf dem Fluss eine Anzahl von Flossen und Flößen, die bewundernswert konstruiert waren und geschickt mit der Strömung gesteuert wurden, die übermäßig schnell war. Schon dieser Anschein einer Annäherung an nautische Angelegenheiten erfüllte meinen Geist mit Gedanken an meinen Beruf und erfreute mein

Herz. Nachdem wir die Brücke passiert hatten, wurden wir dazu verleitet, ein Wirtshaus zu betreten, wo wir uns zum Abendessen etwas Fisch, Brot und Bier besorgten. In diesem Haus waren mehrere Betrunkene beiderlei Geschlechts; sie schienen alle damit beschäftigt zu sein, das Holz den Fluss hinunter zu transportieren, und erinnerten mich an die Ballastschlepper von Billingsgate und Wapping. Obwohl es sehr stark regnete, waren wir gezwungen, weiterzugehen. Barklimore bekam eine Mitfahrgelegenheit auf einem Wagen für drei oder vier Meilen, und der Fuhrmann lehnte es ab, dafür Geld anzunehmen. Um den Bewohnern des Kontinents gerecht zu werden, muss ich anmerken, dass diese Art der Uneigennützigkeit auf dem Kontinent häufig vorkommt; wie weit sie in unserem eigenen Land verbreitet sein mag, überlasse ich der Erfahrung eines jeden Menschen.

Am 12., bei Tagesanbruch, machten wir uns wieder auf den Weg nach Neubeuern, und abends um acht legten wir in einem kleinen Dorf eine Übernachtungsmöglichkeit ein, wo der Gasthof sehr anständig war und wir gut bewirtet wurden. Am Morgen trennten wir uns von diesen guten Leuten, die aber offenbar keine große Vorliebe für die Franzosen hatten.

Um elf erspähten wir Neubeuern. Es ist eine Festung, die an einem Hügelhang an einem Seitenarm des Inns liegt. Wir befanden uns auf der gegenüberliegenden Seite und waren völlig verwirrt und wussten nicht, wie wir hinüberkommen sollten. Dort tauchte auch eine kleine Stadt auf, die vermutlich denselben Namen trug. Wir näherten uns dem Flussufer und entdeckten auf der gegenüberliegenden Seite eine Fähre. An jedem Ufer waren Schanzen errichtet, mit einem Stag oder Seil von einer Seite zur anderen, an denen die Fähre mit einem langen Seil und einem Traveller festgemacht wurde, um auf dem Stag zu fahren. Sie war so gebaut, dass (wie stark die Strömung auch sein mochte) ein Mann ausreichte, um die Fähre hinüberzubringen. Auf unserer Seite befand sich ein Schuppen mit Sitzen, wo die Passagiere sich ausruhen und auf ihr Transportmittel warten konnten. An dieser Stelle fanden wir einen alten Mann, den wir aufgrund seiner Kleidung und Schürze für einen Hutmacher oder Färber hielten. Er sprach keine andere Sprache als Deutsch; er wohnte (wie er uns zu verstehen gab) im gegenüberliegenden Dorf und war eigentlich von Beruf Hutmacher. Er teilte uns mit, dass der Fährmann gerade sein Abendessen einnahm und erst nach ein Uhr kommen würde. Wir erkundigten uns, ob die Festung stark sei, obwohl sie, ob stark oder schwach, offensichtlich stark genug war, um uns gefangen zu nehmen und in übler Gefangenschaft zu halten. Die Antwort war, dass sie „nur ein paar Veteranen" enthielt, eine Art von Truppe, die wir besonders ablehnten; denn obwohl wir in den Wind von Neulingen gelangen konnten, war es nicht leicht, alte Kämpfer zu überrumpeln. Dieser Hutmacher schien uns ins Innere zu blicken, und seine neugierige Art war uns in unserer misslichen Lage alles andere als angenehm. Schließlich fragte er uns, ob wir nach Salzburg wollten. Dies war eine bequeme Frage, denn unsere bejahende Antwort gab uns die plausible Gelegenheit, zu fragen, wie weit es von Salzburg entfernt war. „Fünfzehn Meilen" war die Antwort, und ich muss nicht sagen, dass keinem von uns das Herz höher schlagen musste, als er hörte, dass er sich schon so weit von diesem Punkt entfernt hatte und dem Ende seiner Reise entgegenstrebte.

Wir befürchteten, dass es in der Nähe der Grenzgarnison zu einer Überprüfung der Reisenden und einer Passkontrolle kommen würde; Aber vergebens haben wir uns in dieser Angelegenheit nach dem Hut geäußert.

Es war ein Uhr; Der Fährmann näherte sich, aber er wurde von einem Soldaten mit einer riesigen Feder begleitet, die so schrecklich in der Luft wedelte, dass es bedrohlich für unsere Gefangennahme und unser späteres Schicksal schien. Wir wagten es nicht, dem Hutmacher eine weitere Frage zu stellen, um keinen Verdacht zu erregen, und obwohl wir Zeit hatten, zu entkommen, dachten wir, dass wir keine andere Möglichkeit hatten, den Fluss zu überqueren. Tatsächlich waren wir verunsichert. Wir haben überlegt und überlegt, beschlossen und unseren Vorsatz wieder aufgegeben. Zweifellos herrschte bei unseren Beratungen die Bestürzung vor, die damit endete, dass wir uns bereit erklärten, über die Felder zu wandern und zu beobachten, was das Ziel des Soldaten mit seiner riesigen Feder sein könnte. Der Dichter [29] hat die Zeile:

Mit einer Feder erfreut, mit einem Strohhalm gekitzelt,

aber nie hat sich ein Mensch weniger über eine Feder gefreut als ich und meine Gefährten. Wir waren uns einig, dass wir uns in verschiedene Richtungen aufteilen sollten, wenn dieser Mann auf uns zukam, und so versuchen sollten, ihn zu verwirren; wenn er die gemeinsame Hauptstraße nahm, sollten wir davon ausgehen, dass er nicht über den Fluss gekommen war, um uns zu fangen. Wir waren in höchster Angst. Endlich berührte das Boot das Ufer. Der Sohn des Mars sprang mit der Feder in seinem Dreispitz aus dem Boot. Alle Augen waren auf ihn gerichtet, und jeder von uns hatte ein Bein vorgestreckt, um sich ihm zu nähern, als er sich zu unserer unaussprechlichen Freude nicht herabließ, uns anzusehen, sondern seinen Kurs in Richtung der Hauptstraße fortsetzte. Nie war Verachtung den Missachteten oder Verachteten willkommener. Wir stiegen mit dem Hutmacher in die Fähre und landeten am gegenüberliegenden Ufer.

Der Fahrpreis war eine Kleinigkeit. Wir mussten einen Gulden wechseln, und obwohl wir bereitwillig das Fünffache der Summe bezahlt hätten, wenn wir es uns hätten leisten können, um loszukommen, warteten wir regelmäßig darauf, dass unser Wechselgeld ausgestellt wurde, was einige Zeit in

Anspruch nahm, ebenso wie die Stücke waren so schwer zu verstehen, und der Fährmann musste sich einen Teil vom Hutmacher ausleihen. Aber wir befürchteten, wenn wir nicht so genau gewesen wären, hätten sie vermutet, dass nicht alles in Ordnung war, und hätten in der Garnison Informationen weitergegeben. Nachdem die Dinge geklärt waren, setzten wir unvorsichtig unseren Weg fort, bis wir außer Sichtweite der Festung waren; Dann fuhren wir so schnell wir konnten weiter, um die Verspätung der Fähre auszugleichen.

Gegen sieben Uhr abends machten wir in einem sehr bequemen Haus am Straßenrand Halt, bezogen Betten und aßen zu Abend und setzten bei Tagesanbruch unsere Wanderung fort. Wir befanden uns nun auf der Hauptstraße nach Reichenhall, der letzten bayerischen Stadt, die wir passieren mussten. Jeder von uns war bester Laune und fast zuversichtlich, dass wir den Erfolg, den wir kürzlich erlebt hatten, hinter uns lassen würden. Wir setzten all unsere Kraft ein, um so schnell wie möglich in die österreichischen Gebiete zu gelangen, und marschierten an diesem Tag mindestens zwölf Meilen, bis wir, sehr erschöpft, beschlossen, in ein Dorf am Ufer des Kempsees zu gehen und dort die Nacht zu verbringen. Bald fanden wir ein Wirtshaus, aßen zu Abend und gingen zu Bett. Die Leute waren höflich und überhaupt nicht neugierig.

Wir standen früh auf und setzten unsere Reise fort. Wir trafen mehrere Leute, aber zu unserer Freude schien keiner auch nur die geringste Neugier zu besitzen. Wir stellten fest, dass wir noch drei Meilen von Reichenhall entfernt waren. Wir kamen zügig voran, aber mit Vorsicht, da wir wussten, wie wählerisch sie an den Grenzen im Allgemeinen sind. Wir kamen auch überein, Saltzburg gänzlich zu meiden und direkt nach Triest zu fahren, wenn wir sofort sicher nach Österreich gelangen könnten. Barklimore wurde erschöpft. Die Straßen waren holprig und trostlos, und nicht einmal am äußersten Rand des Horizonts war ein Dorf oder eine menschliche Behausung zu sehen. Als wir uns Reichenhall näherten, überholten wir zwei Waggons und überredeten einen der Fuhrleute, unseren lahmen und behinderten Begleiter mitzunehmen. Noch nie war die Vereinbarung glücklicher, denn kaum war er im Wagen untergebracht, kamen schon zwei bayerische *Gendarmen* in Sicht. Hewson und ich suchten auf der anderen Straßenseite Versteck und konnten so der Entdeckung entgehen.

Seit einigen Tagen war mir aufgefallen, dass alle Schilder und Wegbeschreibungen am Straßenrand sowohl auf Deutsch als auch auf Französisch waren. Die Straße, auf der wir unterwegs waren, war recht neu und schien nach der Schlacht von Austerlitz angelegt worden zu sein, um den künftigen Einmarsch der Franzosen in die österreichischen Herrschaftsgebiete zu erleichtern. Es hatte ein großartiges Ausmaß und muss immense Summen gekostet haben, da es durch gewaltige Felsen und Berge gehauen wurde. Es war die schönste Militärstraße, die ich je gesehen hatte, und zeigte das gigantische Projekt, das Napoleon im Sinn gehabt haben musste. [30]

Wir befanden uns offenbar nur noch zwei Meilen von der Stadt entfernt und baten den Fuhrmann, unseren Freund absteigen zu lassen. Der allzu gutmütige Kerl bot an, ihn in die Stadt zu tragen, und wir mussten so tun, als hätten wir die Idee, bei einem Freund in der Nachbarschaft Halt zu machen. Das Haus eines Freundes in der Nachbarschaft! – nie waren arme Wesen freundloser oder unbekannter mit einer Nachbarschaft.

Wir waren jetzt am Ende unserer Weisheit, und es war zu spät, auch nur den Versuch zu unternehmen, die Stadt zu umrunden, um uns in die österreichischen Gebiete zu schmuggeln, die mindestens vier oder fünf Meilen entfernt sein mussten. Die umliegenden Berge schienen darauf ausgelegt zu sein, den erfahrensten Reisenden bei seinem Versuch, nachts oder sogar tagsüber über ihre Pässe zu gelangen, zu verwirren; Und was könnten arme, unwissende und verlassene Flüchtlinge wie wir tun?

Nachdem wir alle Angelegenheiten sorgfältig erwogen und erwogen hatten, beschlossen wir, in einem Wirtshaus etwas abseits am Straßenrand unser Quartier zu beziehen. und wir vertrauten darauf, dass dies unsere letzte Nacht in Bayern sein würde. Wir gingen also hinein und fanden mehrere anständige Leute. Ich machte unserem Gastgeber klar, dass unser Kamerad plötzlich krank geworden sei, dass ich ihn so schnell wie möglich ins Bett bringen wollte und dass wir lieber bei ihm bleiben würden, als in die Stadt zu gehen, da es damals schon spät war. Er sagte uns höflich, wir sollten sofort untergebracht werden.

Gegen halb acht wurden wir ins Bett gebracht und waren bester Laune. Der nächste Morgen würde über unser Schicksal entscheiden, und wir waren sehr zuversichtlich. Wir wussten, dass man auch in Österreich vorsichtig sein musste, dachten aber, dass der große Punkt erreicht sein würde, wenn wir der Macht des Rheinbundes entzogen wären. Ich gestehe, ich dachte manchmal, wie unglücklich wir sein würden, wenn wir in der Nähe der letzten bayerischen Stadt verhaftet und erneut in das schreckliche *Herrenhaus der Tränen* zurückgeführt würden . Ich erkläre offen, dass mir der Tod als Alternative lieber gewesen wäre.

Am Morgen des 17. Oktober standen wir auf, bestellten jeder eine Tasse Kaffee und marschierten mit großer Vorsicht in Richtung der Stadt Reichenhall, wo wir nur sehr wenige Menschen sahen. Wir dachten, alles liefe günstig für uns, aber im nächsten Moment entdeckten wir eine Brücke, die wir zwangsläufig überqueren mussten; am Ende befand sich eine Mautstraße und die bayerischen Farben, Blau und Weiß, die uns ziemlich gut bekannt waren. In kurzer Entfernung von der Mautstraße erschienen zwei Männer. Wir waren auf der Brücke. Die beiden Männer betraten ein Haus in der Nähe der Mautstraße. Wir kamen schnell voran. Da wir annahmen, dass dies eine äußerst günstige Gelegenheit sei, passierten wir die Mautstraße sehr glücklicherweise und bogen kurz nach rechts ab, was uns direkt dorthin führte, wo wir wollten, und auch aus der Stadt heraus. Dann passierten wir eine weitere Schranke, wo kein Haus zu sehen war, und da wir so nah an dem waren, an dem wir gerade vorbeikamen, vermuteten wir, dass beide von denselben Leuten beaufsichtigt wurden.

Nachdem wir mit der Verschlimmerung der Schwierigkeiten bei der Annäherung an die Grenze gerechnet hatten, waren wir überglücklich, dass das Polizeisystem nicht so streng war, wie wir erwartet hatten: Wir fühlten uns nun in Sicherheit. Wir rückten eine Meile vor und glaubten, wir befänden uns in den österreichischen Gebieten. Unser Glück war unvorstellbar. Unsere Gefahren, dachten wir, seien vorüber, und wir befanden uns nun in einem Land, das zwar nicht mit England verbündet war, aber bei früheren Gelegenheiten so viele Millionen von ihm subventioniert hatte und in dem wir eine so gemeinsame Sache hatten den allgemeinen Feind niederschlagen. Wir fühlten uns fast wie zu Hause. Wir waren so sicher, dass wir begannen, weniger auf Gefahren jeglicher Art zu achten.

Die Straße wurde übermäßig schwer; und obwohl ich unter schwierigeren Umständen weitaus schlechtere Straßen zurückgelegt hatte, machten mich meine Aussichten auf einen Triumph anspruchsvoll oder sportlich. Ein Einschnitt oder Pfad schien durch Felder in eine Richtung zu führen, und ich entschied mich dafür, ihn zu nehmen, da ich dachte, er würde unsere Entfernung verkürzen, während Hewson lieber die Landstraße wählte. Als ich zurückblickte, stellte ich fest, dass Barklimore meinen Schritten mit großem Abstand folgte, obwohl ich Hewson nach kurzer Zeit völlig aus den Augen verlor. Ich hatte einen stumpfen Winkel gemacht und etwas Abstand gespart, und bald kam ich wieder auf die Straße; aber zu meinem großen Unbehagen suchte ich vergebens nach meinem Freund. Ich vermutete, dass er, obwohl er den längsten Weg hatte, so schnell gelaufen sein musste, dass er den Unterschied mehr als wettmachte; und dass er folglich vor mir war. Zu meinem großen Erstaunen und völliger Bestürzung machte ich plötzlich die traurige Entdeckung, dass wir uns immer noch in den bayerischen Gebieten befanden; denn ich sah in meiner Nähe einen Schlagbaum mit dem angrenzenden Haus, das das bayerische Wappen trug. Glücklicherweise war die Tür geschlossen, und ich ging mit klopfendem Herzen daran vorbei und dankte dem Himmel dafür, dass ich um Haaresbreite entkommen konnte. Dann beschleunigte ich mein Tempo; und als ich mit großer Sorge zurückblickte, stellte ich zu meiner unaussprechlichen Freude fest, dass Barklimore mit gleichem Erfolg bestanden hatte.

Ich machte mir jetzt große Sorgen um die Sicherheit unseres Freundes Hewson und schloss daraus, dass er, in der Annahme, er befände sich in den österreichischen Gebieten, unvorsichtigerweise der Barriere genähert haben könnte, der wir gerade entkommen waren, und gefangen genommen worden sein könnte. Ich blieb stehen, um auf Barklimores Ankunft zu warten, damit wir beraten könnten, was am besten zu tun sei. Inmitten unserer Ratlosigkeit und Not bemerkte ich zu meiner unsagbaren Freude, dass Hewson weit vor uns war und sich eilig auf uns zubewegte. Wie er so weit voraus sein konnte, war mir unerklärlich. Ich eilte auf ihn zu und drückte mein Erstaunen darüber aus, dass er sich in einem so kritischen Moment von uns trennte. Er revanchierte sich kurz und sagte, da wir durch das Überqueren der Felder einen so großen Winkel abgeschnitten hatten, schloss er natürlich, dass wir weiter vorgerückt waren als er. Aber wir durften keine Zeit mit gegenseitigen Beschuldigungen verlieren, denn wir schwebten in äußerster Gefahr. Hewson erzählte uns voller Beklommenheit, dass wir uns noch immer auf bayerischem Boden befanden und dass er ein kurzes Stück vor uns die Demarkationslinie zwischen den beiden Ländern erreicht hatte, an deren nächstem Punkt sich eine bewachte Barriere befand. Er fügte hinzu: „Der österreichische Offizier hatte mich angehalten und meinen Pass verlangt. Mit aller Geistesgegenwart, die ich aufbringen konnte", sagte Hewson, „sagte ich ihm, dass meine Begleiter, die mir folgten, alle unsere Papiere hätten, und er bat mich, zu warten, bis Sie eintrafen, aber ich konnte mich seiner Wachsamkeit entziehen und beeilte mich, Sie über die Gefahr zu informieren, in der wir schwebten."

Wir nahmen diese traurige Nachricht mit bleichen Gesichtern und gerunzelter Stirn auf, doch unsere Bestürzung wuchs noch, als Hewson fortfuhr: „Ich traf die Frau des Mannes, der auf jenes bayerische Tor oder die Mautstraße hinaussieht, und sie fragte mich, ob ich ihrem Mann meinen Pass und meine Papiere gezeigt hätte. Natürlich antwortete ich, dass das der Fall sei."

Hier befanden wir uns also in einer so verzweifelten Situation wie noch nie zuvor. Noch nie hatten wir mit größeren oder extremeren Gefahren zu kämpfen. Es schien uns nur allzu offensichtlich, dass, als die Frau ihrem Mann erzählte, was Hewson ihr gesagt hatte, eine Verfolgung von uns beginnen und ein lautes Geschrei laut werden würde, um unsere Besorgnis zu erregen. Wenn der österreichische Offizier sich geweigert hatte, Hewson ohne Pass durchzulassen, als er unverdächtig war, war klar, dass er uns nicht durchlassen würde, als die bayerischen Soldaten uns verfolgten. Es war aussichtslos, direkt zur österreichischen Wache zu gehen, zu gestehen, wer und was wir waren, und uns als Gefangene auszugeben, im Vertrauen auf die Freundschaft, die früher zwischen England und Österreich bestanden hatte, und auf die guten Gefühle, die die Österreicher hegen sollten gegenüber den Engländern. In welche Richtung wir uns auch wandten, neue Schwierigkeiten zeigten sich, und wir wurden von dem Gedanken abgelenkt, mitgenommen zu werden, nachdem wir so viele Gefahren überwunden, so viele hundert Meilen zurückgelegt hatten und an einem Punkt angekommen waren, an dem wir nur noch wenige Meter über einer imaginären Trennungslinie lagen könnte uns retten.

Ich schlug sofort vor, dass wir versuchen sollten, der österreichischen Wache zu entkommen und sie zu passieren, indem wir der Barriere ausweichen und die Grenze, wie wir könnten, an einem anderen Punkt überqueren; und wenn wir dann gefangen genommen würden, wäre unsere letzte Möglichkeit, den Schutz des österreichischen Offiziers als englische Untertanen und früher, wenn auch nicht jetzt, Verbündete des Kaisers zu beanspruchen. Unter jedem Risiko, selbst wenn es unser Leben kostete, sollten wir vermeiden, in die Hände der Bayern zu fallen, denn dann würde unser unvermeidliches Schicksal eine Reise in Ketten zurück zum Herrenhaus der Tränen, ein Prozess in Metz und eine Verurteilung sein zu den Galeeren.

Es war kein Augenblick verloren. Ich überblickte das Land und erspähte einen schmalen Pfad, der in einen dichten Wald am Fuße eines riesigen Berges führte. Wir schlugen diesen Nebenpfad sofort ein und marschierten so schnell, wie es die Beschaffenheit des Pfades zuließ. Wir rechneten damit, von den österreichischen Truppen verfolgt zu werden, und unsere einzige Hoffnung war, so weit in ihr Territorium vorzudringen, dass sie, wenn sie uns gefangen nahmen, nicht daran denken würden, uns den gefürchteten Bayern auszuliefern.

Wir verfolgten die Route mit aller möglichen Geschwindigkeit, rannten, kletterten, krochen und kraxelten, wie es die Beschaffenheit des Bodens erlaubte oder erforderte, bis wir schließlich außer Atem mitten im Wald stehen blieben und zu unserer großen Freude weder das Geräusch einer menschlichen Stimme noch Schritte hörten, die uns verfolgten.

Wir holten Luft und machten uns wieder auf den Weg. Es war unmöglich, den riesigen Berg zu erklimmen, da seine Seiten völlig unzugänglich waren und oft in großer Höhe senkrecht standen; und doch warfen wir einen sehnsüchtigen, verweilenden Blick auf seine schroffen Abhänge und dachten, wenn wir nur eine seiner Höhlen oder Festungen erreichen könnten, wäre unsere Sicherheit vollkommen.

Wir folgten dem Weg durch den Wald und konnten nach kurzer Zeit die Hauptstraße sehen; und zur Freude erschöpfter Lungen und klopfender

Herzen stellten wir fest, dass wir uns eine Meile hinter der österreichischen Barriere befanden. Das war in der Tat ein Glück: ein Glück, das so groß, so unerwartet und so sehr im Gegensatz zu allen Umständen unserer vorherigen Lage war, dass wir selbst unseren Sinnen misstrauten, die uns die Tatsache so deutlich versicherten.

Wir setzten nun festen Fuß auf die weitläufige Landstraße und wollten gerade mit dem Hochgefühl weitergehen, das uns glauben ließ, wir könnten der Welt trotzen und über das Buch des Schicksals oder die Tricks der verräterischen und wankelmütigen Göttin lachen, als Bei unserem ersten Schritt rief uns eine heisere Stimme zur Kapitulation auf, und vier deutsche Soldaten sprangen aus ihrem Versteck hinter einem Felsen am Waldrand hervor und hielten uns jeweils ein Gewehr an die Köpfe. Wir kamen zu dem Schluss, dass es sich um Banditen handelte, und hatten wenig von ihnen zu befürchten, da wir kein Eigentum zu verlieren hatten und wussten, dass solche Adligen nicht danach strebten, sich das Leben zu nehmen, obwohl es keinen Vorteil hatte, Blut zu vergießen. Aber wir wurden bald nicht getäuscht, denn während drei der Kerle die Mündungen ihrer Gewehre an unseren Köpfen hielten, nahm der Erste von ihnen sehr höflich seinen Hut vor uns ab. Dies war der Szene in *Gil Blas sehr ähnlich*, als der Bettler den Reisenden im Namen der Heiligen Jungfrau mitleiderregend anflehte, er solle eine Marvadie in seine Mütze stecken, während er seinen Karabiner auf seinen Kopf gerichtet hielt, als grobe Andeutung dessen, was er musste leiden, wenn er unbarmherzig war. Aber die Fälle stimmten nicht, und es stellte sich heraus, dass es sich um österreichische Soldaten handelte, und der Anführer fragte uns höflich nach unseren Pässen. Ich zeigte ihm eine alte Brieftasche und tat so, als würde ich nach meiner suchen, die ich natürlich nicht finden konnte; aber ich zeigte ihm einige Umschläge in deutscher Schrift, die ich für einen solchen Notfall bereitgestellt hatte. Der phlegmatische deutsche Feldwebel wies alle meine Ausreden zurück, indem er einfach erklärte, er sei kein Richter in so schwierigen Fällen, kein Gelehrter (tatsächlich könne er nicht lesen) und dass es seine Pflicht sei, uns vor seinen Offizier zu führen und auf ihn zu zeigen die Richtung, in der wir wussten, dass die österreichische Barriere lag. „Wirst du kapitulieren?" sagte er; Und welche Antwortmöglichkeit blieb uns überhaupt, wenn jedem ein Gewehr an den Kopf gehalten wurde? „Gerne", antwortete ich, „aber sind wir nicht im kaiserlichen Herrschaftsgebiet im *Kaisersland*?" Wie mein Herz vor Freude schlug, als er mit „Ja, Sir" antwortete – *Ya Mynheer*. Noch nie hat die Sonne willigere Gefangene gesehen. Wir begleiteten unsere Häscher zum Offizier. Er war ein junger Mann und sprach keine andere Sprache als Deutsch. Wir konnten jedoch vollkommen verstehen, dass er über unseren Versuch, ihm und dem Wachmann zu entkommen, unzufrieden war. Er untersuchte uns, und wir machten ihm, so gut wir konnten, klar, „dass wir Amerikaner waren, die vor den Dänen in Altona geflohen waren und den besten Weg nach Triest machten, wo wir eine Überfahrt nach Triest erwarteten." Heimatland." Er forderte einen seiner Soldaten auf, zu gehen und den Bayern an der nächsten Barriere zu informieren, dass er ihn haben wollte. Dieser Umstand bereitete mir großes Unbehagen. Ich bemühte mich, von ihm zu erfahren, ob er beabsichtigte, uns nach Salzburg zu schicken. Er sagte, wir sollten sofort in diese Stadt gebracht werden. Wir waren über diese Nachricht sehr erfreut, denn wir fürchteten, dem Bayer ausgeliefert zu werden, der nun angekommen war, und waren erstaunt, als der Offizier ihm sagte, er habe uns passieren lassen, ohne uns zu verhören oder zu verhören. Unser *Freund* von der Barriere war über diese Information außerordentlich verärgert, und wenn wir seiner zärtlichen Gnade ausgeliefert worden wären, hätte er sich reichlich für die Art und Weise gerächt, in der unser Erfolg ihn den Verspottungen des Offiziers der rivalisierenden Nation ausgesetzt hatte .

Kapitel XVI

Unsere Ankunft in Salzburg – Der Polizeidirektor – Beharrlichkeit bei unserer Behauptung, Amerikaner zu sein – Verdacht, Spione zu sein – Positive Einstellung der Österreicher gegenüber England und den Engländern – Geständnis der Wahrheit – Gute Behandlung als englische Offiziere – Ein ausgezeichnetes Gasthaus – Ein freundlicher Gouverneur – Große Höflichkeit – Depeschen aus Wien – Für uns bestellte Pässe – Eine Geldüberweisung aus Wien – Pässe für Triest – Unsere Reise – Deutsche Studenten und Hundelatein – Clagenfurt – Laibach – Banditen – Eine Berglandschaft – Ein irisches Wachfeuer – Ankunft in Triest – Verzückung beim Anblick des Golfs und der englischen Fregatte in Sicht – Unsere Einschiffung – Vom Boot der *Amphion aufgelesen* – Ein alter Freund und Schiffskamerad – Entdeckung eines Feindes – Ein verzweifelter und erfolgloser Kampf – Die Toten und Verwundeten – Schuss durch den rechten Arm – Tapferkeit des Leutnants. GM Jones – Seine Verletzung – Übermäßige Freundlichkeit des Kapitäns und der Offiziere *der Amphion – Die Brigg Spider* – Korfu – Malta – Sir Alex. Ball – Unerwartetes Treffen mit alten, aus Bitche geflohenen Freunden – Beförderung zum Leutnant auf der *Warrior* (einer 74er) – Die glorreichen Möglichkeiten des Marinedienstes öffneten sich mir.

WIR waren nun etwa am Mittag des 17. Oktober 1808 angekommen, als eine Eskorte oder Wache für unsere Obhut bestimmt wurde und wir uns auf den Weg nach Salzburg machten. Unser Schicksal hing von der momentanen Einstellung der österreichischen Regierung gegenüber England und Amerika ab. Wir beschlossen, an unserer amerikanischen Fiktion festzuhalten, wenn sich nichts ergab, was uns zum Gegenteil bewegen könnte. Gegen zwei Uhr erreichten wir Salzburg. Dies ist eine schöne befestigte Stadt, die Hauptstadt des Herzogtums Salzburg, mit einer starken Burg auf dem Berg. Sie hat eine Universität und zwei edle Paläste. Die Stadt liegt auf beiden Seiten des Flusses Salza und ist zwischen drei Bergen gelegen. Die Gebäude der Stadt waren sehr bemerkenswert, aber wir waren nicht in der Stimmung oder unter den Umständen, uns mit solchen Themen zu befassen oder dem Geschmack von Amateuren nachzugeben.

Wir wurden zu einem Gebäude, dem Stadthaus, geführt, wo uns der Polizeidirektor strengen Verhören unterzog. Unser Inquisitor war jedoch ein wohlerzogener Gentleman-Offizier und sprach vier Sprachen fließend.

Er fragte uns zunächst auf Französisch, was für Landsleute wir seien. Wir würden ihn nicht verstehen. Dann stellte er uns sowohl auf Italienisch als auch auf Deutsch die gleiche Frage: Wir seien gleichermaßen unwissend. Als nächstes fragte er uns auf Englisch nach unserem Land. Jetzt verstanden wir ihn und antworteten prompt, dass wir Amerikaner seien.

„Wie haben Sie es geschafft", fragte er, „ohne reguläre Pässe in die Herrschaftsgebiete des Kaisers von Österreich einzureisen? Sie werden als Spione betrachtet."

Ich fragte ihn lakonisch: Würden sich Spione nicht mit Pässen ausstatten, um ihre Pläne zu erleichtern? und ich fragte ihn weiter: Welche Kenntnisse über ein Land könnten Spione in unserem mittellosen Zustand und unserer bescheidenen Lebensschicht erlangen? Wir hatten weder ein Blatt Papier noch einen schwarzen Bleistift unter uns und waren finanziell arm.

Dieser Herr schien von diesen offensichtlichen Wahrheiten beeindruckt zu sein, aber er bestand darauf, dass wir etwas über uns selbst berichteten.

Ich war der Sprecher und antwortete wie folgt: „Wir gehörten", sagte ich, „einem amerikanischen Schiff an, das (aufgrund der Berliner und Mailänder Dekrete) von den Dänen gekapert wurde, weil es auf seiner Überfahrt in die Ostsee im Ärmelkanal von zwei englischen Fregatten geentert und überholt worden war. [31] Unsere Namen", fügte ich hinzu, „sind Manuel (*alias* Hewson), Erster Offizier; Henderson, Chirurg (*alias* Barklimore); und ich, Lincoln, der unglücklicherweise Passagier war."

Dann verlangte er von jedem von uns, dass er eine genaue Beschreibung seiner Identität und seines Namens schriftlich festhielte und sie ihm am nächsten Morgen vorlegte. Er sollte uns für die Nacht in eine Taverne schicken und bat uns, diese nicht ohne seine Erlaubnis zu verlassen. Er drückte auch sein Erstaunen darüber aus, dass wir den Kontinent durchquert hatten, ohne eine andere Sprache als Englisch sprechen zu können, und fügte hinzu, *dass wir, selbst wenn wir Engländer wären, nichts von der österreichischen Regierung zu befürchten hätten* . Mein Gott! Ich habe mich nie glücklicher gefühlt, als als ich diese Worte hörte – wie sie meinen Geist beruhigten! Ich gab jedoch vor, ihn nicht ganz zu verstehen, damit meine Ohren sie noch einmal wiederholt hören könnten; und mein Herz hüpfte vor Freude, als er wiederholte, dass wir, wären wir Engländer, nichts von den Österreichern zu befürchten hätten. Ich war so zuversichtlich, dass ein Mann seines Standes keine Unwahrheit sagen würde, dass ich tatsächlich im Begriff war, zu erklären, wer und was wir wirklich waren. Ich bezwang mich jedoch und unterdrückte meinen Wunsch, die Wahrheit zu erzählen, obwohl ich nicht erklären kann, wie ich dazu in der Lage war. Ich wandte mich an meine Gefährten und sagte, wir sollten besser in die Taverne gehen, da wir sehr müde seien. Der Direktor befahl einem Sergeanten, uns den Weg zu zeigen. Wir verabschiedeten uns herzlich von diesem ehrenwerten alten Herrn und folgten unserem Führer.

In der Taverne wurden wir als amerikanische Reisende empfangen, bekamen ein ausgezeichnetes Abendessen und gute Betten; wir fühlten uns überaus glücklich. Was für ein gewaltiger Unterschied zwischen unserer gegenwärtigen Lage und der nur wenige Stunden zuvor, als wir uns zwischen den beiden Barrieren befanden!

Am nächsten Morgen (Dienstag, den 18.) standen wir früh auf und bemühten uns, uns so gut anzuziehen, wie wir konnten – zumindest so gut, wie es unsere zerschlissenen Kleidungsstücke zuließen; Also besorgten wir uns Wäsche zum Wechseln und bereiteten uns darauf vor, dem Direktor zu dienen. Wir einigten uns darauf, die amerikanische Geschichte fortzusetzen, bis wir uns über die Haltung der österreichischen Regierung gegenüber den Engländern sicher sein konnten. Um zehn Uhr besuchten wir den Direktor, der wiederum sein großes Erstaunen darüber zum Ausdruck brachte, dass wir eine so große Entfernung so erfolgreich zurückgelegt hatten, und sich wunderte, dass wir überhaupt nichts an uns hatten, was beweisen könnte, dass wir Amerikaner waren. "Herr. „Manuel" verfasste gleichzeitig seine Erklärung. Der alte Herr bemerkte mir erneut, dass durch Salzburg häufig Engländer kamen, die aus Frankreich geflohen waren und immer in Österreich ein Asyl fanden. Ich habe dieser wichtigen Information große Aufmerksamkeit geschenkt. Der Erste Offizier hatte nun seine Erklärung beendet; und „Mr. Lincoln, Passagier", sollte als nächstes beginnen. Ich konnte mich wirklich nicht damit abfinden, eine falsche Erklärung abzugeben, zumal sich herausstellte, dass wir kein Risiko eingingen, wenn wir die Wahrheit behaupteten; und ich machte daher die anderen auf die Konsequenzen aufmerksam, die ein solcher Schritt nach sich ziehen könnte, mit der Gewissheit, dass sie herausgefunden werden, da das Wiener Gericht zweifellos alle notwendigen Nachforschungen über seinen Konsul in Altona anstellen würde, bevor sie irgendeinen Kredit zahlen würden zu unserer Aussage. Die Folge davon wäre natürlich, dass wir als Betrüger gelten würden und uns vielleicht nicht geglaubt würde, wenn wir erklärten, was wir in Wirklichkeit waren. Aus der Not eine Tugend zu machen, war unsere beste Strategie. Sie waren sich beide einig, dass meine Bemerkungen gerechtfertigt waren; und ich wurde von ihnen gebeten, den alten Herrn beiseite zu nehmen und ihn mit den gesamten Umständen vertraut zu machen. Ich tat es dementsprechend und bewies ihm durch eine Bescheinigung [32] , die ich immer in meiner Kleidung eingenäht hatte, dass wir britische Offiziere waren. Er sagte, es sei ihm auf den ersten Blick so vorgekommen, als seien wir englische Kriegsgefangene, die vor den Franzosen geflohen seien. Ich habe die ganze Geschichte unserer Geschichte erzählt. Er bedauerte sehr, dass er uns nicht sofort Pässe ausstellen konnte, da es notwendig war, die Regierung in Wien davon in Kenntnis zu setzen und ihre Genehmigung einzuholen, aber er sagte, wir würden in spätestens fünfzehn Tagen eine

Antwort erhalten; und er fügte scherzhaft hinzu: „Sie sind schon fast fünf Jahre in Frankreich, Sie haben also nichts dagegen, ein paar Tage unter uns zu bleiben." Er war überaus freundlich; und ich konnte nicht umhin, ihm mitzuteilen, dass unsere Finanzen auf dem niedrigsten Stand waren. Der freundliche alte Mann tröstete mich in dieser Hinsicht bald, indem er erklärte, dass die österreichische Regierung uns während unserer Haft eine bestimmte, unserem jeweiligen Dienstgrad entsprechende Tagespauschale gewähren würde. Er bat uns, es uns in unserem Gasthaus so bequem wie möglich zu machen, forderte uns auf, alle Sorgen und Sorgen aus unserem Kopf zu verbannen, und er forderte uns auf, uns nicht zu befehlen, sondern drinnen zu bleiben, bis wir mehr von ihm hörten.

Wir verabschiedeten uns mit größtem Respekt und Dankbarkeit; und als wir in die Taverne zurückkehrten, konnten wir nicht umhin, diese Großzügigkeit und Freundlichkeit mit der brutalen Strenge zu kontrastieren, die unser unglückliches Schicksal so viele Jahre lang erlebt hatte. Die Wirkung von Freundlichkeit gegenüber den Notleidenden besteht darin, den Charakter derer, die etwas geben, und derer, die es empfangen, zu heben.

entspannt hatte und seine Freiheit erlangte (dieser Herr war später Mitglied für Coventry), um ihn zu bitten, seinen Einfluss bei den Behörden geltend zu machen in unserem Namen.

Der Direktor schickte täglich seine Grüße „an die amerikanischen Herren (denn aus Gründen der Politik gegenüber Frankreich wurden wir immer noch als solche betrachtet) und fragte, wie es uns ginge"; und die Wirtin und die Kellner erklärten, dass sie, bis sie *uns gesehen* hatten, geglaubt hätten, alle Amerikaner seien Neger. In der Abenddämmerung gelang es uns manchmal, uns hinauszuschleichen und die Stadt und die Vororte zu erkunden; und ich hatte einen Fluchtplan ausgeheckt für den Fall, dass die österreichische Regierung zu dem Entschluss kommen sollte, uns dem grausamen und verhassten Feind auszuliefern. Vielleicht war der Verdacht unserer nicht sehr würdig und konnte nur durch das gerechtfertigt werden, was wir durch die Franzosen erlitten hatten.

Wir waren zehn Tage und Nächte in dieser Art von Genuss verbracht, als am elften Morgen, bevor wir aus dem Bett kamen, ein Beamter an unsere Tür klopfte und uns sagte, dass der Direktor sofort einen von uns sehen möchte. Hewson sprang aus dem Bett, zog sich schnell an und gehorchte der Aufforderung. Während der Abwesenheit unseres Freundes befanden sich Barklimore und ich in einem Zustand großer Ratlosigkeit. Es kam mir in den Sinn, dass die französische oder bayerische Regierung uns von den Österreichern hätte verlangen können. Diese Befürchtung überwältigte mich;

Aber ich verbarg meine Gefühle, so stark sie auch waren, vor meinem Freund, der damals stark unter Fieber und Schüttelfrost litt.

Hewson kam bald zurück und sein Gesichtsausdruck zerstreute bald all unsere Befürchtungen, denn seine Freude war so übergroß, dass er vergeblich versuchte, düstere Mienen aufzusetzen, um uns zu beunruhigen. Mit gespielter Trauer teilte er uns mit, dass er sehr befürchte, wir würden nach Frankreich zurückgeschickt. Aber wir waren nicht so unwissend in Sachen Physiognomie, dass wir nicht bemerkten, dass er vor Freude fast platzte. Schließlich gratulierte er uns, dass wir endlich freie Männer seien – unsere Freiheit sei so fest gesichert, als hätten wir „ein Band vom Schicksal" aufgenommen. Tatsächlich hatte der Direktor eine Depesche aus Wien erhalten, in der die österreichische Regierung uns als englische Untertanen und Offiziere anerkannt und ihn angewiesen hatte, uns Pässe auszustellen, damit wir dorthin gehen konnten, wohin wir wollten; und der Direktor fügte hinzu, dass wir jetzt frei seien und die Stadt noch am selben Tag verlassen könnten, wenn wir wollten. Guter und gnädiger Gott! Was für eine Nachricht für Leute, die fast fünf Jahre in schwerer und bitterer Sklaverei verbracht haben! Wir sprangen aus dem Bett, fielen auf die Knie und begrüßten uns als freie Menschen, mit Herzen voller Dankbarkeit gegenüber unserem großen Schöpfer für seine grenzenlose Barmherzigkeit und Güte.

Wir stimmten sofort zu, unserem würdigen Freund, dem Direktor, zu dienen und ihm zu zeigen, wie dankbar wir für seine Aufmerksamkeit und Freundlichkeit waren. Er empfing uns auf die schönste Art und Weise und wirkte so begeistert, als wäre er in unserer Lage gewesen. Er wollte wissen, wie wir nach Triest reisen wollten? Wir antworteten zu Fuß, da unsere Finanzen knapp waren; Obwohl wir die Unfähigkeit des Arztes fürchteten, war sein letztes Fieber so stark gewesen, dass er mehrmals geblutet und Blasen bekommen hatte; aber jetzt ging es ihm etwas besser, wenn auch schwach.

Während dieser Zeit wurde unser Pass für Triest ausgestellt, und in einer halben Stunde sollten wir ihn abholen. In der Zwischenzeit gingen wir zurück in die Taverne, um die notwendigen Vorbereitungen zu treffen und zu frühstücken. Es war eine luxuriöse Mahlzeit. In dem Moment, als wir eintraten, überreichte uns der Wirt eine Antwort auf Mr. Hewsons Brief von seinem Freund aus Wien. Er informierte uns über den Erfolg unseres Antrags in dieser Stadt bezüglich unserer Pässe und enthielt eine Anweisung an seinen Bankier in Salzburg, uns mit dem Geld zu versorgen, das wir für nötig hielten, um unsere Ausgaben für Triest zu bestreiten und uns eine bequeme und angenehme Reise zu ermöglichen. Die Vorsehung schien zu großzügig. Wir warteten auf den Bankier, bekamen die nötige Summe und suchten den ehrenwerten Direktor auf, um ihm die Nachricht zu übermitteln.

Er schien sehr erfreut, gratulierte uns zu unserem Erfolg und ordnete an, unsere Pässe für die Postsendung auszustellen. Dies erwies sich für unseren kranken Begleiter als sehr glücklich.

Die Stunde des Aufbruchs kam; Und nun erblicken Sie uns im Fleiß, frei von allen Schrecken und bis ins höchste Hochgefühl angesichts des Bewusstseins, dass wir uns auf dem Weg zum Rande des Meeres befanden, wo wir noch einmal „Die Meteorflagge Englands" erblicken würden Lass es wieder über unseren Köpfen wehen.

Unsere Reise war interessant. In der ersten Nacht mussten wir über komplizierte Straßen inmitten riesiger, schneebedeckter Berge fahren. Das Erscheinungsbild der Bewohner stimmte mit der Landschaft überein. Sie waren grotesk gekleidet und wirkten wild. Der Postenwächter neigte zur Unverschämtheit und unterstützte offenbar die Wirte bei ihren „Tricks gegen Reisende" – Erpressungstricks. Auf der vierten Stufe wurden wir jedoch von diesem schlechten Beispiel der Naturkunst befreit, denn wir wurden aus dem Fleiß herausgenommen und in einen Wagen gesetzt, der uns nach Villach und von dort nach Klagenfurt brachte. Der Wagen hatte keine Federn, und auf den holprigen Bergstraßen wurden wir fast zu Tode geschleudert. Unser kranker Freund muss schrecklich gelitten haben; aber er ertrug seine Schmerzen mit seiner gewohnten Standhaftigkeit und Selbstbeherrschung.

Im Wagen waren wir acht; unsere Begleiter waren Jungen, die nach den Ferien an die Universität zurückkehrten. Sie nervten uns sehr mit ihrem umgangssprachlichen oder Hundelatein; und die jungen Schurken machten uns zum Gegenstand ihrer Witze und Satire, in der Annahme, wir könnten sie nicht verstehen.

In Klagenfurt stellten wir fest, dass wir den Weg nach Triest um mehrere Meilen verpasst hatten, weil uns die Passkontrolleure in Villach nicht die nötigen Informationen gegeben hatten. Zuerst wurde uns mitgeteilt, dass wir in diese Stadt zurückkehren müssten, um den Fehler beheben zu lassen; Aber nachdem uns die Behörden die Schwierigkeiten und Nöte erklärt hatten, die es mit sich brachten, unseren Weg zurückzuverfolgen, beseitigten sie freundlicherweise alle Schwierigkeiten, und wir zogen uns in die Taverne „Golden Sun" zurück, wo wir zu Abend aßen und übernachteten.

Hier wurde uns mitgeteilt, dass wir die Reise am nächsten Tag besser zu Fuß zurücklegen sollten, da die Berge so übermäßig hoch seien, dass wir, wenn wir eine Kutsche hätten, gezwungen wären, den größten Teil des Weges zu Fuß zu gehen. Diese Information veranlasste uns, am nächsten Morgen zu Fuß weiterzugehen; und so standen wir bei Tagesanbruch (Sonntag, 30. Oktober) auf und begannen unsere Reise. Solche Berge, wie wir an diesem Tag vorbeikamen, habe ich noch nie zuvor gesehen. Wir gingen zwölf Meilen vor sieben Uhr nachmittags, sechs davon fast senkrecht aufsteigend und die restlichen sechs in entgegengesetzter Richtung absteigend – die große Straße verlief im Zickzack, aber wir hielten uns nicht daran. Endlich erreichten wir eine kleine Poststadt am Fuße eines gewaltigen Abgrunds. Nachdem wir uns erfrischt hatten, machten wir uns auf den Weg nach Laibach und reisten die ganze Nacht. Bei Tagesanbruch betraten wir die Stadt und gingen sofort zu einer Taverne, wo wir Betten bekamen, und zogen uns für ein paar Stunden zurück, um uns auszuruhen. Unser Reisepass wurde dem Polizeidirektor zur Kontrolle vorgelegt. Gegen neun ließ er uns kommen, stellte uns ein paar Fragen und gab unseren Reisepass ordnungsgemäß beglaubigt und beglaubigt zurück.

Am 31. Oktober um zehn Uhr machten wir uns auf den Weg nach Triest und kamen am 4. November gegen acht Uhr nach einer äußerst mühsamen, beschwerlichen und beschwerlichen Reise an. Der Leser, der die Entfernung auf der Karte oder dem *Itinéraire nachzeichnet* und die Zeit berechnet, in der wir über Land gehen, wird den großen Unterschied zwischen englischen Reisen und Reisen auf dem Kontinent schon damals verstehen.

In der Nacht, nachdem wir Laibach verlassen hatten, mussten wir einen sehr hohen und steilen Berg erklimmen. Da unsere Pferde von der erbärmlichsten Rinderrasse waren, stieg ich ab und nahm eine Abkürzung den Berg hinauf. Um elf Uhr nachts sah ich in einiger Entfernung von der Straße, auf der ich mich befand, ein riesiges Freudenfeuer. Eine Menge Leute hatten sich darum versammelt. Kein Haus war zu sehen. Die Kutsche war mindestens vier Meilen unter mir. Da die Straße ein perfektes Zickzack war, zögerte ich wegen der wilden Berglandschaft, mich der Stelle zu nähern. Schließlich kam ich so nahe, dass ich entdeckt wurde, und zwei Männer rannten auf mich zu. Ich hatte kein Recht, in einer solchen Wildnis Höflichkeit, Anstand oder gar Sicherheit zu erwarten, und die Kerle fragten mich unhöflich auf Deutsch, wer und was ich sei. In gebrochenem Deutsch sagte ich ihnen, dass ich nicht verstünde, was sie sagten, und fragte, ob sie Französisch sprächen. Sie antworteten „Nein". Die ganze Szene war so schrecklich wild, dass sie des Bleistifts von Salvator Rosa würdig gewesen wäre. Und selbst sein Bleistift hätte ihr nicht gerecht werden können. „Sprechen Sie Italienisch?" sagte ich, und ein grimmiges „Nein" war meine einzige Genugtuung. Schließlich rief ich aus: „Sprechen Sie Englisch?", und zu meinem äußersten Erstaunen sagten beide ein englisches „Ja" und fügten „vollkommen gut" hinzu. Ich war wie vom Donner gerührt über die Antwort, denn wer hätte erwartet, auf einem kahlen und unfruchtbaren Berg in diesem Teil der Welt Englisch zu finden? Ich erfuhr, dass einer der Männer ein gebürtiger Ire war und der andere ein Deutscher, der lange in britischen Diensten gedient hatte. Unser Landsmann Paddy – denn meine Begleiter waren auch Iren – erzählte mir mit wieder auflebendem Dialekt, den er seit vielen Jahren vergessen hatte oder sich einbildete, vergessen zu haben, dass die Berge so von Banditen wimmelten, dass er und seine Gruppe dort postiert waren, um Räuber festzunehmen und Reisende zu beschützen. Ich muss gestehen, dass ich dachte, diese Räuberfänger hätten eine ziemlich merkwürdige Methode gewählt, ihrem Beruf nachzugehen; denn ihr riesiges Lagerfeuer enthüllte ihre Wachposten und ermöglichte es den Banditen, ihnen auszuweichen und ihre Verbrechen ungestraft zu begehen. Vielleicht hatte der Hibernianer den Deutschen das Genie (das allgemein als einheimisch angesehen wird) seines Landes für solche Fehler eingepflanzt. Endlich kam die Kutsche an, und ich sprang hinein und verabschiedete mich von diesen seltsamen Bergpolizisten, nachdem ich ihnen eine Kleinigkeit gegeben hatte, die wir uns kaum leisten konnten.

Ich brauche nicht näher auf die Freude einzugehen, die wir heute Morgen beim Anblick des Golfs von Triest und der im Hafen liegenden Schiffe und Boote empfanden, darunter ein russisches Geschwader, bestehend aus vier Linienschiffen, einer Fregatte und einem Versorgungsschiff. Einige Meilen vor der Küste entdeckten wir auch ein vor Anker liegendes Schiff, von dem wir zu unserer großen Genugtuung erfuhren, dass es sich um die Fregatte *Unité seiner britischen Majestät* unter Kapitän Campball handelte, die, wie es hieß, diesen Hafen blockierte. Das war die willkommenste Nachricht, die man sich vorstellen konnte. Wir waren nun sicher, dass wir unsere Heimatflagge hissen konnten; wie sehr sehnte sich mein Herz danach, auf dem Ozean zu segeln und unter der englischen Flagge zu stehen! Verglichen mit diesem Gipfel der Freiheit erschienen mir selbst meine gegenwärtige Sicherheit und die kürzlich erlangte Reisefreiheit wie Sklaverei.

Wir warteten auf den Polizeidirektor, der uns sehr höflich empfing und uns in die erste Taverne der Stadt führen ließ, wobei er uns bat, weiterhin zu sagen, dass wir Amerikaner seien. Ein Borea- oder Nordostwind, der in der Adria sehr heftig ist, setzte gerade ein: Er versicherte uns, dass es unmöglich sein würde, an Bord zu gehen, bis der Sturm nachlässt, aber dass er uns zu gegebener Zeit jede erdenkliche Hilfe zukommen lassen würde. Es war damals ein Herr namens Danolan (der früher englischer Vizekonsul gewesen war) in der Stadt. Wir warteten auf ihn, und er erwies sich im wahrsten Sinne des Wortes als echter Freund; er versprach, uns an Bord zu bringen, versorgte uns mit Bargeld und bot uns an, in seinem Haus zu bleiben, wenn wir wollten: Seine Frau war ebenso höflich und aufmerksam. Das schlechte Wetter war in diesem Moment das Einzige, was unser Glück noch vollkommen machte.

Wir kehrten in die Taverne zurück und verbrachten unsere Zeit so angenehm wie unter den gegebenen Umständen möglich. Wir aßen an der Table d'hôte mit den russischen Offizieren des Geschwaders zu Abend. Ich nehme an, dass diese zunächst annahmen, wir seien tatsächlich Amerikaner. Später jedoch wuchs in mir aufgrund einer Reihe von Andeutungen und der ausgeprägten Aufmerksamkeit, die sie uns schenkten, die Gewissheit, dass sie herausgefunden hatten, wer wir waren.

Trotz des rauen Wetters erklommen Hewson und ich eine nahe gelegene Anhöhe, und beim Anblick der Adria weiteten sich unsere Herzen und unsere Gedanken glühten. Unsere Verstecke in den Wäldern und unsere Schrecken in den Städten, unsere sumpfigen Betten, durchnässten Rücken und ausgehungerten Mägen waren höchst angenehme Erinnerungen, als wir spürten, dass sie uns zum „hohen Gipfel unserer Freude" geführt hatten und dass wir nun unser glorreiches Element sahen, mit einer kleinen Fregatte unter der Flagge des alten England, die den Hafen blockierte und die ganze Küste in Ehrfurcht versetzte. Die Marine dieser Küste, so glaube ich wahrhaftig, dachte, sie könnten ebenso leicht gegen den Teufel selbst kämpfen wie versuchen, es mit einem englischen Geschwader aufzunehmen. [33] Denken wir über diese enorme Entfernung von den Arsenalen und Ressourcen Englands nach, und dann werden wir erkennen, dass noch nie eine Nation eine so unwiderstehliche Überlegenheit über alle Feinde erlangt hatte, wie England sie durch seine Seesiege und durch seine Marineökonomie und -verwaltung vollendet hatte. Dreimal jubelten wir unserem glorreichen Land zu, als wir seine triumphierende Flagge auf den Wellen sahen.

Am Montagabend, dem 7. November, wurde das Wetter gemäßigt, die englische Fregatte wurde unter Wasser gesetzt und ich fürchtete, sie könnte ihren Posten verlassen. Ich wollte unbedingt wieder auf dem Achterdeck sein, so sehr, dass mir gar nicht in den Sinn kam, dass die Blockade nicht aufgehoben werden konnte und dass, wenn sie ablegte, ein anderes Schiff den Posten wieder einnehmen musste. Wir begaben uns zu unserem Freund Mr. Danolan, der uns versicherte, dass er alles für unsere Abreise vorbereitet hatte. Und gemäß seiner Anordnung gingen wir um halb neun an Bord und hatten in kurzer Zeit den Hafen verlassen. Einige Minuten vor unserer Einschiffung gab ich jedoch einen Brief an meine Freunde Tuthill und Ashworth in echter deutscher Sprache auf dem Postamt ab. Darin gab ich ihnen genaue Einzelheiten über unseren Kurs und alle Einzelheiten über unsere Erfolge, die sie glücklicherweise erhielten und die ihnen später die Flucht ermöglichten.

Wir ruderten auf den Punkt zu, an dem wir nach meiner Berechnung die englische Fregatte finden würden; aber zu unserem Leidwesen waren wir enttäuscht. Als der Mond aufging, wogen wir und stellten uns für sie ein; aber zu meinem Herzensschmerz konnten wir uns ihr nicht anschließen. Ich verbarg alle Qualen meines Geistes, damit ich meine Kameraden nicht belasten würde.

In einer Art verlassener Hoffnung ruderten wir weiter in verschiedene Richtungen, bis wir bei Tagesanbruch das Boot eines Kriegsschiffes beobachteten, das direkt auf uns zukam. Es lief neben uns her und fragte auf Englisch, was wir seien. Als ich die englische Sprache hörte, sprang ich auf und sah mit unaussprechlicher Freude, dass es sich um ein britisches Kriegsschiff handelte. Ich antwortete, dass wir drei britische Untertanen seien, die aus einem französischen Gefängnis geflohen seien. Nachdem ich erfahren hatte, dass es sich um das Boot *der Amphion* handelte, versicherte ich dem Offizier, dass wir unser derzeitiges Transportmittel gerne verlassen und mit ihm eine Überfahrt zur Fregatte machen würden. Er antwortete: „Das Schiff befindet sich derzeit in beträchtlicher Entfernung; Ich werde erst um acht Uhr zurückkommen." Ich antwortete, dass das keine große Bedeutung habe; zwei von uns gehörten zur Marine und würden gerne mit ihm eine Kreuzfahrt entlang der Küste unternehmen, wenn er nichts dagegen hätte. „Sehr gut", war seine Antwort. Also bezahlten wir unsere Bootsleute, entließen sie und hatten das Glück, wieder unter unserer richtigen Flagge und in unserem eigenen Element zu sein.

Als ich mich umdrehte und den Offizier ansah, der das Boot befehligte, war meine Überraschung und Freude groß, als ich Leutnant Jones, einen alten Freund und Schiffskameraden von 1802, sofort erkannte. Ich meldete mich sofort bei ihm, und dieser ausgezeichnete Kerl äußerte sich jubelnd seine Freude darüber, dass er der Offizier gewesen sein sollte, der das Glück gehabt hatte, uns abzuholen.

Ich war erstaunt, als ich feststellte, dass die *Amphion* und nicht die *Unité*-Fregatte das Schiff war, das vor Triest vor Anker lag. Leutnant Jones verdeutlichte den Punkt, indem er erklärte, dass die *Amphion* erst in dieser Nacht angekommen sei und dass das Schiff Seiner Majestät, *die L'Unité*, gewogen und tiefer im Golf gestanden habe. Seltsam war es, dass mein altes Schiff und mein Freund genau in der Nacht ankamen, als das Wetter unsere Einschiffung von Triest aus begünstigte.

Diesen Morgen, den 8. November 1808, werde ich nie vergessen. Wir fühlten uns vollkommen sicher und amüsierten uns, indem wir Anekdoten von unserer Flucht erzählten, uns die Schrecken des „Herrenhauses der Tränen" ins Gedächtnis riefen und uns Hoffnungen für unsere Freunde in seinen Mauern machten, als um acht Uhr unser Vergnügen durch die Entdeckung zweier fremder Segel unter Capo d'Istria beendet wurde. Wir hielten sie für feindliche Handelsschiffe, die sich an der Küste entlangschlichen. Leutnant Jones steuerte direkt auf sie zu. Eines davon, so bemerkten wir bald, war voller Männer und versuchte, sich von dem anderen zu lösen und näher ans Ufer heranzufahren. Es sah aus wie ein Ruderboot, während sein Begleiter größer war und wie ein *Trabaccolo* oder Schoner unter venezianischer Flagge getakelt war. Wir schlossen daraus, dass der Großteil der Besatzung es verlassen hatte und versuchte, mit dem Ruderboot an Land zu gelangen.

Die Machtunterschiede waren immens, und alle Umstände waren gegen uns; aber obwohl wir uns nur in der Jolle einer Fregatte (verhältnismäßig einem sehr kleinen Boot) befanden, beschloss unser tapferer Offizier ohne Zögern, an Bord zu gehen und eine Hand in Hand daraus zu machen. Die Chancen standen leider gegen uns. Wer kann sich meinen Stolz und mein Hochgefühl vorstellen, als ich auf diese Weise an den Herrlichkeiten meines Berufes teilnahm und darüber nachdachte, wie kurze Zeit vergangen war, seit ich entweder ein Gefangener in einem Kerker oder eine Art Nebukadnezar war, der durch die Felder und Wälder wanderte? . Mein Glück war groß, dass ich auf diese Weise, sozusagen auf einer Tangente, in den aktiven Dienst geworfen wurde – ein Schiffssenter und eine schwarze Muskete waren ein guter Ersatz für meine Ketten und mein Vorhängeschloss; und ich spielte bei dieser Gelegenheit die Rolle eines Marinesoldaten.

Wir feuerten mehrere Schüsse ab, um den Feind auf uns aufmerksam zu machen, was der Trabaccolo mit Zinseszinseffekten erwiderte, indem er eine Vier- oder Sechspfünderkanone auf uns abfeuerte. Unsere tapfere kleine Truppe wich zurück, d. h. *sie* zog auf den Feind zu. Wir konnten nicht viele Männer auf ihrem Deck sehen, aber die, die dort waren, hielten ein heftiges Feuer aufrecht. Schließlich legten wir in echter englischer Manier längsseits an, als sich plötzlich über zwanzig Männer zeigten, mit einem Offizier an ihrer Spitze, ausgezeichnet mit der Ehrenlegion, auf den ich meine Muskete abfeuerte, was, wie ich glaube, tödliche Wirkung hatte. Aber in diesem Moment bekam ich eine Musketenkugel in meinen rechten Arm, die ihn außer Gefecht setzte. Sie feuerten eine Salve aus Musketen, Musketen, Donnerbüchsen usw. auf uns ab. Unser Bugschütze und ein weiterer Matrose fielen tot um; drei weitere Seeleute erlagen ihren Wunden, und einer von ihnen, Green Dick, der Lotse, starb am nächsten Tag. Jones wurde ebenfalls schwer verwundet. Unsere kleine Gruppe wurde dadurch stark dezimiert. Als das andere Schiff sah, wie klein wir waren und wie sehr unsere Zahl abgenommen hatte, steuerte es mit 22 Mann auf den Trabaccolo zu. Wir hatten keine andere Wahl, als abzuscheren, und nur ihrem heimtückischen Verhalten verdankten wir es, dass wir nicht erneut gefangen genommen wurden. Die Fregatte war zu diesem Zeitpunkt nicht in Sicht, und der verwirrte Zustand unserer kleinen Mannschaft – zwei Tote und fünf Verwundete, darunter unser tapferer und mutiger Offizier – hätte uns eine so überlegene Streitmacht nicht schwer gemacht, wenn sie nur den Angriff fortgesetzt hätten. Unser Rückzug wurde nur durch die Muskete eines einzigen *Marinesoldaten gedeckt*, der Hunt hieß; ich versorgte ihn mit Patronen, so schnell er laden und abfeuern konnte, indem ich sie abbiß und sie ihm mit meiner linken Hand gab. Mein Freund Barklimore war uns von entscheidender Bedeutung, indem er unsere Wunden mit Taschentüchern usw. verband, da es nicht genügend Aderpressen *gab* . Auch mein würdiger Kamerad Hewson zeichnete sich als einer der Enterer durch große Leistungen aus und half uns später dabei, das Ruder zu ziehen und so unsere Flucht zu ermöglichen.

Leutnant Jones äußerte nie die geringste Beschwerde und ließ auch niemanden wissen, dass er verwundet war, bis wir uns weit vom Feind entfernt hatten, obwohl sich herausstellte, dass es sich um eine äußerst schmerzhafte und gefährliche Wunde handelte, die er erlitten hatte. er hatte auch mehrere Musketenkugeln im Scheitel seines Hutes. Meine Wunde durch den rechten Arm machte ihn, wie ich beobachtet habe, funktionsunfähig, so dass ich seine Kraft nie vollständig wiedererlangte. [34]

Ungefähr um halb eins oder mittags erreichten wir mein gutes altes Schiff, gezogen von ihrer Barkasse, die sie aussandten, als sie vom Masttop aus unseren behinderten Zustand bemerkten. Wir wurden mit größter Sorgfalt auf einem Stuhl an Bord gehievt, wobei der Kapitän und die Offiziere große Sorge um uns zeigten und miteinander um Dienste der Freundlichkeit wetteiferten. Die beiden anderen würdigen Leutnants der *Amphion* , die Herren Bennet und Phillott, waren zu meiner Zeit an Bord gewesen, und so fühlte ich mich unter alten Freunden und Schiffskameraden zu Hause. Viele Jahre lang hatte man nichts von mir gehört, und meine Offiziersbrüder wussten nur, dass ich ein Gefangener in einem französischen Gefängnis war; Richter, was war ihr Erstaunen, als sie beim Heben der Verwundeten einen Fremden fanden und erkannten, dass dieser Fremde ich war? Es schien ihnen, als wäre ich aus den Wolken gefallen, denn sie konnten sich keine Vorstellung davon machen, wie ich zu ihnen gekommen war.

Kapitän Hoste, der mir unbekannt war, benahm sich wie ein Vater, und seine große Menschlichkeit wird nie aus meiner dankbaren Erinnerung verschwinden; obwohl er bei meinem ersten Auftreten gestand, dass er gegen mich voreingenommen war, hatte er sich eingebildet, ich sei der Chef des Schiffes gewesen, das Mr. Jones angegriffen hatte, und der diesem Offizier und seiner Mannschaft all das Unheil zugefügt hatte. Sein Schreiber überließ mir seine Kabine. Mr. Moffat, der Chirurg, und sein Assistent, Mr. Angus, behandelten uns mit größter Sorgfalt und Zärtlichkeit. Es schien, als hätte die Kugel, nachdem sie die Muskeln durchtrennt hatte, die Arterie meines Arms völlig freigelegt, sie gestreift, ohne sie zu zerreißen, aber so sehr, dass beide Chirurgen zunächst der Meinung waren, eine Amputation sei unvermeidlich. Ich hatte lange Zeit so enthaltsam gelebt, dass mein Körper frei von jeglicher Entzündungstendenz war; und dem verdanke ich vermutlich meine Genesung, ohne den Verlust meines Gliedes zu erleiden.

Alle Offiziere waren eifrig dabei, uns von ihren großzügigen Landsleuten jeden Trost und jede Hilfe zukommen zu lassen, die Menschen in unserer erbärmlichen Lage erwarten konnten.

Sechzehn Tage vergingen, die ich größtenteils an mein Feldbett gefesselt hatte. Mein Arm erholte sich rasch, und ich war froh, zu erfahren, dass Jones sich ebenso rasch von seiner Wunde erholte. Ich nutzte die Gelegenheit, die mir während dieser sechzehn Tage ein Kaufmann aus Triest an Bord bot, um dem Kommandanten in Lindau einen Brief zu schicken, der wie versprochen datiert war: „An Bord der Fregatte *Amphion* Ihrer Majestät, die derzeit den Hafen von Triest blockiert", und versicherte ihm, wie glücklich ich sein würde, wenn sich je eine Gelegenheit dazu böte, ihn davon zu überzeugen, dass ich keine Rachsucht für die unnötige Härte hege, die er mir entgegengebracht hatte.

Seine Brigg *Spider* unter dem Kommando von Leutnant Sandford Oliver schloss sich uns nun mit Befehlen aus Malta an. Sie sollte sofort zurückkehren, und da ich es kaum erwarten konnte, mich dem Oberbefehlshaber vor Toulon anzuschließen oder nach England weiterzufahren, versicherte mir der Arzt, dass es keine Gefahr für mich wäre, abgeschoben zu werden. Kapitän Hoste kam meinen Bitten, mir eine Überfahrt auf der *Spider zu erlauben* , freundlich nach, fügte jedoch in aller Freundlichkeit hinzu, dass ich, wenn ich es vorziehen würde, bei ihm bleiben könnte, bis er mit einem Konvoi, den er in Kürze erwartete, nach Malta fuhr. Hewson und ich äußerten unsere Befürchtung, unsere Beförderung zu verpassen, da wir infolge unserer Gefangenschaft so viele Jahre verloren hatten: Er stimmte unseren Wünschen zu und gab uns ein Empfehlungsschreiben an Sir Alexander Ball, den Hafenadmiral und Gouverneur von Malta. Wir verabschiedeten uns herzlich von all unseren würdigen Freunden auf der *Amphion* , wurden zur *Spider gebracht* und machten uns in kurzer Zeit auf den Weg, um den Golf hinunterzufahren.

Vor Korfu hatte ich die Genugtuung, zum ersten Mal seit Jahren wieder die französische Flagge zu sehen: Die *Spider* nahm ein Bombard (ein Schiff mit einer Art Kutterrigg), beladen mit Wolle und Gregos (Mänteln). Am 8. Dezember kamen wir in Malta an und wurden aufgrund dieser Gefangennahme unter Quarantäne gestellt.

In der Zwischenzeit war das Schiff Ihrer Majestät *Woolwich* im Begriff, mit einem Konvoi nach England zu segeln. Admiral Ball hatte für die Barklimore eine Passage bestellt; aber unglücklicherweise stach sie in See, bevor wir ihm ein Transportmittel besorgen konnten. Er wurde jedoch an Bord eines Transportschiffs des Konvois gebracht und kam sicher in England an. Das Schiff Ihrer Majestät *Proserpine* sollte am nächsten Tag vor Toulon zu Lord

Collingwood aufbrechen; und wären wir nicht in Quarantäne gewesen, hätte Sir Alexander Ball uns an Bord schicken wollen. Die *Proserpine* wurde von den Franzosen gekapert; deshalb mussten wir uns zu unserer fünften Flucht aus einem französischen Gefängnis gratulieren. Es dauerte zehn Tage, bis wir aus der Quarantäne entlassen wurden, und am selben Tag traf die *Amphion* ein. Das Schiff Ihrer Majestät *Leonidas* war im Begriff, zur Flotte zu segeln; [35] Sir Alexander Ball bestellte uns eine Passage, und alles wurde vorbereitet, um uns so schnell wie möglich vor Toulon dem Oberbefehlshaber anzuschließen.

Bevor wir an Bord der *Leonidas gingen* , verabschiedeten wir uns von unseren guten Freunden an Bord der *Amphion* . Stellen Sie sich vor, wie groß unser Erstaunen und unsere Freude waren, als die erste Person, die wir bei der Ankunft auf ihrem Deck sahen, der Begleiter unseres Fluges war, unser leidender Bruder Batley, den wir wegen seiner Lahmheit und Krankheit der Öffentlichkeit überlassen mussten -Haus in Baden. Zu seinem Glück wurde er vor Triest abgeholt und nur wenige Tage nachdem wir mit der *Spider gesegelt waren* . Als unsere gegenseitigen Glückwünsche beendet waren, erzählte er uns kurz die folgenden Einzelheiten seiner Abenteuer und seines Schicksals:

„Die Leute, bei denen du mich in dem kleinen Dorf zurückgelassen hattest, benahmen sich sehr aufmerksam, ebenso der alte Schuhmacher. Sobald ich mich vollkommen erholt hatte, verließ ich sie und richtete meinen Kurs nach Österreich; aber am zweiten oder dritten Tag wurde ich bei Elsingen in Würtemberg verhaftet und ins Gefängnis geworfen, wo ich fünf Wochen blieb. Sie hatten der französischen Regierung geschrieben, dass sie mich in Gewahrsam hätten; Doch bevor eine Eskorte (die sie erwartet hatten) aus Frankreich eintraf, um mich zurückzubringen, gelang mir glücklicherweise meine Flucht, indem ich aus meinem Gefängnis ausbrach."

Ich muss mir gar nicht vorstellen, welche aufrichtige Freude wir bei diesem Bericht über seinen Erfolg empfanden, oder wie übertrieben unsere Freude darüber war, auf diese Weise mit unserem so lange verlorenen Gefährten zusammenzutreffen.

Wir waren die erste Gruppe, der es gelungen war, aus der schrecklich starken und gut bewachten Festung Bitche zu entkommen. Alle unsere Freunde der *Amphion* freuten sich außerordentlich, uns zu sehen, und Kapitän Hoste tat alles in seiner Macht Stehende, um unseren Wünschen nachzukommen.

Wir verabschiedeten uns herzlich von ihnen und gingen an Bord der *Leonidas* . Der Wind war zwar nicht günstig, aber er hinderte uns nicht daran, abzureisen, denn die Fähre segelte wie eine Hexe, und nach vier Tagen erreichten wir Menorca. Dort wechselten wir das Schiff und gingen an Bord der Sloop *Kingfisher unserer Majestät* für eine Überfahrt nach Gibraltar. Man schätzte, dass Lord Collingwood mit seinem Flaggschiff, der *Ocean* , dorthin aufgebrochen war, nachdem er sich bei einem schweren Ofsturm von seiner Flotte getrennt hatte.

Wir fuhren mit der *Kingfisher weiter* bis nach Malaga, wo wir auf die *Weazle*-Brigg stießen, Kapitän Prescott, der uns mitteilte, dass Lord Collingwood aufgrund eines Windwechsels sein Ruder nach Malta gebracht hatte, wo er die Reparatur durchführen wollte Schäden, die er durch den Sturm erlitten hatte. Wir kehrten daher nach Menorca zurück, erhielten neue Depeschen und kamen in fünf Tagen in Malta an und schlossen uns Lord Collingwood im *Ozean an* . Wenige Tage später erlebten wir die unaussprechliche Genugtuung, fünf weitere unserer Leidensgenossen wiederzusehen, denen es allen gelungen war, aus Bitche zu fliehen, und zwar aufgrund des Briefes, den ich aus Triest geschrieben hatte und in dem wir ihnen den von uns eingeschlagenen Weg darlegten. Unter diesen waren meine Brüder in der Not, Tuthill und Brine. Ashworth war entkommen, aber noch nicht angekommen. [36] Die Franzosen betrachteten Bitche als ihre Hochburg für englische Gefangene und müssen sehr verärgert und beschämt darüber gewesen sein, dass so viele über ihre Kraft, ihren Einfallsreichtum und ihre Wachsamkeit triumphierten. [37]

Lord Collingwood empfing uns sehr freundlich und stellte uns mehrere Fragen zu unserem Vorgehen und unseren Plänen. Er beauftragte uns als Midshipmen an Bord der *Ocean* und verließ Malta nach Palermo. Dann schlossen wir uns der Flotte vor Menorca an und begleiteten sie nach Toulon, dessen Hafen wir bis zum 28. März 1809 blockierten. Ich hatte häufig die Ehre, bei Seiner Lordschaft zu speisen, die die Freundlichkeit hatte, mich neben sich sitzen zu lassen. und um mir beim Schnitzen zu helfen, da mein Arm so schwach war und immer noch in einer Schlinge steckte. Seine Lordschaft lachte herzlich, als ich ihm mitteilte, dass ich in Übereinstimmung mit meinem Versprechen an den Kommandanten in Lindau geschrieben hatte.

Zu dieser Zeit überkam mich Melancholie, und selbst die Freude über meine Flucht schien mich zu verlassen. Ich hatte fünf Jahre meines Lebens in seiner wertvollsten Zeit in französischen Gefängnissen verloren, und der Gedanke, so lange Dienstzeit nachzuholen, war äußerst entmutigend. Wäre ich nicht gefangen genommen worden, wäre ich, wenn ich überlebt hätte, früher mindestens Leutnant, wenn nicht sogar Kommandant gewesen – und hätte auf Gelegenheiten vertraut, mich für weitere Beförderungen auszuzeichnen. Jetzt, in meinem Alter, war ich nur noch Fähnrich.

Warrior , da eine Stelle aufgrund eines Kriegsgerichtsverfahrens frei geworden war : Captain JW Spranger.

KAPITEL XVII

Empfang eines Leutnants – Lord Collingwoods Freundlichkeit – Eintritt in die *Warrior* – Ein unerwarteter Dollarvorrat – Ein Unfall auf See – Einnahme von Ischia und Procida – Expedition gegen die Ionischen Inseln – Eintritt in die *Amphion* – Aktivitäten von Kapitän Hoste in der Adria – Commodore Dubourdieu und seine Geschwader in Ancona – Den Feind jagen – Eine wilde Verfolgungsjagd – Endlich Erfolg – Eine glorreiche Schlacht und ein großartiger Sieg – Einzelheiten der Aktion von Lissa – Meine Rückkehr nach England – Interview mit dem Ersten Lord der Admiralität – Ein Besuch bei Irland – Eine Aufforderung von Kapitän Hoste, sich der *Bacchante als Oberleutnant* anzuschließen – Erneuter Besuch im Mittelmeer – Den Feind provozieren – Sie provozieren uns – Eine Gefangennahme – Unglücklicher Verlust von Beute – Ein unerklärlicher Unfall – Außergewöhnliche Explosion einer französischen Fregatte – Eine Waffenstillstandsflagge – Venedig – Korfu – Eroberung einer Flottille.

SEINE Lordschaft präsentierte mir meine Statthalterschaft auf die schönste Art und Weise, die möglich war. Er machte mir viele Komplimente und drückte sein Bedauern darüber aus, dass dies die erste Gelegenheit gewesen sei, einen Auftrag in Form seiner eigenen Schenkung zu vergeben; Er fügte hinzu, dass er es mir freudig gegeben habe, als Wiedergutmachung für meine Leiden und als Belohnung für meinen Unternehmungsgeist und meine Standhaftigkeit. Seine Lordschaft drückte herzlich seine Zustimmung zu meinem Verhalten während der Zeit aus, in der ich unter seinem unmittelbaren Kommando stand; Und Belohnungen sowie Lob waren für einen erfahrenen Offizier, der für seine nautischen Fähigkeiten und seinen vollendeten Mut so hoch und zu Recht gefeiert wurde, doppelt wertvoll. Seine Lordschaft wünschte mir von Herzen allen erdenklichen Erfolg im Dienst; und zu seinem Befehl, an Bord der *Warrior* Reparaturen durchzuführen , fügte er scherzhaft hinzu: „Ich nehme an, Ihr Gepäck kann problemlos zu Ihrem Schiff transportiert werden." Auf diese Vermutung antwortete ich ebenso lakonisch, dass ein Strumpf ausreichen würde, um alles aufzunehmen, was ich besitze.

Ocean war , war so stark, dass sie mir alle Worte überwältigen konnte, und die Erinnerungen an all die freundlichen Gefühle, die Kapitän Thomas und jeder andere Offizier des Schiffs mir gegenüber gezeigt hatten, stürmten unwiderstehlich in mein Gedächtnis. Und nur mit großer Anstrengung konnte ich verhindern, dass meine Gefühle sich in einem, wie man es nennen könnte, schwachen und weiblichen, wenn auch natürlichen Ausbruch intensiver Emotionen zeigten. Es dauerte eine Weile, bis ich mich ausreichend beherrschen konnte, Seiner Lordschaft meine tiefe und aufrichtige Empfindung seiner Güte und Schirmherrschaft auszudrücken. Neunundzwanzig Jahre haben die Dankbarkeit, die mich damals fast überwältigt hätte, nicht im Geringsten geschmälert.

Warrior unter dem Kommando von Leutnant David Dunn an Bord gebracht . Kaum saß ich im Boot, als der Steuermann an seinen Hut griff und mir mitteilte, dass mir soeben ein Beutel mit Dollars übergeben worden sei. Dies war ein Akt zeitgemäßer und großzügiger Freundschaft, der durch die Feinfühligkeit, mit der er arrangiert worden war, noch verstärkt wurde. Mir wurde sofort klar, von wem dieses gute Gefühl und diese Großzügigkeit ausgegangen waren. Der ehrenwerte William Waldegrave (jetzt Postkapitän) war damals einer der Leutnants an Bord der *Ocean* . Er hatte mir gegenüber sehr freundliche Gefühle bekundet und mir vor meinem Verlassen des Schiffes nahegelegt, dass ich mit einer bestimmten Geldsumme ausgestattet werden müsse, um mit meinem Vorgänger, wenn er seinen Platz einnimmt, abzurechnen, was er möglicherweise im Voraus für Tischkosten und Unvorhergesehenes für die Messe bezahlt hatte. Ich antwortete Herrn Waldegrave, mein Freund Kapitän Hoste sei so freundlich gewesen, mir *eine Carte Blanche zu erteilen* , bei seinem Bankier in Malta Geld zu beantragen, das ich benötigen könnte. Aber er war von meiner Antwort nicht abgeschreckt worden; als ich die Tasche öffnete, stellte ich fest, dass ich reichlich, ja sogar überreichlich versorgt war; und es lag ein freundlicher Brief darin, in dem er mir mitteilte, dass ich, wenn ich einen Überschuss an Preisgeld hätte, seinen aktuellen Vorschuss an seinen Bankier zahlen könnte. Ich brauche nicht zu sagen, dass ich diese Pflicht gewissenhaft und mit größtem Vergnügen erfüllte.

Als ich an Bord der *Warrior ankam* , wurde ich Kapitän Spranger vorgestellt, der mich höflich empfing. Gleichzeitig teilte mir der Maat an Deck mit, dass ich jetzt Wache habe. Ich wurde auch meinen Offizierskameraden vorgestellt, die alle herzlich und höflich zu sein schienen. Jetzt wurde das Abendessen angekündigt, und nachdem ich schnell alles erledigt hatte, was da war, ließ ich den Schiffsschneider rufen, damit er mich für meinen neuen Rang ausstattete, indem er die Uniform eines Fähnrichs in die eines Leutnants verwandelte. Nachdem ich mir für die Zwischenzeit einen Mantel von Mr. Dunn geliehen hatte, stieg ich auf das Achterdeck, erhielt sofort „die *Befehle* " und übernahm das Kommando über die Wache.

Da Mr. Dunn viel größer und kräftiger war als ich, machte ich in seiner Uniform eine ziemlich lächerliche Figur, eine Figur, die man auf dem Achterdeck eines Kriegsschiffes seiner Majestät nicht oft sieht; Aber ein Wachoffizier an Bord eines Kriegsschiffes, insbesondere wenn er sich in einer Schlachtlinie befindet, ist so sehr von wichtigen Dingen in Anspruch genommen, dass er keine Zeit hat, über sein persönliches Erscheinungsbild nachzudenken. sei es, um seinen Stolz zu befriedigen oder seine Eitelkeit zu beschämen.

Am nächsten Morgen ernannte mich Kapitän Spranger zum Signalleutnant, was mich nachts von allen Pflichten befreite, außer wenn Signale gegeben werden mussten.

Am Nachmittag des folgenden Tages, dem 31. März, als unsere Flottenabteilung gerade dabei war, sich per Signal zusammenzutun, gerieten die *Renown* und die *Warrior* in Konflikt, was uns so großen Schaden zufügte, dass wir anfingen, ein Leck zu bekommen gutes Geschäft. Wir kamen jedoch aus dem Leck heraus, und nachdem wir bei der Umrüstung alles Mögliche getan hatten, begleiteten wir Sir John Stuart auf der Expedition in die Bucht von Neapel und waren bei der Eroberung der Inseln Ischia und Procida anwesend und halfen ihm mit . Im Herbst hatten wir unter Brigadegeneral Oswald die alleinige Leitung der Expedition gegen die Ionischen Inseln und es gelang uns, Zante, Kefalonia, Ithaka und Cerigo einzunehmen.

Als nächstes fuhren wir nach Malta, um uns neu auszurüsten, und schlossen uns danach der Flotte vor Menorca an. Da sich herausstellte, dass unser Schiff in einem defekten Zustand war, schickte Lord Collingwood es auf eine kurze Kreuzfahrt vor Kap San Sebastian, mit dem Befehl, dann nach Malta zurückzukehren und den Konvoi für April nach England zu bringen.

Bei unserer Ankunft auf Malta war ich überglücklich, die *Amphion zu finden* . Mein alter Freund, Leutnant Jones, kam, um mir mitzuteilen, dass mein Freund und alter Schiffskamerad Charles George Rodney Phillott, der Erste Leutnant, für hervorragende Verdienste befördert worden war, und mit seinem üblichen Eifer und seiner Freundschaft äußerte er seine Hoffnung, dass ich ernannt werden könnte, um seine freie Stelle zu besetzen. Nach einer Unterhaltung mit Kapitän Spranger wandte ich mich an Kapitän Hoste, und trotz der zahlreichen und so großen Unterstützung, die mir die Bewerbungen gaben, erreichte ich mein Ziel, und am 2. März trat ich mit frohem Herzen und voller Hoffnung der *Amphion bei* und wurde der Dritte oder Junior-Leutnant. Mein Freund Jones wurde der Erste, während Mr. William Slaughter, dessen Nachfolger ich wurde, nun der Zweite Leutnant war.

Da mein Wunsch den aktivsten Dienst anstrebte, war ich nun auf gutem Wege, ihn voll und ganz zu befriedigen. Am 27. nahm Kapitän Hoste seine Station an der Adria wieder auf. Die feindliche Seemacht nahm in den Häfen von Venedig und Ancona nun rasch zu, und es war offensichtlich, dass der französische Kaiser im Begriff war, einen Versuch zu unternehmen, entweder unserem Handel ernsthaften Schaden zuzufügen oder unsere Überlegenheit der Seeflotte in den Häfen zu unterbrechen Adria. Unser kleines Geschwader war unaufhörlich aktiv; und obwohl unsere Stärke im

Vergleich zu der des Feindes unbedeutend war, vertrauten wir auf unser Glück, dass wir ihr im Detail gewachsen waren, und Visionen von Ehre, Ruhm, Auszeichnung, Beförderung und allen Ergebnissen der Eroberung erfüllten ständig unsere Gedanken . Ich persönlich hatte den sehnsüchtigen Wunsch, den Franzosen auf die *wärmste* Weise zum Ausdruck bringen zu können, wie sehr ich ihnen für ihre früheren Gunstbezeugungen dankbar bin. Wir pflegten dicht an der Küste vor ihren Häfen zu segeln oder zu stehen, unter leichtem Segeln, und manchmal hielten wir ihre Küstenschiffe fest, enterten und zerstörten sie und taten alles in unserer Macht Stehende, um sie zu verärgern und zum Auslaufen zu bewegen .

Am 29. September entdeckten wir, dass die Schiffe in Chiozza, in der Nähe von Venedig, unter Kommodore Dubourdieu ausgelaufen waren. Kapitän Hoste auf der *Amphion* , begleitet von Kapitän JA Gordon auf der *Active* , drängte sofort nach Ancona. Hier trafen wir auf den Feind, bestehend aus drei großen Fregatten, zwei Korvetten, zwei Briggs, einem Schoner und einem Kanonenboot. Einige von ihnen segelten außerhalb des Hafens, während andere im Hafen zu segeln schienen. Wir schlossen daraus, dass sie uns sofort verfolgen würden, aber am Abend kehrten sie zu unserem großen Ärger alle in den Hafen zurück. Wir rechneten damit, dass sie nach Korfu vordringen würden, Verstärkung durch Schiffe erhalten würden, die sich vor oder auf dieser Insel aufhielten, und dann aller Wahrscheinlichkeit nach nach Sizilien weiterfahren würden.

Der *Cerberus* und *die Acorn* schlossen sich unserem kleinen Geschwader an; und als wir am 17. Oktober erneut Ancona erkundeten, stellten wir fest, dass alle unsere Vögel entkommen waren. Sofort wurde jeder Streifen Leinwand ausgebreitet, der von Nutzen sein konnte, und unser Kurs ging nach Korfu, mit der Absicht, *nebenbei einen Blick auf Lissa zu werfen* . Unsere Hoffnung bestand darin, durch überlegene Segelfähigkeit zuerst Korfu zu erreichen und ihr Eindringen zu verhindern, ohne eine Schlacht zu riskieren.

Wir trafen auf einen sizilianischen Freibeuter, der uns mitteilte, dass er gerade vom Feind verfolgt worden war, der auf Korfu zusteuerte. Unsere Berechnungen wurden also bestätigt; alle Segel wurden gesetzt und unsere Herzen klopften in der Erwartung, dass uns die Morgendämmerung den Feind in Sichtweite präsentieren würde. Der Morgen kam jedoch und vergeblich schweiften unsere Augen in alle Richtungen am Horizont. Kein Feind war zu sehen und die glühende Hoffnung auf eine Schlacht verschwand. Wir steuerten auf Brindisi zu, hinüber nach Cattaro an der albanischen Küste und fuhren die gesamte Adria hinunter; aber alles war Enttäuschung. Schließlich steuerten wir auf die Insel Lissa zu, wo wir bei unserer Ankunft zu unserer unendlichen Demütigung feststellten, dass der Feind vor uns gewesen war und wieder gegangen war. Tatsächlich hatte uns der verräterische Sizilianer getäuscht; und genau an dem Tag, an dem dieser Verbündete uns die falschen Informationen gegeben hatte, lief der französische Kommodore, nachdem er von einem Fischer erfahren hatte, dass das englische Geschwader auf einer Kreuzfahrt war, nach Port St. George hinüber, landete Truppen, richtete große Verwüstungen und Zerstörungen an, zerstörte unsere Preise, nahm drei neutrale Schiffe mit, die wir festgehalten hatten, und eilte zurück nach Ancona. Das war eine bittere Enttäuschung, und niemand empfand sie härter als unser tapferer Kapitän. Ich speiste an diesem Tag mit ihm und sah, wie der dicke Tropfen seine männliche Wange hinab lief. Niemals gab es eine düsterere, melancholischere Dinnerparty oder einen düstereren Esstisch als diesen.

Alle Segel waren gesetzt und wir folgten der Richtung, die der Feind eingeschlagen hatte oder eingeschlagen haben soll. Um Mitternacht des folgenden Tages hatten wir diesiges Wetter mit leichtem Wind und starkem Wellengang. Als ich mit einem hervorragenden Nachtglas den Horizont absuchte, stellte ich mir vor, dass einige dunkle Objekte am Rand meine Sicht behindert hätten. Ich hatte dies wiederholt festgestellt, und meine Beobachtung wurde von dem jungen Herrn meiner Wache bestätigt, bevor ich den Entschluss fasste, meinen tapfersten Chef mit dieser Tatsache in Kenntnis zu setzen. Ich werde nie die Ekstase vergessen, mit der er aus seinem Bett sprang und mit Nachdruck ausrief: „Wir haben sie endlich, Gott sei Dank! – Danke, O'Brien", sagte dieser mutige Verfechter der Sache seines Landes – „Danke dafür." guter Ausguck; Lassen Sie die Offiziere rufen und alle begeben sich ruhig in ihre Quartiere. Setzen Sie Ihr Besan-Marssegel zurück, damit Gordon (von der *Active* , dem nächsten Schiff in der Reihe) nahe genug herankommt, um ohne Lärm zu kommunizieren, und ich werde in Kürze an Deck sein.

Alle diese wohlüberlegten Befehle wurden ebenso schnell ausgeführt, wie sie gegeben worden waren, und Kapitän Gordon empfing unsere freudige Nachricht und gab sie ebenso pflichtgemäß an die nächsten in der Linie weiter. Alle Herzen waren erfüllt von unbändiger Freude über den nahenden Kampf, und ich war stolz, der Offizier gewesen zu sein, der den Feind entdeckt hatte. Der Tag brach an, und wie groß war meine Demütigung, wie groß war der Kummer und die Enttäuschung von uns allen, als sich die feindliche Flotte nicht gerade als „ *des châteaux d'Espagne* " herausstellte, sondern als eine Realität, wenn auch nichts weiter als armselige Fischer! Wir erreichten Ancona und fanden die Flüchtlinge wohlbehalten im Hafen. Der *Moniteur* , der diese sinnlose Jagd bemerkte, hatte die Unverschämtheit zu behaupten, „dass das englische Geschwader, obwohl es dem französischen an *Stärke* und *Zahl überlegen war* , es sorgfältig vermieden hatte, sich mit ihm zu messen." [38]

Die *Cerberus* verließ uns zur Überholung nach Malta, aber zu uns gesellten sich die *Volage* mit zweiundzwanzig Kanonen und die Brigg *Alacrity mit achtzehn*. Täglich kaperten wir Küstenschiffe und beleidigten die feindlichen Küsten. In der Nacht des 27. November geriet die *Volage* bei dunstigem Wetter aufgrund eines plötzlichen Windwechsels in Konflikt mit der *Amphion* . und beide Schiffe mussten das Geschwader verlassen. In Malta hatte ich während der Reparatur die Genugtuung, dass meine tapferen Freunde, die Leutnants Jones und Slaughter, als Belohnung für ihre tapferen Dienste in den Rang eines Kommandanten aufstiegen. Ich wurde nun Oberleutnant der *Amphion* , mein Kommandeur und sie waren erfreut, mein Erstgeburtsrecht anzurufen; aber Lord Collingwood war tot, und Sir Charles Cotton, der neue Oberbefehlshaber, ein Fremder für mich, setzte ohne Rücksprache mit Kapitän Hoste meinen Freund Leutnant Dunn über meinen Kopf, der nur acht Monate älter war als ich.

Am 26. Februar 1811, als beide Schiffe seeklar waren, segelten wir in Richtung Adria und erreichten am 12. März unser altes Fahrtgebiet vor der Insel Lissa, wo wir die *Active* und *die Cerberus vorfanden* – die *Acorn*- Schaluppe war als Sondereinsatzkommando im Einsatz. Unser Geschwader bestand somit aus vier Schiffen, und alle waren nun äußerst eifrig bemüht, die Helden von Ancona zu erkunden, die mit solch unerschrockener Unverfrorenheit erklärt hatten, die Adria sei von ihnen von britischen Eindringlingen gesäubert worden.

Es scheint, dass ihre Höflichkeit unsere Wünsche vorwegnahm und unsere Erwartungen übertraf, indem sie sie dazu veranlasste, die *Wiedergutmachung für ihr früheres Verhalten ehrenhaft zu machen* , indem sie uns vor Tagesanbruch des nächsten Morgens, Mittwoch, dem 13. März, einem für immer denkwürdigen Tag, einen Besuch abstattete. Zumindest bei mir und allen, die seinen Ruhm teilten, und ich möchte hinzufügen, dass es in den Annalen der britischen Marine nicht vergessen wird.

die *Aktive* gut in Luv befand, bemerkte Gordon auf der Lauer ein Geschwader von Kriegsschiffen, die sie anlügten; Er gab sofort das Nachtsignal für einen Feind und eilte herbei, um sich uns anzuschließen. Bei Tageslicht war unsere Freude unbeschreiblich – sie waren nicht viel mehr als eine Meile von Port St. George entfernt. Es stellte sich heraus, dass die Streitmacht unseres lang gesuchten Feindes, den wir sofort erkannten, sechs Schiffe, eine Brigg, ein Schoner, Xebec und zwei Kanonenboote umfasste ; sicherlich eine sehr überlegene Zahl – die Ungleichheit scheint allem Anschein nach überwältigend; aber seltsamerweise gab es im *Amphion keine einzige Seele* , vom Häuptling abwärts, die nicht einen vollständigen Sieg erwartet hätte; und ich wurde seitdem informiert, dass das gleiche Gefühl auf den anderen Schiffen vorherrschte.

Alle Segel wurden auf Amwind gesetzt und gelegentlich gewendet, um diesem französisch-venezianischen Geschwader unter demselben Kommandeur, Dubourdieu, entgegenzutreten, das gegen 6 Uhr in zwei Divisionen auf uns zukam, um uns anzugreifen. Er führte die Steuerbord- bzw. Luv-Division auf der *Favorite* , einer großen Fregatte, gefolgt von der Brigg *Flore* , *Bellona* und *Mercurio ; die Lee-Division wurde von der Danaë geführt* , gefolgt von der *Corona* , *Carolina* und kleinen Booten. [39]

Amphion , *die Active* , *die Cerberus* und *die Volage* , lagen in einer sehr kompakten Linie vor uns und hatten noch alle Segel gesetzt, damit wir so schnell wie möglich aufholen konnten. Als Kapitän Hoste fast in Schussweite war, telegrafierte er: „Erinnern Sie sich an Nelson!" worauf die Besatzungen unseres Geschwaders, die bei diesem Anlass die Takelage bemannten, drei laute Jubelrufe auslösten.

Bei neun, jetzt auf Top- und Bramsegel reduziert, auf dem Steuerbordbug, in einer so engen Reihenfolge, dass es für kein Schiff möglich ist, dazwischen zu passieren, geschmückt mit Union-Jacks und Fahnen an den verschiedenen Mastspitzen und Stagn, Unabhängig von den regulären roten Flaggen auf den Besangipfeln hissten wir am Hauptschiff *des Amphion ein Kommodore-Pendant* , bei dessen Hochfahren unser tapferer Kommandant mit größtem Nachdruck ausrief: „Da geht der Stolz meines Herzens!"

Nachdem alle Vorbereitungen getroffen waren, herrschte auf dem ganzen Schiff eine Pause oder eine tiefe Stille, beide Staffeln näherten sich schnell, als Kapitän Hoste mir zurief, ich solle „einen einzigen Schuss aus einer der Hauptdeckgeschütze auf Dubourdieus Schiff versuchen." Nachdem dies geschehen war, fiel es sofort unter ihren Bug, was uns davon überzeugte, dass wir sie in wenigen Minuten mit Doppelschüssen treffen würden.

In diesem Augenblick wurde ein gewaltiges Feuer eröffnet, das von beiden Seiten heftig ausgetragen wurde. Unser Feuer war so gezielt und unsere Schiffe lagen so dicht in einer Linie, dass der französische Kommodore, der große Tapferkeit bewies, bei dem Versuch, uns an Steuerbord zu entern, völlig vereitelt wurde. Dies besiegelte seinen Untergang; denn in dem Augenblick, als sein Klüverbaum beinahe unsere Heckreling getroffen hätte und sein Bugspriet und Vorschiff von Enterern vollgestopft waren, wobei er selbst in voller Uniform zu den vordersten gehörte, große Unerschrockenheit zeigte und seine Männer anspornte, wurde eine 5,5-Zoll-Messinghaubitze, die zuvor mit 700 bis 800 Musketenkugeln geladen und gut gezielt worden war, direkt auf sie abgefeuert. Das dadurch angerichtete Blutbad, zusammen mit dem unaufhörlichen Feuer mit Kleinwaffen der Marinesoldaten und Seeleute, sowie mit Rund-, Kartätschen- und Kartätschengeschossen aus jedem großen Geschütz, das zum Einsatz kommen konnte, war wahrhaft furchtbar. Viele der armen Teufel wurden weggefegt; und unter den Gefallenen war ihr tapferer Anführer deutlich zu erkennen.

Das Feuer *der Favorite* wurde nun unregelmäßig und träge, und sie schien unkontrollierbar zu sein. Da sich unser Geschwader bereits zu nahe am Ufer befand, hielt man es für unabdingbar, sich aufs Meer zu begeben. und deshalb wurde das Signal gegeben, zusammen zu tragen. Unser Gegner, der die gleiche Entwicklung versuchte, scheiterte und landete in großer Verwirrung auf den Lissa-Felsen. Auch wir konnten im *Amphion* nur knapp dem gleichen Schicksal entkommen; und für unsere Sicherheit verdankten wir unter der Vorsehung vor allem den außergewöhnlichen Bemühungen und der Geistesgegenwart von William Thomas, dem dort stationierten Kapitän des Vorschiffs, der im kritischen Moment des Tragens (die Felsen nicht halb mit der Pistole abgeschossen) war weit entfernt unter unserem Lee), als wir bemerkten, wie das Fockstag und die Fallen weggeschossen wurden, lösten sich die Fallen vom Mastkopfblock, und infolgedessen fing das unbrauchbar gemachte Segel, von dem die Leistung dieser Entwicklung hauptsächlich abhing, das Ende der Fallen auf Mit der Schnelligkeit einer Hirschkuh und der Gewandtheit eines Affen gelangte er nach unten und erreichte den Mastblock, durch den sie augenblicklich durchstreift und von ihm mit äußerster Geschwindigkeit am Topmast hinuntergetragen wurden Bleiben Sie am Bugspriet-Ende, wo sie im Handumdrehen wieder gebogen wurden und der Ausleger in die Luft flog, zur Bewunderung aller, die Zeuge dieser unerschrockenen, „tatsächlich fast übermenschlichen" Heldentat waren, wie Kapitän Sir David es seitdem nannte Dunn, der damals Oberleutnant und Augenzeuge der Affäre war. [40] Glücklicherweise, ich hätte sagen können wie durch ein Wunder, entkam das Schiff der Gefahr und nahm die Aktion auf Backbordseite wieder auf.

Die *Volage* , zuvor das Achterschiff, lag nun natürlich auf Backbordbug in Führung und erfüllte ihre Aufgabe tapfer.

Die *Flore bekundete nun ihre Entschlossenheit, durch das Entern der Amphion* die Absicht ihres gefallenen Chefs auszuführen ; und unternahm sicherlich einen äußerst tapferen Versuch, der jedoch vereitelt wurde. [41] Es gelang ihr jedoch, unter dem Heck durchzufahren und ein Flächenfeuer zu eröffnen, das sich für die Männer auf dem Hauptdeck als äußerst verheerend erwiesen hätte, hätte ich ihnen nicht befohlen, sich zwischen die Kanonen zu legen, da sie im Stehen nutzlos schutzlos dastanden, da es in diesem Moment unmöglich war, ein Geschütz auf den Feind zu richten. Viele Schüsse der *Flore* knatterten über das Deck, ohne den Männern Schaden zuzufügen, die so geschützt waren, weil sie dicht zwischen den Kanonen lagen; einem von ihnen wurde die Pomillion abgeschlagen.

Die *Flore* , die nun auf dem gleichen Kurs leewärts lag, wurde auf unserem Lee-Viertel hochgezogen; die *Bellona* tat das Gleiche im Wetterviertel; so dass wir zwischen ihnen herzlich behandelt wurden.

Die Lee-Division des Feindes befand sich zu diesem Zeitpunkt ebenfalls auf Backbordseite, und der Kapitän der *Danaë* , der den größeren Fregatten sorgfältig aus dem Weg ging, blieb dicht an der *Volage* , die ihn mit ihren 32-Pfund-Carronaden so gut bediente, dass er musste sich in eine respektvollere Entfernung zurückziehen; Dieses Manöver zwang die *Volage* , die Pulvermenge zu erhöhen, in der Hoffnung, ihren listigen Gegner zu erreichen, für den sich die Anstrengung leider als günstig erwies.

Nachdem die Panzer infolge der erhöhten Angriffe nachgegeben hatten, gerieten die Karronaden in Aufruhr und ließen dem tapferen Hornby nur noch einen Sechspfünder übrig, um den ungleichen Kampf fortzusetzen. Die *Volage* wurde fast in Stücke gerissen, als die *Aktive* ihr rechtzeitig zu Hilfe kam; Bei ihrem Anblick setzten die *Danaë und* die Carolina alle Segel, um nach Lessina zu fliehen , und das kleine Fahrzeug huschte in verschiedene Richtungen davon.

die *Corona* die ganze Zeit über von den *Zerberus energisch angegriffen worden war, versuchte sie nun, dem Beispiel der Danaë* zu folgen , wurde aber von den *Aktiven* verfolgt und in überlegener Weise zum Einsatz gebracht .

In der Zwischenzeit litten wir im *Amphion sehr* unter dem gezielten Feuer der beiden Schiffe *Flore* und *Bellona* , die so klug in unserem Quartier platziert waren; aber ersteres erforderte, da es das Furchtbarste war, unsere größte Aufmerksamkeit; und da wir uns auf der Leeseite befanden, konnten wir durch Halten näher herankommen und vor ihr vorbeifahren, so dass wir sie fast berührten, als wir unsere Steuerbord-Breitseite in ihren Backbord-Bug schossen. Infolgedessen hörte sie bald auf zu schießen und schlug ihre Fahnen.

Die *Bellona* wurde nun mit größter und doppelter Sorgfalt betreut, während wir gleichzeitig ein paar Hauptdeckgeschütze auf die *Flore gerichtet hielten* , aus Angst, sie könnte uns einen Streich spielen und unseren behinderten Zustand ausnutzen, indem sie davonschlüpfte; Kaum war dies geschehen, erhielt ich vom Kapitän durch seinen *Adjutanten* , Herrn Cornwallis Paley, eine Nachricht mit dem oben genannten Inhalt; und es war mir eine große Freude, als Antwort zu sagen, dass ich die Wünsche meines Chefs vorausgesehen hatte, da ich den Charakter derer, mit denen wir es jetzt zu tun hatten, einigermaßen kannte. Ich gestehe, dass ich eine Vorahnung bezüglich dieses Schiffes hatte, die sich jedoch als zu begründet erwies.

Die *Bellona* folgten bald dem Beispiel der *Flore ;* Um fünfundvierzig Minuten nach elf schlug sie ihre Flagge. Die *Mercurio* -Brigg feuerte gelegentlich, bis die *Favorite* auf die Felsen aufgelaufen war, in deren Nähe sie vor Anker gegangen war, und war mit ihren Booten eifrig damit beschäftigt, einen Teil der Besatzung aus dem Wrack zu retten. Ich bildete mir ein, dass die *Flore* ihre Distanz zur Leeseite vergrößerte, und befürchtete, sie wolle die *Danaë* und *die Carolina nachahmen* und versuchen, in Lessina, einen französischen Hafen an der dalmatinischen Küste, einzulaufen, als ich mich über die Nachricht freute, dass Kapitän Hoste mich sofort haben wollte die erbeutete Fregatte in Besitz nehmen; Der Oberleutnant Dunn war kampfunfähig, da er durch eine Explosion auf dem Achterdeck schwere Verbrennungen erlitten hatte, bei der auch unser tapferer Chef, sein Bruder Thomas Edward Hoste, Midshipman, und viele andere verletzt wurden.

Bei dieser Gelegenheit bewies Kapitän Hoste größtmögliche Kühle und Großmut. Leutnant Dunn war völlig von den Beinen gerissen worden, und auf seinem Gesicht war kein einziger Hautfleck zurückgeblieben, und deshalb hätte man ihn vorerst als *außer Gefecht setzen können;* Aber dieser tapfere Offizier blieb immer noch auf seinem Posten und zeigte an der Seite seines Anführers ein brillantes Beispiel, ebenso wie Leutnant Thomas Moore von den Marines, der schwer verwundet worden war und nur mit Mühe überredet werden konnte, zum Chirurgen zu gehen, um sich anziehen zu lassen, woraufhin er kehrte in sein Quartier zurück.

Die Frage war nun, wie wir an Bord der Prise vorgehen sollten. Unser Schiff war nämlich fast zerlegt, alle Rahen und andere Takelage waren in Stücke geschossen und die Boote in einem völlig zerstörten Zustand. Eines jedoch, das nicht ganz so schlimm aussah wie die anderen, wurde zur Gangway getragen und mit einem Seil ins Meer geworfen. Obwohl es halb voll Wasser war, wurde es an die Seite des Schiffes gezogen. Ich stieg sofort mit Mr. Kempthorn, dem Fähnrich, und vier Matrosen an Bord. Alle begannen mit ihren Hüten usw. zu schöpfen, bis auf einen Mann auf jeder Seite, der es schaffte zu paddeln.

die *Flore* immer weiter von uns entfernt war, bat ich darum, dass man uns erlauben dürfe, zu versuchen, sie zu erreichen. Doch unser tapferer Chef, der sich angesichts des gefährlichen Zustands unseres Bootes nicht einen Augenblick vorstellen konnte, dass der geschlagene Feind sich so unehrenhaft verhalten könnte, nachdem er so viele Stunden unter unseren Kanonen gestanden hatte, wies mich an, zum nächstgelegenen Schiff, der *Bellona* , zu fahren, auf die wir gegen Mittag nur mit Mühe gelangten.

Ich nahm zwei Besatzungsmitglieder des Bootes mit und wurde auf der Gangway von ihrem Oberleutnant und den überlebenden Offizieren empfangen – mit Ausnahme des Kapitäns (Duodo), der, wie sie mir sagten, damals in seiner Kabine tödlich verwundet war. Als ich sie alle mit

Seitenwaffen bemerkte, fragte ich sie, ob ihr Schiff kapituliert habe. Sie antworteten mit Ja; worauf ich bemerkte, dass es bei einer solchen Gelegenheit üblich sei, dem Offizier, der den Besitz ergriff, Schwerter auszuhändigen; dem sie sofort und bereitwillig nachkamen. Nachdem ich das Formular durchgegangen war, fügte ich hinzu, dass sie in ihren Waffen willkommen seien, und überreichte jedem Einzelnen sein Schwert, die alle den Gefallen ablehnten. Diese Trophäen wurden daher in das Boot gebracht, wo ich den verstorbenen Besitzern wünschte, sie sollten sich auch dort niederlassen, damit sie dem britischen Kommodore einen Besuch abstatten könnten, da sie sich nach dem Zusammenballen und Ausstopfen der Lecks in einem etwas besseren Zustand befand als damals hat sie verlassen. Sie schienen sehr zurückhaltend zu sein, diesem Vorschlag nachzukommen, und brachten ihr Erstaunen darüber zum Ausdruck, dass ich in einem solchen Transporter das Leben von mir und meiner Mannschaft riskiert hatte. Als ich ihnen aber versicherte, dass sie, wenn die *Bellona* ein besseres Boot besäße, es gerne nehmen könnten, zeigten sich alle entzückt und überaus dankbar für diesen Akt der Freundlichkeit, und der Oberleutnant wies an, das Heckboot zu senken; aber zu ihrer großen Bestürzung befand sie sich, wenn möglich, in einem schlechteren Zustand als wir. Da eine leichte, günstige Brise wehte, richteten wir die Segel, so gut wir konnten, und näherten uns der *Amphion* , wodurch sich unsere Distanz um fast die Hälfte verkürzte; und es gelang mir, sie zum Aufbruch zu überreden, und ich hatte das Vergnügen, alle auf der Seite des *Amphion aufsteigen zu sehen* .

Zu meiner Schande musste ich feststellen, dass sich zur selben Zeit die *Flore* außerhalb der Schussweite befand, ihre Segel trimmte und in Richtung Lessina aufbrach. Da ich nun bestrebt war, die *Bellona* in Ordnung zu bringen und ihren tatsächlichen Zustand festzustellen, insbesondere in Bezug auf das Magazin usw., befragte ich den Kanonier, der mir erklärte, Kapitän Duodo habe ihm befohlen, heimlich einige Fässer mit Schießpulver in der Kabelreihe zu platzieren, an denen ein Zug befestigt war. Er nahm an, dass er im Falle einer erzwungenen Kapitulation das Schiff, wenn auch nicht völlig zerstört, für die Eroberer nutzlos machen wollte – dass er verwundet vom Deck geholt wurde, verhinderte diese Katastrophe. Ich wurde sofort an die Stelle geführt und stellte dort einen der Männer der *Amphion* als Wache auf. Ich gab ihm die notwendigen Anweisungen, während ich den anderen am Ruder ließ.

Als nächstes begab ich mich zur Kabine des unglücklichen Kapitäns, den ich auf dem Rücken liegend vorfand, in einem höchst beklagenswerten Zustand: seine Wunde, eine sehr schwere im Unterleib, war äußerst schmerzhaft geworden. Er schien von meinem Besuch sehr betroffen zu sein, drückte meine Hand zwischen seine und weinte, um auf eindrucksvollste Weise seine Dankbarkeit für die Freundlichkeit auszudrücken, die ich einem besiegten

Feind erwiesen hatte. Ich bat ihn, meine Dienste in Anspruch zu nehmen, so gut sie ihm von Nutzen sein könnten, und verabschiedete mich von ihm.

Es wäre schwierig, die Schrecken zu beschreiben, die sich jetzt abzeichneten. Das Blutbad war schrecklich – die Toten und Sterbenden lagen in allen Richtungen herum; Die Schreie des letzteren waren höchst beklagenswert und durchdringend. Der Chirurg, ein herkulischer Mann mit Schürze und hochgekrempelten Hemdsärmeln, der von seinem Assistenten und anderen begleitet wurde, spielte eine herausragende Rolle in der Tragödie, da er eifrig damit beschäftigt war, Wunden zu untersuchen und festzustellen, von welchen Körpern der Lebensfunke tatsächlich stammte flohen und überwachten ihre Beerdigung, oder besser gesagt, sie verließen die Häfen!

Seltsamerweise war jeder Mann, der an einem der Geschütze stationiert war, getötet worden, und zwar wie vermutet durch dieselben Schüsse, [42] die durch beide Seiten des Schiffes ins Meer gelangten. Bei einer anderen Waffe steckte der Schädel eines armen Geschöpfs tatsächlich im Balken über seinem Standort, da der Schuss eine schräge Richtung genommen hatte: Kurz gesagt, die Szene war herzzerreißend und widerlich.

Die Gefangenen versammelten sich auf dem Achterdeck, und unter ihnen saßen mehrere Soldaten auf ihren Rucksäcken, offenbar in der Erwartung, ihren Offizieren an Bord des britischen Kommodore zu folgen. Ich sprach sie an und versicherte ihnen, dass sie freundlich behandelt würden, dass aber zunächst jeder sofort zu seinem Posten zurückkehren und mit gutem Willen dabei helfen müsse, das Schiff in einen tauglichen Zustand zu bringen, um dem Borea oder Nordoststurm zu begegnen, dessen Annäherung uns jetzt drohte; und ich fügte hinzu, dass ich mir bewusst sei, dass sie bis zu einem gewissen Grad an Nahrungsmangel und Erschöpfung leiden müssten, aber zuerst müsse die Arbeit erledigt werden, und danach sollten sie die doppelte Ration erhalten. Sie stimmten meinem Vorschlag zu und machten sich höchst freudig an die Arbeit, einige schüttelten und küssten mir die Hände und erklärten, dass sie meinen Befehlen mit größter Bereitwilligkeit Folge leisten würden.

Jetzt traten zwei Seeleute vor und gaben in gebrochenem Englisch bekannt, dass sie Portugiesen seien – der eine ein Quartiermeister und der andere ein Besantop-Mann. Ich drückte mein Bedauern und mein Erstaunen darüber aus, die Untertanen unseres Freundes und Verbündeten, ihres Königs, auf einem feindlichen Schiff vorzufinden, es aber nun in ihrer Macht stünde, durch gutes Benehmen ihren Charakter wiederherzustellen, und in diesem Fall sollte ich für sie eintreten mit dem Kommodore und hoffte, dass es ihnen gestattet würde, in die Dienste Seiner Britischen Majestät zu treten, wenn sie als Engländer betrachtet würden. Sie schienen mit dieser Nachricht sehr zufrieden zu sein und versprachen getreulich, alles in ihrer Macht Stehende zu tun, um die Zustimmung zu verdienen, und hielten dieses Versprechen auch gewissenhaft ein.

Der Matrose am Ruder wurde nun durch den portugiesischen Quartiermeister abgelöst, und ich fühlte mich stark, weil ich vier Männer hatte, auf die ich mich verlassen konnte.

Nach kurzer Zeit befanden wir uns in einem etwas besseren Zustand: Die Toten wurden fast alle über Bord geworfen, einige waren nicht ganz leblos, von denen aber nicht die geringste Hoffnung auf Genesung bestand, wie mir der Chirurg und sein Assistent wiederholt versicherten . Die gesprungenen und zerbrochenen Spieren wurden von oben herabgeschickt; die Segel, die ihrer bedurften, wurden aufgebogen und ersetzt; und die Decks wurden geschaufelt und von den Haufen Blut und *Kot befreit* , mit denen sie beladen gewesen waren.

Der *Favorit* erschien zu dieser Zeit in einem perfekten Glanz auf den Felsen. Die Aktion wurde zwischen der *Active* und *der Corona* noch immer mit großer Lebhaftigkeit fortgesetzt , als sie gegen halb zwei nach hartnäckigem Widerstand zu Ehren ihres Kapitäns Paschaligo (der ein Nachkomme eines der berühmtesten von ihnen war) auftraten der Dogen) sowie ihrer tapferen Häscher wurde dieser unterworfen.

Amphion und *Volage befanden sich* in einem höchst hilflosen Zustand; Der Rumpf der *Cerberus* war ein perfektes Rätsel, wenn auch an Masten, Spieren und Takelage weniger beschädigt als bei ihren Gefährten. Gegen vier Uhr explodierte die *Favorite* ; Die Explosion verursachte einen schrecklichen Schock, den das gesamte Geschwader spürte. und wir an Bord der *Bellona* waren sehr dankbar dafür, dass wir so glücklicherweise dem gleichen Schicksal entgangen waren, als Kapitän Duodo verwundet wurde.

Gegen neun Uhr abends befand sich die *Corona in unmittelbarer Gefahr, da sie beim Schleppen durch die Active* im Hauptdeck Feuer gefangen hatte ; Sie wurde natürlich sofort abgelenkt. Gegen zehn Uhr sahen die Flammen für uns schrecklich aus, besonders am Großmast und an der Takelage, da sie sich zu diesem Zeitpunkt in unmittelbarer Entfernung auf ihrem Leebalken befanden. Ich gab mir alle Mühe und es gelang mir, mich ihrem Schwermetall zu entziehen. Um Mitternacht hatten wir die Genugtuung, das Feuer völlig gelöscht zu sehen. Dies war durch die außergewöhnliche Aktivität und Anstrengung von Leutnant James Dickenson vom *Cerberus* und George Haye vom *Active erreicht worden* , die ihre Männer angeführt hatten und auf heldenhafteste Weise durch das verschlingende Element stürmten und die losen Spieren abtrennten. Takelage usw. Eine so besondere Dienstleistung konnte nicht ohne Nachteil für die Beschäftigten erbracht werden; Einige kamen ums Leben, und Leutnant Haye, dessen Tapferkeit bei verschiedenen früheren Gelegenheiten aufgefallen war, war zusammen mit vielen anderen tapferen Kerlen schwer verbrannt worden.

Glücklicherweise lag das britische Geschwader mit den Prisen *Bellona* und *Corona* gut in Port St. George vor Anker, bevor der erwartete Nordoststurm aufkam, der erst am 15. einsetzte, und wir waren alle eifrig damit beschäftigt, Einschusslöcher zu stopfen und sämtliche Mängel zu beheben, als Vorbereitung für unsere Weiterfahrt nach Malta.

Ich nutzte die erste Gelegenheit, um meinen tapferen und würdigen Chef zu besuchen, den ich zusammen mit meinem Freund Dunn und vielen anderen in einem furchtbaren Zustand aufgrund ihrer Wunden vorfand, die inzwischen äußerst schmerzhaft geworden waren. Er drückte seine große Genugtuung aus, mich zu sehen, und lobte mich dafür, dass die *Bellona* als erstes Schiff in den Hafen einlief und dass ich die Gefangenen so gut behandelt hatte. Er erlaubte den beiden portugiesischen Seeleuten, in den Dienst seiner Majestät zu treten, und befahl mir, noch ein paar weitere Besatzungsmitglieder der *Amphion* sowie zwei oder drei Marinesoldaten zu stellen.

Er schien über die Treulosigkeit der gekaperten Fregatte *Flore sehr verärgert zu sein* und bereitete einen Brief [43] an den Oberoffizier der Flüchtlinge vor, in dem er forderte, sie gemäß den Kriegs- und Ehrengesetzen auszuliefern. Wir brachten den verwundeten Kapitän Duodo so schnell wie möglich vorsichtig an Land, in die komfortable Residenz eines Würdenträgers der Kirche (a *canonico*), wo er kurz darauf starb.

Da der Schiffsarzt der *Bellona* der Älteste war und für klug gehalten wurde, wies Kapitän Hoste an, alle verwundeten Gefangenen seiner Aufsicht zu unterstellen, darunter auch einen Franzosen der *Favorite* , dessen rechtes Bein so stark zerschmettert war, dass eine Amputation sofort notwendig war. Begierig darauf, mehr über die Geschichte dieses armen Kerls zu erfahren, besuchte ich ihn im Cockpit, wo ich ihn ausgestreckt auf der Plattform vorfand, nachdem die Operation durchgeführt worden war. Seine Stimmung war hoch.

Er versicherte mir, er könne sich an keinen einzigen Vorfall erinnern, nachdem sein Schiff in Brand gesteckt worden sei; er und viele seiner verwundeten Kameraden lagen dann auf dem Deck; Alle, die sich bewegen konnten, hatten natürlich das Schiff verlassen. Er muss an Land geschleudert worden sein, als das Schiff explodierte; und er vermutete, dass seine unglücklichen Leidensgenossen ins Meer gefallen waren. „Das Schicksal unseres Schiffes", stellte er fest, „war schnell und außergewöhnlich. *La moitié a sauté dans l'air, l'autre a colé à fond* "; und er fügte hinzu: „Ich bin dein

Gefangener und habe mein Bein verloren; Aber, mein lieber Offizier, ich habe einen ausgezeichneten Appetit, und eine gute Mahlzeit würde mich sehr glücklich machen." Ich brauche nicht zu sagen, dass dieser tapfere Franzose besonders gepflegt wurde, bis er am 20. mit allen Verwundeten nach Lessina geschickt wurde.

Zweihundert Mann der Besatzung der *Favorite* , die an Land entkommen waren, wurden am Sonntag gezwungen, ihre Waffen abzugeben. Dies geschah durch das unternehmungslustige Verhalten von Mr. James Lew und Mr. Robert Kingston, Fähnriche der *Active* , die in Lissa mit der Verantwortung für die Prisen betraut waren. Sie stellten sich an die Spitze einiger Freibeuter, die sie überredeten, sich zu diesem Anlass freiwillig zu melden.

Da das Geschwader und die Prisen in einem akzeptablen Zustand waren, um den Gefahren der See zu trotzen, verließen wir am 25. Port St. George, um weiter nach Malta zu fahren. Vor dem Hafen nahm Kapitän Hoste Verbindung mit der *Magnificent* (74) und *der Éclair* (Brigg) auf, die den Feind beobachteten.

Am Donnerstag, dem 28. März, kam vor Kap Colonna an der kalabrischen Küste ein heftiger Sturm auf, der die *Bellona* außerordentlich belastete, ihre unteren Rahen fast ins Wasser rollte und das gesamte Geschwader sehr belastete. Wir stellten fest, dass die Pumpen verstopft waren und die Lecks schnell zunahmen; Wir räumten jedoch rund um den Pumpbrunnen alles auf und begannen, mit Eimern zu schöpfen, wobei die Gefangenen am aktivsten waren und tatsächlich freiwillig ihre Dienste zur Verfügung stellten, um mit den Geschützen zu kämpfen, für den Fall, dass sie mit einem Feind zusammenstießen. Ich versicherte ihnen, dass ich diesen Gefallen nicht annehmen könne, denn wenn wir unglücklicherweise zurückerobert würden, würden sie alle hingerichtet werden. Tatsache war, dass sie dreimal so viele waren wie wir, und ich erlaubte ihnen, die Nacht in ihren Betten zu bleiben, und ließ Wachposten über den Luken aufstellen, ohne dass sie es ahnten, um zu verhindern, dass viele gleichzeitig unter irgendeinem Vorwand heraufkamen. Endlich waren die Pumpen gereinigt und machten sich an die Arbeit, der Sturm ließ nach und alles war wieder in schiffsmäßiger Ordnung.

Am Sonntag, dem 31., erreichten wir den Hafen von Valetta auf Malta. Die Freude und Begeisterung, mit der wir empfangen wurden, waren für das ganze Geschwader eine große Erleichterung. Die Linien wurden spontan von der gesamten Garnison besetzt; und ich nehme an, dass in keinem der Häuser auch nur ein einziger Mensch zurückgeblieben war, der irgendwie hätte ausziehen oder auf die Flachdächer klettern können, die übermäßig überfüllt schienen, während von dem Moment an, als wir in den Hafen einliefen, bis die Schiffe vor Anker lagen und die Segel eingerollt waren, ein anhaltendes Hurra und *Vivas* erklangen.

Feste, Bälle und jede Art von Ehrerbietung und Aufmerksamkeit wurden von den verschiedenen Familien und Einzelpersonen jeder Klasse in der Garnison den Siegern geschenkt; und der tapfere Gefangene, Kapitän Paschaligo, nahm an jeder Ehre teil, die ihnen erwiesen wurde, wofür er wirklich dankbar zu sein schien. Das *Amphion* und *das Volage* waren so sehr zerstückelt, dass man nur hoffen oder versuchen konnte, sie in einen Zustand zu bringen, in dem sie mit den Beute nach England gelangen konnten.

Am 26. April hatte ich große Freude, unserer kleinen Besatzung der *Bellona* einen Lobbrief des Oberbefehlshabers Sir Charles Cotton für ihr tapferes Verhalten am 13. April vorzulesen, den sie mit wiederholtem Jubel entgegennahmen .

Leutnant Dunn, der sich inzwischen fast erholt hatte, wurde angewiesen, das Kommando über die größere Preisfregatte, die *Corona* , zu übernehmen, und Leutnant James Dickenson von der *Cerberus* löste mich auf der *Bellona ab* , als ich zur *Amphion zurückkehrte* , und wurde nun *de facto* zum Ich hatte ein gewisses Recht, mich *de jure als Oberleutnant* zu bezeichnen , denn mein Freund hatte die Situation erst seit ein paar Wochen. Allerdings wurde er in dieser Zeit zum Kommandeur ernannt und ließ mich im Hintergrund.

Am 2. Juni verließ die *Amphion mit Volage* und Prisen die gastfreundliche Insel Malta und erreichte nach einer günstigen Überfahrt über die Needles sicher Old England. Vor Portsmouth erhielten wir die Anweisung, mit unseren Prisen nach Deptford weiterzufahren, und ich hatte das Vergnügen, dem Reverend Dixon Hoste, dem Vater meines ehrenwerten Kapitäns, vorgestellt zu werden. Am 12. August wurde die *Amphion* außer Dienst gestellt und die Mannschaft erhielt Urlaub, um ihre Freunde in verschiedenen Teilen des Vereinigten Königreichs zu besuchen.

Auch jetzt konnte ich mich des starken Gefühls nicht entziehen, das in meiner Brust vorherrschte, dass es, da ich ja nur einen Anspruch auf eine Beförderung hatte, irgendwann doch kommen würde. Ich nutzte die erste Gelegenheit, um Mr. Charles Yorke, den damaligen Ersten Lord der Admiralität, aufzusuchen. Er empfing mich auf diese höfliche Art und unterhielt sich mit mir mit jener Offenheit, die ihn im Dienst zu Recht beliebt gemacht hatte. Ich habe die extreme Härte meines Falles voll und ganz zum Ausdruck gebracht, da ich die absolute Gewissheit verloren habe, von einem über mich gestellten Beamten befördert zu werden, der nur von meinem Stand war. Herr Yorke ging auf meine Ansichten und Gefühle ein und versicherte mir, dass ich bei seinem nächsten Kommando zum Oberleutnant von Kapitän Hoste ernannt werden sollte. Dann gab er mir die Erlaubnis, meine Freunde in Irland zu besuchen, die ich schon früh verlassen hatte und von denen ich 16 Jahre lang getrennt gewesen war. Denjenigen, die nach einer langen Trennung und einer ebenso langen Zeit des Kummers ihre liebsten Verwandten und den Ort ihrer Geburt und Kindheit besucht haben, muss ich nicht die Freuden beschreiben, die ich bei der Aussicht empfand, alles, was war, wiederzusehen und zu umarmen mir lieb; Aber als ich abreiste, erhielt ich zu meinem großen Kummer und Entsetzen eine Ernennung zum Leutnant der *Volage* , die damals für die Ostindien-Station geeignet war.

Ich begab mich zur Admiralität und traf in der Halle Mr. Edgecombe, den Privatsekretär des Ersten Lords, der gerade sein Büro verließ. Er drückte sein Erstaunen über diesen Vorfall aus, nahm meinen Brief entgegen, und am nächsten Tag wurde er annulliert, und ich erhielt offiziellen Urlaub, um mein Heimatland zu besuchen. Mein Begleiter auf dieser glücklichen Reise war mein Leidensgenosse bei meiner Flucht aus Bitche, Barklimore.

Während ich mich in vollen Zügen über die größte aller Segnungen freute – die herzliche Begrüßung und die Liebkosungen meiner liebsten Freunde und Verwandten – erhielt ich von Kapitän Hoste die Nachricht, dass er das Kommando über die *Bacchante übernehmen würde* , die sich zu diesem Zeitpunkt in Deptford auf dem Stapel lief, und dass ich sein Erster Offizier werden sollte.

Am 16. November 1811 war ich an Bord der *Bacchante* , als sie vom Stapel lief und inmitten einer freudigen und glanzvollen Versammlung in das Element glitt, auf dem sie ihrem Land Dienste erweisen und allen an Bord Ruhm verschaffen sollte.

Uns gesellten sich etwa zwanzig Mann aus der *Amphion-* Mannschaft und fast alle unsere ehemaligen Fähnriche, nämlich die Herren Farewell, Few, Hoste, Langton, Paley, Rees und Waldegrave, deren Urlaub abgelaufen war. Wie schön ist diese Treue und Verbundenheit der Seeleute zu Offizieren und Schiff im Gegensatz zur Zwangsrekrutierung und den verschiedenen Unannehmlichkeiten, die sie zur Desertion verleiten.

Auf dem Weg zu unserer Station im Mittelmeer mussten wir den Herzog del Infantado ausschalten, der damals eine der bedeutendsten politischen Persönlichkeiten Spaniens war. Wir erhielten den Befehl, ihn in Cadiz an Land zu bringen.

Am Morgen des 13. März kamen die alten *Amphions* zu mir auf das Achterdeck und baten um vierundzwanzig Stunden Urlaub, damit sie an Land in Portsmouth speisen und den ersten Jahrestag unseres glorreichen Triumphs vor Lissa feiern könnten . James Bealy, Quartiermeister, war Sprecher und präsentierte ein Regelwerk und eine Speisekarte für das Abendessen mit Kopien zweier Lieder, die er und ein Seemann der *Volage komponiert hatten* und die bei diesem freudigen Anlass gesungen werden sollten. [44] Alle kehrten zu ihrer genauen Zeit zurück.

Erst am 3. Juni verließen wir Spithead und am 13. landeten wir mit dem Duke del Infantado mit seinem zahlreichen Gefolge in Cadiz, von wo aus er unseren Unteroffizieren und der Schiffskompanie ein Geschenk von 300 Dollar schickte. Dieses Geschenk erwiderte ich höflich, indem ich meinen Dank ausdrückte, jedoch mit dem Hinweis, dass englische Kriegsschiffe solche Geschenke nie annahmen. Ich brauche nicht zu sagen, dass mein Verhalten die Zustimmung von Kapitän Hoste erhielt.

Auf unserem Weg nach Malta haben wir zunächst mit dem Oberbefehlshaber Sir Edward Pellew vor Toulon kommuniziert und einen Liverpooler Händler zurückerobert, der gerade von einem französisch-neapolitanischen Freibeuter, *La Victoire* , übernommen worden war, der nach einer langen Verfolgungsjagd , haben wir auch gefangen genommen.

Am 19. August tauchten wir vor Ancona auf und taten alles, was in unserer Macht stand, um die *Uranie* , eine französische Fregatte mit 44 Kanonen und 14 Kanonenbooten, zu einer Verfolgung zu provozieren. Unsere Provokationen wurden erwidert, denn der Feind lichtete den Anker nicht.

Als nächstes fuhren wir vor Triest weiter, wo wir die wenig beneidenswerte *Danaë* (am 13. März vor Lissa) entdeckten, die sicher unter den Batterien lag, flankiert von einer furchterregenden Galeere, die mit mehreren Kanonen bewaffnet und voller Männer war. Und obwohl wir in ihrer Gegenwart viele kleine Schiffe erbeuteten und zerstörten, rührten sich ihre tapferen Beschützer nie von der Stelle.

Am 31. erhielten wir vor Rovigno an der Küste Istriens die Nachricht, dass mehrere mit Schiffsholz für die venezianische Regierung beladene Schiffe im kleinen Hafen von Lema lagen. Die Boote, fünf an der Zahl, von denen zwei kleine oder große Boote waren, waren am frühen Abend einsatzbereit gewesen, und Kapitän Hoste hatte mir die Ehre übertragen, das Kommando zu übernehmen, der mir, wie er es gewohnt war, die Entscheidungsbefugnis überließ, fortzufahren und wenn möglich ausschneiden.

Der Hafen, an dem sie lagen, lag etwa acht Meilen flussaufwärts, dessen Eingang acht oder zehn Meilen von Rovigno entfernt war. Als wir etwa zwei Meilen den Fluss hinauffuhren, entdeckten wir, obwohl es keineswegs eine klare Nacht war, zwei Handelsschiffe, die dicht unter der kalkhaltigen und hohen Klippe eingefahren waren; Als sie sie in Besitz nahmen, erwiesen sie sich als mit Wein beladen: Die Kapitäne hatten ihre Frauen und Familien an Bord; Sie teilten uns mit, dass etwa sieben Meilen weiter oben mehrere Schiffe unter dem Schutz eines bewaffneten Xebec und zweier Kanonenboote Schiffsholz einsammelten.

Ich ankerte die Beute in der Mitte des Flusses und überließ Mr. Langton, einen standhaften jungen Mann, und ein paar Handlanger die Aufsicht über sie, um bereit zu sein, uns bei unserer Rückkehr zu begleiten, wobei ich die Beute in meinem Boot mitnahm Kapitäne, die äußerst zurückhaltend waren, meine Piloten und Gefährten zu werden, und behaupteten, dass die Stärke, die wir besaßen, dem Angriff keineswegs gewachsen sei und dass wir irgendwann gefangen genommen werden würden, und sie schossen natürlich auf der Stelle.

Durch ein wenig Überredung und die Versicherung, dass keine Gefahr drohte, wurden sie jedoch ruhiger und versöhnter. Wir rückten jetzt äußerst vorsichtig in einer Reihe vorwärts vor; Die Ruder wurden gedämpft und es herrschte tiefstes Schweigen. Eine sanfte, schöne Brise ermöglichte es uns, unsere Segel zu benutzen, obwohl wir nicht umhin konnten, darüber nachzudenken, dass es bei der Rückkehr genau gegen uns sein würde.

Als uns mitgeteilt wurde, dass wir uns nur noch eine Meile vom Feind entfernt befanden, senkten wir unsere Segel und machten uns zum Entern bereit, nachdem wir unsere Antriebskraft auf zwei Ruder pro Seite reduziert hatten, aber alle anderen waren draußen und bereit in den Ruinen. Nur als wir uns auf zwei oder drei Kabellängen befanden

London Edward Arnold, 1902.

Ein Ruder einer Seite wurde benutzt, und jedes ließ sich sanft ins Wasser fallen, während ich jedem Boot seinen Gegner zuwies, passend zu der Art und Weise, in der die Lotsen die Stellungen des Feindes beschrieben hatten, und mir das größte, das Xebec, das lag, vorbehalten am weitesten oben, und deren Angriff das allgemeine Signal zum Entern sein sollte, obwohl noch kein Feind wahrnehmbar war.

Als ich so langsam und vorsichtig weiterging, ohne dass ein Feind auftauchte, befürchtete ich fast, dass diese Männer einen Schwindel ausgeheckt hatten, aber sie erklärten, dass sie bereitwillig ihre Existenz aufgeben würden, wenn die Informationen, die sie gegeben hatten, nicht korrekt waren, und legten in diesem Moment fest Sie lagen flach auf dem Boden des Bootes, als ich mit lauter Stimme auf Englisch begrüßt wurde, in der beleidigendsten Sprache: „Kommt an Bord, ihr englischen Idioten." Ich dankte ihnen für die Einladung und versicherte ihnen, indem ich mit aller Kraft nachgab, dass wir sofort bei ihnen sein würden. Wir befanden uns im Handumdrehen auf dem Deck der Xebec!

Ihre Waffen waren schussbereit und sie hielt Streichhölzer in der Hand, von denen einige in angezündetem Zustand in die Hand genommen wurden; aber die Mannschaft schien durch die Schnelligkeit unserer Bewegungen gelähmt zu sein, und der *Maître d'équipage* , der, wie man uns sagte, im englischen Dienst gewesen war und von dem wir zusammen mit vielen anderen herausgefordert wurden, sprang über Bord.

Bei dem Konflikt war der Kapitän in seiner Kabine verwundet worden und konnte an den Ruderketten fliehen. Dem Bericht zufolge erreichte dieser unglückliche Mann das Ufer nie, obwohl er sich sehr nahe am Ufer befand.

Der Generalangriff erfolgte, wie zuvor vereinbart, gleichzeitig und erwies sich als erfolgreich; aber ich fürchtete ernste Folgen wegen des scharfen Feuers, das auf beiden Seiten von den anderen Parteien aufrechterhalten wurde.

Leutnant Gostling war zusammen mit Herrn Hoste äußerst tapfer an Bord gegangen und hatte ein Kanonenboot getragen; während Mr. Few, Midshipman, in der unerschrockensten und entschlossensten Art in seinem Gig, das Schwert in der Hand, den anderen trug.

Die Handelsschiffe wurden von Mr. Powell mit ausgebreiteten Segeln und am Heck fest am Ufer gefunden. Als ich diese Nachricht erhielt, überließ ich Herrn Haig das Kommando über die Xebec, der sie überlegen den Fluss hinunterführte, und machte mich auf den Weg, um Herrn Powell zu helfen. In kurzer Zeit gelang es uns, die Handelsschiffe abzutreiben und ins Schlepptau unserer Boote zu bringen, wodurch ihre eigenen Besatzungen (die wir unten verborgen fanden) gezwungen wurden, ihre Segel zu hissen und zu spannen; Während dieser Zeit trieben die Schiffe den Fluss hinunter, und der Wind wehte glücklicherweise um die Messe herum.

Es war nach Mitternacht, und am Licht des Mondes, der gerade über dem Horizont erschien, konnten wir erkennen, dass kein Schiff mehr im Hafen lag; Und um unsere Freude zu vervollständigen, wurde auf Anfrage nicht einmal ein Mann verwundet.

Ungeachtet dessen, dass sich Truppen in der Nachbarschaft befanden, die sich, wie uns der Klang ihrer Trommeln überzeugte, beeilten, um uns beim Abstieg auf den Fluss abzufangen, der nicht mehr als Musketenschussentfernung entfernt war, entkamen wir mit all unserer Beute, und Zu ihnen gesellte sich noch ein weiteres, ein Weinschiff, das aus einem kleinen Bach am Eingang des Flusses kam und uns für Freunde hielt, als es die französischen Farben sah, aber den Union Jack darüber nicht wahrnahm. Kapitän Hoste war überglücklich über unseren Erfolg und darüber, dass sein tapferer junger Bruder das Kommando über eines der Kanonenboote hatte.

Ich schilderte ihm die Dienste, die uns die Kapitäne der Weinschiffe erwiesen hatten, und auch den Fehler des letzten armen Kerls, dessen gesamtes Vermögen aus dem kleinen Schiff und der Ladung bestand, die er am Morgen mit so viel Mühe unter meinen Schutz gestellt hatte. Kapitän Hoste kam mit seiner üblichen Herzensgüte meinen Wünschen bereitwillig nach, und die drei Schiffe mit ihren Mannschaften wurden freigelassen.

Die Schebek wurde sofort ausgerüstet und unter das Kommando von Mr. Powell gestellt, der sich auf ihr gegen den Feind große Verdienste erwarb. Wir brachten unsere Preise nach Lissa und segelten am 16. September los, um uns dem Blockadegeschwader vor Venedig anzuschließen.

Da der Wind schlecht war, fuhren wir bis zur Küste Apuliens, und bei Tagesanbruch des 18. entdeckten wir einen feindlichen Konvoi von 26 Schiffen, der am Ufer zwischen den Inseln Tremite und Vasto stand. Der Wind war zu schwach und zu verwirrend, als dass die Fregatte in ihre Nähe hätte kommen können, und der Lastkahn, die Barkasse , zwei Segeljollen und ein Gig wurden sofort bemannt und unter meinen Ermessensbefehl gestellt. Nun begann eine allgemeine Verfolgungsjagd.

Unsere Boote waren in drei Divisionen aufgeteilt, nämlich. die Barkasse und die zweite Jolle am Ufer, rechts; der Lastkahn und die erste Jolle in der Mitte; und die Gigs nach links in der Ferne, in einer solchen Entfernung, dass ihre Kraft, die unbeträchtlich war, nicht erkannt werden sollte. Der Feind zog in eine gemütliche halbkreisförmige Bucht und formierte sich in dem Moment, in dem er uns entdeckte, zu dessen Form. In dieser starken Position, den Kopf zu uns gerichtet, die Ruder losgelassen, die Flaschenzüge von ihren Mastspitzen bis zum Ufer und starke Hecksegel, zogen sie ihre Hecks dicht an den Strand heran; Acht davon waren bewaffnete Schiffe und wurden mit Bedacht platziert, drei auf jedem Horn oder Flügel und zwei in der Mitte.

Unsere Angriffsart war dementsprechend geplant. Ich drang in die Mitte vor; die Herren Haig und Powell mit der Barkasse und der zweiten Yawl fegten rechts über das Ufer, und die Gigs hatten den Befehl, langsam links vorzurücken. Wir näherten uns in guter Ordnung und schnell. Als wir in Musketenschussweite kamen, begannen die bewaffneten Schiffe mit einem schweren Kanonenfeuer, auf das wir nur mit Jubelrufen antworteten, bis wir uns auf einen halben Pistolenschuss näherten und das Feuer mit Kartätschen und Kartätschen aus unserer zwölfpfündigen Karronade erwiderten. Beim zweiten Schuss waren wir längsseits, und die Mannschaften flohen überstürzt über das Heck und wateten durch das Wasser zum Ufer, wo sie sich später formierten, um uns mit ihrem Musketenfeuer zu ärgern, wurden aber bald von unseren Marinesoldaten und einer für diesen Zweck reservierten Gruppe unter den Herren Webb und Farewell in die Flucht geschlagen und in eine respektable Entfernung getrieben, in der sie festgehalten wurden, während der Rest unserer tapferen Kameraden eifrig damit beschäftigt war, die Takelage vom Ufer zu holen, die Ruder zu verladen und die Schiffe vom Boden und aus der Bucht zu ziehen, von denen einige innerhalb von zwei Stunden tatsächlich für die Fregatte gewogen wurden. Mit Ausnahme von sechs Salzschiffen bestand die Ladung aus Mandeln und Öl, und um vier Uhr waren alle auf das Schiff gebracht worden, mit Ausnahme von nur zwei, die durch unseren Schuss gesunken waren und nicht bewegt werden konnten; der über Wasser liegende Teil dieser Schiffe wurde durch Feuer zerstört und wirksam zerstört, bevor wir aufbrachen.

Die Brise begann nun aufzufrischen, und die Atmosphäre hatte den Anschein, als würde ein Borea- oder Nordoststurm beginnen; Folglich wurde keine Zeit verloren, so viele Preise wie möglich nach Lissa zu schicken. Die Salzschiffe wurden versenkt und versenkt; Die restlichen Schiffe nahmen wir ins Schlepptau.

Der Sturm verstärkte sich in der Nacht und machte uns große Sorgen um die Sicherheit der elf weggeschickten Beute, von denen wir am nächsten Morgen zwei erbeuteten; Eines war am Boden zerstört, die Besatzung hatte es verlassen und wir nahmen es ins Schlepptau. Wir wurden von ihnen darüber informiert, dass einer unter dem Kommando des ehrenwerten HJ Rous, Midshipman, verärgert war; Da die Ladung (Öl) jedoch schwimmfähig war, schwamm das Schiff auf der Breitseite, was es einem anderen, ihrem Gemahl unter dem ehrenwerten William Waldegrave, einem vielversprechenden jungen Offizier, ermöglichte, ihn und seine Mannschaft mit Ausnahme von einem aufzunehmen Mann (ich glaube Oliver Cooke), den sie im Moment auf keinen Fall erreichen konnten.

Bald darauf trafen wir auf Mr. Rous, der uns die Richtung des Wracks und die scheinbare Entfernung mitteilte. Natürlich warfen wir unser Schlepptau sofort los und nach vielen Stunden des Wendens, Schleppens und sorgfältigen Suchens in verschiedene Richtungen, wobei wir jedes Teleskop des Schiffes in Anspruch nahmen, in der ernsthaften und ängstlichen Erwartung, den unglücklichen armen Kerl zu entdecken, wollten wir gegen Mittag schon alle Hoffnung aufgeben, als unser zweiter Leutnant (Hood) glaubte, etwas hinter uns entdeckt zu haben, was sich als das Wrack herausstellte, und sehr bald erkannten wir den Gegenstand unserer Besorgnis darauf.

Wir drehten sofort um, und im nächsten Moment nahm ich ihn mit einer Bootsbesatzung aus Freiwilligen auf, obwohl der Seegang sehr hoch war und es ein gefährlicher Einsatz war.

Es war ihm gelungen, sich mit einem Stück Seil an einem der Holzköpfe am oberen Dollbord zu befestigen, aus dem er sich aufgrund seiner extremen Schwäche und Mattigkeit nur mit großer Mühe befreien konnte. Die umsichtigen Mittel unseres erfahrenen Chirurgen (William Lodge Kidd) und die Aufmerksamkeit, die ihm alle an Bord schenkten, gaben dem Patienten in kurzer Zeit zumindest ein Gefühl für seine verbesserte Situation zurück.

Er teilte uns mit, dass er bei Tageslicht gesehen habe, wie sich das Schiff auf das Wrack zubewegte, und sei überglücklich, da er zuversichtlich sei, dass wir ihn beobachtet haben müssten; Aber als er sah, dass wir gehen wollten, glaubte er, ihm würde sofort das Herz brechen. Wenn man die Größe einer großen Fregatte und das Wrack eines vergleichsweise kleinen Schiffes betrachtet, das gelegentlich vom Meer bedeckt ist, lässt sich der Unterschied in unserer Optik leicht erklären.

Alle unsere Beuteschiffe kamen sicher an, mit Ausnahme von zweien, von denen wir leider nie etwas gehört haben. Sie wurden von den vielversprechenden jungen Männern Dobson und Mason kommandiert. Mr. Few, den ich bereits ehrenvoll erwähnen konnte, kommandierte eines der gekaperten Schiffe, das ohne Ankerausrüstung war, und als er feststellte, dass es vor dem Sturm an der feindlichen Küste schnell trieb, ergriff er die geniale Idee, ein Zwölfpfünder-Geschütz als Anker auszuwerfen, und so überstand das Schiff den Sturm und wurde vor der Zerstörung bewahrt. Ein anderer Fähnrich, Mr. Richardson, schaffte es, das Abdriften seines Schiffes zu verlangsamen, indem er seine Kabel achtern auswarf und seine Anker vom Heck aus losließ, obwohl er sich in sehr tiefem Wasser befand, bis der Sturm nachließ, und rettete so seine Beute. Dieser junge Mann hatte gerade seine Marinekarriere begonnen.

Zu dieser Zeit ereignete sich an Bord der *Bacchante ein wahrhaft furchtbarer Unfall*, der alle unsere Offiziere und Mannschaft in tiefste Melancholie stürzte. Als wir vor Anker gingen, wurde ein leichtes Schiff längsseits gebracht, damit wir es mit einigen der Ölfässer beladen konnten, die wir aus den sinkenden Prisen gerettet hatten. Ein bemerkenswert schmucker junger Mann, der Sohn von Viscount Anson, hatte mich gerade verlassen und war an Bord gekommen, um zu sehen, wie das Schiff beladen wurde. Er war noch keine zwei Minuten an Bord und spielte offenbar mit einem anderen jungen Mann in seinem Alter, einem gewissen Mr. William Barnard, als aus unerklärlichen Gründen eines unserer Hauptdeckgeschütze losging und ihn auf der Stelle tötete, ohne seinen Begleiter oder sonst jemanden zu verletzen. Die Kugel hätte jedoch beinahe Kapitän Duff Markland vom Schiff des Admirals, der *Milford* , getötet, denn sie sauste dicht an seinem Kopf vorbei, als er aus dem Fenster der Seitengalerie schaute.

Wie diese tödliche Waffe so unglücklich abgefeuert werden konnte, war unerklärlich. Die Leinen und die bleierne Schürze über dem Schloss und dem Zündloch waren auf die beste und übliche Weise gesichert. Es befanden sich weder Feuer noch Zündmittel in der Nähe; und was etwaige Vibrationen oder Erschütterungen der Decks betrifft, die durch unser Entfernen der Fässer verursacht wurden, so müssen diese, falls vorhanden, sehr gering und bei den benachbarten Geschützen gleichermaßen wirksam gewesen sein. Aus welchem Grund auch immer, wir mussten den verstümmelten Körper eines jungen Offiziers, der in einem Moment sportlicher Unschuld und inmitten der Zuneigung aller um ihn herum plötzlich von allen Versprechen der Jugend abgeschnitten war, seiner letzten langen Ruhestätte überlassen ihn. Unser tapferer Kapitän war zutiefst betroffen, denn der arme junge Anson war von seinen Eltern seiner besonderen Fürsorge und Aufsicht anvertraut worden.

Am 25. standen wir erneut an der Küste Apuliens und versuchten vergeblich, etwas über unsere verlorenen Schiffskameraden und Beute zu erfahren. Unser ultimatives Ziel war die Blockade von Venedig. Wir hatten jedoch vom tragischsten Schicksal der *Danaë* , einer französischen Fregatte, gehört, die vor Triest lag.

Ein Seemann, der bestraft worden war (und sein bösartiges Wesen lässt vermuten, dass seine Strafe verdient war), hatte sich durch irgendeine Erfindung Zugang zu der Zeitschrift verschafft. Nachdem er alles vorbereitet hatte, wartete er nur noch auf die Rückkehr des Kapitäns an Bord. Dieser Offizier war in der Oper gewesen – von der raffinierten und luxuriösen Freude und Pracht, deren er sich erfreute, in sein raueres Quartier zurückgekehrt, und konnte kaum in sein Feldbett steigen, als der teuflische Attentäter sein Streichholz auf das Pulver und das edle Gefäß richtete , mit ihrer ganzen Schar (ich bezweifle nicht) tapferen Männern, wurde augenblicklich in Atome zersprengt; denn nur vier von ihnen waren übrig, um diese elende Geschichte zu erzählen.

Die Fregatte *Flore*, die nach ihrem Angriff auf uns so schmählich entkommen war, war vor einiger Zeit vor der Küste Venedigs gesunken, und von dem großartigen Geschwader, in das Napoleon so große Erwartungen gesetzt hatte, war nur noch die *Carolina übrig* . Was könnte ein schöneres Kompliment für unseren edlen Kapitän sein?

Ich war für den 29. September, also den Michaelstag, zum Abendessen mit ihm verabredet, und es gab Gans – ein seltsames englisches Abendessen in diesem Teil der Welt. Am Morgen, als es völlig windstill war und unsere Fregatte nur noch zwölf oder vierzehn Meilen von der befestigten Stadt Viesta entfernt war, kam Kapitän Hoste die Idee, dass ich durch eine Waffenstillstandsflagge erfahren könnte, ob unsere armen Kameraden auf den beiden Prisen auf See umgekommen waren oder ob sie an die Küste des Feindes getrieben und zu Kriegsgefangenen gemacht worden waren.

Da es für Napoleons Offiziere nicht ungewöhnlich war, Waffenstillstandsfahnen zu missachten und die ihnen von zivilisierten Nationen gezahlten Sicherheiten zu missachten, nahm ich mit vier Freiwilligen das schlechteste Boot (ein altes Gig) und versorgte mich mit einem Rucksack alle anderen Dinge, die es mir, wenn ich gefangen genommen würde, ermöglichen könnten, meinen alten Gewohnheiten nachzugehen, den Fängen der Franzosen zu entkommen, anstatt wieder nach Bitche gebracht zu werden; wo man eine Erinnerung an mich haben könnte, die keineswegs meinen Wünschen entspricht.

Nach einer langen und ermüdenden Reihe näherten wir uns den Batterien, die bemannt waren und das ganze Treiben von Trommeln und Signalhörnern und alle anderen Anzeichen von Aufregung und tapferer und edler Kühnheit zeigten, als ob sie von einem ersten – statt mit einem kleinen Boot, das nur vier Männer unter einer Waffenstillstandsflagge enthielt, was zeigte, dass sie unbewaffnet waren.

Als wir uns der Mitte der Festung näherten, drängten sich die Soldaten auf die Stadtmauer, machten heftigste Demonstrationen mit ihren Seitenwaffen, schwangen ihre Schwerter und benutzten die beleidigendsten Ausdrücke uns gegenüber.

Ich verfolgte mein Ziel und zeigte auf meine Waffenstillstandsfahne und auf ein Paket Papiere, das ich in meinen Händen hielt; Aber eine Reihe von Offizieren und Soldaten stürmten vom Ausfallhafen ans Wasser, benutzten die abscheulichsten Ausdrücke und schworen, dass sie uns in Stücke schneiden würden, wenn wir versuchen würden zu landen.

Ich appellierte an den Offizier, dass man einer weißen Flagge Respekt schulde, und erkundigte mich besorgt nach dem Schicksal meiner Gefährten, aber ich war leider davon überzeugt, dass er nichts über sie wusste, denn die einzige Antwort, die ich erhielt, war die Anklage, dass ich unter dem Vorwand einer weißen Flagge nur mit der Absicht gekommen sei, den Zustand der Garnison zu erkunden, und dass wir es verdient hätten, als Spione erschossen zu werden. Ich musste also nur zu meinem Schiff zurückkehren, wo mein guter Chef eine reichliche Portion Gans für mich reserviert hatte.

Wir machten uns auf den Weg vor Venedig, wo wir am 14. Oktober zusammen mit der *Achille entdeckten* , dass der Feind drei Liniensegel mehr bereit hatte, als wir vermuteten, in See zu stechen. Mit dieser Nachricht wurden wir zu unserem Admiral Freemantle nach Lissa geschickt und kehrten wieder zurück, nachdem wir nahe der istrischen Küste zwei mit Brennholz beladene *Trabaccolos erbeutet hatten*. Bei dieser Gelegenheit kam es zu heftigen Bootskämpfen, da sie vom Ufer aus durch Musketenfeuer gedeckt wurden. wir hatten jedoch keinen Verlust erlitten; und wir hatten bald eine viel bessere Leistung.

Da es für die Adria und ihre Küsten keinen besseren Lotsen als Kapitän Hoste hätte geben können, entdeckten wir bei der Fahrt zwischen den Brioni-Inseln und dem Festland eine große Menge Schiffsholz, das am Strand in der Nähe der Stadt Fazano an der istrischen Küste lag. Er beschloss, dieses Holz bei der ersten passenden Gelegenheit, die sich bald bot, zu nutzen und einzuschiffen.

Am 13. November, nachdem wir von Gegenwinden geplagt und von Strömungen getrieben worden waren, fanden wir den Kommodore, Kapitän Rowley, auf der *Eagle* , in Begleitung von Kapitän Hollis auf der *Achille* . Kapitän Hoste gab dem ersteren die Informationen, der sofort einem Vorschlag unseres tapferen Chefs zustimmte, das Holz wegzubringen. Der Kommodore erklärte freundlich, dass, da er es herausgefunden hatte, das Kommando über die für die Ausführung dieses Dienstes erforderlichen Streitkräfte seinem Ersten Offizier (mir) übertragen werden sollte und dass er, der Kommodore, mit dem anderen Linienschiff sehr gerne so viele Offiziere und Männer stellen würde, wie für diesen Zweck als zweckmäßig erachtet würden.

Dementsprechend wurden Vorkehrungen getroffen: Leichte Winde und der erforderliche Wasserzug verhinderten, dass die Schlachtschiffe nahe genug an die Küste herankamen, um die Ausschiffung abzudecken, aber die *Bacchante* konnte ihre Position ausreichend nahe an der Stadt einnehmen , mit Federn an ihren Kabeln, und alle Boote waren am 14. eine Stunde vor Tagesanbruch draußen und einsatzbereit.

Die Marinesoldaten und die für den Dienst vorgesehenen Matrosen der *Eagle* und *der Bacchante* machten sich bei Tagesanbruch von der Fregatte ans Ufer (die der *Achille* befanden sich in weiter Ferne und waren noch nicht angekommen) und riefen dreimal herzlich Beifall , die von unserem guten Kapitän und unseren Schiffskameraden mit großer Animation zurückgegeben wurden. Meine Befehle lagen, wie schon bei früheren Gelegenheiten, im Ermessen, mit der Maßgabe, dass es zunächst unbedingt notwendig war, die Stadt Fazano einzunehmen.

Nach etwa zwanzig Minuten waren wir alle gelandet, und nach wenigen weiteren Minuten hatten wir die Stadt in Besitz genommen und hatten das Vergnügen, die britischen Fahnen ohne Widerstand von der Spitze des Kirchturms wehen zu sehen, denn die Truppen und die Miliz hatten die Stadt verlassen Platz auf unserem Ansatz. Alle vorteilhaften Stellungen wurden sofort von unseren Marines unter dem Kommando der Leutnants Holmes und Haig besetzt; Wir beobachteten den Feind auf den angrenzenden Höhen, wo er, wie wir vermuteten, auf Verstärkung durch die Garnison von Pola wartete, die nur acht Meilen entfernt lag und wo er über eine gewaltige Streitmacht verfügte, da er an dieser Stelle regelmäßige Befestigungen hatte.

Unmittelbar nachdem unsere Flagge gehisst war, suchte ich den *Padré* oder obersten Geistlichen auf und fand ihn. Ich teilte ihm unsere Absicht mit, das gesamte Schiffsholz zu entfernen, da dies eine Angelegenheit Napoleons oder der Regierung sei. Ich fügte hinzu, dass wir keinen Krieg gegen die Einwohner führten und sie auch nicht im Geringsten belästigt werden sollten; welche Vorräte oder Waren sie auch immer zu veräußern hätten, wir sollten sie zu ihren eigenen Preisen kaufen; die Fischer und Boote sollte ich in Beschlag nehmen, um bei der Einschiffung des Holzes zu helfen, wonach sie ungehindert abreisen dürften. Ich bat den guten *Padré, all diese Einzelheiten* seiner Gemeinde mitzuteilen, die diese Nachricht freudig aufnahm, und wir machten uns höchst bereitwillig an die Arbeit – niemand mehr als die Eingeborenen, die, wie ich glaube, wenn sie es zuzugeben wagen, uns mehr zugetan waren als dem Usurpator und seinen Schergen.

Das Holz erwies sich als massives Eichenholz und war so schwerfällig, dass es beim Stapeln wie Blei einsank; Deshalb waren wir gezwungen, jeden Balken und jedes Stück davon an die Seiten des Bootes zu schleudern oder aufzuhängen, da es nicht in Frage kam, es abzutrennen.

Bei Sonnenuntergang war die Fregatte fast voll; Die unteren Decks und Ausleger waren die einzigen Orte, an denen es bequem platziert werden konnte, um den Betrieb der Geschütze nicht zu unterbrechen, und unser Signal zum Wiedereinschiffen wurde gegeben, das mit größter Präzision und Perfektion befolgt wurde Befehl, ohne einen Unfall, mit der Ausnahme, dass einer unserer Tischlerleute namens Remmings vermisst wurde, von dem wir stark vermuteten, dass er die Absicht hatte, ihn zu verlassen. Die Truppen und Milizen drangen im Moment unserer Einschiffung in die Stadt ein. Früh am nächsten Morgen, dem 15., landeten wir erneut und nahmen unsere Arbeit mit der gleichen Leichtigkeit wieder auf, nachdem sich der Feind wie am Vortag aus der Stadt auf die Höhen zurückgezogen hatte; und um zehn Uhr hatten wir alles losgeschickt, was das Schiff nur fassen konnte. Nachdem wir den Rest zerstört hatten, kehrten wir zur Fregatte zurück; Gerade als mir mitgeteilt wurde, dass der Feind mit großer Kraft vorrückte und entschlossen war, uns ins Meer zu treiben.

Als nächstes wurden wir nach Korfu geschickt, wo Kapitän Hoste am 24. Dezember auftauchte, als dort ein Hurrikan tobte.

Als wir am 5. Januar 1813 am frühen Nachmittag die Insel Fano passierten, entdeckten wir eine Flottille von Kanonenbooten, die auf dem Meer standen und offenbar nach Otranto fuhren. Da der Wind für die Adria günstig war, drängten wir alle möglichen Segel, als wollten wir den Golf hinauffahren, ohne die Flottille des Feindes zu bemerken, die ihre Segel senkte und unter den hohen Klippen der Insel einholte. In dem Moment, als wir sie aus den Augen verloren, verkürzten wir die Segel und stellten uns am Wind auf den Wind, um Otranto zu erreichen, in der Hoffnung, sie am nächsten Morgen abzuschneiden. Um Mitternacht freuten wir uns über eine Reihe von Briefen aus England, die das *Weazle* kürzlich erhalten hatte.

Am 6., gegen halb sechs, schickte der Wachoffizier einen Midshipman, um mir mitzuteilen, dass vollkommene Windstille herrschte und das Licht nur ausreichte, um zu erkennen, dass wir uns damals in kurzer Entfernung von fünf Kanonenbooten des Feindes befanden genau auf halber Strecke zwischen Korfu und Otranto. Unsere *Kriegslist* hatte sich bisher offensichtlich als erfolgreich erwiesen. Der *Weazle* war nicht mehr als vier Meilen von uns entfernt, aber in entgegengesetzter Richtung zur Flottille, jetzt etwa sechs oder sieben Meilen entfernt. Da es keinen Wind gab, musste dieser Dienst notwendigerweise von unseren Booten durchgeführt werden, die um sechs Uhr einsatzbereit waren und deren Befehl ich zu übernehmen hatte.

Wie bei früheren Gelegenheiten begleitete mich mein tapferer Freund, Leutnant Haig von der Marine, der immer aktiv und eifrig im Dienste seines Königs und seines Landes stand, auf dem Schiff. Leutnant Hood kommandierte das Boot; Leutnant Gosling die zweite Jolle; Mr. Edward Webb, Steuermannsmaat, die erste Jolle und zwei Gigs, von denen eines von Mr. Hoste, Fähnrich, kommandiert wurde.

Als der Feind die Vorbereitungen bemerkte, trennte er sich, wobei zwei von ihnen die Richtung zurück nach Korfu einschlugen; die übrigen drei hielten mit eingerollten Segeln Kurs auf Otranto und zogen mit aller Kraft los. Diese

Division verfolgten wir, wobei Mr. Webb, mit dem die Boote *der Weazle* zusammenarbeiten sollten, die erste Division jagte.

Nach einer gut zweistündigen Verfolgungsjagd näherten wir uns mit der Barke dem hintersten Kanonenboot, dessen Offizier ein unaufhörliches und gezieltes Feuer mit Granaten und Kartätschen aufrechterhielt, das mehrere Ruder zersplitterte; aber kein Mann wurde verletzt, und auf dieses Feuer konnten wir nur mit Jubel antworten, da wir sonst gezwungen gewesen wären, unsere Ruder abzulegen, was natürlich unseren Fortschritt beim Annähern verzögert hätte. Nun, fast längsseits und im Begriff, mit dem Rudern aufzuhören, feuerten wir unsere zwölfpfündige Karronade mit Kartätschen ab, die zwei seiner Männer verwundete; und als er sah, dass wir bereit waren, ihn an Bord zu bringen, hielt er es für richtig, seine Flagge einzuholen.

Als die anderen Boote herankamen, drängte ich mich auf das nächste vor mir zu. Ich überließ Herrn Hoste, dessen Gig die ganze Zeit dicht an der Barke blieb, die Verantwortung für die Beute. Ich sah, wie er mit seiner kleinen Mannschaft in gutem Stil Besitz ergriff, die Gefangenen unter Deck schickte und mit erstaunlicher Schnelligkeit ihr Buggeschütz, das auf einem Drehpunkt schwenkbar war, auf die Jagd ausrichtete, was ihr einen großen Beitrag leistete.

Capture of a French Flotilla off Otranto.
London. Edward Arnold. 1902.

kapitulierten, obwohl nun eine leichte Brise aufkam, die es ihnen ermöglichte, die Segel zu setzen – was wir natürlich ebenfalls taten; ebenso wie die Fregatte, als sie sie erreichte, wenn auch in großer Entfernung in Lee.

Das dritte Kanonenboot näherte sich schnell der neapolitanischen Küste, aber wir holten auf und hatten nach kaum mehr als einer Stunde die Genugtuung, alles eingenommen zu haben, ohne dass wir auf unserer Seite die geringsten Verluste erlitten hätten.

Mr. Webb erbeutete mit der ersten Jolle die achteste der beiden, die er verfolgt hatte, bevor die *Weazle* oder ihre Boote (obwohl sie alle Anstrengungen unternahmen) kooperieren konnten. Als sie jedoch schnell vorrückten, überließ er ihnen seine Beute und ging, vorwärts drängend, an Bord und trug auf die galanteste Art und Weise die andere Beute, unterstützt vom Ehrenwerten. HJ Rous. Es erwies sich, dass es sich bei allen um Schiffe von höchster Qualität und mit sehr hoher Geschwindigkeit handelte. Ihre Offiziere gaben an, dass sie nach Otranto verpflichtet seien, um dort für die Bezahlung der Truppen auf dieser Insel Wildtiere aufzunehmen und nach Korfu zurückzubringen.

Ihre Kanonen waren auf einem Drehpunkt angebracht, der es ihnen ermöglichte, in jede Richtung zu schwenken und zu schießen, ohne den Kurs zu ändern. Auf diese Weise konnten sie unsere Boote beim Annähern so sehr stören, wie ich bereits erwähnt habe. Wir mussten Kurs auf die Valona-Bucht nehmen, um unsere Preise in einen Zustand zu versetzen, in dem sie schlechtem Wetter trotzen konnten, das allem Anschein nach damals zu erwarten war.

Am 8. segelten wir mit ihnen zur Insel Zante; und am nächsten Tag, als wir vor Fano waren, kaperten wir einen Konvoi aus fünf Schiffen, beladen mit Proviant, nach Korfu. Das Wetter wurde wieder stürmisch und zwang uns, zu unserem Ankerplatz zurückzukehren und zwei der Kanonenboote zu zerstören; ein drittes fehlte, und wir befürchteten, es sei gesunken. Wenn ich mich nicht irre, war es die *Calypso* unter dem Kommando von Mr. Edward O. Pocock.

13. Januar. — Wir waren nun wieder auf unserer Überfahrt nach Zante mit den am 9. d. M. erbeuteten Prisen: Das Wetter wurde stürmisch und schüttelte sie sehr durcheinander, und am 23. wurde es noch rauer, was uns zwang, den jungen Mr. Hoste und die Mannschaft aus einem Schiff zu holen, bis das Wetter nachließ. Ein anderes, unter dem Kommando von Mr. Few, das wir vollkommen sicher und gut unter der Insel Zante zurückgelassen hatten, bemerkten wir früh am nächsten Morgen (24.), es kam mit einem Notsignal am Masttopp auf uns zu. Ich erhielt von Kapitän Hoste die Erlaubnis, mit einer freiwilligen Mannschaft (wie es bei gefährlichen

Gelegenheiten üblich war) zu Hilfe zu eilen. Als ich in Rufweite kam, erhielt ich die traurige Nachricht vom Verlust dieses sehr vielversprechenden jungen Mannes, Mr. Few, [45] in der Nacht. Es geschah, dass ihn beim Schleppen die Vorrah des Schiffes traf und ihn vollständig über Bord warf: Die Nacht war extrem dunkel und die See ging bergauf; die Mannschaft hatte ihn rufen gehört, konnte ihn aber nicht sehen und keine Hilfe leisten. Dieser schwere Verlust warf einen düsteren Schatten auf alle. Ein anderer junger Herr wurde zum Kommandanten ernannt, und nachdem wir alle unsere Preise sicher auf Zakynthos an Land gebracht hatten (mit Ausnahme der drei, die fehlten), nahmen wir unseren Posten vor Korfu wieder ein.

Kapitel XVIII

Gefangennahme von General Bordé und seinem Stab – Eine tapfere Entertat – Ein schrecklicher Mord durch italienische Kriegsgefangene – Erfolg unserer Marine – Eine Bilanz – Meine Beförderung – Abschied vom *Bacchant* – Schmerz, alte Freunde und tapfere Schiffskameraden zu verlassen – Die Pest in Malta – Kapitän Pell ermöglicht mir den Weg nach Hause – Eine erfolglose Verfolgungsjagd und eine knappe Flucht – List des Feindes – Toulon – Gibraltar – Der Ärmelkanal – Genialer Trick von Kapitän Pell, der zur seltsamen Gefangennahme eines französischen Freibeuters führte – Ankunft in England – Ein freundlicher Empfang durch den Ersten Lord der Admiralität – Ein offizielles Versprechen – „Aufgeschobene Hoffnung macht das Herz krank" – Eine Rückkehr nach London – Der Frieden von 1814 – Seine Folgen – Halbe Bezahlung und ein Ende aller Abenteuer.

AM 13. Februar, gegen 22 Uhr, nahmen wir nach einer langen Verfolgungsjagd die *Vigilante gefangen*, ein französisches Kurierkanonenboot mit Depeschen nach Otranto, die wir natürlich über Bord warfen, bevor wir sie in Besitz nehmen konnten. An Bord befand sich General Bordé mit seinem Stab, der, wie wir aus abgefangenen Briefen erfahren hatten, zu diesem Zeitpunkt unterwegs war, um das Kommando über die französischen Streitkräfte in Verona zu übernehmen.

Um 2 Uhr morgens, etwa zehn oder zwölf Meilen von Otranto entfernt, wurde ein Segel wahrgenommen, das auf diesen Hafen zusteuerte. Da der Wind sehr schwach war, wurden unsere Boote unter Leutnant Hood losgeschickt, der den Feind in tapferer Manier enterte, nachdem er einen herzlichen Salut mit Kartätsch- und Musketenschüssen abgefeuert hatte und bevor sich ihm der Rest unserer Boote anschließen konnte. Diese mutige Heldentat zeugte von größter Ehre für diesen Offizier und die Besatzung seines Bootes.

Die Beute war die *Alcinous*, die vorne eine 24-Pfünder-Karronade und hinten eine 18-Pfünder-Karronade trug. Sie war mit acht Handelsschiffen von Korfu abgefahren, die wir alle erbeuteten. Die einzige Person, die bei dieser Gelegenheit verwundet wurde, war der tapfere Kommandant, Lieutenant Hood, der eine Verletzung an den Wirbeln erlitt, die ihn schließlich durch Lähmung der Bewegung seiner unteren Extremitäten beraubte.

Von unseren drei jüngsten Preisen, die bei unserer Abreise aus Zante fehlten, erfuhren wir nun, dass eine an ihrem Bestimmungsort angekommen war, die dritte jedoch noch immer unbekannt war, und über die zweite wurde ein äußerst trauriger Bericht abgegeben. Sie stand unter dem Kommando von Mr. Cornwallis Paley, einem feinen, vielversprechenden jungen Gentleman, der von unserem Kapitän und allen an Bord geliebt und geschätzt wurde und der sich bei den Kämpfen vor Lissa ausgezeichnet hatte.

Mr. Paleys Mannschaft bestand bei der Übernahme der Prise aus drei hervorragenden Seeleuten und einem jungen Burschen, einem Besantop-Mann. Drei der italienischen Gefangenen wurden an Bord zurückgelassen, um bei der Navigation des Schiffes zu helfen. Nach dem Abschied erschien ein vierter Italiener, der im Laderaum versteckt gewesen war, an Deck. Es stellte sich heraus, dass er der Hauptinteressent für das Schiff und die Ladung gewesen war. Der tapfere und ehrenhafte Engländer, beeinflusst von seiner Menschlichkeit, erlaubte dem flehenden Geschöpf, sich seinen Landsleuten anzuschließen. Er war plausibel und unterwürfig, und der arme Paley hatte seine Gesellschaft offenbar eher als Abwechslung zur Eintönigkeit und Eintönigkeit seiner Reise gemocht. Als er vor Korfu zur Ruhe kam, schlug dieser Schurke Herrn Paley vor, vor Anker zu gehen, was er auch tat, und ging mit seinen drei Seeleuten zum Abendessen hinunter, wobei er die vier Italiener und den Engländer an Deck zurückließ. Die Italiener nutzten ihre Chance, ergriffen den jungen Mann, ermordeten ihn und stellten dann die Luken auf, um die Engländer unten zu halten. Als der arme Paley ein Geräusch an Deck hörte, ahnte er, dass nicht alles in Ordnung sei, und drückte vom Tisch aus eine der Luken weit nach oben, um seinen Kopf auf das Deck zu stoßen, als die unmenschlichen Unglücklichen ihn an den Haaren packten und seinen Kopf zurückzogen auf die Kämme und schnitt ihm sofort die Kehle durch. Die anderen drei Engländer wurden nacheinander angegriffen und mit einer Axt niedergehauen. Die Mörder brachten das Schiff schließlich nach Korfu, wo der arme Paley und zwei unserer Seeleute beigesetzt wurden. die anderen beiden wurden, nachdem sie sich von ihren Wunden erholt hatten, ausgetauscht und an Bord von uns geschickt; und von ihnen erfuhren wir die entsetzliche Information. War es nicht eine Schande, dass die Behörden diese Kriminellen nicht vor Gericht stellten? Den Gefangenen zu gestatten, sich über ihre Häscher zu erheben, kann nur dazu führen, dass die Eroberer gezwungen werden, die mit der Gefangenschaft untrennbar verbundene Strenge, selbst in ihrer mildesten Form, zu erhöhen; Aber wenn Gefangene zu Massakern und Morden greifen, ist es die Aufgabe aller zivilisierten Regierungen, sie vor Gericht zu bringen.

Aus Mangel an Brot und Proviant waren wir nun gezwungen, nach Malta zurückzukehren. Von dort kehrten wir nach Zakynthos und an die Adria zurück, um uns von Admiral Freemantle zu verabschieden. Kapitän Hoste hatte in der Zwischenzeit vom Oberbefehlshaber (Sir Edward Pellew) den Befehl erhalten, sich ihm vor Toulon anzuschließen.

Als ich jedoch am 19. April wieder auf Malta ankam, erhielt ich fast sofort von Kapitän Hoste die freudige Nachricht, dass die Admiralität mich als

Belohnung für meine Dienste bis zum 18. September 1812 zum Kommandanten befördert hatte. Es wäre meinen guten Freunden gegenüber ungerecht, wenn ich aus Angst, der Eitelkeit bezichtigt zu werden, zögern würde zu sagen, dass meine Beförderung von meinem tapferen Kapitän, allen meinen Offizierskameraden und der Schiffsbesatzung mit einer Herzlichkeit begrüßt wurde, die meinen Gefühlen am meisten entsprach. Am 22. verließ ich meine Waffengefährten und meine Freunde und verabschiedete mich von der glorreichen Fregatte *Bacchante* , die von Sir Edward Pellew Gegenbefehle erhielt, zur Adriastation zurückzukehren.

Mein Auftrag datierte vom 22. Januar, sechzehn Tage nachdem ich mit der Eroberung der Korfu-Flottille beschäftigt war; und in der Hoffnung, dass die Ankunft der Nachricht von diesem Sieg ihre Lordschaften der Admiralität dazu bewegen würde, mir das Kommando über eine Kriegsschaluppe im Mittelmeer zu übertragen, blieb ich auf Malta, obwohl die Pest am heftigsten wütete. Es war die Doktrin der Ärzteschaft, dass die Krankheit nicht durch Infektion, sondern nur durch Kontakt übertragen werden konnte, und deshalb ritt ich täglich auf einem temperamentvollen Pferd durch alle Teile der Stadt.

Kapitän Hollis von der *Achille* hatte Schwierigkeiten, mich als Passagier nach England zu bringen, weil er befürchtete, ich könnte die Pest übertragen; und schließlich segelte ich im HM-Bombenschiff *Thunder* unter dem Kommando von Watkin O. Pell.

Bei der Durchfahrt durch die Straße von Bonifacio konnten wir mehrere korsische Korallenboote vergeblich verfolgen. Einige unserer Kreuzer hatten mehr Glück. Die *Rainbow* , Kapitän William Gawen Hamilton, konnte zwei von ihnen fangen.

Am frühen Morgen erreichten wir das Land vor Toulon und entkamen knapp der Gefangennahme. Wir waren erfreut, als wir etwa zehn Meilen von Kap Sicie entfernt unsere eigene Mittelmeerflotte entdeckten, bestehend aus sechzehn Liniensegeln. Wir hätten uns in die Arme vermeintlicher Freunde stürzen müssen, wenn wir nicht, als wir uns der Signalreichweite näherten, festgestellt hätten, dass unser privates Signal nicht beantwortet wurde. Um uns besser täuschen zu können, behielt der Feind vier Segel der Linie im Voraus (wir steuerten sie und gaben ihnen unser Zeichen), so dass die übrigen zwölf als französische Flotte auf der Jagd nach einem englischen Geschwader erscheinen konnten. Als wir unseren Fehler erkannten, drängten wir alle Segel, und die Vorsicht des Feindes wurde deutlich; denn wir segelten schwer, doch sie wagten es nicht, uns zu folgen (obwohl sie einen führenden Wind hatten), damit sie nicht die Gelegenheit verpassten, ihren Hafen wiederzugewinnen.

In Gibraltar hatte ich die Genugtuung, zahlreiche Briefe von Freunden aus der Heimat zu erhalten, einige davon sehr alten Datums, die mir im gesamten Mittelmeerraum und im Nahen Osten gefolgt waren.

Schließlich erreichten wir Portsmouth und mussten sechs Wochen in Quarantäne am Mother-Bank bleiben. Die Freude, unser eigenes Land wieder zu besuchen, wurde dadurch auf grausamste Weise getrübt. Niemals wurden Menschen mehr unter Qualen gelitten. Am 4. Oktober hatte ich jedoch das Glück, meinen Fuß auf englischen Boden zu setzen. Ich landete in Portsmouth, verabschiedete mich von meinem gastfreundlichen Gastgeber der *Thunder* und seinen freundlichen und ausgezeichneten Offizieren und traf Vorbereitungen für die Weiterreise nach London.

Ich musste bedauern, dass ich nicht mit meinem Freund Captain Pell den Kanal hinaufgefahren war, der den Befehl hatte, die *Thunder* nach Woolwich zu bringen. Im Licht der Oars entdeckte er in Luv einen Lugger unter leichtem Segel, den er für einen Feind hielt. Captain Pell änderte sofort seinen Kurs und steuerte auf das Land zu, als ob er sein Schiff an Land steuern wollte, um einer Gefangennahme zu entgehen. Er schwankte und steuerte wild, und durch diese und andere Anzeichen von Angst und Verwirrung wurde der Feind vollständig getäuscht. Der Lugger nahm bald die Verfolgung auf und bot ein schreckliches Schauspiel von Enterern; seine Decks waren voller bewaffneter Männer. Schließlich forderte er Captain Pell auf, seine Flagge einzuholen, sonst würde er versenkt. Der Befehl wurde natürlich nicht befolgt, und der Lugger legte sein Ruder hoch, um an Bord zu gehen. Pell legte sein Ruder sofort in die entgegengesetzte Richtung, wodurch der prahlerische und selbstbewusste Feind sofort auf die Klüse des Schiffs Ihrer Majestät, der *Thunder* , gelangte und nicht auf die des harmlosen Handelsschiffs, das sie vermutet hatten. Der tapfere und erfinderische Pell war nun mit seiner List und seinem Manöver erfolgreich. Er nutzte den entscheidenden Moment und überschüttete die erstaunten Franzosen mit dem gesamten Inhalt der Kartätschen und Kartätschen von vier Kanonen. Dann ließ er eine Salve Musketenfeuer folgen und stürmte mit seinen Männern (die er bis dahin verborgen gehalten hatte) auf das Deck des Feindes, und bald wehte die englische Flagge über der Trikolore. Der Feind hatte vier Tote und zehn Verwundete zu beklagen; die *Thunder* hatte nur zwei Verwundete. Dies war ein glücklicher Abschluss der Kreuzfahrt unseres tapferen Offiziers. Die Beute war die *Neptune* mit 16 Kanonen und einer Besatzung von 65 Mann an Bord. Die Eroberung war wichtig, da dieses schnelle, gut ausgerüstete Schiff unsere Handelsroute im Kanal stark behindert hatte. Sie wurde in Ramsgate aufgenommen. Mein Freund, Captain Pell, wurde aufgrund seiner zahlreichen Verdienste am 1. November des darauffolgenden Monats höchst verdientermaßen zum Post-Captain befördert.

In London angekommen empfing mich der erste Lord der Admiralität, Lord Melville, höflich und lobte mich für meine Beförderung, die er mit Freude mitteilte, dass ich sie durch meine Dienste und Verdienste gewonnen hatte. Ich wies Seine Lordschaft darauf hin, dass die wichtige Eroberung der Korfu-Flottille, die mir gelungen war, in England zum Zeitpunkt meiner Beförderung unbekannt war, und ich drängte darauf, dass ich hoffte, dass dieser letzte Dienst mir ein Schiff verschaffen könnte. Als ich mich von Seiner Lordschaft verabschiedete, antwortete Lord Melville: „Sie sollen flott gehen, Kapitän O'Brien; wir werden dich nicht an Land behalten."

Mit größter Freude wurde ich von allen meinen Freunden empfangen; während meine Marinekameraden mir zu der Gewissheit gratulierten, bald ein geeignetes Kommando zu erhalten. Woche für Woche blieb ich in der teuren Metropole, in der Hoffnung, ein Schiff zu bekommen.

Der Erfolg der Amerikaner auf See und die Eroberung der tapferen *Guerrière* [46] durch ihren gigantischen Gegner waren nun Gegenstand öffentlicher und privater Gespräche. Ich sehnte mich nach der Küste der Neuen Welt; doch nachdem ich Lord Melville geschrieben und ihn an sein Versprechen erinnert hatte, erhielt ich eine offizielle Antwort: „Dass ich für eine passende Gelegenheit zur Prüfung vorgemerkt bin . "

Es war klar, dass ein langer Urlaub vor mir lag, und so hatte ich auf dem Weg nach Irland das himmlische Glück, meine verehrten und geliebten Eltern zu umarmen, die in die irische Metropole gekommen waren, um mich zu empfangen. Niemand soll das Glück des Lebens unterschätzen, der nach einer langen und schmerzhaften Abwesenheit, in der er viel gelitten hat, die Freude verspürt hat, seine Eltern zu umarmen, und der auch das Glück hatte, eine herausragende Rolle bei der Teilnahme an ehrenvollen öffentlichen Diensten zu spielen.

Im Herbst 1814 wurde ich von Fieber befallen, einer in der Bucht von Dublin verbreiteten Krankheit, und befand mich in einem Zustand der Genesung, als ich einen willkommenen und unerwarteten offiziellen Brief von der Admiralität erhielt, in dem ich aufgefordert wurde, mich sofort nach London zu begeben.

Ich reiste sofort nach London, erlitt aber nach einer stürmischen und unangenehmen Überfahrt einen Rückfall der Krankheit. Sobald ich jedoch wieder auf der Höhe war, traf ich Mr. Hay, den Privatsekretär des Ersten Lords der Admiralität, der mich sehr freundlich empfing. Das Gespräch endete damit, dass er mich aufforderte, meine Londoner Adresse zu hinterlassen, da der Erste Lord beabsichtige, mir ein Schiff zu geben.

Ich dankte Herrn Hay herzlich für die Informationen und verabschiedete mich mit der Bemerkung, dass ich seit vierzehn Tagen ans Bett gefesselt sei und dies mein erster Auszugsversuch sei.

Tag für Tag wartete ich fieberhaft auf den Brief, der mich zum Kommandeur ernannte. Tage, Wochen, Monate, ja, ich möchte sagen, Jahre vergingen, ohne dass ich einen solchen Brief erhielt.

Zu meinem Unglück war Napoleon sechs Monate zuvor gefallen, und nun wurde von einem Frieden mit Amerika gesprochen; Ich führe dies hauptsächlich auf die Vernachlässigung meiner unablässigen und ängstlichen Bewerbungen zurück. Die Antwort lautete immer: „Ich wurde bei günstiger Gelegenheit zur Prüfung aufgefordert"; aber nach einiger Zeit kam die unglückliche Nachricht hinzu, „dass es derzeit nicht beabsichtigt sei, weitere Schiffe in Dienst zu stellen."

Ich hatte meinen letzten Kriegsdienst gesehen und kann meine Erzählung nun zu einem Abschluss bringen.

Was auch immer die Umstände meiner Gefangenschaft gewesen sein mögen, die schmerzhaften Abenteuer, die ich zu ertragen hatte, und die unzähligen Vorfälle, die sich in mein wechselvolles Schicksal drängten, ich vertraue darauf, dass dem Leser eines klar ist – dass die Ehre des Das britische Empire mit dem Charakter des Marinedienstes stand für mich immer im Vordergrund: dass ich jemals treu gedient habe –

Die Flagge, die tausend Jahre lang
der Schlacht und der Brise trotzte.

ENDE

ANHANG

Eine Kopie von HERR ARCHIBALD BARKLIMORE *Brief an* Captain DH O'BRIEN *bei seiner Ankunft in England .*

14 Dean Street, Soho ,

MEIN LIEBER O'BRIEN – ich beeile mich, Ihnen, da ich weiß, wie gespannt Sie darauf warten, von Ihrem alten Reisegefährten und Mitgefangenen zu hören, meine sichere Ankunft in London mitzuteilen, wo ich von zahlreichen Freunden empfangen und willkommen geheißen wurde, als wäre ich tatsächlich ein wiederbelebtes Geschöpf aus der anderen Welt.

Wenn ich mich jetzt umsehe und die fröhlichen Gesichter der Menschen des alten England sehe, die mit der Sicherheit unter einer väterlichen und gerechten Regierung gesegnet sind, kann ich nicht umhin, sie mit den dürren, schmutzigen Gesichtern derer zu vergleichen, die wir zurückgelassen haben und die unter der Tyrannei eines Usurpators stöhnen. Auch kann ich, mein lieber Freund, vor Ihnen nicht verbergen, dass ich etwas in mir fühle, das lautstark die große Überlegenheit der britischen Nation verkündet und mich nicht länger darüber wundern lässt, dass ihre Söhne mit ihrem kühnen Geist Gefängnisse, Riegel und Gitter durchbrechen und fliehen, um eine so heilige Heimat zu schützen! Werde ich jemals unsere Heldentaten vergessen, als wir Wälle erklommen, der Wachsamkeit von Wachposten und Wachen entgingen, und all die haarscharfen Fluchten, die wir durchmachen mussten, von dem Moment an, als wir die Festung Bitche verließen, bis Sie mit Ihrem behinderten Arm (den Sie, fürchte ich, verlieren werden) auf einem Stuhl an Bord der *Amphion hochgehoben wurden* ? Das, mein guter Freund, war ein schwerer Konflikt, den ich nie vergessen werde. Es war das erste Mal, dass ich meinen Fuß an Bord eines britischen Kriegsschiffs setzte, und ich hoffe, es wird sehr lange dauern, bis ich mich wieder freiwillig zu einer Kreuzfahrt an der Küste des Feindes melde – jedenfalls an der Küste Dalmatiens.

Seit wir uns getrennt haben, ist ein sehr bemerkenswerter Umstand eingetreten, der eher den unnatürlichen Liebesgeschichten ähnelt, von denen wir in Romanen lesen, als irgendetwas, das auf einer unbestreitbaren Wahrheit beruht. Sie müssen sich an die elende und mittellose Lage erinnern, in der sich unser unglücklicher Begleiter, der arme Batley, befand, als wir gezwungen wurden, ihn in Rastadt zurückzulassen: Nun, er wurde erneut in Württemberg verhaftet und streng in ein Gefängnis gesperrt; Von hier aus hatte er nach einigen Wochen das Glück, seine Wächter zu überlisten und zu entkommen. Die Mittel des armen Kerls waren nun fast erschöpft und er hatte kaum oder gar keine Hoffnung mehr, jemals Erfolg haben zu können. In diesem verzweifelten Zustand, völlig verzweifelt und von Kummer überwältigt, erregte sein einzigartiges Aussehen – Sie wissen, was für ein großes, mageres, arm aussehendes Geschöpf „fetter Jack" war – die Aufmerksamkeit einer Dame, die gerade im Sterben lag die Straße. Ihr gütiges Gesicht machte ihm Mut; Er kam auf seine beste Art auf sie zu und sprach sie an – denn Jack hatte die Manieren und die Ansprache eines Gentlemans –, erklärte ihr offen, wer er war und wie bedauerlich seine Situation war, und bat sie inständig, ihm bei der Durchführung seiner Reise nach Triest behilflich zu sein. Zu seinem größten Glück erwies sich, dass diese Dame die Frau eines damaligen Offiziers der britischen Armee war. Sie ging auf seinen verzweifelten Zustand ein und verschaffte ihm die Mittel, die es ihm ermöglichten, nach Wien zu gelangen; von dort ging er weiter nach Triest, wo er Ihr altes Schiff *Amphion bereit zur Abfahrt nach Malta vorfand, und kam dort, wie er erklärte, erst ein paar Minuten an, bevor der ehrliche Hewson und Sie Malta auf der Leonidas* verlassen hatten , um sich Lord Collingwood anzuschließen.

Das Schiff, auf dem ich war, legte in Gibraltar an. Als ich dort an Land ging, traf ich als erstes meinen lange vermissten Freund Batley. Nie waren zwei Menschen überraschter und erfreuter, einander wiederzusehen. Er verließ sofort sein Schiff und mietete mit mir eine Überfahrt auf demselben Schiff, und wir kamen gemeinsam sicher in England an.

Ich verbleibe, mein lieber O'Brien,

Ihr aufrichtiger Freund,
(Unterzeichnet) ARCHD. BARKLIMORE .

2. April 1809.

Gedruckt von R. & R. CLARK, LIMITED , *Edinburgh* .

FUßNOTEN:

[1] Die berühmtesten Träger des Namens waren Donogh O'Brien, König von Thomond (1208-1244), und Earl Donough O'Brien (1577-1624), einer der wenigen irischen Getreuen Königin Elizabeths und ein bekannter Kämpfer in ihr Namen.

[2] Eines der Schiffe kapitulierte 1799 auf der Texel.

[3] Ich halte es hier für eine Pflicht festzustellen, dass der englischen Regierung für die Boote, die wir den armen Fischern beschlagnahmt hatten, Wechsel in voller Höhe ihres Werts übergeben wurden.

[4] Pointe St. Mathieu, links bei der Einfahrt in Brest.

[5] Die Stufe ist der Teil des Mastes, der im Boot befestigt ist; das Vorsegel, das Seil, mit dem das Vorsegel hochgezogen wird.

[6] Er floh, später zu mir, mit einigen anderen Marineoffizieren aus Bitche.

[7] Gemeint ist vermutlich der *Préfet Maritime* von Brest; Der Marineminister würde natürlich in Paris sein.

[8] In Sir Jahleel Brentons interessanter *Autobiographie* findet der Leser möglicherweise einen ausführlichen Bericht über das Elend, das unter den britischen Gefangenen in Givet herrschte, und über die Bemühungen, die er unternahm, um ihre Beschwerden zu lindern.

[9] Er starb am 25. Juli 1811 in Port Mahon, nachdem er am 28. Juni, dem Tag der Erstürmung von Tarragona durch Marschall Suchet, tödlich verwundet worden war.

[10] Sie zwangen die Fähnriche, trotz der Tatsache, dass ihre Offiziere für sie verantwortlich waren, zwei *Appelle* oder Musterungen *pro Tag abzuleisten* . Das Nichterscheinen zur pünktlichen Zeit wurde früher mit einer Geldstrafe von drei Livres (2s. 6d.) belegt. Später wurden die Übertreter jedoch nach Saarlouis oder Bitsch, den Straflagern, geschickt.

[11] Diese Stadt liegt an den Ufern des Flusses Serre in der Picardie. Wie wir später erfuhren, ist sie für ihre Serge-Manufakturen berühmt.

[12] Ashworth und Tuthill wurden, wie wir sehen werden, fast sofort wieder von den *Gendarmen gefangen genommen* . Sie wurden nach Bitche geschickt und dort in Gefangenschaft mit O'Brien gebracht. Schließlich entkamen sie, wenn auch nicht in der Gesellschaft unseres Helden, und gelangten wie er nach Triest, wo sie ein englisches Schiff erreichten.

[13] Sicherlich nicht Zürich, das über 50 Kilometer entfernt ist, mit einigen Höhen dazwischen. Vielleicht meint O'Brien Schaffhausen.

[14] Der Überlinger See oder nördlicher Arm des gegabelten Bodensees.

[15] O'Briens politische Geographie ist hier völlig falsch. Sowohl Konstanz als auch sein Zielort Meersburg lagen auf badischem Gebiet. Daher gab es keine Grenzprobleme oder Passforderungen. Er überquerte tatsächlich, ohne es zu wissen, die württembergische und bayerische Grenze während seines Nachtmarsches zwischen Meersburg und Lindau.

[16] Falsche Geographie. Meersburg, die Stadt, zu der die Fähre von Konstanz verkehrte, liegt noch immer in Baden.

[17] Wahrscheinlich Fischbach in Württemberg, elf Kilometer östlich von Meersburg. O'Brien muss der Grenzwache entkommen sein, ohne es zu wissen.

[18] Dies wäre Nonnenhorn, vier Meilen westlich von Lindau, am Seeufer.

[19] Aber bevor ich die Anwesenheit des Kommandanten verließ, nahm ich mir die Freiheit, ihm zu versichern, dass ich, selbst wenn ich nach Frankreich zurückgeschickt würde, zuversichtlich sei, dass ich mit Gottes Segen erneut entkommen würde, und zwar in welchem Ausmaß In diesem Fall würde ich ihm schreiben und ihn über meinen Erfolg informieren. Das habe ich schließlich von Triest aus gemacht. Ich erinnere mich, dass ich diese Anekdote Lord Collingwood an seinem Tisch an Bord der *Ocean* , seinem Flaggschiff, vor Toulon erzählt habe und worüber er sich sehr gefreut zu haben schien.

[20] Offenbar ein Zettel für München, an den der Antrag weitergeleitet werden soll. Ulm liegt in Württemberg, nicht in Bayern.

[21] Dies war wahrscheinlich die Stadt Stockach.

[22] Diese kleine Stadt war durch einen Brand stark in Mitleidenschaft gezogen worden und wurde kürzlich völlig neu erbaut. Es liegt an der Donau, 33 Meilen nordwestlich von Konstanz.

[23] Dies ist die Person, die ich neben dem freundlichen Gefängniswärter in Arras als Ausnahme von allen anderen erwähnt habe, die ich in Frankreich getroffen habe.

[24] Im Deutsch-Französischen Krieg von 1870-71 war Bitche selbst gegen moderne Artillerie noch so stark, dass es sich lange nach dem Fall von Straßburg, Metz und allen anderen östlichen Festungen behaupten konnte und zusammen mit Belfort zur der einzige Ort, an dem eine wirklich langwierige und hartnäckige Verteidigung durchgeführt wurde.

[25] Den vollständigen Wortlaut des Verfahrens dieses Kriegsgerichts finden Sie in Mr. Ashworths Bericht über seine Abenteuer, der in den Nummern 28, 31 und 33 des *Naval Chronicle veröffentlicht ist* .

[26] Offenbar Lauterburg.

[27] Batley war zur Flucht bestimmt. Einzelheiten zu seinen Abenteuern finden Sie in Barklimores Brief in Anhang A.

[28] Es ist unmöglich zu sagen, was O'Brien damit meint. Obwohl der Erbprinz von Baden bei Napoleon in großer Gunst stand und mit Stephanie Beauharnais, seiner Adoptivtochter, verheiratet war, wurde er nie zum König ernannt.

[29] Papst, im „Essay on Man".

[30] O'Brien spielt auf den Wagram-Feldzug an, der damals nur sechs Monate in der Zukunft lag.

[31] Napoleons letzte wilde Erweiterung des Kontinentalsystems sah vor, dass ein neutrales Schiff als fairer Preis angesehen werden sollte, wenn es einen britischen Hafen angelaufen oder sogar von einem britischen Kreuzer durchsucht worden war.

[32] Dieses Zertifikat habe ich noch bei mir. Es wurde mir von Lieut gegeben. Henry T. Lutwidge, unser Leutnant, ein würdiger Offizier, am 21. Februar 1807 in Verdun und jetzt Kommandant.

[33] Im November 1808, dem Tag von O'Briens Aufenthalt in Triest, waren alle östlichen Küsten der Adria französisches Territorium, mit Ausnahme der kleinen Landstriche um Triest und Fiume, die österreichisch waren. Dalmatien und Istrien waren wie die anderen alten Herrschaftsgebiete Venedigs dem Königreich Italien Napoleons angegliedert worden. Im Jahr 1809 eroberte der Kaiser nach seinem Sieg über Österreich bei Wagram auch Triest und Fiume. So hätte O'Brien ein Jahr später Trieste French gefunden.

[34] Für diese sehr schwere Wunde habe ich nie eine Rente erhalten, da sie nicht als gleichwertig mit dem Verlust eines Gliedes angesehen wurde, als ich im Mai 1817 auf Befehl der Lords of the Admiralty befragt wurde; Und doch: Was ist der Unterschied zwischen dem Verlust einer Gliedmaße und dem Verlust der Nutzung einer Gliedmaße?

[35] *Das heißt,* das Mittelmeergeschwader war damals unter Lord Collingwood an der Blockade von Toulon beteiligt.

[36] Es schien, dass der *Gendarmen -Brigadier* genau an dem Tag, an dem mein Brief eintraf, von ihnen eingeladen worden war, an ihrem Abendessen teilzunehmen. Er überreichte Tuthill *diesen* Brief mit der Begründung, dass es

sich nicht um einen englischen, sondern um einen deutschen Brief handele, und entgegen der üblichen Sitte brach er weder das Siegel auf noch inspizierte er es: Natürlich wurde es erst nach dem Abendessen gelesen, und nachdem er es getan hatte abgereist.

[37] Aus Ashworths Erzählung im *Naval Chronicle*, Bd. xxviii., es scheint, dass er zusammen mit Tuthill, Brine und zwei anderen am 8. Dezember 1808 mit einem Seil entkam, das genau dem ähnelte, das O'Brien verwendet hatte. Sie kamen sicher davon und erreichten im Februar Triest.

[38] Der Leser findet in Band 5 von James' *Naval History* viele ähnliche Auszüge aus derselben Quelle.

[39] Um sich das Kräfteverhältnis klarzumachen, braucht man nur die Liste der beiden Schwadronen anzugeben:

FRANZÖSISCH-ITALIENISCH.

[Die ersten drei Schiffe gehörten der französischen, die übrigen der italienischen Marine.]

Favorit 40 Waffen Kommodore B. Dubourdieu.

Flore 40   ,,   Kapitän J. Alexandre Péridier.

*Danaë_* 40   ,,   ?   ?   ?   ?

Corona 40   ,,   Kapitän Paschaligo.

Bellona 32   ,,   Kapitän Duodo.

Carolina 32   ,,   Kapitän Palicuccia.

Mit der Brigg *Mercurio* (16 Kanonen), einem Schoner mit 10 Kanonen, einer Schebeke mit 6 Kanonen und zwei Kanonenbooten.

BRITISCH.

Amphion 32 Waffen Kommodore William Hoste.

Aktiv 38   ,,   Kapitän J.A. Gordon.

Cerberus 32   ,,   Kapitän Henry Whitley.

Volage 22   ,,   Kapitän Phipps Hornby.

Ohne die kleinen Schiffe verfügte der Feind über 224 Kanonen, die Briten
über 124!

[40] Dieser zwanzigzeilige Satz verdient Beachtung, da er vielleicht der
längste in der modernen englischen Literatur ist.

[41] Um einem unerschrockenen gallischen Sohn des Neptun gerecht zu
werden, der allgemeine Bewunderung hervorrief, muss ich sagen, dass in dem
Moment, als die *Flore* den Versuch unternahm, an Bord der *Amphion zu gehen*
, ein Seemann auf ihrem Vorderarm erschien und ein Feuer in der Hand hielt
-Denker bereit, auf unsere Decks zu schleudern; Er verließ seine gefährliche
Position auch nicht, bis er durch unsere Musketen abgeworfen wurde,
nachdem mehrere Kugeln den Enterhaken getroffen hatten, als er ihn
abschleuderte, aber da er zu weit weg war, keine Wirkung hatte, und zum
gegenüberliegenden Raharm eilte, sprang er über Bord. Das endgültige
Schicksal dieses heldenhaften Kerls konnten wir nie erfahren, aber ich
fürchte, er muss umgekommen sein.

[42] Die Geschütze werden mit Doppelschüssen beschossen.

[43] Kapitän Hoste leitete diesen Brief später unter friedlicher Flagge an den
Kapitän der *Flore weiter. Der Kapitän der Danaë* antwortete ihm , dass M.
Péridier aufgrund seiner Verwundung nicht in der Lage sei, zu antworten.
Außerdem bestritt er, dass die *Flore* angeschlagen sei. Der Kapitän der *Danaë*
jedoch , als schäme er sich seines Namens, schickte seinen Brief ohne
Unterschrift.

[44] Siehe Anhang, Nr. II.

[45] Dies war der Fähnrich, der die Skizze anfertigte, von der die Abbildung
auf Seite 314 stammt.

[46] Captured by the *Constitution* , 19. August 1812. Die amerikanische
Fregatte war eindeutig ein größeres und stärkeres Schiff, aber kaum so groß,
dass O'Brien sie einen „Leviathan" nennen konnte.